【無錫】錫山秦氏宗譜

（卷首至卷四）

1

上海圖書館藏珍稀名人家譜叢刊

上海圖書館 編

上海科學技術文獻出版社

圖書在版編目（CIP）數據

錫山秦氏宗譜 / 上海圖書館編．—上海：上海科學技術文獻出版社，2018
（上海圖書館藏珍稀名人家譜叢刊 / 黃顯功主編）
ISBN 978-7-5439-7718-1

Ⅰ．①錫…　Ⅱ．①上…　Ⅲ．①氏族譜系—無錫　Ⅳ．①K820.9

中國版本圖書館 CIP 數據核字 (2018) 第 164410 號

責任編輯：施　東
封面設計：何　旸

錫山秦氏宗譜
上海圖書館　編
出版發行：上海科學技術文獻出版社
地　　址：上海市長樂路 746 號
郵政編碼：200040
經　　銷：全國新華書店
印　　刷：上海世紀嘉晉數字信息技術有限公司
開　　本：787×1092　1/16
印　　張：85.375
版　　次：2018 年 8 月第 1 版　2018 年 8 月第 1 次印刷
書　　號：ISBN 978-7-5439-7718-1
定　　價：1800.00 圓（全三冊）
http://www.sstlp.com

《上海圖書館藏珍稀名人家譜叢刊》編委會

出版説明

以血緣關係為紐帶的宗法制度，是中國社會的核心傳統之一，家譜即這一文化的具體產物。家譜對於研究中國歷史的史料價值歷來為學界所重，然此類文獻大多為私家編修，傳佈範圍有限；且在漫長的傳承過程中，散佚的情況往往難以避免。故系統地整理出版內容權威、版本可靠的家譜文獻，久爲學界所企盼。

上海圖書館庋藏的中國家譜，其數量和品質均為海內外同類收藏之翹楚。為使這份珍貴的文獻資料得以充分有效的利用，茲由上海圖書館的相關專家，從館藏三萬餘種家譜中遴選出一批精品或孤品，經整理以《上海圖書館藏珍稀名人家譜叢刊》形式按品种陆续影印出版。

本叢刊整理編輯體例如下：

一、按品种分批編輯出版，每批遴選家譜數種全文影印，以最大程度体现文獻原貌。

二、所取家譜纂修年代以民國時期為下限；同一家族若有多次續修之譜，則依版本完整無殘缺、存世稀少等情況綜合選取。

三、每種家譜之前，均約請上海圖書館有關專家撰寫提要，紹介該譜之基本內容、特點和價值。

四、底本偶見極個別缺頁現象，難以配補，暫仍其舊；另凡底本存在錯簡之處，則徑予調整，俾整飭可閱。以上兩種情況，緣體例所限，例不出校記。

本家谱叢刊之整理，由上海圖書館歷史文獻中心總任其事，將分批陸續推出，以期對弘揚吾國傳統文化、促進相關的學術研究有所助益。

上海科學技術文獻出版社

二〇一八年八月

前言

家譜是同宗共祖的血親集團記載本族世系和相關事蹟、反映本家族繁衍發展過程的歷史圖籍。從商代到今天，家譜編修綿亙數千年，貫穿於中華民族的發展歷程中，是中華民族特有的文化現象。家譜中蘊涵著大量的社會學、歷史學、人口學、民族學、民俗學、經濟學、教育學、遺傳學等重要資料，與正史和方志構成了中華民族歷史文獻的三大支柱。同時，家譜也是尋根問祖不可或缺的第一手資料，對於加強中華民族凝聚力和向心力有著積極的作用。

經過幾代人的收集、整理，目前上海圖書館藏有家譜 30000 餘種 300000 餘冊，共計近 400 個姓氏，收藏的家譜覆蓋全國 27 個省、自治區及直轄市，是國內外收藏中國家譜原件最多的公藏機構，享有『全球中國家譜第一藏』『中國家譜半壁江山』等美譽。

上海圖書館在家譜收藏方面，具有以下顯著特色：

一、數量最多。據統計，《中國家譜總目》共計收錄中國家譜 52401 種，而上圖所藏家譜即達 30,000 餘種，將近《中國家譜總目》所收錄總數的 60%，收藏量雄居世界首位。

二、覆蓋面廣。上圖收藏的家譜覆蓋全國 27 個省市，僅西藏、新疆、青海、寧夏、內蒙闕如。

三、姓氏較多。上圖家譜收錄姓氏近 400 個。以收藏家譜種數居於前十位的張、陳、王、李、劉、吳、周、朱、徐、黃等姓氏統計，各姓所收家譜總數多達 300 至 800 種。另冷僻姓氏有 80 餘種，如：吾、承、是、生、港、後、平、璩、青、揭等。

四、品種豐富。上圖收藏善本家譜 200 餘種，包括宋代皇族家譜《仙源類譜》、康熙皇帝十四子允禵家譜、嘉慶皇帝第五子綿愷家譜等玉牒和存世稀少的明代纂修家譜。此外，還有滿、回、蒙、白、土家等少數民族家譜 15 種，日本、朝鮮等外國家譜 12 種。

五、名人家譜衆多。上圖藏有名人家譜200餘種，其中不乏名宦政要李鴻章、左宗棠、翁同龢，文人雅士文徵明、董其昌、魯迅，科技精英徐壽、貝聿銘，商界钜子盛宣懷、葉澄衷、張謇、包玉剛等名人家譜。

六、品質較高。其一，時間跨度大。上圖館藏的家譜自宋代至近年新修譜，各時間段的家譜皆有收羅，整個時間跨度近千年。其二，善本、孤本較多。其中明刊本共計226種，僅次於國家圖書館。其三，統宗譜較多。總計約2000餘種，所涵蓋宗支範圍廣衆，族系傳承時間久遠。其四，名人纂修的家譜衆多。自朱明迄近代，有衆多的政要和文人曾主筆纂修過自己的家譜。名人纂修的家譜資料豐富翔實，可信度較高，有很高的學術研究價值。其五，同一家族在不同時段的續修本較多。有的家族多達十多次纂修的版本都被完整地保存下來，對於研究家譜內容的連續性、纂修體例以及版式等方面的演變，提供了豐富的實例。

爲了讓這些豐富的館藏資源能夠更方便地爲更多的需求者利用，從而更充分地發揮其作用，同時也為了更好地保護好家譜原件，避免因重複使用而造成不可逆的損壞，上海圖書館聯合館屬上海科學技術文獻出版社，針對館藏家譜各方面的特色，從中遴選出一批精品或孤品，傾力打造了這套《上海圖書館藏珍稀名人家譜叢刊》，擬分批影印出版。此叢刊也是上圖近年來『館藏珍稀古籍』整理出版項目之一。

上海圖書館是一座文化積澱與傳承的殿堂，我們這次出版《上海圖書館藏珍稀名人家譜叢刊》，旨在弘揚中華傳統文化，同時爲世界各地的華夏兒女尋根問祖、探尋血脈關聯提供一個資料平臺，也爲提高民族認同感和歷史責任感、爲加強中華民族凝聚力和向心力、爲社會主義文化的大發展、大繁榮和上海的文化大都市建設承擔應盡的職責。

上海圖書館

二〇一八年八月

題　要

《[無錫]錫山秦氏宗譜》，清秦本始等纂修，乾隆十一年（1746）刻本。

該譜包括卷首一卷及正文十一卷，共六冊。卷首序文、凡例、宋元世系總圖、錫山世系總圖，卷一世系前集，餘卷均為分支世系。始祖觀，字太虛，改字少遊，學者稱淮海先生，揚州高郵武甯鄉左廂里人。宋元豐八年登進士，除蔡州教授。元祐三年除左宣教郎、太學博士、校正秘書省書籍，遷正字。元祐六年擢國史院編修。紹聖初坐黨籍，出為杭州通判，道貶監處州酒稅。尋削秩，徙郴州。自郴州奉詔編管橫州。未幾，又徙雷州。元符三年復宣德郎放還。卒於藤州。子湛，字處度，號濟川，行名祖七，政和中任常州府通判，因卜居晉陵新塘鄉，遂名秦村。觀十一世孫惟禎，行名端五，世家武進新塘鄉秦村，元初入贅無錫富安鄉胡埭鴻禧監簿王野舟女，為錫山始遷祖。

至明代中期，秦氏家族出現了第一個進士——第六世秦夔，自此以後，秦氏家族在科場上大展拳腳，每榜必有及第者，可謂科名鼎盛，盛況空前。

錫山秦氏乃無錫久負盛名的文學世家，湧現出眾多傑出的文學家，創作了大量的文學作品。其中兩部詩、文總集《錫山秦氏詩鈔》、《錫山秦氏文鈔》集中體現了家族文學的創作成績和整體特色。此外，秦氏家族成員的個人詩文集更是不可勝數。

錫山秦氏宗譜的編撰由七世孫秦金於嘉靖戊子（嘉靖七年，1528年）始創，以後迭修於萬曆丙辰（秦宲編，萬曆四十四年，1616年）、順治庚子（秦鏞編，順治十七年，1660年）、康熙甲午（康熙五十六年，1717年）、乾隆丙寅（乾隆十一年，1746年）。雖歷年多寡有殊，而總奉三十年一修之凡例。

目録

錫山秦氏宗譜目錄

重輯錫山秦氏世譜原序

甲寅歲寀以衰年謝館家居時年已七十五歲矣閒中偶撿篋中得從伯祖端敏公暨都事章軒公所輯錫山秦氏宗譜其凡例曰後世子孫凡爲宗子者每三十年一脩如坐視其廢弛者以不孝論時蓋嘉靖七年也迄今已八十餘年矣寀喟然歎曰思深哉端敏之用心乎於是亟進從子允揚商之允揚泫然涕洟曰此先君子孝廉府君先叔父中舍府君素心而

無奈其欲於年何也以我祖宗之靈叔父儼然命之敢不以竊有聞於庭訓者佐末議乎遂相與謀重輯焉爰考其源流別其支派犁然具矣族有難者曰以八十年而遙人心不同有如其面族姓之蕃椒聊遠條於是譜以外將有跂而思入者何收何擯譜以內將有疑而未剖者何存何去今之爲此將任受怨乎任受德乎余應之曰唯唯否否予亦不任受怨人亦不任受德子所謂跂而思入者惟瑞三一派庶幾焉

吾宗發源淮海十一傳而爲曾四秀才是生二子爲
瑞三瑞五秀才厥有自矣惟是宗譜我曾叔祖孝廉
一誠公曾草創于家未卒業而亦未諗之族至端敏
公暨都事韋軒公輯譜則聚族定議於淮海以下十
一世爲圖以紀其傳生之次而名之曰世系舊圖自
瑞五以下始列爲大宗小宗諸圖而冠之曰錫山秦
氏流芳世譜亦既有說蓋謂瑞五始自武進新塘贅
居無錫富安禮所謂始遷之祖繼別之宗故冠之以

錫山而其說確乎不易矣時則從伯祖都事樂易公實序之亦既詳言之其後從叔父文學慎菴公曾續輯世系於家而莫之改也余何人而敢不奉端敏三尺哉至於淮海以下十一世僅圖紀其生傳通判承事秀才名號此又端敏公法史氏傳疑傳信之旨何敢易也且舊貫焉仍是於瑞三一派昔亦無擯今復何收何怨何德耶自餘所謂譜以內有疑而未剖者余一守之以不易之法通之以不盡之情而終歸之

不悖之理以期可對揚端敏諸祖先已矣何去何存何怨何德亦何疑之不剖哉是役也凡宗人所在家至戶到無敢以跋涉胼胝告骩悉核其名行仕宦生卒嫁娶墳墓無漏無訛迄三年而就緒諸宗英亦多有捐助者遂得命之剞劂氏至其序例一遵端敏之舊非敢自專自用也允揚氏起拜曰此先端敏遺訓也九原可作吾二父且曰有合哉若其告戒宗人者端敏暨兩都事公之言已備余何敢置喙凡所爲睦

族以遠葛藟之刺亢宗以紹箕裘之業者吾宗英共
勉之哉
萬曆丙辰陽月九世孫寮百拜書

續編錫山秦氏全譜原序

家之有譜尚矣原之以本始則祖宗雖遠而不忘聯之以世系則族屬雖多而不亂紀之以人文則世澤雖遠而彌光昔韓魏公之誡子孫曰夫謹家牒而心不忘乎先塋者孝之大也旨哉其有味乎言之也我秦氏之譜抱拙府君嘗有志焉而未果今其與從姪景美書具存可考也是時去始祖纔三世耳目所逮必加詳悉乃景美不能從臾以成更歷四世至于世

父端敏公世父都幕公世父藩幕公始克成之然自四世以上生年卒月諸凡事行皆所未備非不欲備也不可知則其不能備也固宜然則闕略不全景美不得辭其責矣澹自早歲即有志于纂輯而三餘少暇不能從事邇來年老閱歷家世頗熟又塵事不關飽食無事追念先德不能已已乃從從姪子高氏處借得世父舊本族姪〇〇氏處沙頭小宗譜本汝立氏處誌四府君之後集錄諸名字世次生年卒月婚

秦本國氏代有令聞肇業從仕淮海發源晉陵宦徙
以姓名村錫山鍾慶祠墓具存緜緜瓜瓞子孫如雲
無兢維烈昌厥孔殷繩其祖武甲第駢蕃昭哉嗣服
雍睦其門本支百世有昭斯文

七世孫鏜百拜謹書

續修宗譜世系集後序

期不斂勉修宗譜世系集成欲請伯兄序而刻之而已不可得也因記其歲月而書其後曰期之修是集也敬承先君子志即大音叔祖遵端斂公之凡例三十年一修之意也譜以敦倫合族尊祖敬宗諸先人及伯兄以前之序詳矣而舉其要則不外乎大音叔祖勉爲善之一語夫勉爲善則必毋爲惡無辱其祖宗無慢其父兄無遊佚其子孫乖離詬誶之習泯而後欺凌澆薄之氣除廉恥退讓之行

修而後睦婣任卹之風著天德王道無不由是推之也小子期偕伯兄受業於大音叔祖時年尚穉凡叔祖提命之所及不能領會其微獨此修家譜勉爲善之言怦然動於心至於今不忘雖老而猶若言之在於耳叔祖之言曰三十年爲一世人生自少而壯而老大抵閱三十年其事之變者變定者定矣家譜之修如未及三十年則爲時太近或將苦於冗費過三十年而不修則爲時太遠或多至於遺忘今自庚子至庚寅已逾三十年又閱四年至癸巳始

脱稿其間字號官爵子姓婚配生卒年月塋墓應改者改之應增者增之應收者收之應别者别之自九世至十七世大率已楚楚亦大音叔祖所謂先其易而後其難者也後其難奈何蓋世系不過爲全譜之什一全譜之修難在刻全譜之未修難在修自萬曆癸未愼菴公編輯以來季時叔祖續編之今時日益多卷帙益繁修之者孰總裁孰分較作何主張不能無待於才能傑出亢宗而有力者嗟乎是誠勉爲善之大端而期愧未逮回思大音叔祖當年

過高郵則核高郵宗譜在毘陵則核毘陵宗譜甚至上海洞庭俱有族姓無不一一過而考究以是集成宋元以來幾十世之譜諜夫亦不知費幾何歲月幾許心思而後蕆訂無訛獲成是書也期惡能之哉期惡能之哉期於大音叔祖無能爲役適偕卣續弟襃輯而付梓後有繼者期日望之獨是期與伯兄同爲較訂先五月而伯兄已没不及執筆一書其概而期迺獨序其後也深爲痛焉

康熙歲次甲午陽月錫山世系十四世孫松期百拜撰

新脩宗譜世系後序

族之有譜何爲作也所以尊宗祖序昭穆明倫理惇恩義也吾宗之有譜久矣一脩於大司馬端敏公再脩於慎菴公越百年而譜牒散亂不合祖宗所以敦本正族之意季時叔祖彙而纂之侍御大音叔祖脩而成之居易章甫兩叔祖後先襄助之而譜成以小子齡與聞其事命爲後序小子齡何足序宗譜哉無已則以古者聚族之法與吾祖宗之行事告之宗人

可乎古之制凡月之吉少長咸會於先祠拜謁畢齒坐命一人庭誦古訓誦已長且賢者繹其義而諷導之書會者名於冊再會使互陳其所爲其行有孝弟忠信者俾畢且幼者旅拜之而著于其名之下有悖戾之行者命遍拜羣坐之尊者以愧之而亦著于其名之下踰月而能改者如初否則擯不使坐踰年不能改者斥勿齒同姓之人疾相撫患相拯貧相賙死相葬老弱癃殘者相養祭酺相召昏嫁喪災相助不

能然不使與會斯數者本於周制而損益於諸大儒吾祖宗之所奉而常行也今或一行之未必無笑以爲迂者噫是何心也吾祖宗自淮海公以文章節義爲宋名臣處度瑞五遯軒三府君屢遷而至邑城無不世有名德至貞靖府君以碩德大儒彪炳史册而孝子悌弟貞女節婦受

累朝之旌爲鄉邦之重至於科名鵲起物望羣歸則如大方伯中齋公大司馬端敏公先太常文橋府君大方伯虹州公先中丞舜

後序

峰府君職方亭山公司農郎儼海公或載國史或載邑乘攷其行事無不敦倫睦族爲後世法今吾宗人無不自詡甲族以祖宗勲名爲輝赫不知祖宗行事有如是其卓卓者所以流慶綿遠傳之於今也諸宗人亦思所以推本乎哉小子齡不敏請黽勉以從諸宗人之後若夫世次之分合譜序之遠近大音叔祖序之詳矣小子齡何贅焉

順治辛丑錫山世系十四世孫松齡頓首百拜序

惟紀昭穆是爲五世世則遷之宗通於五世世則遷之義
而其旨微矣吾秦以松隱爲大宗固已然十世以後
不絶者僅如綫而必欲以大宗之事屬之則泥矣竹
隱之四世以忠若孝起家梅隱之五世以忠起家此
吾秦兩大宗也固不得以小宗目之也由是而推之
各宗支派莫不皆然儉節公之後有若一誠公約軒
公之後有若恒軒公中齋公之後有若原山公至我
二孝子之後有若通祭府君暨永昌公三孝子之後

有若鶴亭公而端數公之後則有若次山公凡此五六支者其始固皆小宗也今數傳而蕃盛如此其將不得爲大宗乎哉凡此皆所謂五世則遷者也其遷也不獨以世或以貴或以賢或以子孫之蕃碩一言以蔽之曰勉爲善而已勉爲善則大宗可以不廢而小宗可以崛起是故觀於譜圖而凡宗之義亦在其中矣然則宗法可盡廢乎非也各宗其宗而派別支分共祖其祖而情親意睦其嘗爲大宗之後者雖甚

寡弱而不可不與於祭祀之列此雖變而不失常者
也若夫脩明宗法非亢宗者其誰宜爲雖然欲疎遠
之相聯屬也則必自一氣之無乖離始欲子孫之無
忘其祖宗也則必自子弟之能敬其父兄始此又由
近及遠之義而愚敢借揭兩言以告我宗人云若夫
祖訓諄切則前序具在炳如日星鏞勿敢贅是役也
執筆佐余者余弟小匡氏醵金勸義者族弟章甫氏
而捐金好義者登名與數另書於冊至若全譜之不

能悉刋限於力也亦曰先其易而後其難以待後人

云爾宗英飈起鏞則不能無望

順治庚子臈月錫山世系十二世孫鏞頓首百拜敬

題

新修宗譜世系集序

我秦氏宗譜有世系集者特全譜之十一耳然其所係爲尤重云曩者季時弟仰承端敏愼菴兩先生之遺緒纂脩全譜而於世系獨缺若曰吾姑先其難而後其易以待後人云爾族叔居易翁奮然起曰吾本宗長老篁源翁嘗獨辦世系矣非吾誰當繼之於是孜訪勤勞靡間寒暑窮鄉僻壤靡不親歷鏞則執筆以隨其後按圖綴緝稍有微勞功罪兩不任也自已

丑至巳亥稿凡三易而對巖氏自長安歸遂命諸梓
譜既成鏞不可無一言以識歲月迺序曰嗟乎尊祖
敬宗之道不可不講也禮以始遷爲祖繼別爲宗若
我秦氏始遷之祖有三處度府君始遷毘陵之祖也
瑞五府君始遷無錫之祖也遯軒府君始遷邑城之
祖也今淮海崇祀而三祖皆不列於宗祠凡爲子孫
者所當深念也若夫宗法久湮尤宜商搉古者爵位
世及宗定於一是爲百世不遷之宗今則士無世官

亂子姓本而諸家送到文字十巳八九則發累世之
故藏日夜殫精覃思歷數寒暑一再易稿始克成編
總若干萬言凡爲卷二十有三分爲十有四集集各
以其義名其先後之次皆有可言者蓋自先世以來
所得　累朝朝廷文字　君之賜也君賜不可不重
故尊而寶之首之以絲綸集在國曰君在家曰親其
尊一也德容如在瞻仰思慕故次之以丰範集本之
則一族散而殊統同辨異源深流長故次之以宗系

集璨山之陽玄宮來郎肇基發祥實惟伊始故次之以龍圖集魁橋賦詠作配于王卜世其昌歷年滋大故次之以魁橋集名公鉅卿言出爲史刻之金石垂之無窮故次之以金石集交遊往來投贈篇什可愛可傳家之珪璧故次之以琬琰集立　朝疏議鑿鑿可行匪苟言之縣官利益故次之以奏疏集百行之本莫先于孝婦人首善莫大于節故次之以樹聲集發跡科名榮身仕宦功光祖宗業垂孫子故次之以

流芳集功德在人人不能忘生則有生祠遺愛之祠歿則有鄉賢名宦之祀載在祀典膾炙人口故次之以俎豆集魂氣無不之也骨肉則歸于土愛護封植永言孝思故次之以先城集故家風範閥閱攸瞻禮儀卒度見者欽仰故次之以家訓集保族宜家莫善役田後有興者方冊可師故次之以役田集終焉夫生于八世之後而欲講明于八世之前一難也才乏三長學慚游夏二難也先時文字頗簡合之以三父

之力而猶假手于夢卜湯公今日文字繁多任之以
一人之身而筆石皆自已親三難也然則覆餗之虞
雖已幸免而續貂之誚奚能終逃顧七世以前之人
文考之舊譜而可見十有二世以來之事業驗之今
日始可徵則所以繼前人之業而俟後人于無窮者
庶幾不能無小補云爾

萬曆癸未七月既望八世孫淪百拜識

新修錫山宗譜世系集序

氏族立而宗法興宗法衰而譜系作譜系者宗法之一耳古者胙土命氏因以爲族而別子立宗故宗有五繼別者一百世不遷者也繼高祖者四五世則遷者也別子有三公子之別於諸侯也始遷之別於本國也始爵之別於庶姓也是皆得立廟百世宗之五世親盡則各宗其小宗是故奠繫世辨昭穆周官掌於小史先王之爲此所以篤親親正倫理而奠天下

錫山秦氏宗譜

於磐石之安也夫自一人而分至什百千萬人由什百千萬人而追本於一人爲之叙其尊卑合其宴饗卹其喪災維其禮讓薰涵漸漬而風俗成本支固宗法之所繫大矣故曰譜系者宗法之一也去古既遠胙土受氏之别子不可考而庶姓之崛起爲大夫者又不立宗宗不立故收族之法廢徃徃相視如塗人分不足以相統恩不足以相固誼不足以相聯親睦之意微矣其名家右族尚有歷數百年而不替者或

其祖宗盛德餘善有以基之家法之防範稍得以維持其變而族譜之書遂迄於今不墜吾宗秦氏自受姓以後遊聖門者有四唐時籍屬會稽天寶末分徙高郵左廂里今譜之可考者則自宋淮海先生始先生之子處度公爲常州倅遷塟先生於無錫之燦山因家武進新塘鄉是爲毘陵始遷祖十傳而瑞五公遷無錫今之譜自瑞五公始而別圖淮海世系於前故曰錫山秦氏宗譜也譜初輯於族祖大司馬端敏

錫山秦氏宗譜

公爲集十有四而世系居其一嗣族祖愼菴季時大
音叔祖潨園諸公相繼修之期以三十年爲斷潨園
公書成於康熙甲午越今三十有二年矣歲乙丑族
祖郡守薪巖公旋里大人與諸叔父謀繼先烈而年
及大耋弗克任厥勞丙寅小子蕙以
予假在籍得從尊長後與聞其事爰依考舊例分支辨派
搜羅編校任諸宗人之賢者五閱月而事竣迺撥丁
田集費而付之梓冬暮假滿還

朝從兄暘谷郵書京師命序其事小子蕙何敢妄贊一言哉惟是敬宗收族之訓聞於過庭者素矣昔宋范文正公置義田以贍族至今賴之近世如漳浦李氏彭城李氏吾鄉華氏亦有踵而行之者吾錫秦氏自元以來歷四百年祖宗之勳德文章赫然著於史册今子姓日繁科名相望何莫非祖宗遺澤而宗法未立收族無聞非後起者之責歟夫欲廉節禮遜之教行必先敦睦賙卹之誼篤舉其事者厚其資公産之

所入實賴宗子族望之名分整齊而約束之然後可以久存而不僣則由譜系而思収族因収族而思立宗庶不失先王篤親親敦倫理之義此則大人平居所以述祖宗之遺志而族祖諸父昆弟與修是譜者咸有同心小子蕙不敢不握筆而敬爲述也方今

聖天子德洽化成章明百度

敕諭禮臣纂修禮典小子蕙荷承

恩命襄理厥事凡臣庶宗法廟祭冠婚喪葬之節等級隆

殺之文犁然大備將以

頒行天下小子蕙當敬與吾宗人恪遵而奉行之

乾隆丙寅錫山世系十六世孫蕙田頓首百拜謹序

錢氏[illegible][illegible][illegible]譜

錫山秦氏宗譜序

吾秦宗譜何昉乎始編於仁七世祖端敏鳳山公暨七世族祖都事樂易公時爲前明嘉靖七年歲在戊子洎萬曆丙辰笠源公重輯厥後族祖大音公一修於

本朝順治庚子上遡丙辰四十有四年族兄漆園公再修於康熙甲午上遡庚子五十有六年雖歷年多寡有殊而總奉端敏公三十年一修之凡例盖三十年

爲一世人生自少而壯壯而老閱三十年事之變者變定者定未及三十年而修時太近近則苦於冗費過三十年而不修時太遠遠則或至遺忘斯大音公之言正申明端敏公之例顧自甲午迄今日又三十餘年不在應修之會乎譜之所以專名錫山者何也吾秦以淮海公爲始祖淮海公子濟川公倅常郡遷塟公於錫之璨山子孫家於常十傳至瑞五公贅於錫遂爲錫始遷祖故宋元世系圖雖列瑞五公以前

而衍派分支提綱列目凡名字生卒娶嫁與爵位行實一切大書分註以成譜者必自瑞五公始蓋子姓聚居一邑雖久長繁衍而確有承傳他邦詎無編輯而遠稽實難譬諸河源宿海導自積石故專名錫山也客冬少宗伯味經省假旋里仁先以内艱家居因共商斯事就甲午以後之繩繩繼繼者詳彙嚴覈賡載於分支之下凜遵原例不敢紛譌淮海四傳有諱宗邁者遷於洞庭之西山向藏譜稿今兹修輯來討

同刊而錫山洞庭釐然各正開雕未終味經北上宗
人謂小子仁當一言仁踧踖對曰夫何敢公等不讀
端敏公至潒園兄諸弁語乎述駿烈誦清芬揚厲前
休丁寧來裔諄復懇摯豈有未周即編輯規條詳慎
嚴密已精益精更無未議可參小子仁復有何言惟
是吾祖宗纂懿流光垂庥衍澤今日孫枝之繁茂甲
第之聯綿吾宗人當思所以保之尤當思有以承之
夫克紹前徽固顯揚是賴然視躬砥行讀書纘言尤

顯揚之本世固有終身容室蓬戶不登朝籍而孝友
順祥方嚴謹慤不失爲天地之完人鄉邦之端士郎
無忝爲巨族之賢昆者況醞釀蓄積亦終無不顯揚
然則大音公勉爲善之一言非子孫所當勿替引之
者乎抑小子仁更有感焉瑞五公一傳爲松隱竹隱
梅隱三公而竹隱公之後發祥於修敬公今日最爲
繁昌梅隱公之後發祥於先端敏公元勳鼎爵彪炳
前朝自是科名接葉至

本朝廉使公巍科碩望前輝後光目今隸膠庠習博士業者不乏人科名之繩武而起者何寥寥乎雖曰纘承之道不全在是然子孫安敢以是藉口也詩小宛之四章曰我日斯邁而月斯征夙興夜寐無忝爾所生文王之六章曰無念爾祖聿修厥德仁老矣支離小草白首無成明發有懷騂顏汗背齋心祓志告我宗人嗚呼尚其念之哉嗚呼尚其勗之哉

乾隆丙寅錫山世系十四世孫仁頓首百拜謹序

初編錫山秦氏世譜端敏公凡例

一秦自受姓以來中間或遊聖門或登要路代有其人唐時籍屬會稽東海釣者系其遠祖也天寶末避亂分徙淮海高郵武寧鄉左廂里逮五季喪亂相仍天下多故譜諜燬失蔓延十八世祖少游先生以文學顯于宋遭諧謫雷陽建中靖國改元起旋路卒于藤藁殯于潭政和間子湛倅常郡遷葬無錫璨山子孫因家武進新塘鄉人稱秦村至七

世祖瑞五府君出贅於錫之富安鄉胡埭元鴻禧監簿王野舟女以居遂爲錫人爰檢宗圖所載自少游下及占錫世系十二用爲圖紀以遡源本之隆自瑞五府君傳今九葉彙譜以表支流之正蓋先後相去幾四百年其在武進者尚不可考況望其他乎詮次之意竊有在也姑實顛末于首敬識先猷昭垂來久

一譜準漢史記年表唐書世系表參酌歐蘇二氏譜

例列遺像以昭世德别宗法以統元會圖倣周官大宰九兩五宗首提其世大書其名以爲綱分註行字號配仕否年壽卒葬子女之屬爲目自初祖下及五世以見五服之親其第五世復列于初祖之左亦系之以五世是二圖爲九世以見九族之親由九族而至于無宗則第世次列之

一祖宗以仁義忠孝之道傳於世世故所書必先德行而後事功苟能忠於君孝於親友于兄弟信于

朋友睦於姻黨此皆脩身之大者故謹書之或反是數者上悖先王之教下違祖宗之訓雖有聰明材智所不取也

一或者謂女歸有家則畧而不書外他姓也今則詳而錄之有非宜然者昔魯伯姬歸于宋致女以卿三國來媵春秋皆不一而書之有以見伯姬之賢也故得書者亦必由其孝悌節義之足稱焉耳

一女婦之行不出閨門詩曰無非無儀當其哀苦之

餘載其貞淑者有之苟於無事之時不敢以善自
聞故多忽畧是譜之脩蓋欲垂憲後世使男位乎
外女正乎內永綿雍睦之風凡有懿行錄之以爲
閨式一切浮辭溢美不錄
一三殤登譜於禮有礙如有長殤以上記名於本生
左中間或是關繫教化重爲世則者表而出之
一舊有名無字及行名者因之不知其事行之詳者
闕之不敢妄自誣飾

一生者雖賢不得立傳蓋倣史家通例也

一凡出繼異姓及異姓來繼止記名於本生及所後父名之左以繩冒亂如從釋老教者不錄

一列祠墓以重本之所由出別徙派以遡支之所由分

一譜以三十年爲率宗子訪求闔族新生嫁娶卒葬等項事實務要代相增入毋致坐視廢興如出三代不脩并私鬻與人致他姓竄入者俱以不孝論

一瑞五而下至現在世數凡十三世每五世爲一圖
圖凡三
一凡無嗣者竟書絶於其下恐有伺隙而竄入者是
以雖當爲後五世之宗亦不收載
續修世譜愼菴公凡例
一譜作于世父而修于今日原命曰錫山秦氏世譜
譜爲錫山秦氏作也秦氏非五祖之後産于錫者
不登于譜

凡例

一自絕于祖爲異姓後者不登于譜

一自棄于祖流爲異端者不登于譜

一自遠于祖遷徙他郡邑者不登于譜

一辱及于祖身陷大戮者不登于譜

一不念厥祖降爲皁隷者不登于譜

一附麗于祖强爲之後者仍存所後之下而著其本來姓氏使他人觀之不知其爲絕之也自夫人觀之則知天親非可以人爲矣

一三支分爲八宗蓋煩簡之別大要則不出五宗之法

一內外傳皆據先今見在文字次第其語爲之間亦竊附己意然皆見聞故實其三世以前原無文字故其辭略四世以後始有文字故其辭詳若生雖近世而原未有文字或雖有而不存或雖存而不嘗送到並闕之此亦文獻不足之驗也

一生者雖賢不傳

凡例二

一子孫輩雖賢雖故不傳其有科第仕宦實跡誌銘等項文字竝從記錄以備他日修譜者有所考據而爲之傳

一譜主書美不書惡凡事有功光祖宗者因事起例各以其類爲集而表識之若其有惡則直削之而已

一孔子歎文獻之不足徵文與獻相資而互發者也凡先世文字或往或來有關道德性命文學政事

教化勸率者竝皆登錄其或煩猥不堪者則直削去若詩文等集之類則但錄其序文以見編纂之旨

一每集每項之後空其左方以俟後日漸次補入

重修世譜笠源公凡例

一日月居諸支姓繁衍或有以孫繼祖則上侵有以弟繼兄則下移尊卑昭穆奚容紊置僭爲正之雖起端斂諸祖先於地下必不易鄙言也

凡例

凡例六

按笠源公譜例云尊卑昭穆不容紊置雖起端敘諸
祖先於地下必不易鄙言嗚呼何其思深而慮遠也
近世有姪可嗣而嗣姪孫者以愛憎爲取舍其紊序
實甚遂過飾非至撫據高忠憲事爲口實不知高氏
三世单傳繼成公又無弟可嗣事理情勢實有萬難
非若吾宗子孫繁衍明有可嗣之人徒爲亂宗之舉
反欲藉口忠憲欺人乎欺祖宗乎今敬遵笠源公例
願吾宗族永守家法毋紊世次是所望也松期謹識

宋元世系譜圖序

吾宗之以淮海爲始祖所從來矣然錫山新譜止以始遷之祖瑞五府君爲第一世而自瑞五以上接淮海凡十餘世皆略而弗詳所存舊圖止列行名及承事秀才之稱諱號履歷既不具存旁分支派亦無可考憶往時有族人望祠門不肯入曰吾惡知若之爲吾祖也而趨拜之夫苟不得其源流之詳則其說亦未可盡非也一日有毘陵族某公挾其先世樂畊公

序一

譜以遊於錫寓族長老家鏞聞乃求而得之則淮海
源流洞然可考遂錄副本秘笥中幾二十年會新譜
成乃出是本校正之又演之以圖而附於追遠集之
後使後之子孫考而知焉庶有所據依而知其不可
誣矣爰考淮海之生實維宋皇祐元年己丑迄今已
丑凡六百年錫山新譜則自 國初至今後三百年
之譜也毘陵舊譜則自宋迄元前三百年之譜也故
名之曰宋元世系譜圖以別於今之譜圖示不敢有

加於前人也或有難鏞者曰譜圖之始於瑞五前序

已備言之矣今乃踵而增之以侈於前人何哉鏞應

之曰世道之變也有慕今人之顯者而冒之以爲宗

者矣有慕古人之賢者而冒之以爲祖者矣雖高下

不同而其誣則均也既冒人之宗以爲宗矣逐而考

其朞功之族屬而不相往來也既冒人之祖以爲祖

矣逐而問其高曾之規矩而茫然不辨也此亦勢之

所必至也今鏞之爲此圖也夫亦求詳焉以别於今

序二

之欺冒者而已然則譜圖雖前人之所未備而其義則前人之所不非也用述其意以告我宗人故爲之序

順治己丑八月淮海二十二世裔孫鏞百拜撰

宋元世系圖後跋

按毘陵宋元世系譜與錫譜所存舊圖世次皆合而不合者獨南翁一人據錫譜則處度公之子爲南翁南翁之子爲小十承事據毘陵譜則處度公之子郎爲小十承事振南翁而無所謂南翁也或曰小十以南翁爲父故號振南愚以爲不然者以南翁爲父而爲之子者皆以南爲號則皆當有企慕肖似之意而小五承事不當云隱南也且所云南翁者非諱非號

疑即振南翁之稱而後人脫誤略之云爾蓋自江北
遷江南自處度公始故處度公之子其一則曰吾殆
將隱于江南乎故曰隱南也其一則又曰吾後人其
將大振于南乎故又曰振南也雖不可知其然否庶
幾近之不然此譜諱號履歷世次莫詳焉而獨缺此
一代何與但錫邑譜圖相傳已久故並列本支兩圖
於全圖之前傳疑焉可也抑譜中傳疑者又有二如
大宗十二世之福隆今爲高郵始祖而譜云無考小

宗六世之萬一今爲上海始祖而名諱不同是皆可
疑豈因世亂遷徙故莫得而詳耶然考之世次時代
皆合故並論著之若本支一派當止於瑞一瑞三瑞
五以接錫山之譜而今又過五世者以瑞一派之樂
畊公輯毘陵譜瑞三派之茂稷公見錫山志皆不可
鈌而又以略識瑞一瑞三兩宗之大槩云

鏞百拜跋

跋二

錫山秦氏修譜源流

宗譜全集 嘉靖戊子

瑞五七世孫　金　初編

七世孫　鏜　校閲

七世孫　鋭　參校

八世孫　瀹　續編

九世孫　梁　參校

十世孫　燿

輯六朝恩命録

十二世孫鎡　新編

十二世孫鏞　校定

十二世孫鍈　叅校

宗譜世系　萬曆丙辰

九世孫寀　初編

十世孫延蒸　校閱

十一世孫堈　叅校

十一世孫達聰　續輯

世系前集順治庚子

十二世孫鏞　初編

十二世孫鍈　校定

宗譜世系順治庚子

十二世孫鏞　新編

十二世孫鍈　校閲

十二世孫公鑲

十三世孫淙

十四世孫松齡　參校

宗譜世系 康熙甲午

十三世孫德藻

十三世孫沚

十三世孫之鴻

十三世孫鄹洛

十三世孫源賓　彙輯

十四世孫松齡

十四世孫松期
十四世孫松喬
十四世孫松如　編次
十四世孫梟
十四世孫巽權
十四世孫樹績　校訂
十五世孫道然
十五世孫朱干

十五世孫靖然
十五世孫軒然　　　　　　　　　　　　　　　　　　　　參校

乾隆丙寅修譜編校子姓

瑞五十四世孫　本始　秉丰　仁

果誠　樹瑚

十五世孫　道然　孝然　實然

敬然　始然　祖然

榮　壽然　瑞熙

丙熾　元馴　元驂

十六世孫　芝田　致　藍田

昆田 東田 甸

莘田 琦 雲翼

勇均 蕙田 雲衢

雲萬

十七世孫

銶 銖 元釗

銘思 鐄

錫山譜宋元世系本支圖

觀

湛 通判常州

南翁 武進新塘始祖

小十承事

念八承事

三十七承事

細二承事

六一秀才

萬九秀才

三二秀才

曾四秀才

瑞五秀才 贅居無錫胡埭始祖

毗陵譜宋元世系本支圖

觀

湛　字處度號濟川任常州通判

小十　諱熙字世和號振南

念八　諱師曾又諱同倫任蘭溪主簿

三七　諱宗舉字彥川例授冠帶

細一　諱時暘字應和號復菴

六一　諱冀字德威又名詔庠生

萬九　諱充字文寶號樂川

三一　諱懷又諱州字克義號繼開

曾四　諱謨字禹卿號我軒

瑞五　諱惟禎字國祥號起山

按南翁一代錫山譜有毗陵譜無訛見後跋

宋元世系統宗圖

觀

湛

小五照　小十煦　十一熙　二十烈

大宗圖一之一

照

師尹

宗器 字彥成 任迪功郎
- 時安 絕
- 時福 絕

宗道
- 時禮
  - 葵
  - 菊
- 時望
  - 蕡

俱無考

宗學 絕

宗立 任工部架閣
- 時言
- 時化

俱無考

世系圖

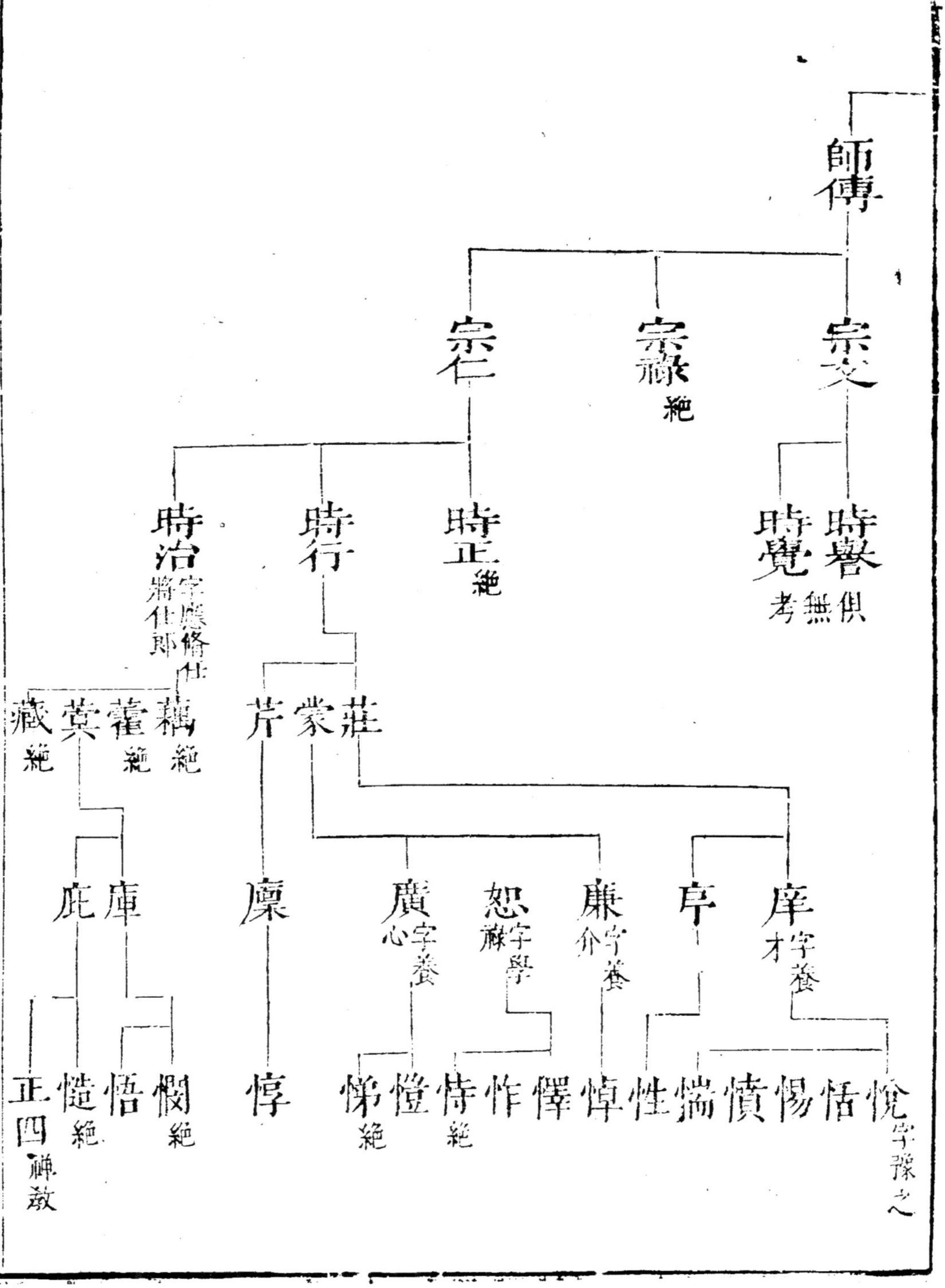
師傳
宗文
宗祿 絕
宗仁
時譽
時覺
俱無考
時正 絕
時行
時治 字應脩 仕將仕郎
藕 絕
藿 絕
莫
藏 絕
莊
蒙
芹
庠 字養才
序
康 字養介
恕 字學蘇
廣 字養心
廩
庫
庇
悅 字豫之
恬
惕
憤
惴
性
悼
懌
作
恃 絕
愷
悌 絕
惇
憫 絕
悟
慥 絕
正四 號敬

大宗圖一之二

悅　恬　惕　憤　惀　性

讚絕　詔絕　訒絕　信　讜　訓　諤　謔　謁　諆　註

崇道絕　崇德絕　崇古　崇善　崇仁　崇義　崇禮　崇樂以吏能任叙州府同知　崇謙　崇約絕　崇簡　崇潔　崇原絕　崇裕　崇雅絕　崇正絕

正心　正己絕　正君　正民　正原絕　正德絕　正道　正家　正國　正禮　正綱絕　正紀　正紳

昌絕　昱絕　晃絕　旦　晨絕　昊　晟絕　杲絕　星　景　昂行福五　昇行福六今爲高郵始祖　暘行福八　昆絕　曷　杲絕

志達　志遠　洪善　洪道　洪德　洪澤　元善　家　集　樂

宋元世系圖

惇　懌　怍　愷　停　悟

試　誠　訥絕　語　談絕　誓　許　諜　議　誦絕　謳　謹

崇周絕　崇祖　崇聖絕　崇智　崇儒　崇教　崇毅　崇業　崇化　惟吉　崇寬

正黼　正黻絕　正家遷洛祖　正冕絕　正冠　正履絕　統　緯　緒絕　經絕　綸絕　繹　正倫

昕無　昉考　暄　明　曜　曠　晥　旻　昇　晏　旵　炅　彥武　彥文　彥淮　子美

槃　○

小宗圖二之一

煦
- 鈀
  - 宗進
    - 時雨 絕
- 鏂 絕

宗雍
- 時春
  - 芝 絕
  - 蘭 字德芳
    - 立 字文卓
      - 怭 絕
      - 愜
    - 音
    - 章 俱絕
  - 蓝 絕
- 時泰
  - 蓮
  - 苗
  - 萸
  - 藥 俱無考
- 時亨
  - 莘 絕
  - 英
    - 彥
    - 奇
    - 莖 俱絕
  - 蔚 絕

宋元世系圖

五

師曾

宗舉　宗選

時暘　時瑞　時禎　時習　時啓絕　時偉絕　時敏絕

董　藎　蔓　華　蔭　芬　茂

京字文萃　袤字文華　充字文實　方字文正　玄字文声絕　奕字文盛絕　豪字文英　亮字文偵　高字文明　亶字文厚　商絕　元字文初　雍絕　率字文用　哀　臺絕　亭絕

憚　慵絕　惟絕　情　懷　恒絕　慈絕　愈俱　恩絕　懲俱　慤絕　憲　懋絕　懋　本忠絕　思祖　思用絕

小宗圖二之二

悏 惲 情

調 諚 諾 詢 諒 俱無考 詩 詞 絕

惟相 惟臣 惟忠 瑞一 惟孝 瑞二 絕

軻 轂 輳 絕 輅 軒 絕 輔 弼

紹龍 紹麒 紹麟 盛五 一作紹威 盛八 紹安 紹寧 紹逌 紹遠 紹達 紹宗 絕 紹成 紹勇

公禮 公俊 公偉 公化 公議 公謙 公謹 公濟 公渙 公治 道行 道成 道鑑 道銘 道顯 無考

惟中 惟和 惟明 惟誠 惟賢 惟尊

宋元世系圖

懷　憲　懋　思祖

謙　謨　訴絶　護　讓　訟　諱　諫絶

惟仁瑞六　惟善瑞三　惟禎瑞五見錫山譜　惟裕　惟祺絶　惟禧　惟祐　惟穰絶　宜仲　延澤俱　延譽無　延齡考

宰絶　貴　圭　誠　恭　懷德　叔鼎　叔舉俱　叔巖無　文禮考

仲亨　仲華　仲達　仲輝絶　士能　士敬　士彬　祖道　忠道

均澤　均茂　均傑絶　均行　均靜　均徹　均深　均溢　均輔　均肅　均章　元瑞　天瑞

彧　昇　昂　曦　晟　厚　璞　欽　公誠　錀　鎬　時佐　時輔　端　莊　謹　良　方　初　新

小宗圖三

熙——師閔

師閔
- 宗遠　以下俱無考
- 宗達
- 宗道
- 宗迪　一云宗迪即塘頭派之祖

小宗圖四

烈

師古

宗建

適 以下俱無考

宗邁

遜 今爲洞庭始祖

宗述 絶

宗蘧

逵

适

遒

七

- 瑞五
  - 伯容
    - 彥可
      - 宜中
      - 行中
        - 元
          - 錫
            - 鎬
              - 汾
              - 浙
          - 脩
            - 鎡
              - 漑
                - 柯
          - 民
            - 鈆
              - 汀
                - 樓
                  - 鋈
                    - 塾
                      - 鋅
                        - 宗淮
            - 鏊
              - 涯
                - 柟
                  - 炎
                    - 堡
                - 穀
                  - 燠
              - 潚
                - 檳
        - 皙
          - 泰
  - 仲益
    - 彥誠 無嗣
    - 彥和 另圖
  - 叔謙
    - 彥起 另圖
    - 彥白 無嗣

- 彥和
  - 孟昇
    - 璽
  - 仲昇
    - 瑾
      - 勉
        - 佳
          - 周
        - 俊
          - 堉
            - 宁
          - 堪
            - 竂
              - 烺
                - 玉振
                  - 三錫
              - 烇
              - 熑
                - 玉膏
                  - 鳳錫
                    - 泰淶
                      - 蕙林
                    - 方淶
                      - 盛林
                        - 炳章
                  - 龍錫
                  - 麟錫
                    - 曾淵
                      - 果臣
                      - 果政
            - 㮚
              - 燭
                - 士原
                  - 之銘
                    - 鄴洛
                      - 果斌
                        - 丁奇
                      - 果確
                        - 若熊
                    - 尚渭
                      - 果明
                        - 若騏
                        - 若驥
                      - 果毅
                        - 若駒
                        - 若騂
                        - 若駰
        - 傑
          - 堯
            - 宣
  - 叔昇 闕

李昇 圖另

勵 儀 坦 宇 炯 達忠

達孝 錫康 奕泳 逢霖 樂然

天然

宙 灼 達敬 公鎧 邁泳

達聰 公鑲 松泳 柏龍 丕顯 歲星

恩星

丕烈

蘭泳

公鈴 星源 樂莘 大鶴

大鵬

霖源 樂蔌

霞源 樂渭

寅 照 達善 錫玄 邦澄 柏齡 焞秋

柏年 芳秋 信圭

之鏡 尚烈 臬誠

臬燮

夢龍 若麟

臬園 若鯤

若鯉

夢蘭 若鳳

邦清—柏心
- 儀炬
  - 室豫—京鍾
  - 室熙—京鉉
- 儀燧
  - 培仁—京鎬、京錫、京銘
  - 培明
  - 培臣
- 儀[火道]
  - 培九
  - 培文
  - 培修

茂秋—躬圭

濟秋

柏祥—煥文

熑 熱

達相 達權 達道 達德 壎

錫氏 錫美 錫厚 順鍾 公鎔 公鍢 公鏐 公銛

邦濟 邦沛 邦潤 鳴九 泳喬 泳源 泳曾 泳年 泳楚

柏葳 柏裳 柏時 柏英 柏珍 楠杞 楠樑 楠榮 楠欣 楠樛

燦文 炯文 爗文 燝文 炳仁 炳義 攸灼 焻牯 焻牧 焻特

銮 垸 道元 道先 室宜 均 垣

- 完
  - 燿
    - 垌
      - 公鑾
        - 泳蒲
          - 集
            - 焻牡
              - 北海
      - 公鈖
        - 棠泉
          - 廷桂
            - 六夏
              - 天培
    - 坪
      - 公鋆
        - 泓泉
          - 高來
            - 二夏
    - 詔
      - 鍊
        - 温泉
        - 甘泉
        - 淵
          - 棟
      - 鍔
        - 原泉
          - 廷樞
            - 煥
            - 煌
    - 永祐
      - 鏡昭
        - 鴻志
          - 大霖
            - 文煜
      - 鏡瑩
        - 鴻德
          - 汝霖
      - 鏡彰
      - 鏡朋
    - 璿
      - 庭
        - 復泰
          - 果謙
      - 鏻
        - 辰泰
          - 果豫
    - 璋
      - 金聲
        - 自齊
          - 之樞

泳芳

虎

偉—坤—宏—爍—達邦
　　　　　　　達家—錫祉
憲—煒—達志—錫命—濰澄—蓁茂—星燦
　　　　　　　　　　　　　　　晟燦
熊—達節—公錫—津—蓁盛—文顯

庠—室
寶—炳—達仁—錫賢—泳翹—芬桂—文煥
　　　　　　錫良—泳茂—連桂—文烈
　　　　　　　　　泳蓁—蟾采—文煒—桓圭
　　　達義—萬鍾—邦沃—貽采
　　　達禮—錫忠—邦淅—佳桂
　　　　　　錫孝
　　　達智—錫榮
　　　　　　錫華
成
察—熇

金奏—龍祥
　　　龍祺
　　　祐

熊—達化
- 錫忠
  - 泳蕭—同柏
  - 泳蓼—以柏
- 錫興—泳蘭—恒柏
- 錫義
  - 仁霑—新柏
    - 日燦—在田
    - 日烈
    - 日燮—公田
  - 仁滋—秀柏—日煊
  - 仁潤—茂柏
    - 日煒
    - 日熙

達操
- 公鐮
  - 漪—蓁義—武[illegible]
  - 溢—蓁美
  - 淇
    - 蓁妍
    - 蓁艷
- 公鋮
  - 洲
    - 蓁榮
    - 蓁華—熊士
  - 滂—蓁棐—熊占

仁淵 操柏 日㘸
挺柏
羔 達信 鼎銘
鼎鑾 勇漸 本達 禮羔
鼎錡 忠漸
孝漸 殷朴 煥文
煥章
煥祥
炘 達華 鼎鍾 季賢 柏仁
柏義
達英 弼欽 文漸 柏禮
柏智
柏信 炳宗
憲欽
侃 堅 宋
寵 然 達材 錫蕃
爊
寨 燧 達政 鼎鉉 仁漸 柏鱗 虞羔
仁羔
本良 鳳羔
本衡 舜羔
善漸 本誠 義羔

- 慶
  - 伸
    - 培
      - 宋
      - 寔
        - 焴
          - 達謙
          - 達讓
            - 恒錫
              - 文江
                - 桂芳
              - 文淮
                - 桂芬
          - 達恭
            - 衍錫
              - 文漢
                - 棟
                  - 燕
                - 楨
  - 倫
    - 奎
      - 寧
  - 侑
    - 基
      - 定
  - 仲
    - 㮩
      - 守
      - 宿
      - 宗
      - 宰
- 播
  - 昂中
    - 文卿
      - 沾
        - 㮨
          - 焆
    - 武卿
      - 洽
        - 檻
          - 煬
    - 仁卿
      - 湝
        - 架
          - 熄
    - 德卿
      - 潾
        - 柯
          - 熾
            - 達文

錫山秦氏宗譜　宗支圖三

叔昇

杲　孚

德孚　錡　鉞　錀

鑑　湘　洛　治　渙

滋　楠　梧　栻　柔　梗　檟　楨

檍　煐　炌　斷　之美　濟美　成美　燻　焰　熠　炯　焙

圭　瑛　起雲　起龍　在明　在新　在止　通福　爾陞　爾坊　繼先

錫胤　之屏　朝銓　之球　之鍠

嵩涵　嵩滋　嵩源　嵩洽

元桂　旣深

潮　濤

札　榆　槙　校

煒　焻　燎　熤　焴　焞　燁

致遠　可遠　逵　遠　弘基　永基　廷珪

元錫　元錦　鏡　銧　鑌　鋭

瀼　淵　源　浚　法　渭熊　既治　渭儒　蓀源

松立　種麟　種德　種玉　燦馨　元中　種亞

順焜　暘　熙　丙　蒸　顯祖　皀　午　心

邁玉　堃　百瑞

鐵

炯

廷璧 廷基 廷璽

鋼—汝壽—種一—煜
汝壽—種丸

射鍭—汲—種龍—麗

仁錫—濟—種鳳—[redacted]—待
仁錫—洪—種瑞

義錫—治—種美

廷基—鍾德—龍源—滋椿—炳仁—瑗
滋椿—炳義—琭
滋椿—炳禮

鍾德—濤太—滋樾—鶴翊—佑培
鶴翊—佐培
濤太—滋橒—鶴皐
滋橒—鶴亭—增培
鶴亭—勝培
鶴亭—鳳培
濤太—滋棟—鶴立
滋棟—鶴齡—裕培

廷璽—鍾秀—之源

廷璋 — 鍾奇、鍾英

源培

滋楠 — 鶴鴻、鶴朝、鶴鳴、鶴天

熠 — 瓚、璠、璜

瓚 — 若金、如金、鏊金

若金 — 溥時、淵時、濟時、濬時

淵時 — 本理 — 煌文

濟時 — 楚材

如金 — 方潆、方潜、方洄、方濆

方潆 — 本卓

方潜 — 賓秩

鏊金 — 渼 — 朝棟 — 瑞耀

璜 — 南金、銘鑑

南金 — 灘 — 廷樞 — 文耀

銘鑑 — 淮 — 廷標 — 龍耀

煥 — 廷琮 — 良金 — 逢源 — 從本 — 乾

杭 — 熣 — 廷珮 — 式金 — 泓 — 立本
熄(熣之弟) — 廷瑜 — 鍾祥 — 濱暘 — 懋昭、懋功、懋時
懋昭 — 鳴岡
懋功 — 鳴九、鳴皐、鳴遠
懋時 — 鳴岐、鳴山、鳴喈、鳴和
熺

思本

檄 — 焞 — 至文 — 祖寀 — 澤澍 — 懋杕
　　　　　　　　　　　澤濮
　　　至化 — 銘尊 — 承經 — 羲、稷、和
　　　　　　　　　承綸 — 荻、蕃
　　　　　　　　　承緯 — 褒、葆、賚
葆 — 熙載、熙鴻、熙皞
賚 — 熙咸

集 — 文煇

至道

銘敦—承綬—楚
銘粤—承衍—擧

銘藝
澤沂—嘉植—承煥
澤潛—芳植—文烜—德基
文炳—鎡基
芸植—永壽—成基
澤瀕—楙植—爲煥
文煥

銘常
澤漸—敏桂—焯
炳
敏松—爲灼—弘基
煥文
燕樂
敏榆—熙文
澤鴻—敏樹—爲耀
敏棣

孝孚　鑾　涇　植　敏棍　爲焙

渼　㰖　光　爾墉　之録　洵如　元松　煥章

瀾　森　爾垣　元柏

鏊　浸　元桂　煥文

洪　朴　烓　士嶙　之錩　洵儀　天桂　廷爕

渟　枝　之鎔　洵侯　元栝　廷熀

之鉥　洵美　廷耀

盤

士墻　之鍊

炊　士塘

鋈　滔　士城　之鈴

涯　梗　之錞

惠孚　鑑　潑　桓　顯揚

洪孚以異姓爲嗣　浚　材　美中

杲

昊　澤孚　鐘　澗　梧

沂　松

景明

鐘—津—楙—烸—墳—鐿—治平—永樸
　　　　　　　　　　　—銘—治寧
　　　　　　　　—壚—欽貽—治隆
　　　　　　　　　　　　　—治昌
　　　　　　　　　　　　　—治琳
　　　—林—點—至德
　　　　　—煜—至達—鎔—治成
　　　　　　　—至顯
　　　　　—熗
　　　　　—烒

錦—滄—克熹—烔
　　　　　—美—重芟
　—河

濟孚—鉦—洄

澄孚—鐸—潽

季昇

旭 — 夔 — 銳 — 濂 — 檣 — 熤

仲孚 另圖

永孚 另圖

熠 — 應室 — 錦德 — 仁洛

燔 — 應奎 — 錦文

錦章 — 仁淵 — 果英 — 于祿 — 順鶴

順龍

錦中 — 仁源

錦茂 — 仁浦 — 果高 — 天壽

天福

天元

應星 — 錦心 — 仁潛

錦奇 — 仁澤 — 龍 — 之煥 — 王興

之熚

懋臣

楚臣 — 之烇

棟臣 — 之炴

桓臣

仁液 — 世楨 — 之勳 — 主道

之熙

應壁

曄 — 秋 — 超

起

璧 — 金相 — 宗海 — 松 — 自然

汶
榛

爖
彭　錝　于沚　蕙森　文煥
　　鈁　于沼
坤　宿鍾

恢
允堅　和鍾　承浩
　　　　　　習涥
允莊　應鍾
　　　繼鍾　有渝
　　　忠鍾　枝紅

雷震　元鍾　世澤　原標　明烈　增益
　　　　　　　　　　　　文烈
　　　　　　世泉　廷標　宣烈
　　　　　　　　　　　　宣勳
　　　可行　文瓏

潮　望　駿烈　培風

室　金式　學泗　邦榮
　　鑄　學渭
　　鉼　浩生　天植
　　　　衍元　時霖

- 煋
  - 利鍾
    - 世法
      - 東曙
        - 弘烈
          - 培山
    - 永寧
      - 東昇
        - 丕烈
        - 承烈
  - 貞鍾
    - 文濂
      - 東昂
        - 繼烈
    - 永清
      - 本敬
        - 壽
      - 耀珠
      - 本豫
      - 本韶
  - 雷鳴
    - 世欽
      - 思沂
        - 積慶
      - 之灝
    - 鍾球
      - 衍儀
    - 汝欽
      - 淵
        - 歐來
          - 耿光
        - 東來
          - 義烈
      - 濟
        - 曾來
  - 時御
    - 欽建
      - 麟洲
        - 采譽
          - 煥綸
            - 振玉
          - 煥發
            - 天球

采齊　口昣
采彰　起鳳
采惠
采受

鳳洲　惟梅　烋　阜
　　　　　　烝　敦
　　　　　　　　凝
　　　　　　燮
　　　　　　燾

倏　允玉　錫晉　宗淮　岱松
　　　　　　　　　　　峻松

琰　時中　鉅芳　永年　楚書
　　時和　鉅英　如海　用楫　承烈
　　　　　　　　　　　　　　希烈
　　　　　　　　　　　用霖
　　　　　　　　如瀾　大麓
　　　　　錫圭　永昌
　　時舉　錫暢　左灋　楙高　德玉

錫山秦氏宗譜　宗支圖四

德功

右澗　學海
梅村　荷村　杏村
德勝

時化
永欽　永鋣　永錠
沂曾　汪叟　龍澤
高梁　姚梁　狄梁　季龍　季友　李隨　鄒梁

椿
炶　熉
培真　培元　培德
之鉦　鉚　鋣　鋐　鍋
宗演　宗淳　宗澤　源永
本茂　栢峻

熮 天培 協鎮
世培 協鑌
燽 城 鑕
堿
堿
𡒄
烑 致中
致道
烓 琮 宇鈞 沾 能本
璜 宇鉉 沼 能楷
招
湑 能樹
湘 能秩
能新

培赤 鋅
鋺

流長 栢年 世美
進美 君瑞
文瑞
士美
韶美

琱
宇錕
洛
能栗　能相　能棋

濬
能標

漢
標
熙宗　煒宗
垙
鐲　鈵　大錫
如湖　如濤　如江　如洲
弘學
元林
啟熊
肇基　開基

- 永孚—鏜—淮
  - 采—燦
    - 墀
      - 欽仁
        - 清
        - 澄—懋昭
        - 洪—懋禎—炘—定遠
        - 淳
      - 欽順
        - 浩
          - 樞—惠然
            - 可遠
            - 宏遠
          - 機
        - 濛
      - 欽復
        - 洪亮
        - 洪裕
      - 欽德
        - 鴻績
        - 鴻緒—舜年
    - 陞
  - 禾—炳—[illegible]—鍾
    - 濚
      - 樹芳
        - 弘焜—文垣
        - 弘煬
      - 樹馨
        - 武烈
        - 弘炯—文琪
    - 瀾
      - 樹猷—爔—夫聲
      - 朝棟—炎

錫山秦氏宗譜　宗支圖五

- 漳　另圖
- 瀚　另圖
- 涵　另圖

- 棻　另圖
- 楠　另圖

- 熣　另圖

- 樹穀 — 雄飛 — 鳳聲
- 鏤
  - 泚 — 樹芬
    - 弘熹 — 玉書
    - 弘燕 — 玉堂
  - 渻
  - 洄
  - 濟
    - 樹績
      - 其煌 — 文基
      - 其焯
    - 樹國
      - 其炘
      - 其烜 — 文壎
      - 其燻 — 文圭
  - 泓 — 樹敏
  - 存溆
    - 樹嘉
    - 樹隆
  - 存衍
    - 樹屏 — 星
    - 樹奇 — [redacted]
    - 樹人 — 雄褒
      - 在東
      - 在亶
  - 存潤
- 鎡
  - 湄 — 天保
  - 澳
    - 仁紀 — 文熊
    - 肯穀 — 祥熊 — 位坤 — 鍱
    - 肯穫 — 有熊 — 儀坤
  - 涘
- 鋙

十四

- 陛
  - 瑞鍾
    - 滌
      - 懋功
    - 浩
    - 灑
  - 鼎銘
    - 淑高
    - 灊高
- 璽
  - 鼎鋐
    - 灊高
      - 棨
- 垶
  - 英鍾
    - 溭
      - 恒榕
        - 暭
          - 瓚
      - 繩榕
    - 浚
  - 蔭鍾
- 堠
  - 鳳鍾
    - 永誠
      - 樹瑚
        - 鷟
        - 鷗
      - 朝楷
    - 永隆
      - 朝模
    - 永年
- 在
  - 鍠
    - 仁浩
      - 樹德
        - 弘煜
      - 樹勲
    - 仁溥
    - 仁淵

耀—埈—伯欽—德滋—松年—世熙—堯雲—新鑑

松年—重熙—堯文—明鑑

堯文—如鑑

德滋—松九—寧熙—堯廷—鍾英

松九—續熙—堯卿—鍾麒

松九—義熙—堯封

松九—淳熙—堯仁—鍾尹

堯仁—鍾勇

松承—緝熙—堯臣

松麟—純熙—堯章—鍾傑

松麟—雍熙—堯功—鍾美

松五—元熙—堯心

元熙—堯中

松辰

伯欽—德伊—松存—載熙—邦基—嵩銓

載熙—弘基—衡銓

德伊—松際—永熙—肇基

- 松彥
  - 貞熙
    - 孝基
      - 在鎬
  - 利熙
    - 明基
- 德淇
  - 松高
    - 咸熙
      - 琴堂
    - 敬熙
      - 含英
        - 元聲
          - 應洛
        - 振聲
      - 琦
        - 駿聲
          - 洞
          - 溶
        - 友聲
          - 濤
        - 倍聲
          - 福汲
        - 鳳聲
          - 成六
          - 溥
        - 和聲
        - 鴛聲
      - 珩
        - 嗣聲
    - 春熙
- 德汾
  - 松龍
    - 燾熙
      - 載峰
        - 元錫
        - 永錫
      - 載鎮
        - 廷錫
      - 載[illegible]
        - 三[illegible]
    - 樂熙
    - 存熙
    - 文熙

祖熙

松鳳
- 道熙
  - 載洪
- 懋熙
  - 載起
  - 載振

德行
- 松巖
  - 成烈
    - 孝坤
      - 維鏞
      - 維鍠
      - 維錦
  - 揚烈
    - 順坤
      - 維鎬
    - 震坤
      - 維鍾
- 松嶺
  - 紹烈
    - 厚坤
      - 廷鉽
    - 應坤
      - 廷鏞
      - 廷鏴
      - 廷鈺

- 仲錫
  - 德澄
    - 松齡
      - 道然
        - 芝田
          - 應鈞
            - 溥
            - 灝
        - 惠疇
          - 體鈞
          - 鳴鈞
      - 祖然
        - 瑤田
          - 文鎬
          - 文鏡
        - 恩田
          - 文鎔
          - 文鍵
      - 易然
        - 蕙田
          - 泰鈞
          - 鼎鈞
      - 明然
        - 周田
          - 宏鈞
      - 壽然
        - 鄉田
          - 度鈞
        - 杏田
        - 聖田
    - 松岱
      - 實然
        - 春田
          - 鴻鈞
            - 沛
          - 龍鈞
            - 濟

廣鈞

應鏞

應鐸

鳳鈞

舜燕—中威—鈁—濤

舜燕—巖—鉷—潮

巖—鉍

德藻—松期—始然—藍田—秉鈞—懷清

藍田—和鈞

藍田—調鈞—震濤

調鈞—運清

藍田—鍾靈

始然—土田—樂鈞

土田—宏鈞

始然—天田—文鍷

始然—鵬程—陶鈞

軒然—琥—雲錦—鴻

存然—圭田—鏊
　　　　　—銓—漢
起然—時—銑
　　　　—銚
　　　　—錦
　　　　—鈰
瑞熙—兆雷—仁鉷
松喬—孝然—圭田—鉌
　　　　　　　—仙鑾—永仁
　　　　　—鶴田—商鑾—永壽
　　　　　　　　　　—永禧

弘—士錦—汲
錦鱗—廷鋐
文錦
書錦

- 靖然
  - 在田
    - 笙鑾
      - 永羲
    - 鏊
  - 鳳
    - 殿鏊
      - 永祚
  - 雨田
    - 鑾昇
      - 永寧
    - 和鑾
  - 南田
    - 祥鑾
      - 永福
      - 永言
    - 鳴鑾
    - 調鑾
    - 星鑾
  - 力田
    - 應鐘
      - 一源
    - 廷鐘
  - 研田
    - 宏鐘
    - 黄鐘
    - 萬鐘
      - 宗瀚
      - 宗瀛
  - 餘田
    - 宮鐘

松如

文然　憲然　敬然

莘田　荷田　雲會　雲萬　昆田　東田

獻鐘　嵒　鑄　鏤　鉞　鍔　朝釪　廷釪　紫釪　銘思　鍾瑞　鏶　鑌

學海　宗海　觀海　洙　泗　漿　泉　溱　霨　湓

錫山秦氏宗譜宗支圖六

- 鍠
  - 渼
- 恬然
  - 星田
    - 元釗
      - 若涵
  - 甸
    - 文釗
    - 武釗
      - 毓洙
    - 大釗
    - 祖釗
    - 齊釗
  - 雲翼
    - 鼎銘
    - 新銘
  - 雲衢
    - 士鈖
    - 士鎔
    - 士鍈
- 榮
  - 鳳翼
    - 泰初
  - 孫田
    - 復初
    - 籌初
    - 瑞初

十七

德湛—松衡

松虬—景然、純然、修然、竹然、處然

裕初

景然—孟堅—鎬

純然—禹田、份田

份田—錦、鈐

修然—見田

竹然—昫

處然—經畬、經畯

松衡—辰燕、昌燕

辰燕—中嘉、中立、中瑛

中嘉—長庚

中立—鋐、鑑、鑁

昌燕—日至、知至

日至—學乾—法唐、法尹

知至—始乾—若翰

承乾

思慶
如金
若金

川至
鼏
鐘
瀾
鎮

大呂

松華
曾榮
秉均
銖
二酉
五館
萬鎰

義均
兌麗
鳳池
申受

履均
朝昜

智均
雨金
蛟池
士銳

叔銘—德滙—松壽—嘉熙—堯天
紹熙

琦榮—慶均
　　　成均
博榮—體均
弼榮—毅均
　　　道均
　　　冀均

信均—士鉉
勇均—鶚雲
直均—鍾秀
　　　鍾雋
恕均

蘭金
蓮金
式金

國熙

明熙

延—鏓—日新—楝—元煥—紹奎—鑫
紹珍

惟霖—元炳—紹基
紹琛

潟—宗李—文炟
宗程—文煋
宗来—文燦

滐—維藩—元勲—方琦
龍旂—起南—廷錦
龍章—在復
龍袞—玉瑛
仁寶
龍驤—瑾瑜

維棻—奕勲

- 叙勲
  - 在升
- 建勲
- 晉勲

- 景淳
  - 宗柱
    - 光第
    - 光斗
  - 宗枋
    - 光仁
      - 振基
    - 光義
    - 光禮
    - 光智
      - 宏基
      - 肇基
  - 宗林
    - 光儀
      - 德基
    - 光表

- 鈢
  - 浣
  - 瀞
    - 縈
      - 章煥
        - 致坤
          - 銓
        - 敎坤
    - 榮紹
  - 瀆
    - 榮綸
    - 榮綬
      - 文焯
        - 華堂

- 湷
  - 榮繡
    - 文輝
      - 玉堂
      - 肯堂
  - 榮經
  - 榮繒
    - 文燦
      - 天泰
- 滍
  - 鄉李
    - 丙熾
- 濼
  - 仁標
    - 申熾
- 溍
  - 榮緒
    - 有烈
      - 象坤
      - 厚坤
      - 應坤
- 叔鈁
  - 濚
  - 沆
  - 淵
    - 國相
    - 廷機
      - 大烈
  - 潗
- 季鑅
  - 瀼
    - 學程
      - 鳳年
    - 學朱
      - 文照
        - 建
      - 南基
      - 文爔
- 鏵
  - 瑞源
    - 宗楫
      - 文燕
  - 祥濬
    - 宗彙

鋹—泳治—宗標

坦—伯珍—泓昌
　　　　—汝言—國楨—維熙—垚寶—鐘秀

堦—伯鉉—洛咸—龍椿—智光—聖鳴
　　　　　　　　　—義光—聖岐
　　　　　　—龍柏—仁光—元龍
　　　　　　—龍楠—聖光—元興

仲鈖—德治—本實—起鳳
　　—德渶—本天—鳴時—增鎡—鈺
　　　　　　　　—鳴球—增高—鈞
　　　　　　　　　　　—增榮—銑
　　　　　　　　　　　—增仁—錕
　　　　　　　　—鳴鶴—增修
　　　　　　　　　　　—增川—鍊
　　　　　　　　—鳴雷—增傑—鈁
　　　　　　　　　　　—增賢—銈

- 德源
  - 國榮
    - 鳴岐
      - 培生
    - 鳴岡
      - 培質
      - 培性
    - 鳴竹
      - 培叙
      - 培德
- 德瀘
  - 蟾枝
    - 起鵬
  - 本一
    - 鳴鳳
      - 均仁
      - 均義
      - 均禮
- 德濤
  - 松盛
    - 舜熙
  - 松峻
    - 驪珠
    - 鏻球
- 德濟
  - 松鶴
    - 文烈
  - 松操
    - 武烈
- 德瀠
  - 琳
    - 文燦
  - 本立
    - 文鳳
      - 繼禮

遺祿 德浩 枚 協熊 學增

琛 蘭然 維誠

維和

維信

棻 焯 墉 鎌 文潤

烇 垍 伯鏡

塍 龍錫

楠 焴 堅 宗錫 永涌

永達

爟 堅 宗鏐 永遵

宗鎮 永道

- 漳
  - 木
    - 燧
      - 垹
        - 季鈞
          - 紹淮
        - 鎣
          - 泳
            - 國棟
              - 充美
                - 邦鐖
                - 邦楨
        - 恂
          - 人功
            - 龍標
              - 仁爍
                - 善基
              - 仁煜
                - 德基
              - 芝榮
            - 振標
              - 文煓
              - 文熾
              - 文煐
              - 文炳
          - 之淑
            - 晉標
          - 之冲
          - 之瀛
            - 順標
      - 塏
        - 明鑾
          - 永孝
        - 明鑒
          - 永恭
            - 本植
            - 本基
            - 本勇
            - 本奎

- 瀚
  - 梁
    - 燮
      - 爾戩
        - 鏞
          - 潢
            - 興權
              - 麗中
                - 坤寧
                  - 鉅
              - 麗正
                - 坤亨
              - 麗南
                - 坤厚
                  - 鎮
                - 見美
                  - 鎮五
                  - 鎮寰
                - 坤黄
              - 麗照
                - 坤光
                  - 錦雲
                  - 錦霞
                  - 錦龍
                  - 錦鳳
                  - 錦章
                - 坤益
                - 坤珍
              - 麗元
            - 第
              - 麗文
                - 坤復
              - 麗明
                - 坤德
                  - 鎬京
              - 繼離
                - 坤福
              - 晉離
                - 坤道
                - 坤義
            - 興申
              - 升照
                - 坤裕

焜—之垣

鉠—泉芳—逢甲—丙吉—戊隆—銘錫

泉芳—樂循—王澧—信瑄—廷銘

王澧—信遇

王澧—信中

鉠—淙—傳甲—丙顏—茂王

丙顏—茂森

淙—聯甲—丙復

淙—普甲—丙功

淙—丙正—垣墉

□維—麗治—廷雄—鐘

之垣—錫祉—濬—人杰—兆熊—金城—鎮嵩

兆熊—蓉城—鎮焘

兆熊—干城—鎮衡

兆熊—連城—鎮恒

錫祉—滌

錫祉—沐—天休—炳龍—鳳城

之垣—錫裕—孔淵—頴禾—鴻烈

頴禾—鴻照

錫祺—德漢—嘉禾—鴻勲—邦畿

學淹

焯—爾佳—鈛—濰—回春—夏翊—明玉

大用—富春—名夏—時中

友夏—墉

至洊—陽春—夏鼎—黄輿—廷颺

夏圭—黄玉

黄中

夏龍—黄元

黄吉

夏時—黄憲

黄德

黄衡

方漁—皆春—成美—坤載—庚曜

君美—坤能

士春—一鵬

錫山秦氏宗譜宗支圖八

一鯤
上鳴
壽春　一鶴　球
以漸　永春　夏聲　維垣
熙春　夏典
既濟　正春　撫夏
和春　紹夏　元載
同春
萬春　時夏
昭夏
章夏
鐸　淙　廷楷
廷模
廷楨
爾基　璞　溢　耒　大勲　坤維　鈺
保寅　來春　大煕　坤利　錦
坤敬
來曾　大烈　之璜

鎏—浩

沺—鵬程—夢熊

大照

原—來貞—光孝—基—銓

光弟

潞—來嘉

潭—來熹

洄—來豴—載燔

崧高—孔熖—國均

浩—來佑—宏焕—士驥—錦雲

士鴻—鍔

士鵠

士鶴

士麒

郁蘭—楷焕—瑞

來信—紹焕

來修—克焕—士魁

士元

來俊—錫焕

棨

燫　烱

爾封　爾薙　爾雋　珍

鍠　丙錫　鑣　鈿　鐺

泉源　泉鳴　泉醴　澍　渤　淀　汾　澐　瀗

來備　本榮　本桂　芳　本立　梃　楷　楝　檏　梅

繼燠　承勳　紹鰲　世熙　熊　如岡　于燾　于燈

士駿　士彪　士特　坤順　坤柔

炤

圻

鉉　鈃　鏞　欽翼

渢　溱　洤　浩　淦　汧

相　柾　棪　○　樹邦　初　樹道　在寬

光瑞　光成　學熹　樂熹　爲龍　末干

朝玉　廷玉　御玉　殿玉　陛玉　致　坡蓮　挹虹

鈞儀　鈞億　鈞佩　嘉錫　晉錫　一錫

瀜　灃

沇 澧

棨 杲 槩 棨 宏業 棠

爲綱 爲夾 爲霖 爲律 爲慶 爲德 爲忠

爲則

坡才 坡仙

鶴瑞 麟瑞 桂瑞

成基 定基

昇鐘 黄鐘 應鐘 約儀 約偁

錫之 錫余 錫爾 雯錦

宗灝 宗洵 宗濂 瀚

- 欽爲
  - 湳
    - 棨
      - 爲禑
        - 堃再
  - 沅
    - 槀
      - 爲蔚
      - 爲經
    - 来
      - 爲穀
        - 萬里
  - 澳
    - 榮
      - 爲遠
        - 聖輿
  - 泓
    - 樂節
      - 文燦
        - 麟基
    - 樂善
      - 其煥
        - 龍基
          - 心銘
      - 若炳
        - 鶴基
        - 龍田
        - 甫田
          - 中鎮
          - 三銓
      - 文燿
        - 鳳基
          - 興鍾
    - 樂才
  - 洽
    - 樂道
      - 文焜
        - 始基
  - 湘
  - 澄
- 鎮
  - 河
    - 翰楚
  - 洛
    - 兆楚
      - 爲政

燭　燈

環　堨　塙　至仁

釬　鍔　鈺　鋭　鑛　鍵

一淸　鴻　溶　浟　灝　祖淮　宗海　宗衍　彪

松年　棣　楓　槐　標　楠　梧　秉修　樂敬　栢齡

宗照　宗烈　鳳翔　鳳翼　鳳鳴　鳳儀　鳳詔　爲乾　觀光　鳴謙　漸鴻　之鳳

王瑞　聖時　連城　增賢　增能　連城　朝楷　永坤

孔治—述養—兆鳳—仁基
椿齡—載坤
義堦
德培
本恬—之熹—應雷—維鏞
之燕—應基
之羲—應璽

燁—○—鑽

棨
熒—境—亂錫—衍芳—仁集—炯
衍華—義集—煥
疇錫—衍慶
域—齡錫—衍義—善集—焚—士玉
衍文—慶集—承綸
承○

褧—堈—年錫—汝冊—遜集—顯烈
俊烈—覲玉
肅烈—宸玉

錫山秦氏宗譜　宗支圖八

坊—台錫—源寬—伯龍—鵬舉—方城
　　　　　　　　　　　　—肇域
　　　　　　　　　—鶴序
　　　　　　　　　—鴻升
　　　　　　—雲龍—兆鰲—初基
　　　　　　　　　　　　—丕基

辰錫—承澤—建寅—京榮
　　　　　—柄寅
　　　　　—椅寅

汝霖—本豫—承勳—允隆
　　—本泰—承熙
　　　　　—承隆

本恒—承烈—天生
　　　　　—天福
　　　　　—印隆
　　　　　—慶隆

式玉

三下

- 耀龍
  - 驥
    - 黃裳
    - 含章
- 龍光
  - 景熺
    - 堯臣
- 宮栴
  - 騏
    - 福基
  - 鯉
    - 振基
- 巳錫
  - 源功
    - 文龍
      - 象熊
    - 震龍
      - 儀鳳
    - 應龍
      - 天爵
      - 承爵
    - 學龍
- 棻
  - 班
    - 勇錫
  - 珩
    - 鑑明
      - 鴻寶
        - 本孝
          - 正爲
          - 位爲
      - 鴻運
        - 本仁
          - 容爲
          - 載爲
      - 鴻儀
        - 本貞
      - 鴻逵
        - 本祖
  - 珵
    - 亨錫
      - 臨澤
        - 本御

利錫—莘澤—本業
　　　孚澤—本射
　　　兌澤
貞錫—履澤—本樂
　　　　　　本書
璐—鑑英
　　鑑爽
珙—鑑頴—鴻業—汝楫
琪—洪錫—鴻文
　　仁錫—鴻勲—汝霖
玢—鑑齡—養浩—本宏
　　　　　養淵—本高
蘂—炳—均—鍾高

- 涵
  - 彬
    - 惔
      - 瑄
        - 鑎
      - 璇
    - 魯
      - 爾進
        - 祥鍾
          - 涖
            - 邦楨
            - 邦櫂
              - 德煮
            - 邦棟
              - 德照
              - 德煥
              - 德焜
              - 德燿
          - 瀹
  - 耒
    - 熷
      - 時
      - 遲
        - 錫祖
      - 逵
      - 達

錫山秦氏宗譜宗支圖十

仲孚
銓　鉉
瀛　潞　滂
鳳梧　植　梓　棟　懋　森
照　炅　烶　熜　爈
孝佩　孝圭　孝璧　孝璽　埰　埉　堞　堪　璲　瑋
德鏗　德鎡　雲錦　日鏣　礪金　籛　天錫　玉錫
漢儀　武游　祖游　振游　紹游　式游
懋績　朝楨　喬林　南林　榜元　棻林　梓林　桂林　國標
燿祖　燿宗

洸
楊
爔
琔 國材
琦
琇 敷錫 ○○
璋
城
璩 鎰
珊 鳴鑾 汝爲 方桓 沛然
萃然
汝明 方東
方楨
汝聞 方栻
鳴鐘 汝毅 方臬 欣然
樂然
方格
爋
瓚 之鉉 有源
之鑠 有濟
有潤 廷桂
有涞

- 淪
  - 程
    - 焞
      - 雍如
        - 正錫
      - 銘遠
      - 寄生
  - 科
    - 熿
      - 士孝
        - 金麟
          - 水犀
          - 龍江
            - 其相
            - 其植
    - 烱
      - 址弘
        - 崟
          - 龍淮
          - 龍河
            - 秉模
              - 焜
          - 龍漢
            - 其松
      - 址開
        - 錮
          - 道江
            - 國梁
              - 煥
            - 國柱
          - 道濟
            - 國棟
          - 道灃
            - 國植
            - 國槐
      - 址廣
        - 鋥
          - 道源
            - 樹德
        - 鉥
          - 道淵

址永—欽—道淮
　　　　道涇—國枚
　　　　道渭

址廓—龍金—漢文
　　虹金—漢書—嘉禾
　　　　　　　瑞禾

址犖—鏡輝—惠澤—如松
　　　　　　　　如櫚
　　　　　　　　如楠

彥起

樸 景薰 震 錤 澄

海 果 美 重封 鍾習

池 杲 然

霖 金 泮 相 延燕 重稷 肇錫 原淮

原海

延勛 重端 宏鐏 藩 元琳 鸞鳴

洪 之本 雷鳴

濬 之樞 鳴鳳

二丰 瑜 崗梧

宏鑄 海鶴 商梅 球鳴

岐鳴

亶樽 琴鳴

樫 延燕 重光

重芳 鍾珽

重杲 鍾侃 汝汶

格 延休 重輪 大鉞 汝潮

大鉄 學泗 杜若 有鳴

重第

雷 無嗣

權 另圖

桐 另圖

榕 另圖

汴—柄

柄—延烈—重慶—世鋐—洵燮—懋德—文煒
洵説
洵輿—懋政—嘉煒
洵旦—懋玄

柄—延熙—重振—世銓—澤纓—惟杏—有光—敦培
世鑑—爰溥—相如—煦
爰浩—梓如—煮
爰漢—惟楨
種如
桐如
爰淀—槙如

柄—延照—重胤—世鐸—衍弓—本善
衍高—本直
本古—煌著

重闓—高錫—源澳
源淇
上鳴

楷—延勳—重泰—鍾瑗

重榮—德淮—衍箕—梅明—本晢—愛蓮

德淮—昆浦—枝桂—愛菊

德淮—衍冶—本穗—有煥

衍冶—名標—有熚

本穗—有燁

本穗—有焯

鍾瑗—爾濟—廷標—文炳

鍾瑗—爾瀅—廷楹

鍾瑗—爾涓—廷樞

爾涓—廷梓

爾涓—廷槐—○○

廷槐—○○

重泰—鍾璟—賡之—廷榀—臨—善慶—鏡高

善慶—忠照—錫勇

延𥗝 重昀 鍾軾 渭 延槐 [illegible]

鍾奇 錫蝦
鍾瑋 滌之 璽

泓 延椚 景鱗 曾慶 錫智
延樑 邦慶
延松
濤之 延樟 文驥 餘慶
淮之 文起 鶱鷹 培德
延掄 培善
延揆 培基
延機 時生
延桓 文鰲 毅生
大生
延椿 翼爲 泰生 鍾
有爲
璽：松茂 濰爲 英生
明生

涑 松蕃 日炬 震雷
松韶 恂然 蘗雷
沛 廷揄 兆雷
鎏 棨 仙引 協然 宗雷
鍾輅 濰 子喬 正陽 在琳
延煦 重晉 鍾霞 廣淵 樹仁 開霽 在璿
樹義 衡岳 在璣
樹禮 永熙
樹智
樹信
巨源 德馨
鍾雷 洛英 景宋
景程
景蘇
延默 重田 去垢 汝灝 本愈 煥 維城
烜

燽　烘　焯

鈺生
- 汝潞
  - 本福
    - 人鳳
  - 桂森
- 汝沂
  - 本德
- 汝瀛
- 汝渤

鑛生
- 汝汾
  - 本禎
    - 鳴鳳
      - 坤維
      - 乾造
- 學洙
  - 本文
    - 儒爲
    - 修爲
    - 保爲
      - 百城
    - 無玦
      - 德基
      - 玉徵
    - 無斁

- 去非
  - 煋
    - 賡居
      - 寶爲
        - 掌
          - 龍鍔
    - 本信
      - 譸爲
    - 本忠
      - 仁爲
        - 基
          - 龍鎮
    - 本億
      - 佩爲
      - 儒爲
    - 本旭
  - 學湖
    - 本勤
    - 本功
      - 倬爲
        - 富正
        - 富訓
      - 任爲
- 鎮生
  - 之琦
    - 本恂
      - 賡南
        - 徽塤
    - 本慎
      - 岵南
    - 本懌
      - 衡南
  - 汝淳
    - 本始
      - 鵬南
      - 鴈南
    - 本恒
      - 道南
        - 葵塤
      - 斗南
        - 芸塤

重來
鉽

汝淞
- 秉忠
  - 元鳳
    - 之環
  - 元鷟
- 秉慈
  - 元鷗
    - 琬
    - 珍
  - 元鳴
  - 元鶉
  - 元鸚

汝沆
- 秉萷
  - 鷃薦
    - 之瑞
    - 之琳
      - 人鑑
      - 人錫
    - 之珍
- 秉宣
  - 鵬舉
    - 璠
    - 璋
    - 瑗

學源
- 秉懿
  - 元鶴
    - 之均
  - 元鸞

錫山秦氏宗譜宗支圖十一

- 寅
  - 汝濤
    - 秉直
      - 元騋
        - 瑢
    - 秉毅
      - 元騏
        - 球
    - 秉桑
      - 元馴
        - 藝
      - 元魯
  - 汝瀚
    - 秉弘
      - 元驥
        - 璟
        - 壽
      - 元駿
      - 元驄
    - 秉乾
      - 煥
      - 燦
      - 熞
      - 烜
  - 汝溥
    - 秉丰
      - 元騤
        - 埏
      - 元駒
        - 琛
    - 仁
      - 元騶
      - 元鶩
      - 元篤

元騰

鍅 — 汝行 — 秉仁 — 元貽

秉義

秉禮 — 元芬

秉智

秉信

桂 — 延燕 — 重豐 — 鉅儒 — 準 — 秉恭 — 亦稔

亦藥 — 塤

流慶 — 斐彝 — 亦驥

亦魯 — 聯奎

亦鳳

亦騂

鉅任 — 遠志 — 植本 — 光猷

光福

主枝 — 光先

九松 — 光成

- 廷汞
  - 重益
    - 鉅儀
      - 景淑
        - 棟隆
          - 大鷹
        - 柟曾
          - 大鷺
        - 楨高
          - 大鶚
        - 杜曾
    - 鉅倫
      - 之洵
        - 崧曾
        - 蓀曾
          - 文輝
          - 文煥
        - 椽曾
          - 文煜
        - 榕曾
      - 之浚
        - 槃曾
          - 兆鰲
          - 兆熊
            - 聯登
          - 兆鳳
            - 高登
      - 之沂
        - 林曾
      - 之淇
        - 棫曾
        - 槐曾
        - 棠曾
    - 錦
      - 之鴻
        - 攀鳳
          - 榮三
          - 榮昌

- 銘
  - 混
    - 楫
      - 希薰
        - 子孝
          - 九錫
            - 元棟
              - 攀龍
                - 榮登
                  - 疇
                - 榮詰
                - 榮光
              - 攀桂
                - 榮錫
          - 百鍊
      - 希羔
        - 重學
          - 世鉞
          - 世釜
            - 德潤
              - 鳳標
                - 燕翼
                  - 培彥
                - 燉
                  - 增彥
        - 重祿
          - 世鐘
            - 永泰
              - 士璞
                - 元熙
              - 士林
                - 煥
                  - 基
                - 無忌
              - 士森
                - 元照
              - 士椿
                - 元燦
    - 機
      - 希點
        - 重顯
  - 灝
    - 棖
      - 文煥
    - 臬
      - 文照
        - 重五
          - 世鉅
            - 嘉瀚
              - 如松
                - 家煥
              - 如梓
              - 如棣
                - 家燦
              - 如梅
                - 家熙
              - 如桓
        - 重六

構　楨

光燿

維堰　維墳　維圻

世鎮　世欽　世錫　世錄　世鉢

文注　文濤　文沐　文演　文漢　文滿　文洪

士松　士柏　士校　士槐　士杲　士標　士梓　士棪　清杲　茂彬　明杲　月杲　士祖　士林

廷炳　廷蒸　廷照　廷勳　廷燁　廷熊　雍熉　求熉　廷庶　廷熙　廷熾　廷燦　廷熠　廷炯　廷燧

宏基　允基

沅　水

梅　樹　櫝　枋　栻

光壽　光燦　光熒　光熒　光煒　光燔　光燁　光僉　光熊

維壍　維墀　維墻　重祥　重瑞　重龍

世鋐　世鑽　世錤　世錡　世鈺　世鉽　鍾瑛　鍾秀

永龍　永寧　永昌　永盛　永康　永興　永滔　洪聲　洪遂　洪泰

士棋　松裕　栢裕　文生　樂德　樂道

廷煥　至義　至仁

錫山秦氏宗譜宗支圖十二

權—景南—霆
霙
釗
淵　源
榜　櫝　橲　秉
光顯　光斗　直壽　燵　光胤　光統　光時　光輔
至立　至正　至元　至魁　至普　至昌　至習　至香　至晢
鑑玥　鑑遠　鑑達　鑑週　鑑文　鑑武
瞻淇　瞻澳　瞻漢　瞻濟　汝源　瞻游　瞻游　瞻漪　瞻淮
梓生　長孫　可權
熷　炳文
禮在　義在

至昌
鑑定
汝能
樹丰 — 長熹
桂生
桐生
梓生 — 長煦

至昜
鑑通

光弼
至昂
鈐
洪祖
樹業
樹政 — 恂然、簡然
樹功 — 燦英、烈文、夢熊

洪緒
樹本 — 文炳、文焕
樹道 — 文煥 — 珍、珂；文熥、文煒
樹勳 — 文燿 — 均

源英

樹仁　樹茂　樹德　樹積　樹典　樹叔

文灼—增　文熖　文爐　文煬　文燦　文煜　文燧　文熾　文熺　文烈　文熞　文照　⿰火原　炤　煻　熿

熄
樹秩—煜
樹禮—熘

銉
- 泳仁
  - 世才—炳
  - 嘉樂
  - 具松
  - 用梁
- 泳義
  - 具栢
- 泳禮
  - 廷相
  - 廷椿
- 泳智
  - 廷榜
- 泳信
  - 繼佑
  - 繼蘭
  - 繼元

奎讀
- 鉉
  - 法祖
  - 繩祖—菊
- 銃
  - 永寧—榕如

錫山秦氏宗譜宗支圖十二

至易—欽永—衍祖—國本—鑾
　　　　　　　　　　　熊
　　　　　　　　　　　照
　　　　　　　　　　　焘
　　　　永祖—國楨—煥如
　　　　　　　　　　烜如
　　　　　　　國榦—熙之
　　　　　　　　　　燦如
　　　　　　　　　　炳如
　　　　　　　　　　熤如
　　　　　　　國棟—燿如—惟一
　　　　　　　　　　烔如
　　　　　　　國柱—維熊
　　　　　　　國林—燕居
　　　　　　　　　　爲大

葉—光旋

璽鈕—洽祖—華栖—爲龍

四三

- 傑
  - 光奎
    - 至大—欽亮—汝洲—維松
      - 為鳳
      - 為雲
      - 為震
    - 至剛
    - 至恩—鑑臨
      - 汝淮—茂楠—為霆
      - 汝海—○○
    - 至德
      - 鑑彰
        - 汝潮
          - 維枚
          - 望枚
          - 卜枚
        - 汝則—昌枚
        - 汝明—有枚
      - 鑑光
      - 鑑育
        - 永言—檮生
        - 永範
        - 永康

- 鏌—涷—樂—光庭—重成
  - 鍾孝—沛之—以禕—耀如
  - 鍾弟—渟之—以棟
    - 燦如—坤安
    - 焱如—坤笙

錫山秦氏宗譜宗支圖十二

重玉—鍾道—濂之—以祝—熲如—佑坤—辛義、辛智
　　　　　　　　　　　灵如—玉振—辛禮
　　　　　　　　　　　燦如
　　　　　　　以林—煥如—邦基
　　　　　　　　　　　炯如
　　　　　　　以森—炳如—佑基
　　　　　　　以樑—煥如
　　　　　潁之—以格—勲如—賡載—辛仁
　　　　　　　　　　　　　　寅載
　　　　　　　　　　　　　　坤載
　　　　　　　以標—熙如—宏載
　　　欽道—澄之—以崧—熹如—坤禎
　　　　　　　　　　　　　　坤方
　　　　　澍之

本　保　衍

- 光裕—重景—鍾盃
  - 坤廣
  - 坤遠
- 光祖
  - 重善—鍾慶—滙之
    - 以榮
      - 燈如—坤章
      - 烈如—坤明
    - 以棣—照如—坤綱
    - 以桂—烟如
    - 以椿
      - 熬如
      - 鯤如
    - 以春—燿如
  - 重培
  - 重美
  - 重亨
  - 重升
- 光祚—重起
- 光述
- 光爵
- 光前
  - 重豪
  - 重俊—鍾仁—溉之
- 光祿
  - 重富
  - 重安
    - 鍾誠
    - 鍾諒
  - 重定—鍾提—游之
- 光德

錫山秦氏宗譜　宗支圖十二

淓—槃—光炅

淓—槃—光昇—重蘭—世欽—汝巽

淓—槃—光昇—重蘭—世欽—汝爲

淓—槃—光旻—重芝—鉅壽

淓—槃—光旻—重芝—鉅福

淓—檠—光晟—重里

淓—東—光暘—重和—鉅燊—汝疑

淓—東—光昴—重穆

淓—業—光曦—重奕—鉅行

淓—業—光曦—重奕—鉅待

淓—業—光曦—重奕—鉅胤

淓—業—光曦—重奕—鉅功

光曙—重獎—鉅名

光曙—重獎—鉅哲—汝視—桂芳

光曙—重獎—鉅哲—汝聽

淓之—以樹—元炎

汾之—以榘

淇之—以枝

潤之

淶—槙

光照—重煥—鉅啟
　　　　　—鉅復

光通—重高—鉅受
　　—重勳—鉅德

光達—重仁—鉅文—汝哲—梁臣
　　　　　　　—汝謀

光遠—重声
　　—重喜—鉅來—泳華—邦本
　　—重志

光迪—重隆—廷錫—汝諧
　　　　—廷鎵—汝賢—楚珍—宗熊
　　　　　　　　　　　—宗燕
　　　　　　—汝學—宋王—宗炎
　　　　　　　　　　　—宗燧
　　　　—廷鑾—汝升—在梧
　　　　　　　　　—在栢
　　　　—廷鑑—汝從
　　　　　　—汝華—在松
　　—重頫—廷鑠—汝松—宋德—鳳齡

- 廷鋐
  - 汝沛
    - 樑材
    - 宋材
      - 順齡
    - 宋義
  - 汝曙
    - 宏緒
      - 武烈
- 重陛
  - 廷鋂
    - 汝漣
      - 梓
- 植
  - 光蘊
    - 重亮
      - 鉅道
        - 汝漪
          - 榈
  - 光莘
    - 重仕
- 柯
  - 光亶
- 欽
  - 灌
    - 柏
  - 濟
    - 柖
      - 光明
        - 重坦
          - 廷銓
            - 汝祥
              - 家楨
        - 重錫
          - 廷鋋
      - 光日
        - 重儒
          - 廷鏻
            - 之湄
          - 鳴鏄
        - 重本
      - 光皓
        - 重箕
          - 鉅封
        - 重衮
          - 鉅保
            - 流芳
      - 光曜
        - 重縉
          - 鉅學
        - 重紳
          - 鳴鈁
            - 克治

鈞

澣　洲　渢　濋

桴　槃　巢　枋　材　桲　櫃　柳　棹

光暉　光和　光華　光祜　光祥

重組　重綬　重嘉　重厚　重良　重登　重行　重康　重德　重武　重斌　重壽

金聲　釓　鏃　世鐄　世鈺　世鈀　世鎰

有源　流龍　克濟　廷浩　汝江　汝漳　汝濤　汝治　汝汴

楠

樓—光益
光生—重貞
道蔭
世鉞—汝漢
汝泗
汝河
汝渭—梓
汝洛—彬
楚

桐—景章—霓—鎮—洪—彬—秋
治—松—爊
栢—焯

榕 景質 佩 鏅 洞 宋
位 鐈 洄 植 廉
柯 灼 墊 得孫
橋 炟 壘
景貴 億 鐫 潍 裯 壁
僖 銚 槐 烶 垐 鍾遠 永基 艮棟 廷燦
潪 楝 鍾興 永寧 廷煥
錧
渶 槑 爐 艮楨 廷煒
鏐 沼
溧 櫟
棣
湞 模 庶 至誠
鑨 沛 熫 奎
倪 鈿 洙 桾
櫶 燌 至貴
景贊 倀 鈉 森

錫山秦氏宗譜　宗支圖十四

銁　鐶　鋅　鎌

淋　渕　汯　浹　洽

衍　樓　松　栯　橰　栝

耿　熤　烱　炵　烚　熠　[火定]　煉　焴　灴

坴勘　堡　墜　睦　塚　垚　墨　圯　圭

鍾萬　時鈖　時銛

念章　汝忠　汝信

良楷

錄 池 梓 烴 塘 鍾芳 念懷 祖齡 廷炳
念元 祖壽 廷烜
念庸 良材
椅 烽 厓

景賢 仕
儼 鉤
儒 銀 沾 楥 基 聖 永錤 國治 樑
國潤
鎣 時俊
時佐 之鈞 國湄 棟
國濬 椿
永昌 桐
永年
堂 時敏 之鉠 玉瀚 廷蘭
玉永 廷桂
玉源 廷榮
時鋼 之銧 玉汝 櫶
檮
時銀 之鉅
之銓 永長
之鍏 瀠

景資　俅　寶　汎　濤

伯　鏡　汸　栴

灃

樾　光陞　時大　彦

衎

光階

光脯　時輔　之汶　智濤

道清

光憲　時弼　之深　國祥　永松

之浦

之淵　智宏

横　光臺　時闓

檄　光孚

檡　光遠

檥　光金　時出

時宜

光邦　重華　鍾奨

光國　重蕚

重元　鍾球

鍾琳

鍾璋

涔

重英　鍾璜

瀾　杠　光宗

重新　鍾瑚　滋福　大棟

鍾遐　滋禧

重義

重恩

世次			
一世	觀 字太虛改字少游學者稱淮海先生揚州高郵人宋元豐八年乙丑登焦蹈榜進士除蔡州教授元祐三年除左宣教郎太學博士校正秘書省書籍遷正字元祐六年擢國史院編修紹聖初坐黨籍出爲杭州通判道貶		
二世	湛 字處度號濟川行名祖七政和中任常州府通判因卜居晉陵新塘鄉遂名秦村是爲晉郡始遷之祖配金氏子四小五照小十煦十一熙二十烈女一適進士施成		
三世	照 字世明號隱南行名小五娶常氏子二念三師尹念七師傅自四世以下俱見世系全圖	煦 字世柳號振南行名小十任常州府教授仕至修武校尉娶張氏子三念	
四世	師尹	師傅	師孔 字志道又名同軌行名念一娶顧氏子一四十四宗進
五世			宗進 字彥忠任台州巡檢配詹氏子一時雨江西布政司經
			塺無嗣

監處州酒稅尋削秩徙郴州自郴州奉詔編管橫州未幾又徙雷州元符三年庚辰復宣德郎放還卒於藤州先生生於皇祐元年己丑卒於元符三年庚辰年五十二配徐氏子一湛女一適范元實祖禹之子政和中遷葬無錫之璨山建炎四年追贈直龍圖閣學士明正德中建祠師古河春

一師孔念二師孟念八師曾

師孟

字志學又名同文行名念二早卒

師曾

字志孝又名同倫行名念八任從仕郎蘭溪縣主簿配莊氏子三三十五宗雅三十七宗舉四十七宗選

宗雅

字彥常行名三十五鄉進士配姚氏子三細一時春細三時泰細六時亨

宗舉

字彥用號默菴行名三十七府判吏

秋官祭宗祀惠山
尊賢祠餘詳見史
傳年譜

羊公給冠帶壽官
年八十五娶王氏
子三細二時暘細
五時瑞細八時禎

宗選

字○○行名四十
七子四細四時習
細九時啓細十時
偉細十一時斂時
啓時偉時斂俱無
嗣

熙

字世雍號立齋行名十一配薛氏子一念九師閔孫四宗遠宗達宗道宗迪俱無考

烈

字世威行名二十配夏氏子一十八師古孫四宗建宗邁宗述宗遷見世系全圖

六世	七世	八世	九世	十世
時春	蘭	立	㦤	調

字應元行名細一字德芳號澹巷行字文卓行名大一字克遂號思萱行字元卿號成吾行
配陳氏子三芝蘭名千四配蔣氏子配葛氏名德眞尊名大七配俞氏子名右二配虞氏子
蓬芝蘭無嗣　三立音章音章無舅姑以孝譩聞子一調　二惟相惟臣以下
嗣　二㦤㥠㦤無考　見世系全圖

時泰

字應伯號隱湖行
名細三配蔣氏子
四蓮苗蘋蘩俱無
考

時亨
字應嘉行名細六配許氏子三莘英蔚孫彥奇産俱無考

時暘
字應和號復菴行字德威號南濱行名細二仕至承信名六一又名詔序配蔣氏子二慨惰

董
字文莘行名萬一郎配王氏子二董生配孫氏子六京憚子諚諾詢諒俱蠱蕭子豪亮豪子衮充方玄奕衮子無考慵無嗣愈亮子恩俱無嗣惟方子慈俱無嗣

京

充
玄奕無考

情

詩

字文實號樂閒行空克中行名三一
名萬九配何氏子又名域配邢氏子
三情懷恒
二詩詞詞爲僧女二瑞一
一適段

字志鄉號月軒行
名曾一配惲氏子
惟忠瑞二
惟孝

懷

字克義號繼閒行
名三二又名州公
隱德不耀詩酒自
娛搆亭湖上扁曰
吟風弄月配馮氏
子二謙謨

謙

字益鄉號月亭行
名曾三配劉氏子
一瑞六惟仁

謨

字禹鄉號我軒行
名曾四公有孝行

好善積德壽七十五配蔣氏繼百濟王氏子二瑞三惟善瑞五惟禎葬馬跡山耿灣龍舌尖

恒

字○○行名二三文名川配○氏子尚五尚七無考一云恒無嗣

時瑞

字應徵行名細五配吳氏子二蔓並

蔓

行名六四子二尚豐高子徵豐子憲

華子商無嗣
俱無嗣

時禎 蔭 元 懋

字應祥行名細八行名六五子一元行名元一字文初行名元十子三護
配唐氏子二蔭芬
芬子雍卒俱無嗣
子三憲懿懋懿無讓訟俱見世系圖
嗣憲子詠無嗣

時習 茂 哀 思祖 諱

字○○行名細四行名四九子三哀行名德二字文禮行名貴二子二諫行名筵三子三遡
配○氏子一茂
臺亭臺亭無嗣
子二思祖思用
思諫諫無嗣
澤延譽延齡俱無
用無嗣
考

十一世

惟忠

字國良行名瑞一配俞氏子二輔弼女一適縣丞陸亨二公仍居秦村是爲東宅

十二世

輔

行名晉一子一紹達

弼

行名晉二子三紹宗紹戊紹勇紹宗無嗣紹勇子道顯無考

十三世

紹達

行名寅二徙居安虞子二道行道成

紹成

行名寅三子二道鑑道銘道鑑子惟明惟誠俱無考

十四世

道行

道成

道銘

字日新號樂耕公於天順三年巳卯續修秦氏宗譜首作序文親筆楷書藏於家至萬曆四十六年戊午公之

十五世

惟中

惟和

惟賢

字號鈇子一寬容

惟孝

字國賢行名瑞二

配鄭氏繼曹氏五

十得子不幸早殤

無嗣

惟真

七世孫諱璋字化

成號友山者捐貲

刻之而附輯天順字號鈌子五定安

三年以後者於卷寧實富

末是爲秦村宗譜以上瑞一公派止

茲本不敢混入公此餘見秦村譜

生洪武癸酉卒天

順庚辰年六十八

子二惟賢惟真

惟仁
字國政行名瑞六配儲氏子一宰無嗣

惟善
字國寶行名瑞三號湖山隱士配錫邑錢氏繼新塘吳氏岑村蔣氏子四貴圭誠恭女一適王公自泰村徙居舊瀆是爲西宅塋耿瀆父塋

貴
行名誌大子四仲亨仲華仲達仲燁仲煇無嗣

仲亨
行名鈇子一均澤

均澤
字號鈇子四彧昇昂曦

彧
字茂稷號○○由無錫縣庠生中永樂戊子科舉人任福建汀州府教授見無錫縣志子二權衡

昇
字號缺子四琥瑄
玘瓘

昂
字號缺子四珂環
琢瑜

曦
字號缺子三珙艮
琚艮用珙早世

仲華
行名缺子一均茂

仲達
行名缺子一均傑

均茂
字號缺子三晟厚璞

均傑
字號缺無嗣

晟
字 缺子一璽

厚
字號缺子一璣

璞
字號缺子一璇

圭

行名誌七子一士能

士能

字文道子四均行均靜均徹均深

均行

字號缺又名潛子一欽

欽

字號缺子一孟恂

均靜

字號缺又名淵子一公誠

公誠

字號缺子一孟常

均徹

字號缺又名淸子一鑰

鑰

字號缺子一孟懌

均深

字號缺又名澄子一鎬

鎬

字號缺子一孟愷

誠
行名誌八子一士敬

士敬
字文謙子一均溢

均溢
字號鈌又名浩子二時佐時輔

時佐
字號鈌子一俔

時輔
字號鈌子一儼

恭
行名誌十子一士彬

士彬
字文質子三均輔均肅均章

均輔
字號鈌子四端莊謹艮

端
字號鈌子三廷範廷衍廷舉

莊
字號鈌子三廷節廷用廷罷

均肅
字號鈌子二方初

謹
字號鈌子三廷訓
廷諫廷議

艮
字號鈌子一廷宰

方
字號鈌子一廷理

礿
字號鈌子一廷憲

均章

字號缺子一新

新

字號缺子一廷玉

已上端三公派止

此餘見舊續譜

惟禎

字國祥號起山行名瑞五贅於無錫胡埭王野舟家是爲錫山秦氏始祖第一世子孫世系另有全譜見後

一世

瑞五

行名瑞五諱惟禎六一秀才諱董之京孫曾四處士諱謨之次子世家武進新塘鄉秦村元時贅無錫胡埭鴻禧監簿王野舟女以始祖少游先生之墓在錫遂占籍焉生卒未詳子三伯容仲益叔謙合葬歸山就墓前

二世

伯容

行名誌一號配江氏子一彥可葬歸山父塋

三世

彥可

松隱以字行配江氏子二宜中行中葬歸山祖塋

四世

宜中

字號生卒俱未詳配吳氏無嗣

行中

更名喆號坦卒生洪武壬子九月十三卒洪熙乙巳五月初九年五十四歲配鄭氏生洪武丙辰三月初四卒天順庚辰九月廿

五世

元

哲

建祠祗崇時祀

仲益
行名誌三號竹隱
配邵氏子三彥誠
彥和彥學
合葬歸山祖塋

彥誠 無嗣

彥和
號遯軒徙居邑城字子真子一璽
東北隅配錢氏子
伯孟昇仲昇叔昇
季昇
合葬瑤山

五壽八十五歲子
二元哲
合葬歸山祖塋

孟昇

仲昇
一名容字子成私
謚儉節生洪武甲
寅正月十二卒正
統丙寅十二月廿

璽 無嗣

瑾

六壽七十三歲贅沙頭王氏繼配宋氏戴氏子二瑾王出璠戴出合葬錢桃塢新阡

叔昇

字子賓號南溪改號約軒配丁氏繼浦氏子四杲杲昊景明合葬璨山父塋

璠

杲

杲

昊

景明

叔謙

行名誌四號梅隱號樂善配錢氏子字物初號抱拙生

彥學 殀

彥起

季昇 一名琛以字行又字子中號成趣生洪武壬戌三月初七卒正統丙寅五月廿二壽六十五歲配惠氏繼華氏子二旭惠出曄側出女二適王適顧合葬琛山父塋

樸

旭

曄 絕

景薰

配張氏子二彥起
彥白
合葬歸山父塋

四樸權桐榕
合葬歸山祖塋

元至正庚子卒明景泰庚午壽九十一歲嘉靖丁酉以曾孫金貴贈光祿大夫太子太保南京兵部尚書配享始祖祠配殷氏誥贈一品夫人子一景薰
合葬歸山祖塋

權
字衡初配○氏子一景南

桐

景南

景章

彥白

字號缺無嗣

字文初配ㄅ氏子一景章

榕

字理初壽官年九十三歲葬千田配臧氏繼陳氏子五景質景貴景贊景賢景資

景質

景貴

景贊

景賢

景資

松齡第一世彥可公派彥可第二支坦卒公派

五世	六世	七世	八世	九世
元 彥可之孫 行中之子 字景仁號警菴生洪武辛巳十一月十一卒成化癸巳七月廿四壽七十三配湯氏處士女生永樂癸未七月初一卒成化乙巳正月廿四壽八十三子三錫脩民合葬龍山	錫 字天錫一字道孚號行義邑庠生任江西廣信府稅課司大使改浙江嚴州府稅課司大使鄉飲賓生宣德巳酉正月初四卒弘治甲子十二月十四壽七十六配楊氏卒年五十四子一鎬側出合葬龍山	鎬 初名祐字國宗號字曾學東原生弘治辛亥六月十六卒○○○○配浦氏生弘治庚戌正月廿一卒嘉靖戊子十二月初九年三十九子二汾浙	汾 無嗣 浙 無嗣	

可

脩

字貴孚號可菴生宣德乙卯九月十九卒弘治癸丑七月十一壽六十一配馮氏生正統丙辰正月十一卒弘治乙卯五月初九壽六十歲子一鎡合葬龍山

鎡

字國本生成化癸巳十一月十九卒○○○○配数氏生成化丁未十二月三十卒○○○○子一溉

溉

字武卿生正德丁丑二月初七卒○○○○配趙氏子一柯

柯

無嗣

民

字覺宇號味訓生正統戊午五月初六卒弘治庚申六月廿七壽六十三配嚴氏生正統庚申十月廿五卒弘治壬子十月初二年五十三歲子二錖鍪合葬龍山

錖

字國亨號蘭雪生成化乙未九月十九卒○○○配陸氏子一汀

鍪

字國武號蘭室生成化癸卯卒嘉靖丙午壽六十四配高氏生弘治壬子卒萬曆癸酉壽八十二子二涯浦

汀

號愛雪生正德丙戌三月廿六卒○○○○配陸氏子一樓

涯

號思蘭生嘉靖丙戌五月卅二卒萬曆己卯七月廿三年五十三配沈氏生嘉靖甲申卒萬曆辛丑壽七十八子二栫穀女一

樓

栫

穀

哲　行中次子
字號生卒俱缺配
徐氏子一泰

泰
舊譜云徙丁墅贅
胡氏萬曆乙卯秋
九月粲至丁墅訪
之絕無泰姓者

倉基龍山

瀶
字號生卒俱缺配
○氏子一櫝女一
適毘陵謝

櫝　無嗣

竹隱第一世遯世遯軒公派遯軒第二支儉節公派

五世

瑾 彦和之孫 仲升之子

字景輝號端蓀生洪武辛巳正月廿一卒成化辛丑三月十七壽八十一配李氏子三勉勵李出慶側出舊譜傑載吏部主事程廷珙誌銘今闕塟白龍山岾頭乾巽向

六世

勉

字邦正號守拙生宣德甲寅正月初四卒正德甲戌十月十六壽八十一配趙氏子三佳俊合塟桃塢山

七世

佳

字國美生天順戊寅十二月十七卒○○○○配張氏子一周塟伏狐山坤艮向

俊

字國父號石橋生成化巳亥三月廿八卒嘉靖戊午八月十四壽八十歲

八世

周 無嗣

字大備生成化辛丑十二月十二卒○○○○配王氏無出塟伏狐山父塋

墳

字和夫號隱山生正德丙寅二月初九卒萬曆乙酉九月十六壽八十歲

九世

宁

配錢氏子二埴堪
女一適許顏
塟桃塢山父塋

堪

配石氏子一宗
塟桃塢山父塋
字正夫號小橋生
正德丙子九月初
六卒萬曆癸未九
月初六壽六十八
配董氏生嘉靖癸
未九月十六卒萬
曆甲辰八月廿六
壽八十二子二寀⿱宀林
⿱宀林女二適王義行
陸文茂
合塟裏山澗

寀

⿱宀林

傑
字國彦號宜勤生字仁夫號企勤生成化辛丑九月初正德戊寅正月初四卒嘉靖戊申九八卒隆慶辛未年月十三壽六十八五十四配徐氏子配王氏子一堯女一宣二適過適王
葬桃塢山父塋

堯
葬桃塢山祖塋

宣
無嗣

勵
字邦哲號一誠由字國表號澹菴授字準夫號景山舉府庠應成化丙申七品散官生天順鄉飲介生成化乙歲貢選受徐州判戊寅十二月初一巳三月十一卒萬

儀

坦

宇

宙

官以子偉封承德卒嘉靖庚子十一曆甲戌○○○○
郎應天府通判鄉月初八壽八十三壽九十歲配王氏
飲大賓生正統丙配鮑氏卒年六十子四宇寅實王出
辰十二月初一卒三子二垣屋女二完側出女一適王
正德辛巳八月十適邑庠華宸文武嘉王出
三壽八十六配馮進庠生徐彬合塋秋塘山
氏贈安人繼焦氏合塋秋塘山
子四儀偉侃伸馮
出女三適惠適徐
馮出適陳焦出
塋白龍山

屋
字敦夫號怡山生
弘治庚申十一月
廿七卒嘉靖壬寅
九月初二年四十
三配邵氏繼錢氏
子四室實部出宸
察錢出

寅

完

室
絶

實

宸
絶

璧秋塘山

偉

坤

字國瞻號鍊齋由字靜夫號守默由儒士中成化丙午太學生任雲南蒙應天鄉試十四名化衛經歷改浙江任應天府通判授紹興府經歷署常階承德郎致政歸山縣事生弘治戊稱四栁先生生天申十一月廿九卒順辛巳十二月初嘉靖巳亥閏七月三卒嘉靖戊戌九廿二年五十二配月初八壽七十八王氏卒年四十六配王氏封安人卒子四宏憲寵綦女年七十三子一坤二適邵適錢

察

宏

憲

寵

綦

合葬舍湾山

侃

字國彀號逸休生成化乙酉二月廿五卒正德乙亥三月廿四年五十一配陸氏繼王氏子一堅王出

葬錢桃塢

合葬舍湾山父塋

堅

字介夫號養蒙生弘治壬子七月十八卒萬曆癸酉五月初六壽八十二歲配蕭氏繼吳氏子三宷宋宴俱吳出女一適邑庠王錫

葬白茅山

吳氏葬白龍山

宷 絶

宋 絶

宴

伸

字國是號悵山邑庠生生成化庚寅五月廿五卒正德戊辰正月廿九年三十九配朱氏子一培

葬白龍山祖塋

培　無嗣

字植夫號慕山生弘治壬戌十月十一卒嘉靖乙未三月廿七年三十四配朱氏繼戴氏俱無出

葬白龍山

慶

字邦祥生成化乙酉七月十四卒正德庚午三月十七年四十六配蔣氏

倫

字國叙生成化庚子四月初六卒嘉靖丙午六月初一壽六十七配王氏

奎

字○○生弘治癸亥四月初四卒○○○○　配夏氏子二寧定

寧　絕

定　絕

子三倫佾仲
塟伏狐山

子一奎
塟錢桃塢始祖塋

佾
字○○生成化辛丑八月十七卒○○○○配周氏子二基堈
字爾邦生嘉靖巳丑十月初一卒○○○○配侯氏無出

從居新安

基
無嗣

堈
字爾升生嘉靖壬寅十二月二十卒○○○○配王氏
子四守宿宗宰

守
絶

宿
絶

宗
絶

儉節第二支

璠 仲昇次子
字景美號東臯長於詩有東臯集行世生宣德戊申四月廿九卒弘治癸丑三月十一壽六十六配王氏子一用中

用中
字擇之號豫齋由邑庠應弘治乙丑歲貢任江西饒州府安仁縣學訓導陞浙江温州府泰順縣學教諭以能詩名見郡志文學

文卿
字國華號立峰生成化癸巳二月十五卒嘉靖丁酉三月初六壽六十五配蕭氏繼潘氏子二沾治合壟璨山

仲 無嗣
字○○生弘治甲寅六月十八卒○○○○

沾
字會恩號南川生弘治己未十一月初五卒萬曆己卯十月初二壽八十一配蔡氏子一樹

樹

宰 絕

合葬璨山

傳生正統丙寅八月十二卒正德丙子十一月初一壽七十一配周氏繼謝氏子四文卿周出武卿側出仁卿德卿謝出葬璨山

武卿無嗣

字國備號思豫生成化丁未六月廿七卒○○○○配江氏無出

仁卿

字國忠號晴樓生正德丁卯八月十一卒未詳配吳氏子

洽

字思化號仰峰生正德甲戌五月廿五卒○○○○配張氏子一楹

湝

字思靜號谷山生

楹

架

八卒○○○○配二棨柯
費氏子一湝
任新安楊橋

柯

德卿
字國孝號竹溪生
正德戊辰十二月
廿六卒缺配○氏
子一潾

潾 絕

遯軒第三支約軒公派

杲
彥和之孫
叔昇之子

德孚

鑑

滋

榶 絕

字景寅號容庵生以字行生卒未詳字國明生天順壬字號生卒俱缺配
洪武庚辰○○○配馮氏繼周氏子午十一月廿九卒○氏子一榶
○卒成化丙戌五一鑑○出女二適正德乙亥二月廿

月廿七壽六十七配唐氏生永樂戊子十二月十九卒成化丁酉二月初一壽七十歲子四德孚信孚孝孚惠孚合葬璨山

少卿蔡亨周祥驥九年五十四配錢氏繼馬氏子一滋○出

孚 原名信孚

字信之號恒軒由邑庠中天順己卯應天鄉試任雲南嵩明州同知署州事致仕歸生宣德巳酉二月初五卒正德丙寅十二月十四壽七十八配張氏繼蔣氏子三鏑張出鈸側出鑰

鏑

字國祥號梅庄例授承事郎生景泰癸酉十一月十一卒正德庚辰四月廿五壽六十八配沈氏生景泰壬申卒嘉靖壬午壽七十一子三湘洛治合葬璨山祖塋

湘

字清甫靖江縣庠生生成化壬寅十月廿三卒正德辛巳七月初七年四十歲配王氏子二楠梧

洛

字會章生成化丙午三月廿二卒○

楠

梧

栻

將出
合塟璨山父塋

鉞
字國威號竹庄興
府引禮舍人生天
順丙戌七月十六
卒嘉靖戊戌十一
月廿八壽七十三

○○○配袁氏子
一栻

治
字會成號思梅生
卒鉄配莊氏生弘
治丁巳壽七十七
子一桼側出

漁
字會文號惠峰邑
庠生生弘治辛亥
八月十三卒嘉靖
甲子七月初七壽
七十四配吳氏繼

桼

梗

櫝

配盛氏子三渙潮
濤
合塋璨山祖塋

華氏子三楩櫕模
合塋璨山

潮
字會期號愛竹生
弘治庚申九月二
十卒萬曆甲戌十
一月廿六壽七十
五配朱氏壽七十
三子四桓札榆楨
桓嗣渙後
合塋璨山

濤

模　札　榆　楨　梭

孝孚

以字行號東臯生宣德壬子五月初三卒弘治壬戌閏

鑰 無嗣

字國寶號菊庄生卒鈇配杜氏

鑾

字國用號海滙任鑄江陰陽學訓術生成化乙酉五月

字會宗號在竹寧府教讀生弘治乙丑六月十七卒嘉靖乙卯三月廿三年五十一配吳氏子四校杭檄集合葬大池新阡

涇

字會清生弘治丙戌卒○○○○配苗氏子一楨

杭

檄

集

楨 絶

十一月三十壽七十一配王氏生宣德己酉卒正德丙寅壽七十八子四鍪鎣鏊[illegible]俱側出女二適徐洪章南合葬璨山祖塋

二十卒○○○○配陳氏卒年三十歲繼陳氏卒年四十四子三涇前陳出淇瀾繼陳出女四適謝天佑石支寶王歲謝塋

鏊

字國濟號萬川生成化辛丑八月十二卒○○○○配厲氏子三溪洪淳

淇

字○○生正德己巳閏九月初九卒○○○配殷氏

瀾

字號生卒俱缺配徐氏子一森

溪

無嗣

字○○生弘治辛酉六月廿一卒○○○○配馬氏

櫄

絕

森

鎜　無嗣

字國新號且愚生成化丙午卒○○○○配○氏

洪

字○○生正德丙寅卒○○○○配蔡氏子一龍孫

淳

字會山生正德甲戌七月初九卒○○○○配○氏子一枝

龍孫

枝

鎏

字國貞號月江生弘治甲寅八月廿三卒嘉靖癸丑壽六十歲配王氏壽七十四子二滔涯合葬璨山祖塋

滔 無嗣

字會英號少江生嘉靖戊子卒○○○○配唐氏

涯

字會津號愛江生嘉靖壬辰卒萬曆壬午年五十一配周氏子一梗

梗

惠孚

以字行號蕉月太學生贈承德郎

鎰

字國重號古峰別江號藕塘由邑庠

漎

字會川邑庠生生中卒未詳配華氏太

桓

西撫州府通判再贈奉政大夫周府左長史生卒未詳配王氏贈安人再贈宜人子一鎰

弘治壬子鄉試任涿州學正浙江溫州瑞安知縣江西撫州通判直隸保定同知南京刑部員外周府左長史進階奉政大夫生成化乙酉七月廿四卒嘉靖壬寅壽七十八配馮氏封安人加封宜人子二濙浚浚側出女一

學麟祥女嗣潮子

桓女一適方顏

浚

字○○生卒未詳配曹氏永平知府予德女子一材

材

彔 叔昇次子

淓

敬

潋

柄

字景儀生卒未詳以字行生正統甲

原名敬字嫌其與字國安號愛竹生

配高氏無子嗣姪子六月十九卒正　殳鳯行削去孚字成化庚寅卒嘉靖
洪孚爲子女一適德丙申三月初七　姓周氏號竹齋泉戊子年五十九配
周　年三十三配蔡氏之甥也生景泰庚　陸氏子一梈
謹按端敏公原譜以甥周姓爲嗣　午卒正德壬申壽
景儀公已註無嗣　六十三配鄒氏子
今以異姓爲嗣非　一　歙女一適薛瓚
法也姑量存三世
以俟子孫俱不登
譜順治庚子識

昊　叔昇三子

字景新號正菴生　以字行號玉海生　字國雄生成化乙　字思源號半泉生
永樂已亥三月廿　正統丙辰二月十　酉正月初七卒弘　卒鈇配李氏女一
八卒成化乙巳正　四卒正德戊寅八　治乙丑正月十一　適蔣
月十二壽六十七　月初七壽八十三　年四十一配尤氏
配高氏生永樂戊　配單氏子三鎧鍾　子二潤沂

澤孚

鎧

潤　無嗣

沂

梧　絶

戊八月廿三卒天錦丶
順甲申十二月十
九年四十七子四
澤孚洪孚濟孚澄
孚洪孚嗣㬌後
合葬龍山

鍾
字國鳴號心玉生
成化甲午卒嘉靖
戊子年五十五配
高氏子一津

錦
字國章號月溪生
成化壬寅七月十
八卒○○○○配
朱氏子三滄河潛
潛嗣鐸後

松
字○○生卒未詳
配郁氏子二梧松

津
字思問號柳江生
卒缺配○氏子二
楙林

滄
字思東生正德戊
辰十一月十四卒
○○○○配張氏
子一克柔女二適
陶適彭

松絶

楙

林

克柔

濟字　以字行號耕隱生正統辛酉三月廿八卒正德戊辰十二月初三壽六十八配毛氏子一鉦

鉦　無嗣　字國寧號竹樓生成化丁未卒嘉靖癸未年三十七配陳氏

河　絕

澄字　以字行號朴菴生景泰壬申十月初十卒正德巳巳七月十三年五十八配陶氏子一鐸

鐸　字國振號可農生卒缺配嚴氏嗣錦子滑

滑　無嗣　字思周生正德辛未五月廿五卒〇〇〇〇配盧氏

遯軒第四支成趣公派

旭　彥和之孫　季昇之子

字昇暘號修敬私諡貞靖先生封承德郎南京兵部主事加封中憲大夫湖廣武昌府知府生永樂庚寅八月廿六卒弘治甲寅十一月十六壽八十五崇祀鄉賢祠惠山尊賢祠配享始祖祠碧山吟社尊祠配殷氏封安人贈恭人生永樂癸巳七月初二卒

夔

字廷韶一字中孚號中齋由邑庠中天順巳卯應天鄉試登天順庚辰王一夔榜進士初任南京兵部武庫司主事進本部職方員外武庫郎中壬辰擢湖廣武昌府知府內艱起復改江西建昌府知府乙巳陞任福建右叅政丁未轉江西右布政使致仕生

銳

字國英號葦軒太學生授浙江布政司都事生成化丙申十一月廿九卒嘉靖丁酉九月初六壽六十二配享始祖祠配毛氏都御史珵女生成化丙申八月初三卒正德丁丑八月廿七年四十二子三濂汶漢合葬聽松父塋

濂

字楚南號見川由太學任鴻臚寺序班進鳴贊陞任江西南安府崇義縣知縣生弘治乙卯九月初八卒嘉靖丙辰正月初七壽六十二歲配盛氏生弘治乙卯四月十一卒萬曆巳卯九月初十壽八十五子二橋標標鼫漢後合葬聽松祖塋

橋

成化戊戌六月廿八壽六十六子三夔永孚仲孚合葬龍山

宣德癸丑五月初三卒弘治乙卯十二月十二壽六十三崇祀本縣鄉賢祠武昌名宦祠配享始祖祠配沈氏封安人再封恭人生宣德甲寅十一月初九卒正德丁卯十一月十一壽七十四子一銳女五適錢稷武進陸合章過軾武進楊合華朝端合葬聽松新阡

汝

字齊南號原山由太學任浙江金華府東陽縣縣丞生弘治戊午九月初八卒嘉靖壬戌五月廿五壽六十五配邵氏文莊公女生弘治辛酉三月初二卒嘉靖壬戌五月初七壽六十二子二榛椿女四適陳聚德杭惟銳徐衍蘊華敦行合葬聽松祖塋

榛

椿

漢

字荊南生弘治壬戌十二月二十殤正德丁丑正月二十年十六歲聘蘇郡熊氏名壽芳衡府引禮舍人慶澤女宣聖五十九代孫孔鏞甥女年十五聞漢喪誓死不二斷髮截耳已卯會漢葬哭臨成禮嘉靖甲申以事上聞壽奉　旨先給牌匾仍月給薪米

標

嘉靖丙辰年五十四有司奉詔建坊旌門生弘治癸亥七月十四卒隆慶戊辰五月廿三壽六十六嗣子一郎濂子標合葬聽松祖塋

永孚

名旦以字行號養恬成化丙申詔旌孝子弘治改元詔給冠帶生正統丙辰八月十七卒嘉靖癸未二月廿五

鏜

字國和號樂易由邑庠中弘治甲子應天鄉試後以親老不赴會試有司舉孝廉不應遜授南京都察院都事

淮

字伯川號存赤別號味菜由邑廩生應嘉靖辛丑歲貢任湖廣辰州府辰溪縣知縣以子禾封南京戶部主事

采

禾

壽八十八配享始生成化丙戌六月生弘治戊申正月
祖祠崇祀惠山鰻初七卒嘉靖甲辰初二卒隆慶戊辰
孝祠配張氏誥贈十月廿二壽七十四月初三壽八十
奉直大夫餐誥公九天啟甲子崇祀一崇祀縣鄉賢祠
女生正統戊午十縣鄉賢祠配享始辰溪縣名宦祠配
一月十一卒嘉靖祖祠配龔氏生成周氏贈安人子四
乙酉閏十二月初化乙酉十一月十采禾棻楠女五適
五壽八十八子一一卒弘治乙卯十茹衍宗殷邦奇胡
鎜女二長適吳鈇月廿八年三十一永潤邵隆澄朱世
年二十八守節嘉繼徐氏生成化丙臣
靖辛卯年七十二申四月廿九卒正合葬龍山祖塋之
有司以聞　詔旌德甲戌十月十四昭
貞節之門次女適年三十九子四淮
華袞　漳瀚龔出涵側出
合葬龍山父塋之　女二適王秉談悌字仲黽號漱泉太
昭　合葬龍山祖塋之學生贈徵仕郎孝

棻　楠　漳　木

昭

陵衛經歷生弘治
辛亥五月十六卒
嘉靖丁巳九月初
三壽六十七配吳
氏贈孺人生弘治
壬子卒嘉靖壬子
壽六十一側室薛
氏封太孺人壽八
十歲子一米薛出
女三適華承業殷
邦達張怡
葬龍山祖塋之右

瀚

字叔度號從川邑
庠生封奉政大夫

梁

通政司左叅議生弘治癸丑正月十一卒嘉靖丙寅六月廿三壽七十四祟祀尊賢祠配享碧山吟社配殷氏封宜人生弘治己未正月初八卒萬曆辛己二月初三壽八十三子四梁棨𥻘龔側出女三適朱家相朱連陳鳳岐楚軍將箸塢新阡

棨

𥻘

龔

涵

字季宏號問詹由邑庠中嘉靖庚子應天鄉試任浙江溫州府推官陞寧波府通判致仕歸卒於錢塘生弘治壬戌十二月十一卒嘉靖庚申正月十五年五十九配莫氏兵部主事諱息女卒年六十七子二棐彬女一適華鳳梧

合葬許山新阡

棐

彬

仲孚

名真以字行號務本與兄永孚同孝行詔旌雙孝之門生正統庚申八月廿八卒正德丁丑十月十一壽七十八配享始祖祠崇祀惠山雙孝祠配劉氏東平知州超遠女生正統丁卯七月十六卒弘治辛酉九月廿七年五十五子二銓鉉女三適鄒龔何

銓

字國衡號止菴由槩邑廩生中弘治甲子應天鄉試任廣東市舶司提舉署香山連山二縣事陞浙江台州府通判致仕生成化庚寅二月初二卒○○○配華氏生成化戊子卒嘉靖巳亥壽七十二子二瀛潞俱側出女一適鄒續甍龍山祖塋之側

瀛

字會登號十洲生正德丙寅三月廿四卒萬曆庚辰壽七十五配華氏子二鳳梧植女二適華紹易陳天保甍興道鄉

潞

字會通號三峰生正德巳巳卒○○○○配華氏子一梓

甍龍山

鳳梧

植

梓

思王坦
合塟龍山父塋之
穆

鉉
字國爕號鶴亭邑
庠生生成化甲辰
十二月十四卒嘉
靖壬戌三月廿四
壽七十九配楊氏
禮部郎中琛孫女
生成化甲辰十二
月初十卒嘉靖庚
子十月初四年五
十七子三滂洸淪
女二適張憑胡紹
合塟龍山父塋之
昭

滂
字伯雨號振菴由
邑廩生應隆慶丁
卯龍飛恩貢任四
川寶寧府劍州州
判攝梓潼令又攝
巴州篆請告歸陞
江西布政司理問
不赴生正德辛未
十月廿一卒萬曆
辛巳壽七十一配
楊氏戶部郎中淮
女繼胡氏子三棟
椕森俱胡出
塟龍山祖塋之穆

棟

椕

森

洸　楊

字叔武號裕菴生正德乙亥十月初十卒萬曆戊子閏六月廿六壽七十四配楊[illegible]州府通判脩之女生正德癸酉六月廿七卒萬曆辛巳十月初一壽六十九子一楊女三適宜興萬梗何萬鍾丹陽孫朝京塟龍山祖塋之昭

淪

宇季新號漁菴邑庠生著家乘二十卷有春秋類編戰國人才錄等書行世生正德丙子二月二十卒萬曆癸未十月廿六壽六十八配武進白氏生正德戊寅卒萬曆巳卯壽六十二子二程科女四適黃有序馮墀胡士恂胡同登

葬龍山遷葬孔山

程

科

梅隱第一世樂善公派

樂善第一支抱拙公派

五世

景薰　彥起之孫　樸之子

名凱以字行號怡晚以孫金貴累贈太子太保南京兵部尚書生洪武甲子四月初八卒景泰壬申七月初八壽六十九配徐氏繼楊氏俱累贈一品夫人子三震霖雷俱楊出合葬錫山之桃墩在祖塋之北

六世

震

字號生卒俱未詳配徐氏子一錤

七世

錤

字號生卒俱未詳配湯氏子三澄溥池

八世

澄　絕

溥

字號生卒俱未詳配張氏子二果杲

池　絕

九世

果

杲

霖　金　泮

字潤孚號畢牧封字國聲號鳳山由字思魯號小山由
承德郎戶部主事儒士中成化丙午官生中正德己卯
贈奉政大夫戶部應天鄉試登弘治順天鄉試以子樫
郎中累贈通議大癸丑毛澄榜進士贈文林郎南京都
夫都察院右副都乙卯授戶部主事察院都事再贈奉
御史資政大夫戶陞員外郎癸亥丁直大夫南京後軍
部尚書光祿大夫外艱丙寅起復除都督府經歷生弘
太子太保南京兵本部郎中戊辰陞治壬子十二月廿
部尚書生宣德丁河南提學副使庚六卒嘉靖壬辰九
未七月初五卒弘午陞本省左參政月廿九年四十一
治癸亥正月初九分守大梁辛未陞配張氏福建運使
壽七十七崇祀縣山東右布政使轉愷之女贈孺人再
鄉賢祠配享始祖左布政使甲戌擢贈宜人生弘治庚
祠配余氏初贈夫都察院右副都御戊閏九月十七卒

樫　相

人加贈一品夫人史巡撫湖廣庚辰嘉靖丁未六月初
繼王氏累贈安人陞戶部右侍郎改五年五十八子三
宜人淑人夫人一吏部左侍郎癸未相側出桱格張出
品夫人生宣德丁擢南京禮部尚書女四適贈給事中
未卒成化辛丑年改南兵部參贊機楊倅宜興杭士鑄
五十五子二金王務轉北戶部尚書江陰徐衍秀華諒
出銘側出女一適丁亥致仕馳驛歸葬桃墩祖塋
楊能　辛卯起南戶部尚
合葬歸山之蔣湾　書壬辰改北工部
一名南湾　甲午加太子少保

格

沐

再改南兵部尚書字思宋號次山由
丙申引年致仕進官生授南京後軍
階光祿大夫太子都督府都事補右
太保授一品誥命府都事進階文林
生成化丁亥九月郎陞左府經歷擢
十一卒嘉靖甲辰雲南姚安府知府

柄

正月廿七壽七十謫任以子中舍桂
八謚端敏贈少保覃恩復官進階中
諭祭九壇崇祀府憲大夫生正德巳
縣鄉賢祠河南開巳三月廿九卒萬
封府封丘縣生祠曆辛巳三月十九
配享始祖祠配鈕壽七十三配武進
氏歷封安人宜人楊氏封孺人贈恭
淑人夫人一品夫人生正德巳巳十
人生天順甲申十月三十卒嘉靖乙
一月十三卒嘉靖丑六月廿九年五
庚戌二月初六壽十七子三柄楷桂
八十七子二泮沐女二適理問周季
諭婺歸山之薛墩原經歷談志伊
合葬姚灣新阡

楷

桂

銘

字國箴號半農例授承事郎生卒缺配張氏繼徐氏子四湜徐出灝沆水側出

湜

字思潔號南湖太學生生弘治巳未十一月初七卒嘉靖○○○○配張氏生弘治庚申卒萬曆甲申壽八十五子二楫機女一適王有道守節崇祀貞節祠

灝

字思程號秋山太學生生正德庚午

楫

機

棖

臬

九月初一卒萬曆
乙亥八月初三壽
六十六配楊氏繼
吳氏子四棖臬標
楨俱側出

沇
字思李號東橋生
正德壬申卒○○
○○配侯氏太僕
丞企竹女子四梅
樹櫃枋

水
字○○號芥洲生

標

楨
絕

梅

樹

櫃

枋

栻

樂善第二支衡務公派

景南 彥起之孫 權之子 以字行生卒鈌配蔣氏子二霆霙

雷 無嗣 字應孚號雲屋壽官生正統丙辰卒正德辛未壽七十六配濮氏 葬桃墩祖塋

霆 無嗣 字號生卒俱鈌配張氏女二適邊支顯鄧真 合葬歸山

卒鈌配華氏子一

栻側出

霙

字瑞孚生卒缺配遷氏子四釗鎮欽釣女二適武進庠生趙鈺薛堰橋吳良

合葬歸山

釗

字國元號毘橋邑庠生生景泰丙子三月初三卒正德丙子八月廿二壽六十一配周氏繼宜興潘氏子二淵側出源潘出女四適黃金臧壽張貴楊文光

合葬歸山祖塋側

淵

字思默號野蘭生弘治戊午十月十六卒嘉靖乙卯十月初十年五十八配薛氏生弘治丁巳十一月廿七卒嘉靖甲子十月十五壽六十八子二榜櫝女三適武進張○武進庠生徐薦遷梧

合葬歸山祖塋

榜

櫝

源

字思本號心橋邑庠生生弘治壬戌十二月初十卒嘉靖甲寅三月廿八年五十三配徐氏生正德戊辰五月廿八卒嘉靖甲子十二月廿三年五十七子四楷秉徐出葉傑側出女二適典史楊夢熊衛經歷黃里仁

楷

秉

葉

傑 絕

鏌

字國器號甘隱生天順辛巳七月初八卒正德庚辰三月初十壽六十歲配楊氏生天順辛巳七月二十卒正德丙子年五十六子三涑湳涑女一適何誥

合塟歸山祖塋

涑

字思東號樂山生成化乙巳九月初九卒嘉靖壬子二月十一壽六十八配吳氏生成化甲辰卒萬曆乙亥壽九十二子四樂本保術女二適陸恩王昌言

合塟歸山

湳

自河西分居湖山

樂

本

保

術

槩

字思南號文峰生卒缺配陸氏子四槩檕果業合葬塘路上新阡
自河西徙塘路

上

淶

字思中號石岩生弘治己未十月二十卒嘉靖癸丑三月二十年五十五配楊氏生弘治庚申卒嘉靖壬戌壽六十三子三槙植柯女二適朱大體

檕　果　業　槙　植　柯

欽
字國敬號友松鄉飲介生成化丁亥十一月廿九卒嘉靖壬寅八月初六壽七十六配楊氏子二灌濟

黃志學
合塋鳳凰山

灌
字思劉號愛泉生成化丙辰八月初二卒嘉靖丙辰六月廿三壽六十一歲配王氏生成化癸丑卒嘉靖巳酉年五十七歲子一
栢
合塋歸山

濟

栢
絕

柖

更名海字思濟號應山生正德壬申正月初八卒萬曆庚辰九月初九壽六十九配胡氏生正德己巳八月廿七卒萬曆乙卯四月廿一壽七十一子二榴桴女二適鄒繼道馮國合葬歸山

鈞

字思平號拙耘生成化庚寅十一月廿五卒○○○○

滸

字思州號困學生卒缺配薛氏子二槃巢

桴

槃　絕

巢　絕

配李氏子四滸洲塟歸山
渢湜女二適陳泉
吳汝心
合塟歸山

洲
字思坦號小溪生
弘治巳未十一月
初七卒○○○○
配王氏子三枋材
桴
塟歸山

渢
字思晉號企耘生
正德丁卯五月十
一卒○○○○配

枋

材

桴

櫃　絕

柳　絕

顧氏子二檟柳
塟○○

濋
字思○號仰耘生正德壬申九月十三卒萬曆甲戌八月廿六壽六十三配錢氏卒年五十九子三棹樓槐女一適陳
塟南前龍高區

棹

樓

槐
絶

樂藝第三支支勅公派

景章 彥起之孫 桐之子

字○○生卒缺配○氏子一霓

合葬○○

霓

字慰孚號蘭畹生卒缺配武進王氏子一鎮側出

鎮

字國賓號西郊生卒缺配楊氏子二

洪 治

洪

字思大生卒缺配張氏子一彬

治

字思正號左橋生嘉靖辛卯八月廿四卒○○○○配楊氏子三松栢楷

彬

松

栢

楷 絕

樂善第四支理初公派

景質 彥超之孫 榕之子

字○○號默識生卒鈌配楊氏子二佩位女四適俞叔讓尹昭景明徐公哲任千田

佩

字時用號溪隱生正統巳巳五月初六卒正德戊辰壽六十歲配鄭氏子一鏽女一適鈕合葬胡山

鏽

字國良號王成庠生生成化○卒○○○配臧氏子一洞女二適陸詮王煥合葬胡山

洞

字思遠號懷玉生○卒鈌配侯氏子一宋

宋 絕

位

字時顯生景泰癸酉十一月廿一卒嘉靖戊子正月初六壽七十六配湯氏子一鏑合葬千田

鏑

字天用生卒鈌配錢氏繼藏氏王氏子二迴濰女二適尹爵卞俊葬千田

迴

字○○生卒鈌配承氏子三植柯橋

濰

植

柯

橋

棡 絕

景貴 榕之次子
字○○生卒鈌配周氏子三億僖倪女一適尹暘合塟干田

億
字○○配王氏子一鐫合塟干田

僖
字○○配王氏子四銚錧鍐鑨女一適潘鈺塟干田

鐫 無嗣
字○○配吳氏女一適沈合塟干田

銚
字國淑配俞氏子二瀹渶

錧 無嗣
字○○配張氏女

字○○生卒鈌配蔣氏子二梋梶

瀹
字○○配鄭氏子二楝棵

渶 絶

梶

楝 絶

棵

一適殷

鏐
字〇〇配楊氏子三沼溧湞

鑨
字號生卒鈌配承氏子一沛

沼
絕

溧
字〇〇配楊氏子二棠棣

湞
字永安號東湖配吳氏子一模

沛
絕

棠
絕

棣
絕

模

景贊 榕之三子
字○○生卒鈌配李氏繼陳氏子二侲仁

倪
字○○配宋氏子一鈿
合葬千田

侲
字○○生卒鈌配蔣氏子六鈉鈳鐶鋅鐮録女一適俞萱
合葬千田祖塋

鈿
字○○配强氏子一洙
合葬千田

鈉 絕

鈳
字○○配龔氏子一淋

鐶

洙
字○○配湯氏子三梠櫏森
葬管家湾

淋
字○○配王氏子二衍樓

洶 絕

梠 絕

櫏

森 絕

衍

樓 絕

字號生卒缺配○氏子一澍

錞
字國壽生卒缺配楊氏子四汶池浹洽池嗣錄後合葬于田

汶
字○○生嘉靖乙酉七月十四卒萬曆庚寅壽六十六配丁氏子二松栢

浹
字○○配○氏子二楎栝

洽
絕

松

栢

楎
絕

栝

鄭氏子三仕儀儒

景賢 榕之四子

字○○生卒鈌配字○○配楊氏

仁 絕

仕 無嗣

鐮 無嗣

字號生卒鈌配薛氏

錄

字○○配○氏嗣鋒子池

池

字○○生卒鈌配楊氏壽七十六子二梓椅女一適邐從道

梓

椅 絕

儼
字號生卒缺配王字國用
氏子一鍧

鍧 絕

儒
字○○生卒缺配字○○生弘治甲字○○生嘉靖乙
賈氏子一銀女二子五月初八卒隆巳卒○○配吳氏
適蔣適冋

銀
慶巳巳二月初六子四榐樴横𣟴
壽六十六配楊氏
生正德庚辰卒萬
曆丁酉壽七十八
子二沾濡
葬管家灣

沾

濡
字○○生嘉靖乙

榐

樴

横

𣟴

檡

景資 裕之五子
字○○生卒鈌配
陳氏子二俅伯

俅
字○○生卒鈌配
陳氏子一寶
合葬于田

伯
字○○生卒鈌配
殷氏子一鏡

寶 無嗣
字○○配李氏

鏡
字國明號蒲石生
弘治庚申九月初
二卒嘉靖巳酉九
月廿八年五十歲
配金氏生弘治巳
卯配堵氏繼蔣氏
子二樨檜

汎 絶
號小蒲

灃 絶

汸

檜

洊

未卒萬曆癸酉壽字□正號□□生
七十五子五汎澧嘉靖甲午六月廿
汸滓灦
五卒萬曆辛巳五
月初一年四十八
配陳氏子二桝杠
杠嗣灦後

滓 絕

灦
字思○號懷蘭生
嘉靖壬寅六月十
三卒萬曆辛丑十
月廿七壽六十歲

杠

配倪氏嗣汸子杠

大宗松隱派

松隱第二支蟄菴公派

蟄菴第三支味訓公派

九世	十世	十一世	十二世	十三世
樓 民之曾孫 汀之子 字號生卒俱缺配施氏子一奎	奎 號少溪生嘉靖戊午卒萬曆乙巳年四十八配薛氏子一塈	塈 號念溪生萬曆巳亥卒順治乙酉年四十七配薛氏振宇女歿節適鄭子一鋅 任五牧鎮宗淮 葬東門外	鋅 字仲玉生崇禎辛未八月十一酉時隨母居玉圻鄭氏訛鷗塘徐氏子一宗淮	宗淮
栴 民之曾孫 涯之子 號友琴生嘉靖癸丑十二月十二卒萬曆戊申年五十六配王氏子一炎	炎 號餐描生萬曆庚辰八月廿九卒順治丙戌四月廿八壽六十七配蔣氏	堡 字大城號伯屏生天啟甲子七月初三配楊氏生丙子十二月廿五		

合葬龍山

穀

涯之次子

字公登號恒明生嘉靖丙寅八月廿九卒崇禎辛巳正月十九壽七十六配張氏生萬曆庚辰卒崇禎壬午壽六十三子一煥側陸出

合葬龍山

卒順治己亥子一堡女一適楊廷瑚

葬廟巷

煥

無嗣

字文昭生天啟乙丑正月十六卒順治丙戌八月十二年二十二配華氏庠彦淑女生天啟甲子卒順治乙酉年二十二

合葬開化吳塘山彭層塢

味第支雪派

訓一愛公

十三世	宗淮 樓之玄孫 錤之子 字貽謀生康熙丙午八月廿六配張氏生康熙乙巳十月十六 甲午譜以澧子桌爲後本非嫡長應嗣桌本生又幾欲絕因吿通族仍歸本支大宗一脈理宜另議應立乾隆丙寅年識
十四世	
十五世	
十六世	
十七世	

竹隱第二支儉節公派

儉節第一支端素公派
端素第一支守拙公派

九世　十世　十一世　十二世　十三世

宁　勉之曾孫　填之子
生嘉靖乙卯從太倉葛龍鎮後不還鄉

寀　勉之曾孫　堪之子

焜

玉振

三錫　無嗣

初名鑾字伯裕號宇本艮號振宇生宇敏功生萬曆丙生順治丙申六月
海橋後改號笠原嘉靖癸亥八月初辰十二月十一配十五
恩例冠帶壽官卒二卒崇禎己卯九王氏生萬曆丁巳
鄉飲賓生嘉靖庚月初八壽七十七四月十一先卒繼
子十月十二卒天配張庄王氏生嘉配王氏子一三錫
啟丙寅十二月廿靖庚申九月廿一繼室出
六壽八十七配錢卒萬曆庚戌三月

氏生嘉靖甲辰八
月廿二卒天啟癸
亥五月初八壽八
十子三烺炌燦女
一適邑庠顧與權
萬曆甲寅曾輯通
族譜
合楚官遊塢

廿四年五十一無
子嗣煬子王振女
三適尤徵遠徐應
魁王出適華側出

烇 無嗣

字本全號抱一邑
庠生生隆慶辛未
十二月廿三卒萬
曆乙巳十月初六
配王氏生萬曆丙
子卒順治丙申廿
九歲而寡苦節五
十二載壽八十一
康熙癸亥奉憲崇
祀惠山貞節祠女

二適鄧雲程徐樹勛

葬錢桃塢

㰄

更名本實字茂褒邑庠生生萬曆乙酉二月初三卒順治巳亥十一月初八壽七十五配趙氏生萬曆乙酉卒天啟丙寅繼鄧氏生萬曆巳亥子一玉膏趙出女六適唐汝遠周運和庠生傾鼎吉趙出適

玉膏

字芝生郡庠生生萬曆庚戌七月廿五配顧氏庠彥雲芹女生萬曆庚戌四月廿八子三鳳錫龍錫麟錫

鳳錫

字旭彩生崇禎庚午十月初五配華氏生崇禎癸酉卒順治巳丑繼杜氏子二泰淶方淶杜出

龍錫

無嗣

字飛九生崇禎丁丑五月初七配成氏郡庠芳文

泰淶

方淶

魏甯莊以莅陳文
塋鄧出
葬官來塢

寀 堪次子
字伯深號怡橋生
嘉靖乙卯八月初
一卒崇禎乙亥七
月初一壽八十一
配王氏生萬曆乙
卯子一爆
合葬瞿坟坳

爆
字本立號竹沙生
萬曆癸未正月十
三卒萬曆戊午五
月廿六配錢氏生
萬曆甲申卒順治
巳丑子二士厚王
振王振嗣煩後女
二一適王
葬瞿坟坳錢氏塋

士厚
字敏政生萬曆巳
酉十一月十四卒
順治巳丑二月十
八配張氏子二之
銘之鏡女二一適
周
葬錢桃塢

麟錫
字仁九生崇禎癸
未九月初五配李
氏子一曾淵

之銘
字又新生崇禎壬
申九月廿二卒康
熙戊午六月十三
配李氏郡庠黄裳
女生崇禎癸未三
月初六卒康熙甲
戌九月十三子三
鄒洛尚渭尚烈女
四適王繩宗適林

曾淵

鄒洛

尚渭

尚烈

端素第二支一誠仝派一誠第一支濟

錢桃塢最高一穴

宇 勵之曾孫 坦之子
字伯洪號松岩生弘治乙丑六月十八卒嘉靖丙午四月廿九配吳氏子一嫺女三適周適宋適楊

嫺
字顯之號少岩生嘉靖甲午十月廿八卒萬曆甲申六月初七配王氏子二達忠達孝女二適嚴適蕭

達忠 無嗣
字汝鄰號滙川邑庠生生嘉靖巳未九月初二卒萬曆丙戌配郭氏女一適武進陸中亘

適恩貢錢緒適棐葬錢桃塢祖塋李氏葬秦塘涇新阡

之鏡 無嗣
字〇〇生崇禎丙子四月十二

庵公派 葬秋塘山

宙 坦次子 行三

字伯遠號竹岩生正德庚午五月十八卒萬曆癸酉十二月廿四配董氏繼陸氏子一灼董出女二一適遇坦側出適王聘易陸出

灼

字明之號震岩生嘉靖庚子十一月初八卒萬曆己酉五月初三壽七十配王氏子二達敬達聰女二一適鄒庠生吳宗濬郭如棉

達孝

字汝繼號雲川生嘉靖辛酉七月廿六卒缺配朱氏生卒缺子一錫康

錫康 無嗣

字○○生萬曆壬午四月廿六配王氏生萬曆庚寅八

達敬

字汝文號太朴邑庠生生嘉靖己未十一月初五卒弘光乙酉正月初十壽八十七配蕭氏子一公鍹女一適張鵬俱側費出

公鍹

字宣甫生崇禎辛未八月廿六卒康熙辛未閏七月二十配陸氏生崇禎甲戌閏八月子二葵派蓮派合葬杪木橋本基

葵派

蓮派

獨墪白茅山小丁合墪吳塘彭罾塢分葬杪木橋北倉

湾董陸墪秋塘官嶺北前山

山

達聰

字汝謀號居易生字章甫號樂閒邑
萬曆癸未七月初庠生生萬曆丙午
九卒順治丁酉七八月廿四卒康熙
月廿一壽七十五丁未二月十七配
配冉涇邵氏生萬章氏生萬曆辛亥
曆癸未卒萬曆甲八月十四卒康熙
辰子二公鏤公鈴巳未十一月十四
公鏤側張出公鈴子二松泳蘭泳女
側張出女一適胡二適宣天選顧。
時亮張山
邵氏葬秋塘山

公鏤

松泳

蘭泳

張氏合塟馬鞍塢

公銘

字衡甫生崇禎丙子七月初三卒康熙癸酉六月十六配楊氏子三星源霖源霞源女二適王晉錫何樸

星源

霖源

霞源

寅　坦三子　行四

字伯明號梅君生正德丁丑正月三十卒萬曆庚辰二十四壽六十四□□氏子三照煐

照

字鑑之號少梅生嘉靖戊戌八月廿六卒萬曆丁巳壽八十配蕭氏子三達善蕭出達相達

達善

字汝從號緗月生嘉靖己未六月十七卒崇禎戊辰壽七十配錢氏子二錫亨錫氏

錫亨

字立功號太初生萬曆辛巳十二月廿九卒崇禎辛巳壽六十一配羅氏子四邦澄邦清邦

邦澄

邦清

邦濟

煞女二 張通薛樞側出
穸鞏站頭山祖塋合葬秋塘山
亜嶂山天穴

濟邦沛

邦沛

錫氏
字立族生萬曆甲申五月初九卒崇禎癸酉配郭氏子一邦潤

邦潤

達相
字汝刑生萬曆丙申七月廿三配吳氏繼王氏子二錫美順鍾俱吳出順鍾嗣達道後

錫美
字立甫生萬曆戊午四月十七配周氏生萬曆辛酉卒康熙壬申十月三十子一鳴九女一

鳴九

煥

字盛之號侍岩生嘉靖辛亥卒天啟丙寅十一月十三壽七十六配王氏生嘉靖壬子卒萬曆丙[illegible]

達權

字汝行生萬曆乙巳八月十二卒順治乙未十月○○配郭氏子一錫厚

達道

字汝河號玉門生萬曆癸未九月十六配王氏嗣達相子順鍾女一適周

錫厚

字○○生順治乙酉八月廿九配浦氏後爲僧

順鍾 無嗣

字其栯生天啟乙丑十二月十八配王氏生崇禎辛未八月十五女二適許適錫

適錢

曆丁巳壽六十六
子二達道達德
合葬五浪山

達德 無嗣
字汝立號玉宇生
萬曆巳丑六月廿
四配陳氏繼時氏
女一適董時出

熟
字子年號肖岩生
嘉靖戊午三月廿
七卒天啟甲子十
一月廿九壽六十
七配朱氏子三壎
朱出埛坪側出女
二適龔適邵

壎
字孟和號千傒生
萬曆壬午七月初
二卒崇禎戊寅九
月廿九配瞿氏文
懿公孫女子四公
鎔公鎬公鍚瞿出
公鍩側出

公鎔
字大酉生萬曆丁
未五月二十卒康
熙戊午七月十六
壽七十二配方氏
庠生山女生萬曆
戊申卒康熙丙寅
子四泳喬泳魯泳

泳喬

泳原

合塟五泿山迁塟合塟桫木橋橙山
倉前嘴

蒲泳原泳曾嗣公
鐳後泳蒲嗣公歷
後女二適郭適王
塟倉前嘴

公鐳
字二酉生萬曆戊
申十二月初四卒
康熙巳未三月○
○壽七十二配陸
氏嗣公鎔子泳曾
塟康山

泳曾

公鏐

泳年

字小酉邑庠生生萬曆庚戌七月初九配王氏生萬曆甲寅子三泳年泳楚泳芳
塟橙山

公銛
字噩酉生崇禎壬申九月初六卒康熙癸酉長泰寺爲僧

垌
字蒯侯生萬曆丁

公鏖
字鶴朋生崇禎巳

泳楚

泳芳

泳蒲

未閏六月初六卒康熙辛未二月廿五壽八十六配袁氏生萬曆丁未六月廿七卒康熙戊午九月初一子二公壂公鈖女二適尤適董塟倉前山

坪

巳六月十一卒康熙乙亥九月廿五壽六十七配浦氏生崇禎戊寅九月廿六卒康熙辛酉三月廿五嗣公鎔子泳蒲女一適周塟倉前父塋昭

公鈖 無嗣

字鹿友生崇禎癸酉正月十四配王氏女一適華

公壂

字逌侯生萬曆甲寅八月十三卒康熙辛酉十月廿五配許氏生天啟甲子卒康熙丙子子一公鑒側出合葬軍嶂山祖塋左

字脩見生順治庚子十月初九配顧氏生順治辛丑四月十七卒康熙壬戌七月十一葬白龍山祖塋後

完　坦四子　行五

字伯全號梧岩生嘉靖戊申六月十三卒天啟甲子九月十一壽七十七配王氏生嘉靖巳酉卒天啟癸亥壽

燡

字子晉生萬曆甲午九月十一卒順治乙未九月初四壽六十二配馬氏生萬曆癸巳五月廿三卒萬曆巳未

詔

字寧侯號雪崑郡庠生生萬曆壬子二月廿三卒康熙丁卯三月廿五壽七十六配顧氏庠生與權女生萬曆

鍊

字補只號天石生崇禎庚辰九月初五卒康熙庚午八月廿三配郭氏生崇禎巳卯十二月三十卒康熙戊子

蒙泉

泓泉

溫泉

甘泉

七十五子一爗女正月初九繼浦氏甲寅八月初五卒二月初五子五棠
一適徐承美俱側楊氏吳氏子四詔康熙戊午十二月泉泓泉温泉甘泉
出
合塟倉前渚

馬出永祜璿璋澍十八壽六十五子淵女一適雷天完
出女三適庠生莫二錬鍔
與京浦適馬出適合塟湖塘山
庠生陳彔浦出
合塟杪木橋祖塋

合塟西山嘴

淵

鍔

字欽只號雙峰生
順治丁亥十一月
初六卒雍正丙午
正月十三配虞氏
汝諧女生順治丁
亥七月十八卒鉄
子一原泉女一適
王德建

原泉

永祜

字師臣邑庠生生天啟辛酉十一月廿九卒康熙壬申六月十三壽七十二配周氏生天啟己未三月廿二卒康熙己巳十月初六子四鏡昭鏡瑩鏡彰鏡朗女一適沈鴻際
葬鳳凰山新阡

鏡昭

字伯輝生崇禎壬午二月廿四卒康熙甲寅八月十二配朱氏嗣鏡瑩子鴻志女一適王
葬秋塘

鏡瑩

字仲華生崇禎甲申十月廿五卒康熙癸巳八月初五配王氏繼朱氏生順治戊子二月十

鴻志

鴻悳

八卒康熙辛丑三
月廿六子二鴻志
鴻悳鴻志嗣鏡昭
後女三適王公輔
趙五臣潘星若
葬鳳凰山父塋旁

鏡彰 無嗣

字叔光生順治丁
亥十月初五卒康
熙己卯七月廿二
配方氏生順治丙
申卒康熙甲子女
一適陸
葬秋塘

鏡明 無嗣

字南明生順治己亥十一月十四卒康熙乙亥配朱氏庠彥淇女生康熙乙巳二月十二卒康熙丙子葬南山牛街口

璿

字在公自號祇園生崇禎庚午六月十七卒康熙壬午九月初八壽七十

庭

字珊儒號勳墅邑庠生生康熙丁未十二月十七卒康熙丙申三月初九

復泰

三配陸氏生崇禎己巳十二月初六卒康熙丁巳五月廿七子二庭鏻女一適太學顧承緒葬秋塘山祖塋

配湯氏庠彥芬女生康熙戊申正月廿七卒康熙辛未繼吳氏爾褒女生康熙癸丑十一月十五子二復泰辰泰辰泰嗣鏻後女二適顧應坤楊羽用俱吳出葬秋塘山父塋

鏻

字山齋生康熙庚戌七月三十卒缺配郭氏生康熙戊

辰泰

午卒康熙癸巳嗣
庭子辰恭
葬秋塘山父塋

璋
字宜士生崇禎辛未十一月十九卒康熙辛巳八月廿二壽七十一配鄒氏生崇禎辛未十一月初九卒康熙庚戌五月十二子二金聲金奏女一適費士校

金聲
字大成生順治丙申九月廿四卒康熙戊戌十一月廿二配汪氏生順治巳亥卒康熙丙申子一巨濟女二適浦適郭合葬白龍祖塋側

金奏

巨濟

龍祥

字九成邑庠生生順治庚子六月十九卒康熙壬寅正月初十配周氏生康熙癸卯十一月十五卒康熙辛未十二月廿二繼華氏生康熙丁未四月廿八卒乾隆巳未子三龍祥龍祺祜俱華出女三適錢周出適許華出葬梅里鄉新阡

龍祺

祜

貴　勵之曾孫昱次子

烳

達仁

錫賢

承迅

字伯賢號芝岩生字来之號企岩生字汝居號安所生字君佐生萬曆乙
嘉靖丁亥十月廿嘉靖巳酉九月廿萬曆戊寅九月二卯十二月初三配
九卒萬曆癸未配八卒萬曆壬寅十十卒天啟丁卯配李氏嗣錫良子泳
邵氏繼馮氏子一二月初五配陸氏何氏子二錫賢錫翅女二適魏適陸
𢈔邵出女一適馬子四達仁達義達良
馮出
禮達智仁禮陸出
祔塋站頭山祖塋義智側出
祔塋秋塘山祖塋
埜秋塘山

錫良
字君佑生天啟辛酉九月初三卒康熙癸亥七月十九壽六十三配許氏生天啟甲子十二月二十子三泳翅泳茂泳蓁泳翅嗣錫賢後

泳茂

泳蓁

埜園內家西

達義
字汝由號正所生萬曆庚辰七月初十配王氏子一萬鍾

萬鍾
字號生卒俱鈌配鄒氏子一邦沃

邦沃

達禮
字汝謙號立所生萬曆戊子八月廿五卒順治甲午十月壽六十七配鄒氏子二錫忠錫孝

錫忠
字君致生萬曆庚戌十一月十八卒順治壬辰配華氏子一邦浙女二適蕭適李

邦浙

女三適黄適鄒適丞園内家西

楊

錫孝無嗣

字君力生天啓甲子六月初六卒順治甲午八月配顧氏

達智

字汝明號利所生萬曆壬辰九月廿五卒崇禎壬申配錢氏子二錫榮錫華女一適陸

錫榮無嗣

字君立生萬曆己未三月初四配鄒氏

錫華無嗣

字君又生天啓甲

一誠第二支錬齋公派

察 垕四子

字伯安號桂岩生嘉靖癸巳配鮑氏子一熇女一適錢應昌

熇 無嗣

字上之生嘉靖甲

卒

子十一月十四配何氏繼陸氏女一

宏 偉之孫 坤之子

字伯度號柳汀太學生授山東濟南府濱州蒲臺縣縣丞生正德庚午十一月廿五卒萬曆癸未壽七十四配

燦

字懋文號鳳墩生嘉靖辛亥六月十一配鮑氏延平府同知治女子二達邦達家女一適崖生王應曾

達邦 無嗣

字汝平生卒缺壽七十四配○氏女一適嚴

錫祉 無嗣

達家

葛氏嗣憲子爍女
二適曹適王
葬舍湾山祖塋

憲　坤次子
字伯成號柳臺生正德庚辰六月初六卒萬曆巳卯壽六十配周氏繼王氏子六煒周出爍熊王出爍嗣宏後羆烝炘俱側出女三適錢王出適宋適郭側出

煒
字懋熙號若虛生嘉靖巳亥八月初十配王氏子一達志女一適王

熊
字懋功號奉臺生嘉靖甲寅三月十八卒崇禎戊辰六

字汝睦號仰淮生
卒欽配李氏子一
錫祉

達志
字汝光號念虛生萬曆丁丑正月十二配董氏繼倪氏攺節子一錫命倪出女一適過

達節
字汝貞號恒一生萬曆庚辰四月初二配王氏子一公錫

字○○生萬曆丁
巳卒順治戊子

錫命
字○○生崇禎辛未六月十二配劉氏隨母轉適蔡氏子一濰澄
任方湖寺東韓
卷上

公錫
字君欒生天啟壬戌六月初五卒康熙戊申二月廿九

濰澄

津

月廿八壽七十五錫女一適王
配張氏子二達節
達操

配侯氏嗣公鐮子
津

達操

字汝濤號純赤生萬曆巳丑八月初四卒順治庚子十二月十四壽七十二配石氏生萬曆甲午七月初十卒康熙癸丑七月十九子二公鐮公鋮女四適王石出適錢適適適王俱側出
合葬鳳凰山

公鐮

字陽酉生萬曆戊午九月廿九卒康熙庚午十月初二壽七十二配陸氏生萬曆丁巳十一月初六卒康熙乙丑八月廿五子四津陸出漪溢淇側出津嗣公錫後女二適董適莊側出

公鋮

漪

溢

淇

洲

羆
字懋强號懷臺生嘉靖丁巳五月十九配王氏子一達化

達化
字汝通號思淮生萬曆乙酉八月初一卒崇禎甲戌配林氏子三錫忠錫興錫義女一適王

字祖酉生崇禎壬申十月初六卒康熙庚申六月十一配王氏生崇禎丙子卒康熙庚申子二洲滂女四二適楊三適王合葬秋塘山

錫忠
字艮甫生萬曆辛亥九月初八卒康熙壬子閏七月初四配王氏生萬曆辛酉卒康熙乙巳子二泳蕭泳蓼女

滂

泳蕭

泳蓼

一適馮
埜舍湾

錫興
字忠甫生天啓辛
酉十一月初六卒
康熙癸亥十月十
五配徐氏繼林氏
生崇禎戊辰八月
十七卒康熙乙卯
八月十九子一泳
蘭林出

泳蘭

錫義
字明甫生崇禎庚

仁霑

羔

字○○生嘉靖庚申八月廿五配王氏子一達信

達信

字汝誠號承臺生萬曆壬午八月十七卒順治甲辰正月廿四配李氏子四喦鉉喦銘喦鎏

午十二月廿六卒康熙甲子十月十二配蔣氏生崇禎丁丑三月廿八卒康熙丁亥七月子四仁霑仁滋仁潤仁淵女二適徐適王

葬吳塘山庄裡

喦銘

字○○生萬曆丙辰六月初八卒康熙乙丑八月二十壽七十配高氏子二義漸信漸俱無

仁滋

仁潤

仁淵

昺錡昺鉉嗣達政嗣
後
合塟站頭山

合塟舍湾山

昺鑾
字叔韜生萬曆戊午十月廿七卒康熙丁巳四月壽六十配李氏生天啟甲子卒康熙甲子子一勇漸

昺錡
字君甫生崇禎己巳九月二十卒康熙丁亥七月配楊

勇漸

忠漸

氏繼鄧氏生崇禎乙亥十二月十二卒康熙丁亥七月子二忠漸孝漸鄧出女一適吳楊出

孝漸

炘

字○○號思臺生萬曆甲戌五月廿三卒崇禎乙亥壽六十二配楊氏子二達華達英女四適馬適林適王適楊

達華

字汝茂號若思生萬曆己酉三月十七卒康熙丁巳三月配陸氏子一鼎鍾

鼎鍾

字○○生崇禎丙子九月二十配○氏子一季賢

季賢

達英

鼐欽

文漸

字汝繩號少恩生萬曆丙辰八月初一卒康熙戊寅八月十一壽八十三配林氏卒康熙巳酉五月廿一子二瑯欽憲欽

住閘家橋

字艮卿生順治丁亥九月初四卒康熙丁未五月十四配楊氏改節子一文漸

憲欽 無嗣

字陛至生順治戊戌十月十七配王氏生康熙壬寅卒康熙巳巳

寵 坤三子

然

達材

錫蕃 絕

字伯恩號柳亭生

字○○號龍皋生

字○○號復曾生

字○○生萬曆甲

嘉靖乙酉四月初
十卒萬曆壬申配
華氏子二然熩
葬鳳凰山西麓

嘉靖庚戌三月初
三卒萬曆丙申三
月十五配蔡氏子
一達材

熩　無嗣
字○○生嘉靖丁
巳六月初五卒萬
曆戊子配冉涇邵
氏

萬曆丁亥六月十
三卒萬曆戊申正
月初九年二十二
配板村蔡氏生萬
曆戊子卒崇禎甲
申壽五十七事姑
育子若節三十七
年子一錫蕃崇祀
惠山貞節祠

辰九月二十卒崇
禎辛巳先母卒

寨 坤四子
字伯寧號柳沙生嘉靖庚寅三月十八卒萬曆丁丑配徐氏繼張氏子一燧徐出女一適錢汝麟張出

燧
字濟之號我沙生嘉靖庚戌九月初八配王氏子一達政女一適郭勝守節有別傳祟祠貞節祠

達政
字汝爲號存我生萬曆甲戌十二月初五卒崇禎庚午十二月十五配嚴氏嗣達信子昺鉉女一適趙側出塟白龍山

昺鉉
字調卿生萬曆壬子八月廿七卒康熙巳未十月十五壽六十八配許氏生萬曆戊午八月十一卒康熙丙戌九月初四壽八十九子二仁漸許出善漸側曹出女一適王

仁漸

善漸

三　誠

宴 侃之孫 堅三子
字伯安生嘉靖癸

焴
字懋昭號可愚生

達謙 無嗣
字汝益號見奇生

伾公派

巳十一月十三卒嘉靖甲寅四月初六配王氏子一熇

嘉靖辛亥七月廿六配郭氏子三達謙達讓達恭

萬曆癸酉七月十五配陸氏女一適費茂之

達讓

字汝美號行可生萬曆乙亥九月十三配王氏繼薛氏子二恒錫王出衍錫薛出衍錫嗣達恭後

恒錫

字伯寧生萬曆壬寅八月十四配丁氏子三文江文淮文漢文漢嗣衍錫後

文江

文淮

達恭

字汝聖號際可生

衍錫

字福生生萬曆丁

文漢

儉節第二支東皐公派

樹 用中曾孫 沾之子 字道立號繼川生嘉靖丁未六月初四配袁氏子一熠

熠 絶

楹 用中曾孫 治之子 字○○號少峯生

煬 絶 字○○號憶峯生

萬曆辛巳五月初五卒順治丁酉二月初三配殷氏繼徐氏生萬曆辛巳卒順治壬辰嗣達讓子衍錫

巳四月初三配江氏嗣恒錫子文漢

嘉靖癸卯九月初
五配馬氏子一煬

架 用中曾孫
湝之子
字承祖號秀峯生
隆慶戊辰六月十
四卒順治丁亥八
月壽八十配張氏
子一熂
塋宜田橋
任新安楊橋

柯 湝次子
字承業號鳳谷生

萬曆戊寅七月初
一配張氏繼薛氏

熂 無嗣
字仁甫生萬曆辛
丑十月廿一配周
氏女二適王適郭

熾
字義甫生萬曆丙

達文
字〇〇生順治乙

卒鈌配陳氏子一辰十月十五卒順酉五月初六
熾女一
治辛卯配杜氏改
節子一達文

端素第一支守拙公派

十三世	十四世	十五世	十六世	十七世
泰淶 寰之玄孫 鳳鍚子 字永來生順治乙未正月廿四卒康熙庚寅配周氏子一蕙林女二	蕙林 字尊三生康熙巳卯二月初五早卒無嗣			
方淶 鳳鍚次子 字永言生康熙乙巳三月初八卒康熙甲午二月廿四配惠氏生康熙庚戌八月初九子一盛林	盛林 字彙三生康熙甲戌十二月初二卒乾隆壬戌正月初六配周氏生康熙戊寅四月廿七子一炳章女一適曹	炳章 字觀光生雍正巳酉八月初一聘蔡氏		

塟官來塲

曾淵 寀之玄孫 麟錫子
字大受生康熙庚申三月廿五配楊氏生康熙丁卯五月初四子二杲臣杲政女一

鄒洛 寀之玄孫 之銘子
字大來號六軒由吳縣庠生太醫院

塟膠山西鳳凰山

任上山吳家橋

杲臣
字元良生康熙戊申三月廿五

杲政
字元從生康熙辛卯五月十七早卒

杲斌
字師曾生康熙丁丑十一月廿四卒

丁奇
字郇伯生康熙丙申七月二十配王

咨送中康熙甲午雍正乙卯十一月氏生康熙丙申九
順天鄉試生順治三十配李氏生康月初七女二一字
巳亥八月初八卒熙丁丑正月初八王一求守
雍正辛亥五月十卒康熙丁酉十二
九配李氏生順治月廿四繼龔氏生
庚子九月初三卒康熙庚辰六月初
康熙戊戌六月廿三子二丁尙李出
一子二果斌果確丙奇龔出殤
女二適庠彥楊覲李氏塟白茅
適張
塟寵嶂山官來塢
任秦塘涇水渠

果確
字知裁生康熙癸
未正月十七配張
氏庠彥之道女生
康熙丙戌二月廿

若熊
字男占生乾隆乙
丑二月十六

九子一若熊女二
一字華一未字

渭之銘次子
原名瀾字用來生
康熙己酉八月初
三配費氏生康熙
庚戌六月廿四子
三果明果毅女一
適貢

果明
字筠岑生康熙甲
戌九月初二配丁
氏生康熙甲戌正
月廿三卒雍正癸
丑十月初七繼周
氏生康熙癸酉十
一月廿五子二若
騏若驥丁出

若騏
字斯昂生康熙辛
丑十一月廿七配
過氏生雍正癸卯
五月廿七

若驥
字斯千生雍正丙
午二月廿一配費
氏生雍正戊申七
月初十

果毅
字近仁生康熙癸未九月初四配章氏生康熙乙酉十月十五子三若駒若騂若騆

若駒
字斯行生雍正丙午三月初七配章氏生雍正丙午正月初九

若騂
字斯才生雍正己酉六月廿六

若騆
字斯詢生雍正辛亥十一月初一

尚烈之銘三子

字岐賓號庶渠邑庠生生康熙甲寅四月初五卒雍正癸丑八月初六配錢氏生康熙丁巳正月十三子五果誠果愛夢龍果園夢蘭女一適浦塟秦塘涇母塋南

果誠

字閑存生康熙甲戌七月廿四配陸氏生康熙甲戌九月初八卒雍正辛亥八月初七繼顧氏生康熙辛卯十二月初九卒乾隆壬戌七月初五繼呂氏生康熙巳丑十二月三十女二適張適章陸出陸氏顧氏祔塟父塋之昭

景燮
字仁存生康熙丁丑二月初九卒雍正乙巳五月廿四
配王氏生康熙庚辰六月十七卒雍正甲寅七月初五
女一適王
合墊爻學之穟

夢龍

若麟
原名果蔽字安全字仁瑞生乾隆辛
國學生生康熙甲酉正月廿六娉錢
申八月十七配郭氏國學潛女

氏生康熙己丑十月初二卒乾隆丁巳六月廿五繼蔡氏生康熙戊戌二月初六子一若麟蔡出女一字錢郭出

郭氏塟秦塘涇父塋北

果園

字渠成生康熙丁亥十月十九配張氏生康熙壬辰十二月二十子二若

若鯤

字赤鵰生雍正乙卯七月十八聘浦氏

鯤若鯉女一

若鯉
字亦飛生乾隆丙寅六月廿七

夢蘭
字文心生康熙乙未正月初九配沈氏生康熙辛丑正月十六子一若鳳女二

若鳳
字德耀生乾隆甲子六月二十

端素第二支一誠公派

一誠第一支澹菴公派

葵泳 宙之玄孫 公鍹子
字冉中生順治己亥十月十九配郭氏生順治庚子九月初九子一逢霖女三適陸適浦適蕭
任杪木橋

蓮泳 公鍹次子
字清中生康熙癸丑八月十八卒康熙己丑配王氏生康熙乙卯卒女一

逢霖
字適廿生康熙乙亥十二月十一配王氏生康熙己丑五月初十卒乾隆甲子二月廿五子二
樂然天然

樂然
字道生

天然
字有生

無嗣
塟杪木橋父塋穆

松泳　衎之玄孫　公鑲子
字漢水長洲縣庠字雲標生順治甲字佑八生康熙辛字太封生雍正丁
生生崇禎丁丑二子二月十二卒雍巳四月十二卒乾未八月廿四配宣
月十一卒康熙　正庚戌二月十五隆辛酉五月十五氏生雍正丙午正
午二月十九配周配裘氏生康熙巳配宣氏生康熙壬月廿五
氏生崇禎丁丑十酉四月初五卒雍午十一月十一子
一月十四卒康熙正乙卯八月初三二歲星恩星
乙巳八月初九子子二丕顯丕烈女
一栢龍

栢龍
二適顧利賓楊漢
臣
合塟龍山新阡

丕顯

歲星

丕烈

恩星
字華封生乾隆丙
辰七月廿一

字啟人生康熙丙戌四月初十配虞氏生康熙辛卯十二月十五

蘭派 公鑲次子
字紉思生順治庚寅三月十八卒缺配虞氏生卒缺無嗣

星源 宙之玄孫 公銓子
字宿來生康熙壬午十二月廿五卒康熙壬辰十一月

樂莘
字宗伊生康熙辛未九月廿四配邵氏增生維崧女生

大鶴
字九臯生康熙辛丑十二月十七配黃氏生雍正癸卯

廿三配陸氏繼殷氏康熙丁丑七月初十一月十六
氏生康熙辛亥十一子二大鶴大鵬
月廿四卒康熙己女一
丑二月廿一子一
樂莘女一適張俱
殷出
合葬吳塘彭㕓塢
祖塋次昭

霖源 公鈴次子
字雨來生康熙丙
午八月廿九卒康
熙辛巳四月廿八
配張氏卒子一樂
岩

大鵬
字九程生雍正乙
卯二月初八

樂巖
字宗望生康熙丙
子正月廿三卒雍
正甲辰十一月無
嗣

塟黄公澗父塋昭

霞源 公鋐三子

字曙來生康熙乙卯十二月初一配陳氏子一樂渭塟黄公澗父塋穆

樂渭

字宗吕生康熙甲申八月卒無嗣

邦澄 寅之玄孫 錫玄子

字宇先生萬曆丙午十一月十二卒康熙丁未七月廿一壽六十二配王氏繼潘氏子二栢齡栢年

任吳塘

栢齡

字長卿生崇禎辛未五月初二卒康熙辛未十二月初二壽六十一配王氏生崇禎庚辰十二月十三卒康熙庚辰九月初七嗣

焞秋

字廷臣生康熙丙辰九月十一配蕭氏生康熙庚午八月廿四女二

栢年子焞秋女三
一適楊一適魏一
適王
合葬站頭祖塋

栢年
字永卿生崇禎乙
亥二月初一卒康
熙巳巳十一月十
三配賀氏繼蕭氏
生崇禎癸未卒康
熙甲子子四芳秋
茂秋焞秋濟秋焞
秋嗣栢後
合葬西站頭祖塋

芳秋
字輔臣生康熙庚
戌十一月初五嗣
濟秋子信圭

信圭
字申侯生康熙癸
巳八月十三

茂秋
字少臣生康熙癸
丑十月十六配錢
氏生康熙庚午九

躬圭
字申伯生康熙癸
巳八月十三

月十三子一躬圭

濟秋
字士臣生康熙巳未正月初二配王氏生康熙巳巳五月廿二子一信圭
嗣芳秋後

邦清 錫京次子
字宇明生萬曆辛亥四月初七卒康熙巳卯十二月廿十九配沈

栢心
字理卿生崇禎甲申十一月初一卒康熙癸酉配蕭氏繼郭氏生順治巳

儀烜
字公叔生康熙癸丑七月廿七卒乾隆丁巳十月初十配董氏生康熙戊

室豫
字培玉生康熙辛巳九月十九配王氏生康熙壬午五月初十子一京鐘

京鐘

氏生萬曆壬子卒
順治丙戌繼錢氏
生天啟癸亥七月
廿二卒康熙巳巳
九月初十子五栢
心沈出栢祥栢歲
栢裳栢時錢出女
四適馬適王沈出
適錢適吳錢出
合塟蝦鬚塢
沈氏塟舊坟坳

丑十月初六子三
儀炟儀燧儀燧女
二適宣適過
塟舊坟坳

午九月初五子二
室豫室熙女二適
宣適過

女二適陳適錢

儀燧

字公昇生康熙辛
酉十一月廿三配
郭氏生康熙巳巳
卒康熙丁亥繼許
氏生康熙辛未七

室熙

字培德生康熙壬
辰三月十六配黃
氏生康熙戊戌正
月廿七子一京鉉

培仁

字龍章生康熙乙
未四月初三配陳
氏生康熙丁酉十
月廿七子三京鎬
京錫京銘

京鉉

京鎬

京錫

京銘

月初八卒乾隆庚
申五月初一子三
培仁培明培臣女
二適朱郭出適夏
許出

培明
字大章生康熙丁
酉十一月十一配
陸氏生康熙丁酉
八月十六女一

培臣
字聖章生雍正巳
酉四月初一

儀⿰火道
字公安生康熙甲

培九
字鵬程生康熙辛

栢祥
字貞卿生順治戊
子九月初九卒康

子十一月廿三配
錢氏生康熙甲戌
十二月廿八子四
培九培文培修培
昇培昇出繼俞姓
女二適過適邵

煥文
字堯章生康熙丁
巳十一月廿三卒

丑七月廿三

培文
字龍田生雍正甲
辰八月初二

培修
字鳳儀生乾隆丙
辰八月初七

熙己卯七月十八未詳配陳氏生康
配唐氏生順治丁熙乙丑三月初一
酉十二月十八卒卒未詳女三無嗣
康熙庚寅八月初葬東站頭
三嗣栢葳子燦文
合塟舊坟坳

栢葳

字知鄉生順治癸
巳正月三十卒康
熙丙戌四月廿九
配王氏生順治乙
未十一月十三卒
缺子五煥文燦文
煒文燥文烔文渙

燦文

字彝恭生康熙辛
酉九月十六卒未
詳配錢氏生康熙
丙寅九月初八卒
缺子三坙坃道完

坙

字道生生康熙乙
酉又四月廿五卒
配周氏先卒

坃

字陽生生康熙甲
午三月初五殤

文嗣栢祥後燁文
嗣栢裳後熼文嗣
栢時後

栢裳
字服卿生順治甲
午十二月廿六卒
康熙己巳閏三月
十九配錢氏生順
治庚子四月廿四

烔文
字武修生康熙丙
子配郭氏生康熙
丙子俱卒無嗣

燁文
字禹謙生康熙乙
丑八月十三配郭
氏生康熙癸酉六
月初一子一道先
女二適吳適劉

道元
字○○生康熙壬
寅六月十三

道先
字○○生雍正丙
午九月廿七

三十而寡矢志守節卒康熙乙酉嗣栢葳子㷟文女二適周適錢葬站頭山

栢時

字貫鄉生順治辛丑正月十四卒康熙癸酉十月廿七配王氏嗣栢葳子㷟文女一適董葬站頭山

㷟文

字湯孫生康熙戊辰九月十六配王氏生康熙甲戌閏五月初三卒繼董氏生康熙乙酉六月廿三女三一適戴王出二未字董出

邦濟 錫亥三子

字宇度生萬曆丁巳七月初十卒康熙庚申九月廿四壽六十四配朱氏生崇禎辛未正月初八卒康熙丙寅二月十七子二炳仁炳義

栢英

字雄卿生順治辛巳十月十八卒康熙甲午正月十四配周氏生康熙丙午十一月初五

炳仁

字星若生康熙巳巳六月初一配浦氏生康熙壬申三月十九子一栢

炳義

字文若生康熙丁丑十一月初九配王氏

英女一適王

合葬秋塘山

邦沛 錫亥四子

字宇客生天啟甲子七月十七卒順治甲午配馬氏無

嗣

邦潤 寅之玄孫 錫氏子

字宇文生萬曆丁未五月初五卒康熙丁巳十月初十壽七十一配郭氏子一栢珍女二適朱適王合塟白龍山

栢珍

字茂鄉生順治巳丑十二月十五卒康熙丁巳九月廿四配石氏生順治巳丑十月十二子一攸灼丨

攸灼

字士圻生康熙甲寅九月十七配王氏生康熙甲子正月廿六子一在智殤

嗚九 寅之玄孫 錫美子

字○○生康熙乙巳流落

泳喬 寅之玄孫 公鎔子
字漢思生崇禎戊辰正月十四卒康熙丙戌正月初一壽七十九配陸氏繼王氏生天啟丁卯八月十八子一楠杞女二適王適陸 合葬倉前嘴陸氏塋楹山祖塋之側

泳原 公鎔次子 流落
字晉思生順治丙

楠杞
字樂音生康熙丙午正月初十卒康熙癸未六月廿一配虞氏生康熙乙巳八月十六子一焻栝卒嗣集子焻牧女一適王

焻栝
字爰田生康熙庚午八月廿一卒康熙丁亥七月廿日配王氏生康熙己巳九月初十葬倉前祖塋

焻牧
字爰奚生康熙乙酉二月初十

戌九月廿九配郭氏無嗣

泳會 寅之玄孫 公鎦嗣子
字聖思生崇禎癸酉九月廿七配王氏生崇禎庚辰七月十一卒康熙巳未十一月三十子一楠樑女三適王適錢適王

楠樑
字成棟生康熙庚戌三月十八配查氏生康熙甲寅十月廿九女一

泳年 寅之玄孫 公鏐子
字居思武庠生生崇禎壬申九月廿

楠榮
字子開生順治乙未卒康熙庚辰配

焻特
字祿在生康熙丁卯六月廿三配蔣

室萱
字順姆生康熙戊子

二卒康熙丁卯配朱氏子一焻特女氏生康熙丙寅子
王氏繼高氏生順一適蔣
治壬寅卒康熙壬
寅子二楠榮側出
楠欣高出女四適
顧側出適顧適王
適華高出
鏊白龍山祖塋之
傍

五室宜蔣出均垣
琥北海側葛出

均
字乾樂生雍正巳
酉四月廿五配周
氏生雍正巳酉

垣
字則友生雍正辛
亥七月十六

琥
字倫和生雍正辛
亥七月十六

北海
字望若生乾隆庚申七月十七

楠欣
字子向生康熙壬寅卒康熙癸巳配高氏女二無嗣
葬秋塘祖塋之傍

泒楚 公鏐次子
字方思生崇禎丙子樂安生康熙庚九月三十卒缺戊七月初十配鄔

楠繆

配何氏生崇禎丙子十一月十六卒康熙辛未九月初七子二楠華楠埰楠華出姓俞

氏

泳芳 公鏐三子

字簡思武庠生生崇禎戊寅七月廿四卒康熙巳未配虞氏女一適過無嗣

泳蒲 寅之玄孫 公鏖嗣子

字明思生崇禎癸未七月廿二卒康

集

字禹材郡庠生生康熙辛酉三月廿

焻牡

字爰字生康熙巳丑六月十四

熙○○配王氏生
順治戊子卒康熙
○○子一集女三
適浦適蘇適江

五卒雍正○○配
方氏生康熙辛酉
卒雍正○○子二
焻牧焻牡焻牧嗣
楠杞後

濛泉 完之玄孫 鍊之子

字以正生順治戊
戌二月廿七卒缺
配顧氏庠彥夔女
生順治庚子卒康
熙己丑子二廷桂
廷樞廷樞嗣原泉
後

廷桂

字國香生康熙丙
寅八月初六卒雍
正辛亥正月廿七
配孟氏生康熙庚
午七月初二卒乾
隆丁巳三月三十
子二大夏二夏二
夏嗣高來後

大夏

字炯文生康熙庚
寅閏七月十八配
過氏生康熙丁酉
子一天培女一

天培

字
亥

生乾隆癸

泓泉 鍊次子
字星源生康熙癸
卯二月十五卒乾
隆丁巳十月初二
配徐氏生康熙丙
午十二月十七卒
雍正戊申六月廿
五子一高來女二
適唐適侯
耋站頭祖塋側
温泉 鍊三子
字春宜生康熙乙
巳十一月廿一卒
康熙乙酉正月初

高來
字國士生康熙乙
酉四月十九卒雍
正癸丑十一月十
九配華氏苦節俟
旌嗣廷桂子二夏
女一
耋站頭祖塋

二夏
字炳文生康熙辛
丑正月初九配陳
氏生雍正戊申九
月二十

二
葬長泰山茶園

甘泉 鍊四子
字天一生康熙戊申九月廿八配鄭氏俱早卒女一

淵 鍊五子
字利川號達海郡庠生生康熙乙卯五月初五卒乾隆庚申八月初一配張氏生康熙壬戌三月十五子一棟

棟
字方明生乾隆丁巳六月廿二

側出女二適鄒張出適高側出塟倉前嘴

原泉 完之玄孫 錫之子

字本始號廣川生康熙癸丑五月十五卒雍正甲辰十二月廿五配汪氏生康熙甲寅二月初四卒乾隆巳未正月十六嗣蒙泉子廷樞女二適王適雷側郁出塟炭塘

廷樞

字國秀生康熙巳巳六月十九配王氏生康熙丁丑九月十九子二煥煋女一

煥

字　生雍正庚戌二月廿一

煋

字　生雍正癸丑四月初九

鴻志 完之玄孫 鏡聡嗣子

字蜚聲生康熙丙辰正月十五卒康熙辛丑四月廿七配顧氏生康熙甲寅十一月十一卒康熙壬午六月十三繼楊氏生康熙癸酉十月十一守節廿年呈請彙題旌表子二大霖汝霖楊出汝霖嗣鴻悳後女一顧出適王葬鳳凰山新阡壬

大霖

字沛然生康熙甲午七月初二配王氏生康熙巳亥八月初二子一文煜女一

文煜

字繼高生乾隆甲子八月十八

穴

鴻悳 完之玄孫 鏡瑩子

字同聲生康熙壬申九月初三卒乾隆巳未十月初八嗣鴻志子汝霖葬鳳凰山昭穴

汝霖

字浩然生康熙庚子八月廿四配王氏生雍正癸卯八月廿三女一

復泰 完之玄孫 庭之子

字京三郡庠生生康熙丁丑正月十七配顧氏亦良女生康熙甲申四月

杲謙

字光尊生雍正甲辰八月十三

初三子二果謙果
豫果豫嗣辰泰後

辰泰 完之玄孫 鐐嗣子
字應垣生康熙乙
酉二月初十卒缺
嗣復泰子果豫
葬秋塘山祖塋

巨濟 完之玄孫 鏊聲子
字傳掄生康熙庚
午十二月廿一卒
乾隆丁巳八月廿
四配張氏生康熙
乙亥十月廿九卒

果豫
字利建生雍正庚
戌九月廿八

之樞
字北園生康熙乙
未二月初九卒乾
隆丙寅七月初三
配蕭氏

康熙己亥二月初
六子一之樞
葬杪木橋祖塋側
張氏葬白龍山祖
塋側

龍祥完之京孫
金奏子
字雲吉生康熙丙
子八月廿八卒雍
正甲寅十月十三
配華氏生康熙辛
巳十月十四卒雍
正甲寅九月廿三
合葬杪木橋祖塋
之側

龍祺 金奏次子

字雲瑞生康熙巳卯八月廿六配邵氏生康熙巳卯四月廿三卒康熙壬辰六月廿二

祐 金奏三子

字雲龍候補公府典籍廳生康熙癸未九月廿六

泳翘 寶之玄孫 錫賢嗣子 字天桂生順治丙申六月廿一卒康熙辛丑二月十九配鮑氏生康熙癸卯九月初二卒雍正辛亥十二月廿九子一芬桂女一適王	芬桂 字德昭生康熙丁丑十月初九配浦氏生康熙戊寅卒康熙辛丑二月二十繼王氏生康熙巳卯十一月十九卒乾隆辛酉十月十六子二文煥文烈女一俱王出文烈嗣連桂後	文煥 字弘曾生雍正巳酉六月十二聘董氏生雍正癸丑四月廿三
泳茂 寶之玄孫 錫良子 字天培生順治辛	連桂 字興昭生康熙壬	文烈 字弘文生雍正甲

錫山秦氏宗譜 世系卷之四

丑十二月初七卒申十月十七卒康寅三月廿九
康熙巳卯九月十熙庚寅二月十四
四配許氏生康熙配顧氏嗣芬桂子
甲辰四月初四卒文烈
康熙丁丑三月十
九子一連桂女一
適王
楚父瑩之昭

泳蓁錫良次子 蟾采 文煒 桓圭

字天樞生康熙巳字世昭生康熙辛字魁先生康熙辛字中谷生乾隆癸
巳三月初四卒康未八月初六卒未卯十一月十六配亥
熙丙戌九月初七詳配陸氏生康熙王氏生康熙○○
配趙氏生康熙丙乙亥正月初九子○月○○子一桓
午八月初五子二一文煒女一圭
蟾采貽采女二一

適查

貽棨

字燕昭生康熙乙亥三月初十配魏氏生康熙甲戌正月初一卒俱未詳

無嗣

邦沃 寶之玄孫 爲鍾子

字○○生崇禎壬申二月十八無嗣

邦浙 寶之玄孫 錫忠子

字熙明生崇禎庚午八月十五配華氏生崇禎庚辰三

佳桂 無嗣

字洪昭生康熙乙巳七月初十

任楊橋菴內

一誠第二支鍊齋公派

月十九卒康熙甲寅九月初六子一佳桂

灉澄
憲之立孫
錫命子

字子濤生順治辛丑十月廿一卒缺配周氏生康熙庚戌卒康熙癸未女二適華適陳嗣淇子蓁茂

蓁茂

字志剛生康熙甲戌六月廿九卒缺配周氏生康熙丙子卒缺子二星燦晟燦

星燦

字廷相生康熙甲午二月十五配浦氏生康熙壬寅十一月十二卒缺繼宋氏生康熙巳亥十月初一

任菴塘浜口

晟燦

字廷臣生雍正戊申十二月廿八

津 憲之玄孫 公錫嗣子

字德修生順治丙戌八月初二卒康熙乙酉八月廿九配王氏繼顧氏生順治戊子四月初九卒康熙乙酉子一蓁盛女一適沈葬白龍山新阡

蓁盛

字亭鶴生康熙己巳五月廿四配邵氏生康熙丙子十二月十三子二文顯武烈武烈嗣蓁義後

文顯

字弘緒生雍正丁未十月初十聘王氏

漪 憲之玄孫 公鐮子

字德培生順治己丑十月廿八卒康熙丁丑配王氏生順治戊子五月卒

蓁義

字鶴皐生康熙癸亥正月初十卒未詳配王氏生卒俱欽嗣蓁盛子武烈

武烈

字弘綸生雍正壬子二月廿二

康熙乙丑四月初
八子一蓁義
合葬舍湾

溢 公鐮次子
字德明生順治癸
巳七月十三卒康
熙乙酉八月十一
配許氏繼沈氏生
順治丁酉十月初
九子一蓁美女一
適林

蓁美

淇 公鐮三子
字德艮生順治丙

蓁姸

字志毅生康熙巳

申二月初三卒缺　卯閏七月廿九無
配王氏生康熙甲嗣
寅八月廿五子三
蓁茂蓁妍蓁艷女
一蓁茂嗣滙澄後

洲　憲之京孫
公鍼子
字德新生康熙壬
寅五月十八卒缺
配唐氏繼左氏生
康熙壬戌十月廿
九卒康熙癸巳子
二蓁榮蓁華女一
俱左出

蓁艷
字志强生康熙丁
亥八月十五無嗣

蓁榮
字龍翔生康熙壬
午九月初十卒缺

蓁華
字鳳翔生康熙甲
申十二月三十配

熊士
字朝益生雍正己
酉閏七月〇〇聘

王氏生卒未詳子一熊士女一適董

胡氏生雍正庚戌

滂 公鋮次子

字德源生康熙辛亥六月十四卒康熙辛丑三月廿二配王氏生康熙壬戌九月廿八卒康熙癸卯七月廿八子一蓁蘂女一

蓁蘂

字鶴翔生康熙庚寅十一月廿八配董氏生康熙丙申七月初八子一熊占女一

熊占

字朝俊生乾隆巳未九月廿七聘董氏生乾隆庚申

泳蕭 憲之曾孫錫忠子

字德球生順治丙

同栢

字茂生生康熙壬

戌十二月廿五卒戊二月廿八
康熙甲子十一月
廿六配趙氏子一
同栢女二適趙適
王

泳蓼 錫忠次子
字公球生順治丙
申五月十八卒康
熙癸未十二月十
西配朱氏子一以
栢

以栢
字爾盛生康熙庚
申閏八月十七卒
康熙丁亥

泳蘭 憲之玄孫 錫與子
字原亮生康熙乙
巳正月十五配王

恒栢
字爾常生康熙丙
寅八月十八

氏生康熙丙午七月初十子一恒栢女二適錢適李

仁霑 憲之亞孫 錫義子

字俊若生康熙壬寅九月初四卒康熙甲子六月初八配王氏生順治辛丑十一月十六卒乾隆庚申二月廿八苦節候 旌 子一新栢 葬倉前嘴

新栢

字爾昌一字商木生康熙癸亥正月初七卒雍正乙卯五月廿八配王氏生康熙壬戌八月十一卒康熙庚寅閏七月十一繼董氏生康熙戊辰五月廿一卒康熙丙申正月十九又繼王氏生康熙甲戌

日燦

字秋陽生康熙丙戌正月廿三配王氏生康熙巳丑九月初一子一在田 女三適董起莘一

日烈 字沈

字載陽生康熙丙申正月十九配王氏生康熙庚子正月廿七女一

在田

字名時生雍正乙卯七月十五聘李氏生雍正甲寅二月廿五

八月三十卒雍正丁未十一月廿四又繼沈氏生康熙己卯八月廿五子三日燦王出日烈董出日煖繼王出女一墊爻塋之昭

仁滋 錫義次子

字俊傑生康熙丙午八月廿五卒雍正癸丑五月廿四配王氏卒繼何氏生康熙乙巳八月

秀和

字爾臣生康熙壬申十月三十配錢氏生康熙戊寅正月初一子一日煊

日煖

字調暘生雍正丙午正月十七配董氏生雍正丁未五月廿三子一公田

日煊

字時暘生乾隆丙辰四月初五

公田

字雨時生乾隆丁卯正月初二

錫山秦氏宗譜　世系卷之四

四十五

初九卒康熙戊戌七月初六嗣仁淵子秀栢女一適郭葬舍灣山

仁淵 錫義三子

字俊德生康熙戊申八月初九卒乾隆甲子八月三十配趙氏生康熙戊申九月十六卒康熙戊戌閏八月十八子一茂栢女一葬舍灣山岗裡新阡

茂栢

字爾榮生康熙戊辰十月廿一卒雍正甲辰八月二十配宋氏生康熙甲戌三月十九子二日燁日熙葬父塋側

日燁

字正暘生康熙戊戌九月初五配陸氏生康熙己亥七月十九女二

日熙

字緝暘生雍正甲辰八月初八

仁淵 錫義四子

字俊英生康熙辛亥二月二十卒雍正戊申九月廿四配王氏生康熙辛亥九月初三卒康熙甲戌九月廿四繼戴氏生康熙己未十一月初八卒乾隆乙丑二月廿一子三秀栢王出嗣仁滋後操栢挺栢戴出女二一王出一戴出

操栢

字爾達生康熙丁丑六月廿七卒乾隆壬戌三月十六配許氏生康熙戊子六月初六子一日煦女一瘞舍湾

挺栢

字爾芳生康熙庚寅閏七月初五殤

日煦

字繼暘生乾隆辛酉三月十九

勇漸 憲之玄孫 嗣蓥子

字子新生康熙丁未六月十四配高氏生康熙癸丑十月廿六卒日俱未詳嗣善漸子本達羔女三適唐適朱適陳

本達

字廷爵生康熙庚寅閏七月十七配王氏生康熙丁酉正月十八子一禮羔女二

禮羔

字永嘉生乾隆丙寅六月十五

忠漸 憲之玄孫 嗣錡子

字德洪生康熙丁未十二月初七配王氏生康熙丁未四月初八女一

孝漸 尚銳次子
字德宣生康熙庚戌七月初四配王氏生康熙戊午七月初七卒缺繼徐氏生康熙甲子二月十四子一殷栢徐出

殷栢
字爾宣生康熙乙酉十月廿三配錢氏生康熙乙酉十月十五卒乾隆丙辰三月廿九繼王氏生康熙辛丑閏六月廿七子三煥文錢出煥章煥祥王出女二一錢出一王出

煥文
字毓秀生雍正辛亥十一月廿七

煥章
字豈凡生乾隆甲子六月十九

煥祥
字其發生乾隆丙寅七月十六

季賢 憲之玄孫 尚鍾子

流落

文漸 憲之玄孫 弼欽子

字鴻宇生康熙丁未十一月十三卒康熙戊子配浦氏生康熙庚戌四月二十子五栢仁栢義栢禮栢智栢信任閔家橋

栢仁 無嗣

字天元生康熙庚午九月初七

栢義

字觀瀾生康熙癸酉十一月初四出家楊橋菴

栢禮 無嗣

甲午譜字鈇生康熙丙子出姓周今卒一子仍周姓

任門道巷不歸宗

栢智
甲午譜字鈌生康熙庚辰出姓吳訪之嫡房十九歲而殤

栢信
甲午譜字鈌生康

炳宗
字耀祖生乾隆丙

熙癸未正月初九寅十二月初一出姓楊令歸宗字天眷配浦氏生康熙癸巳四月十六子一炳宗先撫他姓子照遵例異姓槩不登譜

仁漸 綦之玄孫 嗣錝子

字德涵生崇禎丁丑五月廿九卒康熙庚辰正月十六壽六十四配李氏生崇禎丁丑卒康熙乙卯繼孫氏劉

栢鱗

字廷璋生順治乙未十二月廿七卒康熙辛未九月初九配王氏生順治戊戌十月初四卒康熙庚寅六月十

虞羔

字永寧生康熙壬午九月廿七

仁羔

字永功生康熙壬寅十月初六配王

氏費氏子三栢麟六守節無子嗣本氏生雍正巳酉十
本良本衡俱李出衡子虞羔本誠子一月十八
塟舍湾山

仁羔女二一適郭適
王
塟舍湾山

本良
字廷瑕生康熙壬寅二月十三卒雍正辛亥十月廿九配陳氏生康熙辛亥十二月二十卒雍正庚戌五月三十子一鳳羔
塟舍湾山

鳳羔
字永福生康熙戊寅正月初二卒乾隆辛酉十月十二配王氏生康熙壬午十月初五

本衡

字廷珮生康熙丁未八月初九卒康熙辛卯六月十九配顧氏生康熙癸丑七月初六子二虞羔舜羔虞羔嗣栢麟後女一適陸塟合湾山

舜羔

字永連生康熙乙酉六月初六殤

善漸 門鉉次子

字心涵生康熙乙巳七月十一卒乾隆辛酉十二月廿四配朱氏生康熙

本誠

字廷榮生康熙丙子十月十七配王氏生康熙丁丑十二月二十卒雍正

義羔

字永和生雍正戊申十二月十八

丙辰十二月十六壬子五月二十子
卒康熙壬寅五月二仁羔義羔仁羔
廿八子三本誠本嗣栢鱗後女一適
達本道本達嗣勇董
漸後本道殤女一王氏董父瑩昭
適王
董舍湾山新阡

一誠
第三
支逸
休公
派

文江 宴之玄孫 恒錫子
字孔殷生天啟辛酉十月初七配陸氏子一桂芳

桂芳
字子秀生順治丙申九月初二配孟氏生康熙乙巳十一初二女一

文淮 恒錫次子
字維揚生天啟乙
丑六月廿五卒順
治乙未配范氏子
一桂芬

桂芬
字鈌生順治甲午
五月十六無嗣

文漢 宴之玄孫 行錫嗣子
字天昭生崇禎丁
丑十二月初十卒
康熙癸巳四月十
二配王氏生崇禎
戊寅二月十五卒
康熙丁亥五月十
二子二棟楨

棟
字道周號松崖生
順治辛丑四月初
十卒康熙壬申五
月初十配唐氏生
康熙癸卯正月廿三
十子一燕女一適
華雲翔

燕
字嘉賓號默菴生
康熙巳巳九月初
五

櫝

字維周生康熙癸卯十二月廿三卒康熙辛巳七月初二無嗣

一誠第一支濬菴公派

十七世

京鍾 邦清亞孫 室豫子
字漢英生雍正甲辰閏四月廿五
徙開化鄉獨東橋

京鉉 邦清亞孫 室熙子
字晉英生乾隆甲子閏四月廿四

京鎬 邦清亞孫 培仁子
字魯英生乾隆戊

十八世

十九世

二十世

二十一世

午七月十七

京錫 培仁次子
字楚英生乾隆壬
戌 月

京銘 培仁三子
字商英生乾隆丙
寅 月

上海圖書館編

上海圖書館藏珍稀名人家譜叢刊

【無錫】錫山秦氏宗譜

（卷五至卷七）

2

上海科學技術文獻出版社

目録

竹隱第三支約軒公派

約軒第一支容菴公派
容菴第二支恒軒公派
恒軒第一支梅庄公派

九世	十世	十一世	十二世	十三世
楠 孚之曾孫 湘之子 字子韶生正德庚午七月初四卒嘉靖癸酉壽六十四配王氏子一熂	熂 無嗣 字○○生嘉靖巳丑七月初六卒○○○○配葛氏			
梧 湘次子 字子美號曉堂生正德壬申八月十七卒萬曆庚辰壽六十九配王氏子一炌女二適宜興胡庠生堵繼滸	炌 字孟明號龍河生嘉靖戊申三月初四卒萬曆戊午壽七十一配夏氏子二圭瑛女四適許適丁適蕭適周	圭 字國珍號少河生隆慶巳巳三月初二卒萬曆庚子配王氏嗣瑛子錫乱祔葬青山祖塋	錫乱 字德永生萬曆甲寅十二月廿七卒康熙戊申十月初一配魏氏生萬曆乙卯九月廿三繼唐氏生崇禎辛未	嵩涵
				嵩滋

三月十一子二嵩
涵嵩滋唐出女二
適談適周
鏊燦山

瑛

之屏

字集成號緣齋邑字德彥邑庠生生
庠生生萬曆乙未崇禎巳巳九月初
二月廿九卒順治五卒康熙丙寅十
乙未十月十八壽月初十配夏氏生
六十一配盧氏繼崇禎癸酉七月初
郭氏子二錫乳盧一子二嵩源嵩洽
出嗣圭後之屏郭合鏊燦山
出女二適蘇庠鄒
壯適施共焻

嵩源

嵩洽

栻 孚之曾孫
洛之子
字○○生嘉靖丙
成卒缺配糜氏子
一㮣

桼 孚之曾孫
治之子
字子振號繼梅生
嘉靖辛亥十一月
十二卒缺配錢氏
繼周氏子三之美
濟美成美女一

㮣 無嗣
字號生卒配俱缺

之美
字○○生萬曆壬
午六月十五卒缺
配潘氏子二起雲
起龍

起雲
字號生卒配俱未
詳

起龍
字○○生崇禎壬
申正月十二配湖
州沈氏住烏鎮

濟美 無嗣

字茂德生萬曆乙未正月十八卒缺配王氏

成美

字汝華號抱玉生萬曆癸卯四月廿七卒康熙癸丑正月初五配范氏生萬曆丁未十二月廿七卒康熙辛酉十一月初五子三在明在新在止

在明 無嗣

字明之生崇禎丙子八月十二配殷氏生崇禎辛巳十月廿五

在新

字新之生崇禎己卯九月初六配尤氏往雲南不歸

恒軒第二支竹庄公派

梗 孚之曾孫 湙之子

字子材號小峯生正德甲戌八月廿七卒鉠配厲氏繼宋氏子二煙厲出照朱出女二適楊明德陳文表

煙 無嗣

字近峯生嘉靖丁酉十月十八卒鉠配張氏子一通福

照

在止

字止之生順治甲午十二月十三配婁氏生康熙戊申五月廿二卒康熙甲戌四月十三子一朝銓

爾陞 無嗣

朝銓

字顯瑞生康熙己巳四月廿九

字念峰生嘉靖丁巳四月廿九卒缺配蔡氏子二爾塍爾坊女一適張文茂

槓

渙次子

熠

出外

字介田生萬曆巳丑配吳氏女一適吳中鵬

爾坊

字虞峰生萬曆丙申四月初三配華氏子二之球之鍠側出女三適王適周適欒

之球

字以玉生天啟壬戌卒順治癸巳配王氏女一適劉

之鍠

字大治生順治癸巳八月初五

字景峰生卒俱缺
配鄭氏子一熠
模 渙三子
字三峰生卒俱缺
配孫氏子二烱㷧
札 孚之曾孫 潮之子

字懷峰生卒俱缺
配張氏
烱
字時雍生萬曆庚
辰四月十一卒崇
禎戊辰配○氏子
一繼先
㷧 絕
字在三生萬曆庚
寅八月廿八配黃
氏後出家宜興號
無忽
煒

繼先 絕
僧字法樹生天啟
甲子二月初十自
幼出家宜興爲箬
庵侍者
致遠 無嗣

支竹公派

愛 字○○號小竹生嘉靖戊子三月十八卒萬曆癸巳壽六十六配楊氏繼尤氏子三煒焻燎尤出女四適蔣適吳錢適胡適張合葬青山

字文光號振恒郡庠生生嘉靖癸亥卒天啟癸亥壽六十一配趙氏子二致遠可遠女一適吳
合葬青山

字寧靜生萬曆丁亥卒崇禎乙亥配殷氏女二

可遠 無嗣
字在茲生萬曆庚戌五月十一卒缺
住三教菴河池

焻
字景昌號原明邑庠生生隆慶戊辰六月十八卒天啟丁卯壽六十配王氏繼張氏子二逵

逵
字鴻冥生萬曆辛卯六月初十卒順治甲午七月壽六十四配盛氏子二元錫元錦元錦嗣

邉

元錫
字伯禹生天啟甲子十一月初六配胡氏繼吳氏邉氏子二瀼胡出淵邉出女三適庠生朱

瀼

淵

遠遠嗣燎後俱王遠後女二適周適琦適邵與○
出女二適趙適楊鄧　任藕蕩橋
張出　合葬青山祖塋
葬青山父塋

燎　遠　元錦　源

字國光號綺睦生字近南生萬曆癸字君華生崇禎庚
萬曆癸未卒崇禎巳三月十四卒順午十二月十六卒
癸未壽六十一配治丁酉正月十六康熙壬申九月初
顧氏嗣煬子遠　配袁氏嗣遠子元十配張氏子一源
錦女三適吳適黃女二適沈適吳
適楊
任社埄

榆
潮次子

烶

弘基
絶

字繼竹生嘉靖庚寅三月十六卒缺配吳氏子一烶

字紹恒生嘉靖巳未八月十七卒萬曆癸卯配卞氏子二弘基永基

字○○生萬曆壬午八月廿九

永基 絕
字○○生萬曆癸卯

禎 湖三子
字春竹生嘉靖辛丑四月初一卒缺配華氏子二焴熾

焴 無嗣
字履恒生嘉靖甲于配華氏女一

熾 絕
字號生卒配不詳

竹庄第三支在竹公派

校 字之曾孫 壽之子

字子教號箭川生嘉靖丁亥九月初一卒萬曆辛卯壽六十五配馮氏繼繆氏繼唐氏子四燁炯側陳出熠煥唐出女三適王國彥適振華庠生浦有聲

葬大池父塋

燁

字德華號遜寰生嘉靖壬戌七月十九卒萬曆甲辰八月十五配趙氏銅仁知府道隆女子二廷珪廷璧女三適過永齡庠生王文彩顧嘉炎

葬大池祖塋

廷珪

字君錫號喜延由邑廩生入太學恩例准貢任湖廣長沙縣縣丞改授長沙府學教授陞善化知縣　國朝定鼎以全節避於城南之楓林埠遂卒焉長沙民思祠之壽六十七生萬曆辛巳八月初一卒順治丁亥七月十八配朱氏生萬曆壬午三月初七卒

鏡

字用甫號受光生萬曆戊申三月初七卒順治丁亥九月廿七因候父長沙値父喪撫棺一慟而終配華氏生萬曆己酉七月廿七卒順治庚子八月初四苦節　憲題旌　旌子二浚汲汲嗣鏌後女四適邑庠孫光烈周是申歲貢生陸寅邑庠楊維震

浚

天啟乙丑十二月
廿九繼鄒氏安仁
知縣鳳光女生萬
曆癸卯二月初九
卒康熙癸卯八月
十六壽六十一子
六鏡銑朱出鑌銃
鋼鋘鄒出女六適
武進吳南瀛孫國
臨武進庠生蔡鷺
任樑朱出適周適
王側出
合葬江陰灰墩新
阡朱氏葬龜山新
阡

合葬大池祖塋

銑

字靜南生萬曆巳
未五月初九卒康
熙甲辰六月初五
配鄒氏生萬曆戊
午三月廿七卒順
治甲午二月初九
繼丁氏生崇禎巳
巳正月廿七子二
法渭熊鄒出女一
適庠生鄒宗海
合葬龜山新阡

法

渭熊

鑛

字賓王長洲縣庠生生天啟丁卯五月初二卒康熙癸亥十一月初九配曹氏生崇禎戊辰九月初九卒順治丁酉九月十一繼鄒氏生崇禎庚辰五月十一卒雍正丁未○○壽八十八子二既治渭鷹曹出女三適鄒曹曹出適鄭適倪鄒出塋鷰湖小廟涇新

既治

渭鷹

阡曹氏葬龜山祖
塋旁

鈗

字維屏武庠生生
崇禎己巳正月十
九卒康熙丁亥正
月初七壽七十九
配周氏生崇禎庚
午二月廿四卒康
熙己卯十月二十
子一蔡源
周氏葬鵝湖落婺
橋之新阡

蔡源

鋼

字含章生崇禎戊寅十一月十六卒康熙乙亥十月十五配單氏生崇禎壬午二月十二卒康熙丙午十二月廿七繼周氏生順治丙戌三月十六卒康熙丁巳十月初一子一汝壽側馬出

合葬大池祖塋後

汝壽

射鏃

字王陛武庠生生崇禎壬午十二月初九卒康熙癸未六月三十配劉氏生崇禎癸未十二月十六卒雍正甲辰壽八十二嗣鏡子汲女三適庠生顧宸鏕適鄒適高甃大池祖塋之旁

汲

廷璧

字君實號念溪生萬曆丁亥十二月

仁錫

字元壽生崇禎庚辰十一月十一卒

濟

洪

廿一卒順治辛丑康熙丙子四月十二月初一壽七十九配何氏生崇禎五配華氏生萬曆壬午十一月廿一辛卯二月十二卒子三濟洪治治嗣康熙丁未二月十義錫後女三適華五子二仁錫義錫涵章華振宗楊若女二適王適華俱政

側紀出

合葬青山祖塋

治

義錫

字元九生順治丁酉十月初七配趙氏生順治辛丑五十月廿五嗣仁錫子治女一

烱
字德明號仁寰生隆慶壬申二月十七卒崇禎甲申壽七十三配華氏子三廷基廷璽廷璋葬大池祖塋

廷基
字君美生萬曆庚寅配錢氏子二鍾德鍾秀鍾秀嗣廷璽後

鍾德
字瑞甫生萬曆乙卯六月初五卒康熙癸亥正月十三配浦氏生天啟巳未十月十五卒康熙○○六月廿八子二龍源淸泰女一適顧

龍源

淸泰

廷璽
字君重生萬曆癸巳閏十一月初七卒順治戊子配顧

鍾秀
字振甫生萬曆庚申五月初七配毛氏繼馬氏子一之

之源

氏嗣廷基子鍾秀源

熠
字德光號清寰舉鄉飲生萬曆壬午

廷璋
字君信生萬曆壬寅十一月十七卒順治己丑配季氏子二鍾奇鍾英

瓚
字君聘號瑟齋長洲縣庠生生萬曆

鍾奇 無嗣
字貞甫生崇禎壬申三月卒順治戊戌

鍾英
字○○生順治戊子五月

若金
字武期生崇禎己巳七月十九配毛

溥時

淵時

七月初二卒順治甲辰八月廿九卒氏生天啟丙寅三
丁亥九月廿四壽康熙庚午十一月月廿一卒康熙戊
六十六配萬氏乙廿二壽八十六配辰八月初五子四
丑進士言策女生施氏生萬曆戊申溥時淵時濟時毛
萬曆庚辰六月十十一月初六卒康出澄時側出女三
六卒康熙丙午十熙辛未十二月十適顧士潤倪瑛曾
月廿六壽八十七二壽八十四子三太學全兆鳳
子三瓚璠璜女四若金如金馨金
適庠生趙象昇廩合葬大池祖塋
生黃曾燁吳南瑞
陳燮
合葬大池祖塋

濟時

澄時

如金

字武修生崇禎丁
丑十二月十三卒
康熙戊子九月配
黃氏生崇禎庚辰
四月廿一卒康熙
戊申十月三十繼

方溱

方潛

方洄

陶氏生順治庚寅十月初八子四方溙黄出方潛方泂方濱陶出女二適黄

方濱

聲金

字宫先生順治丁亥十二月初六配倪氏生順治丙戌九月初一子一漢間女二適王彥遠適雍正癸卯進士黄施鍔

漢間

璠
字君璵號衣月生萬曆丙辰三月十七卒康熙戊午八月十五出家明陽觀

璜
字紉艮號渭菴邑庠生生泰昌庚申十一月初七卒康熙丁丑七月初十壽七十八配湯氏生萬曆己未十月十九卒康熙丙午

南金 無嗣
字荆生生崇禎壬午六月廿二卒順治辛丑配顧氏卒康熙癸卯

銘鼐

灘

二月初九子二爾字禹州號漢宜邑
金銘贖

稟生生順治癸巳
正月初二卒康熙
巳卯八月十一配
繆氏生順治庚子
七月初三卒康熙
甲戌十二月十一
繼華氏生順治庚
子十二月廿八子
二濰淮繆出女三
適張適顧繆出適
沈華出

淮

煥
字德昭號濟寰生
萬曆乙酉十月十

廷琮
字宗玉生萬曆丁
未九月廿二卒康

艮金
字寶餘生崇禎丙
子四月廿三卒康

逢源

三卒萬曆庚戌五 熙癸卯九月初八 熙壬申十月十一
月初九年二十六 配顧氏生萬曆壬 配周氏生崇禎壬
配陸氏生卒缺守 子六月初八卒康 午十一月初四卒
節撫孤三十餘年 熙庚申十二月初 康熙甲申六月十
崇祀貞節祠子一 九子二長金式金 丑子一逢源女一
廷球 女二適浦適惠 適江應侯
鏊大池 鏊大池

式金
字聖甫生崇禎庚
辰九月十九配鄒
氏生順治己亥四
月初十卒康熙戊
午十月十二子二
泓女一適李瑞侯

泓

杭 濤次子
字子濟生嘉靖壬辰七月廿八配施氏子三燿焌熺

燿
字振寰生卒鉄子一廷珮

廷珮 無嗣
字君貴生萬曆庚子正月配胡氏

焌
字明寰生隆慶戊辰十一月十二卒崇禎癸酉壽六十六配華氏子一廷瑜女三適張適華適鄒

熺 無嗣
字瞻寰餘俱鉄

廷瑜
字復明生萬曆甲午四月廿三配朱氏子一鍾祥

鍾祥
字善甫生崇禎戊寅正月十一配高氏子一濱陽
住伯瀆港羊橋

濱陽

檄 濤三子

字子信號霓橋生嘉靖戊戌六月十一卒萬曆癸未二月廿八配葉氏子一焞

焞

字元昌號與寰邑庠生萬曆戊午歲貢舉鄉飲賓生嘉靖庚申六月十五卒崇禎壬申五月廿四壽七十三配吳氏卒繼華氏生嘉靖丙寅閏十月初一卒崇禎壬申十二月初五子三至文側許出至化至道華出女二適邑庠華肇曾吳庠錢鳳采華出

至文

字向之號步虛生萬曆丁酉四月十三卒康熙乙卯七月十二壽七十九配黃氏生萬曆丁酉卒萬曆丁巳繼陸氏生萬曆戊戌卒天啟甲子繼華氏生萬曆乙巳卒順治甲午子一祖寧側李出女三適王拱辰適曹三錫適吳蘊卿塟大池祖塋

祖寧

字繩先號德星邑庠生生天啟壬戌十月初二卒康熙庚午六月初七壽六十九配劉氏生天啟辛酉卒順治己丑繼尤氏生崇禎庚午卒康熙壬寅子二澤澍澤瀼尤出女三適邵適顧劉出適張尤出合塟嚴埭祖塋

澤澍

澤瀼

合塟巖埭新阡

至化

字徵之號志完邑庠生乙酉歲貢生萬曆庚子十一月初九卒康熙丁未七月十五壽六十八配華氏生萬曆辛丑十月十二卒康熙丁巳七月十四子三銘尊銘敦銘鼎女一適邑庠生華瑞鍾少寡守節候旌
合塟巖埭父塋

銘尊

字六周號處厚郡庠生生萬曆巳未九月廿五卒康熙辛未二月初二壽七十三配華氏生天啟辛酉卒順治戊子繼茹氏生崇禎壬申九月十五卒康熙丁亥正月廿一子三承經承綸承緯俱茹出女二適朱承高華出
適華立乾茹出

承經

承綸

承緯

銘敦
字雨虞號味淡生天啟丙寅九月廿九卒康熙己未四月廿二配周氏孝廉士琳女生天啟丁卯十二月十五嗣銘鼎子承綬女二適朱適陳葬大池祖塋

承綬

銘鼎
字九夏號佩素生崇禎辛未閏十一月二十卒康熙癸

承綬

亥閏六月配陸氏生崇禎辛未十二月廿五卒康熙戊辰十二月十七子二承緩承紱承綬嗣銘敦後

至道

字上之號適賓生萬曆癸卯六月十三卒順治丁酉十月廿一配吳氏庠彥駼祥女生萬曆壬寅十二月廿五卒康熙丁未八月

銘彝

字孝侯生天啟癸亥正月十五卒康熙丁未九月十三配華氏生天啟辛酉卒崇禎甲申繼李氏生天啟丁卯十一月十九卒康

澤沂

澤潛

澤灝

廿三子二銘彝銘熙壬午四月十九
常　子三澤沂澤潛澤
合葬大滓丁巷嶺瀕俱李出
合葬大滓父塋
李氏葬嚴埭祖塋

銘常
字篤侯生天啟甲
子九月十二卒康
熙庚寅五月初四
配黃氏生天啟甲
子卒順治辛卯繼
倪氏生崇禎丙子
十二月初一子二
澤漸澤鴻女四適
趙一季陳鳳采宣

澤漸

澤鴻

容庵第三支東隱公派

集　壽四十
字○○生嘉靖辛丑八月初一卒缺配陸氏子一文煇

文煇　絶
字號生卒配俱缺
銘莫閒俱倪出

森　孝字曾孫
澍之子
字少涯生嘉靖丁酉正月十二卒萬曆丙申十一月十三壽六十配楊氏子一光

光
字敬涯生隆慶戊辰五月十九配張氏子二爾墉爾垣女二適陳適尤

爾墉
字泰和生萬曆丁酉十二月初一配袁氏繼陳氏子之錫字君召早卒又嗣士璘子之錄女二適袁適馬

之錄
字君孚生順治乙酉六月十五配張氏生順治己丑五月十八嗣之鎔子洵如女二適華適殷

洵如

樸　孝孚曾孫　洪之子
字懷南乳名龍孫
生嘉靖丙寅十月
初三卒萬曆戊午
二月十九壽六十
三贅高氏子二烇
炊
住中橋

烇
字敬南生萬曆乙
酉十二月初二卒
崇禎丁丑配周氏
子二士璘士墻

爾垣　無嗣
字大初生萬曆庚
子五月十九配王
氏
住西倉橋下水
溝頭

士璘
字懷敬生萬曆乙
巳六月二十卒順
治甲午配蘇氏子
四之鋁之鎔之録
之鍒之錄嗣爾墉
後

之鋁　住斗山
字君韶號復之生
崇禎癸酉十月二
十卒康熙丁亥九
月廿九配徐氏生
崇禎丁丑八月十
四卒康熙丙戌十
月十一子一洵儀

洵儀

此支據前譜名龍孫無諱號生卒又無嗣今因諱考的係出贅于高子孫歸宗遂補入庚子修譜時識

女二適陸適顧

之鎔 字君佩生崇禎戊寅十二月廿九卒康熙甲子九月廿七配鄒氏生崇禎戊寅八月廿七子二洵侯洵如洵如嗣之錄後

洵侯

之錄 字君希生順治辛卯八月十二卒康熙丙辰十月配黄氏子一洵美

洵美

士墻
字怡敬生萬曆丁巳二月初三卒順治丁酉配陸氏子一之鍊

之鍊
字配生卒俱缺

炊
字燮南生萬曆己丑十一月初三配談氏子二士塘士城

士塘 無嗣
號京之生天啟丙寅八月廿七配殷氏

士城
號逸之生天啟丁卯七月初十配周末氏子二之鈴之錞

之鈴
字○○生順治乙

枚　孝子曾孫
淳之子　絶
字子茂號念江生
嘉靖丙寅七月初
三配浦氏女一適
吳朝孝

梗　孝子曾孫
涯之子　絶
字文茂號繼江生
萬曆戊寅七月廿
一卒順治戊子九
月十三壽七十一

之錞
字○○生順治巳
亥三月

容庵第四支樵月公派

配吳氏女三一生萬曆甲辰適馬文月半載十九歲守節有遺腹子馬學超一適吳一適單

桓 惠孚曾孫 濚之子

字子尚號若海邑庠生生卒鈌配羅氏子一顯揚女一適靖江朱

材 惠孚曾孫 浚之子

字號生卒卽俱鈌子一美中

顯揚 絕

字號生卒俱鈌

美中

庚子譜註俟查明登譜歷甲午至今仍無考

約軒第三支正庵公派

櫟 澤孚曾孫 準之子
字○○生嘉靖癸巳配成氏子一烒女一適劉塟河滸呂家莊前合塟上村

烒
字紹宗生嘉靖丁巳六月初十配謝氏子二墳堙

墳
字洪崗生萬曆壬辰三月十二卒順治乙未九月初五壽六十四配蔣氏合塟盛村子三錠鎔銘鎔嗣至達後

堙
字○○生萬曆乙未三月二十卒崇

錠
字于鼎生天啟甲子九月初二配蔣氏子二治平治寧

銘 無嗣
字子昭生崇禎丙子五月初二配徐氏生崇禎壬午卒俱鈌女一

欽貽
字○○生崇禎乙亥九月廿一配劉

治平

治寧

治隆

治昌

禎丁丑配强氏子一欽貽女一適余

氏子三治隆治昌治琳女一適李

林 津次子

字子茂號懷江生嘉靖癸丑二月廿七卒天啟丙寅壽七十四配周氏繼劉氏子四點周出煜烒劉出熚側出女四適 誥贈恭議呂國祥周出適○○陸君益陳夭錫劉出合葬王墳墩

點

字希曾號敬巖生萬曆丙子十一月廿二卒崇禎壬午壽六十七配丁氏無子抱陸氏甥至德繼子

至德

本姓陸字復海生萬曆乙卯六月廿二配李氏子二明鋳明銚謹遵譜例異姓概不登譜

煜

字希顏號復巖生萬曆乙酉十月初

至達

字愛之生萬曆戊申五月十一卒順

鎔

字子劍生崇禎巳巳四月廿七配劉

治琳

治成

四卒崇禎辛未配治乙酉配陳氏嗣氏子一治成
許氏子二至達至墳子鎔
顯女三適張適談
適何

熂 無嗣
字道華生萬曆癸
巳九月十六卒崇
禎巳巳配葉氏

烒 無嗣
字道弘生萬曆庚
子十月二十卒順

至顯 無嗣
字用之生天啟乙
丑卒順治甲午七
月配俞氏

治巳丑十二月配

陸氏繼陳氏

克柔 澤孚曾孫 滄之子

字碧泉生嘉靖癸卯辛萬曆巳亥配

曹氏子二炣美女二俱適周

炣 無嗣

字仰泉生萬曆巳卯九月初七

美

字守梅號懷泉生萬曆癸巳十一月十二卒崇禎辛巳配畢氏子一重茂女一適蔡

塟龍山

重茂

字若鄉生崇禎乙亥正月廿一

容庵第二支恒軒公派　恒軒第一支梅生公派

十三世

嵩涵 梧之玄孫 錫乳子

字子泓生順治庚子十一月初七卒康熙丁酉五月廿八配顧氏生康熙甲辰十月初九卒康熙癸未子一元桂女一適楊涵譽

嵩滋 錫乳次子 無嗣

字子潤生康熙丁未九月初九卒。

十四世

元桂

字天成生康熙丁丑六月廿八配王氏生康熙壬午七月廿四卒雍正癸丑十二月初五繼陸氏生康熙辛卯四月初七女一

十五世

十六世

十七世

○○○
葬青山

嵩源 梧之京孫 之屏子
字子長生順治丁酉正月二十卒康熙甲子七月三十配○氏無嗣

嵩洽 之屏次子
字子沾生康熙甲辰四月廿四卒康熙乙未○月配繆氏生康熙癸卯十一月廿四卒乾隆

既梁
字哲徽生康熙壬申四月廿七

庚申七月廿七

恒軒第二支竹庄公派

瀼　札之玄孫　元錫子
字大來生順治庚子正月初四配俞氏生順治辛丑十一月廿八子一松立

松立
字挺生一字祥發生康熙丁卯四月十八配沈氏子一順煨

順煨

淵　元錫次子
字廷標生卒配缺

源　札之玄孫　元錦子

錫山秦氏宗譜　世系卷之五　一五三

竹庄第三支在竹公派

在竹第一支箭川公派

字方來生康熙乙巳八月十二

住社港

浚 枝之玄孫 鏡之子

字亮采號在郊邑庠生生崇禎庚午六月十三卒康熙乙未十二月廿八壽八十六配錢氏生崇禎已巳四月十三卒康熙癸卯三月初十繼華氏生順治乙酉七月初二卒康熙已酉

種麟

字石麒邑庠贅禮生生康熙乙巳四月十五卒康熙巳巳九月初一配華氏生康熙甲辰四月初九卒乾隆丁巳九月廿三壽七十三守節旌表崇祀 詔建貞節祠子二陽熙女一適

陽

字維乾生康熙癸亥十一月初八卒乾隆癸亥十二月廿五壽六十一配華氏生康熙癸亥十月初六卒乾隆丙辰七月十六子一遵王女二適華干佳適龔熙蔡璨山祖塋

遵王

字道正生康熙丁亥二月廿一卒雍正乙巳未配嗣塋子鐵

鐵

十一月廿五子一王經長
種麟女二適太學塋大池祖塋
考授縣佐楊鋌適華氏塋璨山祖塋
太學顧節錄
塟大池祖塋昭穴

法
梭之玄孫
銑之子
字紫元生崇禎辛巳五月廿七卒康

熙
字啟唐生康熙丁卯九月十二配孫氏生康熙巳巳十月初七卒乾隆甲子九月初六子一塋女二一適趙慶一未字
孫氏塟璨山

塋
字思復生康熙乙未七月三十配孫氏生康熙丙申三月十二卒乾隆庚申十一月廿二繼顧氏生雍正癸卯七月十五子一鐵
嗣遵王後
孫氏塟璨山

熙甲辰六月配華氏

渭熊 銑次子

字紫雯由武庠中康熙戊午武舉考授衛守備生順治丙戌十一月二十七卒康熙甲申五月十五配全氏生順治庚寅正月初三卒康熙壬戌八月初九子二種德全出種玉側室出女二適太學生嚴巢

種德 無嗣

字○○生康熙乙卯十二月十六卒康熙戊寅六月初七

種玉

字巢成生康熙丁卯六月廿六配龔氏生康熙庚午十月十三子一丙

丙 無嗣

字繼吉生康熙庚寅二月廿一

能全出一適○○
○側出

旣治 校之玄孫
鑽之子
字登三生順治癸巳三月十二卒康熙丁亥十一月廿七配顧氏生順治癸巳二月廿七卒雍正丙午十一月廿二壽七十七子一姒馨側查出
合葬黿山祖塋傍

姒馨
字過瀛號綠窗常熟縣庠生生康熙甲戌正月廿七卒雍正癸丑十二月初十配顧氏生康熙丙子五月廿八卒雍正乙巳九月十七子一燕女一適黃熊
合葬鵝湖祖塋傍

燕
字介士生康熙丁酉六月初三配顧氏生康熙巳亥十二月初四女一未字

渭鷹 鑌次子

字達九生順治甲午十二月二十卒康熙巳未九月十四配黃氏生順治乙未十月初六卒康熙戊戌十一月初六壽六十四守節旌表崇祀　詔建貞節祠子一允中合葬鵝湖祖塋穆穴

允中

字果章號退安郡庠生生康熙巳未正月初七卒乾隆巳未十二月初五配鄒氏庠彥孫譽女生康熙庚申正月十三子三顯祖旦午女一適太學候選縣佐陳銓塟鵝山祖塋傍

顯祖

字若士生康熙壬午十二月十七配黃氏生康熙辛卯八月十九子一日瑞女一

旦

字曰明生康熙辛卯十一月廿一配鄒氏生康熙丁酉十月初二女二

日瑞

字冠星生乾隆乙丑七月廿五

蔡源 校之京孫 鈗之子

字百泉由武庠中康熙戊午科鄉試候選衛守備生順治丙申四月初二卒雍正乙巳正月十八壽七十配顧氏庠彥泳女生順治丁酉四月十四卒康熙丁酉七月

種五

字輯臣生康熙戊寅六月廿三配沈氏生康熙丙子二月初五子一心女一適陳

種九

字韶成生康熙甲

心

字　生乾隆丙辰二月初七

午

字亭陽生康熙丙申正月廿四

十九壽六十一壬申二月廿九卒雍
三種五種九種一正丙午五月十五
俱側出女一適言
生候選儒學訓導
陳士芳出

種一

任懷仁鄉孔庄字秉誠生康熙壬字　生乾隆甲

燧

辰五月十一配湯子五月十一
氏生康熙丙申正
月廿三子一煜女
三

汝青　校之玄孫
鋼之子
字大錫生康熙癸
亥七月廿八配徐
氏生康熙癸亥

汲
枝之玄孫
射鍭嗣子

字次贖生順治乙酉五月初三卒康熙戊午十一月二十配趙氏生順治丁亥九月初八卒康熙辛卯三月廿四守節旌表祟祀詔建貞節祠子一種龍女一適陸益占
塋大池祖塋之旁

種龍

字玉虬太學生生康熙乙卯二月十一卒康熙辛丑十二月廿八配華氏生康熙癸丑十月初一卒乾隆壬戌十一月十五子一麗女二

麗

字汝明生康熙辛卯三月廿五配丁氏生康熙甲午九月初一卒雍正甲寅十一月初一

濟 校之京孫 仁錫子
字經遠生康熙壬寅九月初七卒乾隆巳未三月初六配顧氏生康熙丁未十月廿九卒乾隆庚申五月廿七子一種鳳女一適蔡青山父瑩楊
合葬青山

種鳳
字果明生康熙庚午十月二十卒康熙庚子八月二十配孫氏生康熙丁卯十月上九子一女一

[illegible]
[illegible] 配王氏生康熙巳亥二月十七子一待女一

待
字 一生乾隆庚申八月初六

洪 仁錫次子
字永源生康熙巳酉四月初八卒康

種瑞
字果祥生康熙癸酉出繼李姓并絕

熙癸未四月廿六
配華氏子二種瑞
種美種美嗣治後
葬大池父塋

治　校之玄孫
義錫嗣子
字六平生康熙乙
巳十一月十八卒
康熙庚午七月廿
三嗣洪子種美
葬大池父塋

種美
字杲豐生康熙壬
午四月廿二配蔡
氏生康熙丙戌九
月初九女一適蔡
廷延

龍源　校之玄孫
鍾德子
字伯華生順治壬
辰九月十三卒康

滋椿
字子春生康熙巳
未二月廿三卒雍

炳仁
字孝先生康熙甲
午六月十二配吳

瑗
字後遴生乾隆癸
亥四月初二

熙庚午四月十四
配邢氏旼節子一
滋椿女一
塟新安鄉船車浜
住新安華庄

正丁未十二月廿
五配顧氏生康熙
辛未七月十六守
節候　旌子三炳
仁炳義炳禮
塟景雲鄉華庄顧
家墳

氏生康熙巳亥十
二月十三子一瑗

炳義

字振先生康熙丙
申九月廿二配楊
氏生雍正巳酉五
月廿一子一球女
一

炳禮

字奉先生康熙辛
丑十月十五聘周
氏生雍正辛亥二
月廿二

球

字玉章生乾隆戊
辰五月十一

清泰 鍾德次子
字公亮生順治丁酉六月初三配潘氏生康熙癸卯二月廿五卒俱缺子四滋樾滋櫺滋棟滋楠女一適俞
任新安船車浜

滋樾
字子越生康熙壬戌六月十四配謝氏生康熙戊辰十二月十六子二鶴翔鶴皋

鶴翔
字林臣生康熙戊子六月初三配顧氏生康熙壬辰十一月○○子二佐培佑培

鶴皋
字天臣生康熙壬辰十月廿二配施氏生康熙丙申八月初八

佐培
字　生雍正癸丑十二月十五

佑培
字　生乾隆戊午九月廿八

滋標

字子雲生康熙乙丑正月十二配袁氏生康熙丁卯七月廿一子一鶴亭

鶴亭

字清臣生康熙丁亥九月初四配顧氏生康熙○○○月○○子三增培勝培鳳培女二一適周

增培

字惟一生雍正甲辰五月初五

勝培

字惟山生乾隆戊午二月十二

鳳培

字惟周生乾隆丁卯正月初十

滋棟

字子東生康熙丁卯四月十三配毛氏生康熙癸酉十月十七子四鶴立鶴齡鶴鳴鶴朝女一

鶴立

字方臣生康熙癸巳十月十四配張氏生康熙戊戌十月二十

鶴齡

字惠臣生康熙丁酉十一月初八配徐氏生康熙丙申二月初五子二裕培源培女一

裕培

字惟善生乾隆癸亥五月十一

源培

字惟興生乾隆丙辰十一月初一

鶴鴻
字有臣生雍正乙巳四月廿七配俞氏生雍正巳酉六月十二

鶴朝
字大臣生雍正庚戌五月廿八

滋楠
字子南生康熙甲戌八月十八配俞午十月初七

鶴鳴
字國臣生雍正丙

氏生康熙辛巳三月初二子二鶴鳴鶴天女一適殷

鶴天
字萬臣生雍正庚戌正月廿七

之源 校之玄孫鍾秀子
字○○生崇禎辛巳正月十二無嗣

溥如 校之玄孫若金子
字天如生順治丁亥九月廿九卒康熙辛卯七月配奚氏生順治己丑五

月廿一子一殤無
嗣
淵如 若金次子 本理 煌文
字樂顏生順治丁字道生生康熙戊字天五生雍正丙
酉六月初八卒雍寅正月廿八配顧午正月廿九配曹
正丁未正月三十氏生康熙丙子八氏生雍正戊申女
配孫氏生康熙丁月十八子一煌文一
未九月初五子一女二一適顧尚質
本理女一適李廷一字華
素
塟於懷仁鄉王家
埧
侄懷仁頤三房
廊下

濟如 若金三子

字在田生順治己亥十二月廿三卒康熙辛卯八月初一葬錢氏生康熙壬子八月初三子一楚材女一

楚材 無嗣

濬時 若金四子

字長發生康熙癸丑七月廿八配袁氏生康熙癸丑八月十三卒康熙戊寅子○

任崧江

方濚 枝之玄孫 如金子

字渙儀生康熙癸卯十二月初八配楊氏生康熙丙午十二月初二子一
本卓
任横阡橋

本卓

字自立生康熙戊寅七月十九配楊氏畋節子一隨母去

方瀞 如金次子

字靜儀生康熙癸丑正月初十配顧氏生康熙戊辰六

賓秩

字大侯生康熙甲午六月廿四卒

月初六子二賨秩
賨○女一
任安家小橋
方洄　如金三子
字漢儀生康熙丁
巳二月初四無嗣
任懷仁大成橋
方濱　如金四子
字萊儀生康熙庚
申正月初四無嗣
任積阡橋
漢　校之玄孫
聲金子

賨○
字○○生康熙

朝棟

瑞耀

字谷王郡庠生生字啟文生康熙甲字來儀生康熙丁
康熙丁未八月十戌十一月十四配酉正月二十
八卒乾隆癸亥四陳氏生康熙癸酉
月十六壽七十七正月十七卒雍正
配顧氏生卒缺繼甲辰九月廿九繼
高氏生康熙壬子劉氏生康熙壬午
九月十八子二朝四月廿四子三瑞
棟廷樞女二適浦耀陳出文燿龍燿
宏發適薛志仁劉出女三適顧陳
出二未字劉出

文耀

字岐山生雍正巳
酉十一月初六

龍耀

字見田生雍正丙
辰十一月十八

廷樞

字景蘇生康熙丁

灘 枝之玄孫 銘顯子
字韓若生康熙巳未十二月十一配宿氏無子撫趙姓子文標爲嗣遵例槩不登譜

淮 銘顯次子
字淮若生康熙癸酉九月廿四卒雍正辛亥八月初十配姚氏生康熙丁丑正月十四卒乾隆丙寅正月初二

酉十二月初二

廷標
字○○生雍正戊申正月初八配顧氏生雍正壬子

子一廷標女一適
曹廷會

逢源 校之玄孫 良金子

字元文生康熙丁巳九月初三卒康熙癸巳七月十八配華氏生康熙癸丑五月初一卒欽子二從本思本女一塟軍嶂山蝦蟇塢

從本

字履中生康熙辛巳正月初六卒雍正庚戌九月十九配江氏生康熙辛巳十月三十卒康熙壬寅五月廿五子一乾塟祖塋

思本 無嗣

字慎之生康熙丙

乾

字○○生康熙辛丑閏六月三十配童氏生康熙癸卯八月十八女一

泓 稜之玄孫 式金子

字來源生康熙癸丑十一月十七卒雍正○○五月廿八配殷氏生康熙戊午正月廿一子一立本女二適殷淡適殷賓

葬青山

濱陽 杭之玄孫 鍾群子

字海若生順治己亥九月初三卒康熙丁亥七月廿七

戌十月初四

立本

字道生生康熙辛巳十二月十七

懋昭

字士德生康熙辛未三月初六配歐氏生康熙壬午十

鳴岡

字國柱生雍正丙午五月廿四配陳氏生雍正丙午八

配華氏生康熙戊
申十二月初五卒
乾隆丁巳十二月
廿七子三懋昭懋
功懋時
任伯瀆港羊橋
林巷上

月二十子一鳴岡
女四一字楊

懋功

字士隆生康熙癸
酉七月初十配王
氏生康熙癸未十
一月廿三子三鳴
九鳴皋鳴遠女一

月十二

鳴九

字國梁生雍正壬
子四月初八聘凌
氏生雍正癸丑五
月十八

鳴皋

字國祥生乾隆丙
辰十一月廿七

懋時

字士進生康熙丁丑閏三月二十配王氏生康熙己丑正月十四子四鳴十一月初五

岐鳴山鳴喈鳴和

女二

鳴遠

字國恭生乾隆庚申三月初八

鳴岐

字國禎生雍正戊申十一月初三配王氏生雍正辛亥

鳴山

字國棠生雍正壬子七月廿四

在竹第三支覽橋公派

澤澍 檄之𤣥孫 祖寀子
字商霖生順治甲午三月十三配華氏生順治己亥五月十六卒俱缺嗣

㮋杕
字奕祖生康熙辛巳十二月廿五

鳴喈
字國興生乾隆丁巳七月廿八

鳴和
字國安生乾隆丙寅二月廿八

澤濊子楙杕女一
適楊茂齡

任斗門

澤瀼 祖寧次子

字沛霖生順治庚子三月廿三配張氏生順治巳亥三月十二子一楙杕嗣澤澍後女一

任斗門

承經 檄之玄孫 銘尊子

字通遠生順治癸巳五月廿七卒康

羲

字堯咨生康熙壬午正月十九卒雍

熙壬寅二月十四正癸卯五月初四
壽七十歲配黃氏
生順治癸巳卒康
熙丙寅繼李氏生
康熙丁未七月初
七子三羲稷和女
四俱李出
塟馬鞍塢父塋之
昭

稷

字舜輔生康熙乙
酉正月廿二

和

字岳寅生康熙乙
未正月廿七配盧
氏生雍正丙午八
月十六

承綸 銘尊次子

萊

字對揚生康熙癸卯正月初五卒康熙癸巳十一月十四娶丁氏生康熙乙巳十二月廿六卒雍正癸丑五月廿九壽六十九子二萊蕃女三適華適馬適殷葬青山祖塋之傍

承緯　銘尊三子

字聚五生康熙丙午十二月初六卒乾隆辛酉九月十

字瀛如生康熙乙亥十一月初四卒康熙戊戌五月二十

蕃

字錫盛生康熙甲申二月初二娶楊氏生康熙癸巳八月廿四

褒

字陛嘉生康熙丙子正月初一卒康熙丙申三月初十

一壽七十六配華氏生康熙己酉七月十五子三褒𥡴賚

𥡴

字留光生康熙庚辰九月十四配林氏生康熙壬午六月廿九子三熙載熙鴻熙皞

熙載

字百揆生雍正庚戌三月十二

熙鴻

字千鈞生雍正乙卯九月廿六

熙皞

字萬年生乾隆己未四月初六

賚
字兆㫖生康熙癸未十二月廿八辛亥七月初九

熙咸
字泰來生乾隆癸乾隆甲子十一月廿四配朱氏生康熙壬辰正月初三子一熙咸

承綬
掇之玄孫銘敦嗣子
字貫玉一字樂全生順治丁酉三月十四卒康熙辛卯配王氏嗣承紱子楚女一

楚
字譽翹生康熙庚辰八月廿三

承綬 檄之玄孫 銘鼎子

字麟書生康熙乙巳二月廿四配鄒氏子二楚攀楚嗣承綬後

攀

字鳳威生康熙壬午八月初二

澤沂 檄之玄孫 銘燊子

字曾撰生順治丁亥十一月十五卒康熙癸未九月十七配宋氏生順治乙酉卒康熙辛酉繼王氏生順治壬

嘉植

字懿培生康熙戊辰二月廿五配陸氏生康熙丁巳二月二十卒康熙庚子十二月廿二子一承煥

承煥

字介眉生康熙乙未正月初一

辰六月十二卒雍正癸丑十月二十子一嘉植王出葬嚴埭祖塋

澤潛 銘鎔次子

字嘉亮生順治乙未三月廿八卒康熙巳亥正月十九配繆氏生順治丙申正月初六卒乾隆庚申四月初三子二芳植芸植女三適馮天培賀天成尤御青

芳植

字畹培生康熙戊辰九月廿八卒乾隆丙辰七月初五配高氏生康熙甲戌二月廿二子二文烜文炳女二適尤瑞琪適尤○○

文烜

字尊三生康熙甲午九月十八配錢氏生康熙巳亥十二月十三子三德基鎡基成基

德基

字維恭生乾隆戊午八月廿三

鎡基

字以時生乾隆辛酉十月三十

塋大池祖塋之傍
住闕庄

成基
字建業生乾隆乙
丑正月初三

文炳
字德仙生康熙己
亥十二月初九配
傅氏生雍正癸卯
三月初二女一

芸植
字馥培生康熙庚
午十一月十三配
陸氏生康熙戊辰

承燾
字寧三生乾隆丙
辰九月廿八聘賀
氏

澤灝 銘舜三子

字明祥生順治乙未三月廿八卒康熙庚申十二月廿八配顧氏生順治丙申九月廿五卒康熙己亥正月十七守節候旌 子一 栐植

八月十三繼配葛氏生康熙甲申四月十二卒乾隆辛酉八月十九子一

永隸

栐植

字本培生康熙癸丑十月廿七卒康熙壬寅四月二十配宋氏生康熙甲寅正月初七子二 爲煥 文煥 女一適包克賢

爲煥

字有文生康熙癸未八月廿三

文煥

字大文生康熙丁亥十月十二配李氏生康熙癸巳五月廿四女二

澤漸 檄之玄孫 銘常子

字禹磐奉祀生生順治癸巳閏六月初三卒雍正癸卯十二月初八壽七十一配趙氏生順治乙未七月初二卒康熙丙寅五月十七繼陸氏生順治己亥三月廿九卒乾隆丙辰九月初七壽七十八子四敏桂撫澤鴻子敏松敏椿敏榆女

敏桂

字若儀生康熙庚辰正月初二配邵氏生康熙庚辰正月初五卒乾隆丙辰七月廿七子二焯炳

焯

字日章生雍正癸卯四月初一配周氏生雍正丁未

炳

字用章生雍正丁未

敏松

字企留生康熙癸未十二月廿四配

爲灼

字昭廣生康熙壬寅八月初五配趙

弘基

字玉田生乾隆丙寅八月十八

一適姚俱側出

張氏生康熙乙酉七月廿六子三爲灼煥文燕樂女二適浦適陸

敏椿

氏生康熙辛丑子一弘基

煥文

字有章生雍正庚戌四月廿六配周氏

燕樂

字嘉賓生乾隆丙辰七月廿四

字鶴齡生康熙丁亥

敏榆

字企皐生康熙甲午六月初八配朱氏生雍正甲辰九月初六子一熙文

熙文

字明章生乾隆丙寅二月十三

澤鴻 銘常次子

字駿聲生康熙癸卯十二月初九卒乾隆辛酉正月初[illegible]壽七十九配倪

敏樹

字彙敷生康熙癸酉十月十三配華氏生康熙壬申三月初七繼楊氏又

爲耀

字文標生雍正甲辰六月初二

氏生康熙丁未十二月廿三卒乾隆丁巳六月初二壽七十一子五敏樹敏棣敏桂敏槐敏桐敏桂嗣澤漸後合葬嚴溡祖塋之傍

繼趙氏生康熙庚辰子一爲耀

敏棣

字蓼明生康熙丁丑三月初三卒乾隆巳未五月初四

敏槐

字佑榑生康熙癸未十二月廿二卒乾隆辛酉正月十八配吳氏生康熙甲申十月初一卒

爲煒

字文斗生雍正癸丑十一月十五

乾隆丙辰九月初
四子一爲煒
合葬嚴埭祖塋之
傍

敏桐

字鳳威生康熙丙
戌三月二十

容庵第三支東隱公派

洵如 森之京孫
之錄嗣子

字漢來生康熙甲
辰十月初九卒雍
正壬子配劉氏生
康熙戊申九月初
三子三元松元栢
元柱女一適朱良

元松

字虬生一字元發
生康熙庚午三月
十八卒雍正〇〇
配陳氏生康熙巳
巳七月初十卒乾
隆甲子六月嗣元

煥章

字〇〇生雍正壬
子六十廿一

臣守節僕旌　桂子煥章女一適全

元栢　無嗣

字茂生生康熙甲戌十月廿七卒

元桂

字天生生康熙巳（己）字○○生乾隆辛卯七月廿四卒乾酉五月隨母王姓隆辛酉七月配盛氏改節子二煥章煥文煥章嗣元松後

煥文

洵儀 朴之玄孫 之錩子

字象先生康熙戊子介臣生康熙癸卯十一月十八卒未四月初十卒乾申娶姚氏康熙乙酉七月十隆壬戌七月廿四二配華氏生康熙配陸氏生康熙甲庚戌六月初四子申十月十三子三一天柱女二適顧廷粲廷煜廷燿經達陸橐吉

任斗山東房橋

天柱

字○○生雍正戊

廷粲

字○○生乾隆丁巳

廷煜

字○○生乾隆辛酉

廷燿

約軒第三支正庵公派

洽侯 朴之玄孫 之鎔子

字漢宗生順治丁酉○月○○配李氏子一元栝

元栝 字虹生一字元宰生康熙辛酉

洵美 朴之玄孫 之鉥子

字叔賢生康熙辛亥二月十九

治平 棶之玄孫 鋐之子

字○○生順治丙戌十月十九配戴氏生順治癸巳六

佛佑 字○○生康熙庚午七月廿八

月廿三子一佛佑

治寧 鋐次子

字○○生順治壬辰七月廿一

治隆 楙之玄孫 欽貽子

字○○生順治庚子

治昌 欽貽次子

字○○生康熙丙午

治琳　欽貽三子
字○○生康熙巳酉十一月十四
治成　林之玄孫鎔之子
字廷秀生順治巳亥十月十七配吳氏

竹隱第四支成趣公派

成趣子修敬公派　修敬第一支中齋公派　中齋第一支見川公派

九世

橋　蘷之曾孫　濂之子
字子高號效川邑庠生生正德己卯三月十八卒萬曆癸卯四月初七壽八十五配陳氏子三煜熠燏女一側出

十世

煜　無嗣
字文昭號振川生嘉靖癸丑閏三月初一卒萬曆己丑配莫氏女一適龔

熠
字○○生嘉靖戊午十二月初二卒萬曆壬辰配顧氏子一應室

十一世

應室
字飛霞生萬曆庚寅卒崇禎乙亥配郯氏子一錦德任東亭南宅

十二世

錦德
字○○生萬曆壬子配周氏子一仁洛

十三世

仁洛

燔

字文錦號繼川生嘉靖庚申二月初七卒崇禎戊辰壽六十九配倪氏卒繼鄒氏子三應奎應旱應璧

應奎

字涵誠生萬曆辛巳十月十四卒崇禎丁丑九月初二配華氏子四錦文錦章錦中錦茂女二適陳適苗

錦文 無嗣

字華甫生萬曆壬寅四月廿七配丁氏

住南門竹塲頭

錦章 無嗣

字光甫生萬曆巳酉五月廿六配朱氏女一適蔣

錦中 無嗣

字君甫生萬曆壬子正月初一

錦茂
字瑞甫生泰昌庚申八月十五配王氏子三仁淵仁源仁溥女三適楊適王適陳

仁淵

仁源

仁溥

應星
字仲景生萬曆己丑十二月廿八卒順治丁亥七月廿九配鄧氏子二錦心錦奇

錦心
字○○生萬曆壬子二月十二卒順治癸巳配吳氏子一仁潛

仁潛

錦奇

仁澤

應璧 無嗣

字秀升生萬曆壬子十月初六配華氏

字秀甫生萬曆甲寅九月廿五卒康熙丙辰正月初九配葉氏生萬曆己未十一月廿五卒康熙己卯十一月廿三子二仁澤仁液女二適朱時麒適孫尚文合塟聽松祖塋

仁液

中齋第二支原山公派

榛 夔之曾孫 汝之子

字子虔號少山太學生生嘉靖戊子八月廿三卒萬曆庚辰十一月廿五配黃氏子六烋恢側出爔煋倏琰黃出

葬惠山

烋

字文成號復游邑庠生冠帶壽官鄉飲大賓生嘉靖壬子八月十一卒崇禎辛巳四月初五壽九十配宜興邵氏子四超邵出起璧室側金出女五適貢生尤之濤庠生唐士諫成弘勲宜興任允大江陰孝廉朱士烈

葬惠山聽松祖塋

超 無嗣

字超然邑庠生生萬曆癸未十二月初七卒○○、配蘇氏羅氏女一側出適華永煥

起 無嗣

字起予生萬曆乙未八月初七卒萬曆戊午年二十四配胡氏生萬曆甲午六月十八卒順治丁酉六月十九

守節四十年待旌

壁

字右文邑庠生生萬曆巳酉七月初九卒順治丁亥配馮氏子二金相金式女一適王廷琳

金相

字玉其生崇禎辛未九月十二卒康熙癸亥三月十二配宣氏卒繼葉氏卒又繼王氏生崇禎丙子五月十三卒康熙丙寅七月廿二子一宗海

金式 無嗣

字玉如生崇禎庚

宗海

辰正月十六配江
陰戚氏

室
字次華邑庠生庠名顧鑾生萬曆乙亥十月初一卒康熙○○○月○○卒崇禎乙卯二月十三卒康熙戊申十一月二十配胡氏生萬曆乙亥正月十五卒康熙乙卯子二鑄鉼女一適華源濬

鑄
字子治生崇禎乙卯二月十三卒康熙○○○月○○配蔣氏生崇禎乙亥正月十五卒康熙○○子二學泗學渭女一適高

鉼
字子聞生順治丙

學泗

學渭

治生

戌十月十八配朱氏生順治丙戌二月初八卒康熙辛亥二月廿二子二浩生衍元側繆出女四適倪大烈適祝令和

衍元

爖

字文明號復貞邑庠生生嘉靖癸丑三月廿五卒萬曆辛亥配盛氏子三彭坤允玉允玉嗣

彭

字伯平生萬曆甲戌五月初一卒崇禎甲申壽七十一配滴氏繼尤氏子二鍄鈁側出女一

鍄

字元之生萬曆辛丑七月十五配楊氏嗣鈁子子沚女一適華祥鄉

于沚

條後女一適楊椿尤出適王純潔
塋洛社花渡新阡

恢

坤
字仲寧生萬曆癸巳九月廿八卒崇禎丁丑配錢氏子一宿鍾

允堅

鈁
字宜之邑庠生生萬曆甲辰九月初十配周氏子二于沼于沚于沚嗣錝後女一適楊文炳

宿鍾
無嗣
字辰卿生萬曆壬子十月十八配湯氏

和鍾

于沼

承浩

字文裕號復中由太學生選大寧都司都事陞江西布政司經歷生嘉靖巳未十一月初十卒萬曆巳未七月十四壽六十一配施氏兵備副使夢龍女子二允堅允莊俱側出女三適太學楊煥文談高祐施出適華中允側出合葬五泿山

字君固生萬曆辛卯十月十四卒天啟辛酉配高氏子一和鍾女二一適顧一適閻喜知縣邵時夔

允莊

字君敬生萬曆乙未八月初六卒崇禎辛未配顧氏子三應鍾繼鍾思鍾女一適馮適孫

字禎甫生萬曆丙辰二月十五配劉氏繼朱氏子三承浩習溶有渝

應鍾 無嗣

字南甫生萬曆甲寅九月廿四卒順治乙酉九月配侯氏

繼鍾 無嗣

字遹甫生萬曆戊

習溶

有渝

午七月初二卒順治戊戌

思鍾
字念甫生崇禎己巳閏四月初二配黃氏子一枝紅

枝紅

煜
字文逵號復菴生嘉靖辛酉八月初三卒崇禎乙亥壽七十五配薛氏繼陸氏子三雷震雷鳴薛出時御陸出女四適華葵潘際

雷震
字君威號掃翁邑庠生生萬曆丙戌正月初一卒康熙甲辰二月十二配粟氏太僕卿茂才女生萬曆癸未十月初九卒順治己

元鍾
字體仁生萬曆甲辰正月十八配謝氏子三世澤世法世泉世法嗣利鍾女二適華槃適王

世澤

世泉

時馮起京薛出適
顧胤祚陸出
合虀雞坑

亥十月初二子四
元鍾可行利鍾貞
鍾女二適邑庠段
崇禮薛永齡

可行
字桂卿一字達生
長洲縣庠生生萬
曆乙巳七月初六
卒康熙戊辰六月
初二配郛氏繼顧
氏子二文瀧郛出
潮顧出女二適吳
縣庠生方龍驤適
惠數五
虀東門外湯家橋

利鍾
字惠卿生萬曆壬

文瀧

潮

世法

子二月十八卒康熙ㄇㄇ配徐氏嗣元鍾子世法貞鍾子永寧女一適黄

永寧

貞鍾

字正卿號新越以子永清　覃恩勅贈儒林郎加一級候贈奉直大夫生天啟癸亥十一月初九卒康熙辛酉五月二十配浦氏贈安人候贈宜人繼姚氏封安人候

文漉

永清

贈宜人生崇禎甲戌二月初九卒康熙戊戌六月初三子三文濂永清永寧俱姚出永寧嗣利鍾後女一適邑庠張龍錫姚出葬陶店橋犂稍涇

雷門

字君任號息菴生萬曆丁亥二月廿二卒康熙甲辰十二月初十配唐氏生萬曆己丑八月

世欽

字明伯蘇州府庠生生萬曆戊申十月初二卒康熙癸卯七月初三配張氏繼李氏子三思

思泳

廿一卒康熙辛亥泳衍儀之灝俱李
十二月十八子三出衍儀嗣鍾球後
世欽鍾球汝欽女女一適庠生蔣在
一適邑庠吳維勳郊張出
葬聽松祖塋

之灝

鍾球
字貢玉邑庠生生
萬曆庚戌六月初
一卒崇禎辛未三
月廿五配華氏嗣
世欽子衍儀
合葬姚湾

衍儀

汝欽

潤

字朝叔生萬曆癸丑六月廿一卒康熙辛未十二月初七配尤氏生萬曆丁巳二月廿二卒順治丙申二月十一子二潤濟俱側出

濟

時御

字均陽號知五生萬曆壬子十二月十十五卒康熙丙辰十一月廿四壽六十五配諸氏孝廉

欽建

字舜功邑增生生崇禎丙子正月十八卒康熙辛酉十二月廿二配呂氏大學士宫女生崇

麟洲

士翹女生萬曆丁未九月初九卒康熙巳未三月十九壽七十三子一欽建女二適宜興顧生王屏適邑庠生華璜

禎丁丑十一月廿五卒雍正癸卯正月廿二壽八十七子二麟洲鳳洲女一適武進太學蔣鉺

鳳洲

倏

字文達號復原生嘉靖壬戌十月廿一卒萬曆庚子十月十六配胡氏嗣熺子允玉

允玉

字君佩生萬曆庚子正月初七卒康熙庚戌七月十四配張氏子一錫晉女一適徐任江陰

錫晉

字若先生崇禎丙子七月十三卒缺配徐氏生缺卒康熙壬子九月初七子一宗淮女一適方士熙

宗淮

琰
字文華號復山生嘉靖甲子正月十七卒萬曆戊午三月廿九配顧氏禮部尚書可學孫女生嘉靖甲子八月廿二卒天啓癸亥三月廿九子四時中時和時舉時化女二適邑庠生高世名適顧明輝合葬龍山呂家庄

時中
字君遇生萬曆辛巳十月廿一卒順治丙申七月初十壽七十六配江陰張氏生萬曆癸未七月十一卒順治乙未十二月十一嗣時和子鉅芳合葬東門徐巷

時和

鉅芳
字名卿吳縣庠生生萬曆壬子三月初三卒順治丙申十二月廿四配稽氏萬年知縣原成女生萬曆乙卯閏八月初三卒康熙癸丑八月初六子一永年女一適庠生吳廸合葬父塋

鉅英

永年

如海

字君達生萬曆辛卯十月十六卒順治庚寅五月初一配成氏孝康玉鉉孫女生萬曆己丑十月十二卒康熙辛亥七月十四子三鉅英鉅芳錫圭鉅芳嗣時中後女四適薛洵美適邑庠顧澄志適倪嘉棐適黃德隆合塟吳村湯公橋

字俊卿生萬曆庚戌八月廿五卒順治乙酉七月廿三配徐氏生萬曆乙卯十月廿六卒康熙丙寅九月廿九苦節四十餘年子二如海如瀾葬聽松祖塋

錫圭

字濟卿生天啟甲子七月廿八卒康熙乙亥二月初八配錢氏生崇禎癸酉七月廿一卒康

如瀾

永昌

熙丁亥九月初四
子一永昌側出
合葬聽松

時皋

字君顯生萬曆戊戌正月廿九卒崇禎巳卯十一月初八配江陰奚氏庠彥鯤南女生萬曆庚子正月十五卒天啟丙寅十月廿七繼顧氏榮僖曾孫女生萬曆巳酉三月廿九卒順治癸巳二月廿六子

錫鬥

字子明生天啟甲子七月十四卒康熙戊寅十一月初四壽七十五配欒氏存朴女生崇禎巳巳十二月廿三卒康熙癸酉八月初七子三左瀝右潤學海女一適張旭升
合葬聽松祖塋

左瀝

右潤

學海

二錫開溪出女三適江陰庠彥溪萬傑適長洲郡庠張塾適鄧明哲顧出合塟聽松

時化

字君誠生萬曆庚子七月初三卒康熙壬寅正月初三配何氏恭議汝建孫女生萬曆己亥六月初六卒順治甲午六月十三子三永鈦永錡永錠女三適趙時瑛李

永鈦

字君岐生崇禎己巳六月初七卒康熙戊子閏三月廿八配顧氏生崇禎壬午正月初七卒康熙乙亥十月初九子二沂曾汪度女二適太學馬成銘王師昫

沂曾

汪度

永昌過宗啓
合葬龍山湾

合葬聽松

永鐔
字若邈生崇禎壬申十月廿三卒康熙乙亥四月廿九配華氏生順治戊子六月二十卒康熙巳巳三月初十子一龍津女二適汪適華值

龍津

永錠無嗣
字若賓生崇禎丁

五十一月十九卒康熙丁酉三月十二

椿 汝次子

字子壽號紹山生嘉靖壬寅五月初一卒萬曆戊申十一月十三壽六十七配施氏繼周氏子六焻施出熉側出爆燽姚烓周出女二適王得一施出適金壇王廷鉚側出葬四保

焻

字文升號見初邑庠生生嘉靖乙丑十一月廿八配劉氏嗣熉子培真女一適邑庠華春茂塟惠山祖塋

熉

字從質號抱初生萬曆癸酉五月初一卒崇禎癸未壽

培真

字允厚生萬曆丁未六月十九卒崇禎甲申七月十六配鄒氏子一之鉦女一適王耀先

培元

字允善號和齋生萬曆癸巳三月廿九卒順治壬辰四

之鉦

字迪先號爾玉生崇禎戊辰八月廿四卒康熙戊午五月十八出家洞虛官

鉚

字一鳴生萬曆乙卯八月初二配全氏子二宗演宗淳

宗演

宗淳

施氏塋惠山祖塋七十一配吳氏子月十九壽六十配女二適陳
西培元培德培赤薛氏繼雷氏子三
培貞培貞嗣鍸後鋤鍨薛出鉉雷出
女二適鄒恭基適女一適華從周
楊琛曾
合塋惠山祖塋

鍨
無嗣
字一飛生天啟癸
亥九月初二配趙
氏生卒缺

鉉
字一新生崇禎乙
亥正月十二配許
氏子一宗澤

宗澤

培德
字允明生萬曆丙

鍚
字無傾生萬曆丁

源永

申十一月十九卒
崇禎癸未配顧氏
子一錫女二適沈
在浚陳五倫

培赤
字允公號忍生生
萬曆辛丑七月初
四配殷氏子二錛
銃女三適邑庠陸
㽦坤適成斐章適
虞龍文

巳五月十九卒康
熙乙丑二月初二
配賈氏生欽卒康
熙辛未五月初二
子二源永流長女
三適袁適陳適唐

錛　無嗣
字○○生順治辛
卯二月廿九

銃　無嗣
字○○生順治丙
申三月廿五

流長

熺

字又韶號廓初生萬曆戊寅二月廿八卒崇禎壬申十二月十七配顧氏壽六十八子二天培世培女一適蘇庠浦時英

天培

字涵瑜生萬曆庚子七月廿一卒順治癸巳十一月初九配黄氏生萬曆巳亥子一協鎮女一適陳恪

協鎮 無嗣

字定原生天啟丁卯十月十八配陳氏

世培

字涵瑛生萬曆乙卯十一月十一配徐氏子一協鐄

協鐄 無嗣

字逸生生崇禎丙子三月十六配陸氏

燾

字文亨號認初生萬曆庚辰五月廿三卒順治乙未正月初二壽七十六配薛氏繼仇氏子四城𡒄薛出堿墄滋側出女四適趙適薛適郭薛出適錢側出

城

字永仲蘇郡庠生庠名可久生萬曆乙巳九月十二配許氏子一鎮女二適唐廷瑞適龔德

城 無嗣

字永儆生萬曆丁未五月初二卒順治癸巳六月十五

鎮 無嗣

字恭甫生崇禎丁丑十月廿八卒康熙乙酉配江陰奚氏

墭　無嗣
字永儀生萬曆辛亥十二月初四卒崇禎壬午十一月廿八配錢氏卒繼聘顧氏同邑女生天啓甲子九月初七卒康熙○○壽六十○未嫁過門守節別有傳崇祀貞節祠

墄　無嗣
字永傚生萬曆癸

烑

字文采號存初生萬曆乙酉九月初五配顧氏子二致中致道女一適桀

丑十月廿五卒順治戊子閏四月配王氏女二適徐適王

王

致中　無嗣

字正道生萬曆乙巳九月十三配王氏

致道

字號生卒俱缺無配

烓
字文和號存之生萬曆庚寅四月初三卒順治己亥八月十七壽七十配黃氏子四琮璜珨琱黃出琱側出女三適顧適黃黃出適司馬側出

住斗山小四房

橋

琮
字宗玉生萬曆庚戌六月廿七配俞氏子二宇鈞宇鉉宇鉉嗣璜後女二適過適陳

璜
字渭珍生萬曆壬子四月廿八卒順治己丑配嚴氏嗣琮子宇鉉女二

宇鈞
字躬衡生順治乙酉六月初六卒康熙丁巳配丁氏嗣宇鉉子沾女二適陶適宋

宇鉉
字躬蘧生順治戊子九月初一卒康熙丙申十月初六配王氏生順治丙申十一月初一卒康熙庚寅三月廿

沾

沼

渭

湘

濬

玿 無嗣
字召珍生萬曆癸丑八月十五配周氏女一

琱
字世珍生順治丙戌十月廿八配張氏生順治丁亥卒康熙丙辰十一月廿八子一宇錕

宇錕
字躬安生康熙丁未二月十九卒雍正己酉十月十五配奚氏生康熙丁未八月廿三卒乾隆丙辰九月初七

九子六沾沼洛渭湘濬沾嗣宇鈞洛嗣宇錕後

洛

中齋第三支掬南公派

嗣字鉉子洛

標 夔之曾孫 漢嗣子
字子中號左溪邑庠生生嘉靖戊子卒萬曆甲辰九月二十壽七十七配俞氏子二熙宗烽宗

熙宗
字元甫號明山郡庠生生嘉靖庚戌十月十一卒萬曆辛未壽八十二配俞氏子一瑮女一適趙
（按：此欄文字與上欄連排）

瑮
字允高號如山生隆慶戊辰十一月初六卒崇禎初五卒崇禎甲戌壽六十七配徐氏胡氏子一瑮女一子三鐗鉟天錫

鐗
字思敬生萬曆辛丑四月廿二配尤氏子二如湖如壽

鉟
字思溪生萬曆庚戌十一月十一配沈氏子一如江女一適徐

如湖

如壽

如江

燁宗 無嗣

字華甫號明溪生嘉靖己未七月初八卒萬曆丙辰配華氏繼石氏女一適華

葬江陰陽舍

天錫

字思宗生天啟壬戌十一月二十配周氏子一如洲

如洲

修敬第一支中齋公派
中齋第一支見川公派

十三世

仁洛 橋之玄孫 錦德子
字○○生崇禎乙亥八月十三無配

仁淵 橋之玄孫 錦茂子
字廣若生順治丁亥六月十六卒康熙壬辰六月廿三配朱氏嗣仁溥子一
果英

十四世

果英
字期宗生康熙甲子七月二十配周氏生康熙庚午子一天祿女四未字

十五世

天祿
字○○生康熙戊戌三月廿六配周氏生康熙壬寅四月廿四子二順鶴
順龍

十六世

順鶴
字○○生乾隆癸亥二月初八

順龍
字○○生乾隆甲子十月初三

十七世

仁源 錦茂次子
字廣暨生順治庚寅八月廿七無嗣

仁溥 錦茂三子
字廣宣生順治戊戌六月初八卒康熙戊寅六月廿七配顧氏生順治戊子八月十三卒康熙壬寅四月初六子二果英果高果英嗣仁淵後

果高
字振宗生康熙壬戌七月初七配施氏生康熙丙子八月廿三子三天壽天福天元女一

天壽
字○○生雍正丁未四月初九

天福
字○○生雍正己酉九月十九

天元

錢山春氏宗譜　十八

仁潛　橋之玄孫　錦心子
字○○生順治庚寅九月十九無嗣

仁澤　橋之玄孫　錦奇子
字廣生生崇禎甲申七月十二卒康熙辛卯八月初二壽六十八配高氏庠彥世英女生順治丁亥五月廿二卒康熙乙未九月

龍
字宸辰號南湖邑庠生生康熙戊申七月初七卒康熙甲午九月十二所著有喨遊草南皐集配莫氏庠彥兆京女生康熙丁未

字○○生雍正乙卯五月十三

之煥
字肇文號南村邑增生生康熙癸酉十月廿七卒乾隆丁巳八月初三配司馬氏太學福森女生康熙甲戌六月廿一卒雍正癸

王興
字名世生乾隆戊午正月十七

初十壽六十九子十一月十八卒雍卯十月廿一繼王
五龍懋臣楚臣棣正壬子十一月十氏生康熙壬午九
臣高出桓臣側出二壽六十六子二月初六子二王佐
女二適鄒肇銓適之煥之煒司馬出王曾王出
朱兆生合葬聽松祖堂俱殤嗣之煒子王
合葬楊名鄉蓮渡與
新阡司馬氏合葬聽松
祖堂

之煒

字丹文號後村生
康熙丁丑二月廿
三娶顧氏生康熙
辛巳二月初八子
一王與嗣之煥後

懋臣

字思贊生康熙戊午八月廿二卒雍正丁未三月初九配丁氏生康熙辛酉三月十一卒乾隆丙寅六月廿一壽六十六子一之煌殤

巷聽松祖塋

女一字陸文耀

楚臣

之陸

字忠可生康熙戊午八月廿二卒雍正壬子八月十一配何氏生康熙甲子三月十二卒雍正己酉十一月初四子一之熞合葬聽松祖塋

棟臣

字心簡生康熙壬戌十月廿五配朱氏生康熙戊辰七月初四卒康熙己亥十月廿三子二

字斗文生康熙辛丑八月十五

之焕

字起文生康熙甲午三月廿六卒乾隆丙寅四月初三葬景雲鄉保安寺

河南

之焕之炤之炤殤

朱氏莖聽松祖塋

桓臣

字膚奏生康熙壬申十月初七卒雍正甲寅配黄氏生康熙丁丑女二一適陳一未字

莖聽松祖塋

仁液　錦奇次子

字大生生順治癸巳七月廿五卒雍正癸未十二月初八卒己九月十七配嵇午五月二十

世楨

字濟若生康熙己

之勲

字繼文生康熙辛

王道

字治安生乾隆戊

正戊申十月初三乾隆巳未三月初
配李氏生順治丙四配朱氏生康熙
申九月廿八卒雍辛酉九月初二卒
正丁未六月十一乾隆丙辰十二月
子一世楨女四一初四子二之勳之
適朱一適謝一字熙
陳守貞候　姪一
適陳

氏生康熙丁亥十
月廿九子一王道
女一

之熙
字尚文生康熙壬
辰七月廿七

中齋第二支原山公派原山

宗海　榛之玄孫
金相子
字潮生生康熙甲
辰九月初七配華
氏生康熙辛丑閏
七月廿五子一松

松
字友鶴生康熙丙
寅八月十三配方
氏生康熙癸酉二
月初一子一自然

自然
字天祐生康熙壬
辰三月廿三

第一支少山公派

學泗 椿之玄孫 鑄之子

字魯若生順治庚子十一月十八配辛未十一月初八配包氏生康熙壬寅朱氏生康熙辛未五月十一卒康熙乙丑二月初十繼包氏生康熙壬子十一月初七子一邦榮

邦榮

學渭 鑄次子

字望若生康熙甲

辰十一月十一配
胡氏生康熙乙巳

浩生 榛之曾孫 鈃之子
字宸修生康熙辛
酉十二月十五卒
康熙壬辰配顧氏
子一天植

天植
字德培生康熙壬
辰三月廿四

衍元 鈃次子
字貧卿生康熙甲
子六月初七配張
氏生康熙乙丑七

時霖
字德潤生康熙甲
午五月十一

月十五子一時霖

于沚 楱之玄孫 錝嗣子　蕙森　文煥

字以藻生崇禎甲字馥仙生順治戊字〇〇生康熙甲

戌八月十三卒康戌四月廿六配華戌八月廿七

熙庚午十一月廿氏生康熙丁未七

八配安氏生崇禎月十九子一文煥

戊寅十一月廿七女一

子一蕙森女一適

顧㱿輝

于沼 楱之玄孫 鈁之子

字以繁生天啟丁

卯九月廿三卒康
熙庚午六月十八
配華氏子二蘭徵
麟徵俱殤

承浩 榛之玄孫 和鍾子
字○○生崇禎戊
寅六月十五無嗣

習洊 和鍾次子
字○○生順治戊
子十二月廿五從
釋

有渝 和鍾三子
字○○生順治癸

巳八月十二從釋

枝紅 榛之玄孫 思鍾子

字○○生康熙乙巳配陸氏女一適葛無嗣

世澤 榛之玄孫 元鍾子

字公潤生崇禎丙子九月初五卒康熙戊申六月初三配華氏繼高氏子一原標華出葬新安

原標

字鴻山生康熙辛丑正月初五卒康熙辛巳配盛氏子二明烈文烈

明烈

字宜法生康熙乙丑六月初二配張氏子一增益

文烈

字○○生康熙

增益

世泉 元鍾次子

字公溥生崇禎壬午三月廿四卒康熙癸未十二月廿六配徐氏子一廷標

葬新安

任戴祁

文瀧 榛之玄孫 可行子

字仲霖生崇禎癸酉四月三十卒康熙乙巳十月初五配王氏無子女一適呂

廷標

字鴻泉生康熙庚午十一月廿二卒乾隆癸亥九月廿八配過氏生康熙丙辰十二月初一子二宣烈宣勳女一適蕭時和

宣烈

字文安生康熙乙酉十月十三配陳氏女二

宣勳

字友臣生康熙乙未二月十七

潮 可行次子

字袁海號信川增
生生順治甲申五
月初十卒康熙丙
申七月初五配張
氏生順治丙寅三
月十三卒雍正戊
申四月初二子一
望女四適方適錢
適錢適王
塟湯家橋

望

字元宫邑庠生生
康熙辛亥九月初
三配倪氏生康熙
壬子十二月初六
卒康熙庚辰十二
月廿六繼沈氏生
康熙丙寅九月十
五卒乾隆庚申十
二月十八子一駿
烈倪出女三一適
華倪出一適周一
適華沈出
倪氏沈氏塟湯家
橋

駿烈

字惟志生康熙戊
寅十二月初三卒
乾隆癸亥八月初
二配顧氏生康熙
丙子十一月十九
卒雍正辛亥二月
初十繼陳氏生康
熙辛巳十一月廿
四子二培風顧出
培山陳出
塟鳳凰山

培風

字南高生康熙辛
丑二月初七聘陳
氏生雍正癸卯八
月廿七

培山

字進高生雍正壬
子八月初五聘朱
氏生雍正辛亥十
月初七

世法 榛之玄孫 利鍾嗣子
字公度生崇禎戊寅九月廿四卒康熙○○○○月○○配王氏嗣永寧子東曙

東曙
字寅中生康熙丁丑二月十七配李氏生康熙乙亥十一月廿九卒雍正壬子十一月二十子一弘烈女一適姚

弘烈
字元士生康熙戊戌閏八月廿九

永寧 榛之玄孫 利鍾嗣子
字玉堦太學生考授州同知河工題叙任山東兗州府曹縣主簿生康熙戊申六月初九卒

東昇
字武中生康熙癸未十月十四卒乾隆戊午六月初七配繆氏生康熙乙酉十一月廿七子

丕烈
字連觀生雍正庚戌三月初三

承烈

乾隆戊午十月十二丕烈承烈女一
九壽七十一配唐適雲亭曹
氏生康熙甲寅六䒷惠山聽松
月廿九卒康熙庚　任江陰申港
子八月初六子三
東昂東曙東昇東
昂嗣文漉後東曙
嗣世法後女二適
祝適陸
䒷陶店橋祖塋

文漉 榛之玄孫 貞鍾子
字玉豐生順治戊
戌正月初三卒雍
正戊申七月廿四
壽七十一配劉氏

東昂
字希中太學生考
授州同知河工題
敘歷任河南衛輝
府獲嘉滎澤新鄉

字受觀生雍正癸
丑八月廿六

繼烈
字煥曾生康熙庚
子七月廿三配諸
氏生康熙戊戌三
月十二

生順治己亥卒康熙壬申
熙辛酉六月十二八月廿六卒乾隆
繼孫氏生順治己丁巳八月初二配
亥五月廿六嗣永徐氏生康熙丙子
寧子東昂女一孫七月廿三子一繼
出適吳棟臣　烈女四適王適吳
華陶店橋祖塋　適袁適嘉定顧
劉氏葬聽松祖塋　葬小嶺灣

永清　貞鍾次子　本敬　燾
字奇亭太學生考字漢千太學生例　字椿年生雍正己
授州同知河工賑　授修職郎候選縣　卯閏四月初一
敘任河南衛輝府佐生康熙己卯七
獲嘉縣縣丞署河月初五卒康熙庚
南輝縣知縣康熙子九月十六配姚

癸巳覃恩　敕授氏生康熙乙亥九
儒林郎加一級丁月十七守節乾隆
內艱服闋補授北甲子　恩例旌表
直河間府故城縣嗣耀珠子𤀹女一
縣丞陞雲南晉寧適王天池
州知州　誥授奉

直大夫生順治辛
丑正月廿四卒雍
正癸丑九月廿一

耀珠

字照千太學生候
壽七十三配惠氏選州佐生康熙壬
封安人候贈宜人午二月初一卒乾
生康熙丁未十月隆丁巳九月廿四
初七卒雍正巳酉配孫氏生康熙庚
十一月廿九子四辰七月初六子一
本敬惠出耀珠本𤀹嗣本敬後女三
豫本韶側出女三適潘約亭適王一

適李聽堂適惠敬　未字
孚適太學候選州　塟聽松祖塋
佐徐信公
塟陶店橋祖塋

本豫
字斯立太學生候
選州同知生康熙
癸巳十月十三卒
乾隆庚申四月初
五配徐氏生康熙
丙申七月十六守
節撫本韶女

本韶
字斯和太學生生

思泳 椿之玄孫 世欽子
字皐修生崇禎丙
子三月初十卒康
熙辛未五月初五
配成氏嗣之灝子
積慶女二適萬適
沈

之灝 世欽次子

康熙丁酉十一月
廿九配陸氏太學
廷錄女生康熙丁
酉十月廿六女四
一撫于本豫

積慶 無嗣
字善徵生康熙巳
巳二月十一

字以曠生順治丙戌十月初二卒康熙壬申十月初十配朱氏子一積慶嗣思泳後女二俱側出

衍儀 榛之玄孫 鍾球子

字以潔太學生生崇禎辛巳三月二十卒康熙壬戌十月廿七配呂氏無嗣

潤 榛之玄孫 汝欽子

葬聽松祖塋

歐來

耿光

字允廸一字比玉
生順治辛丑三月
初一卒康熙庚寅
十二月廿七配唐
氏生卒鈌繼蔡氏
生康熙癸丑十月
初十卒雍正乙巳
正月初八子三歐
來東來周來周來
殤女一適宣俱蔡
出
合塟雞坑祖塋
唐氏塟聽松祖塋

字盧陵生康熙庚
辰八月初五配武
進唐氏生鈌卒雍
正丁未八月廿四
子一耿光
唐氏塟雞坑祖塋

東來
字錫堂生康熙癸
未十一月初十配
顧氏生康熙庚寅
正月十二子一義
烈女二二字許

字鄭文生康熙壬
寅十二月二十配
武進許氏

義烈
字資富生雍正辛
亥十二月初三聘
黃氏生雍正庚戌
五月三十

濟 汝欽次子

字用楫生康熙乙巳五月廿七卒康熙戊戌四月十二配尤氏生康熙庚午八月廿六子一曾來葬雞坑祖塋

曾來

字學豈生康熙癸巳九月初三

麟洲 榛之玄孫 欽建子

字素存號位行生順治戊戌正月十六卒康熙辛丑正月初十壽六十四

秉譽

字芳來生康熙丙寅正月廿三卒乾隆巳未十二月廿八配華氏生康熙

煥綸

字大經生康熙巳丑正月廿四卒雍正甲寅四月廿八配孫氏太學允文

振玉

配呂氏兩廣運副
方高女生順治戊
戌十二月廿七卒
康熙丁巳六月十
一繼鄭氏生順治
庚子三月卜七卒
康熙壬午八月初
七繼黃氏生康熙
乙卯四月初五子
五采譽采齊采彰
鄭出采惠采受黃
出女二一適太學
丁鵬起鄭出一適
薛

甲子五月初四卒
乾隆丁巳十二月
二十子二煥綸煥
發女一適呂鳳墀

采齊

女生康熙戊子十
二月十七嗣煥發
子振玉

煥發

字大昆生康熙甲
午十二月廿九配
丁氏候選州佐鵬
起女生康熙甲午
四月廿六子二振
玉天球振玉嗣煥
綸後女一

日昣

天球

字象武太學生生康熙庚午正月廿四配顧氏邑增生經丞女生康熙辛未十月廿一子一日昣

秉彰

字慶昭生康熙癸酉五月廿七配徐氏候選州佐人鑑女生康熙辛未閏七月十六卒康熙甲午十二月廿六繼顧氏丙戌進士

字景暘生雍正丁未六月十八配華氏太學文熹女生雍正丙午十月廿七

起鳳

字和鳴生雍正癸丑三月十八配龔氏太學宸采女生乾隆丙辰七月十八

趙炳女生康熙戊寅三月初九子一起鳳女一適許沂

秉惠

字亮疇生康熙丁亥七月初七卒雍正丙午

秉受

字元白生康熙癸巳六月初三配闞氏生康熙戊子八月初六卒乾隆庚申十二月廿四

鳳洲 欽建次子

字青梧一字在郊太學生生康熙辛亥二月初四卒雍正乙卯九月廿八配呂氏一品恩廕方洪女生康熙辛亥十二月初十卒康熙庚子八月廿三子一惟栴女四一適鄒一適太學丁駿起一適張一適邑庠華應乾

惟栴

字春谷太學生生康熙甲戌九月十八卒雍正丁未七月廿九配武進孫氏封奉政大夫雲南大理府同知潮女生康熙丙子六月三十子四烋烝燉熹

烋

字晧瞻生康熙乙未四月初五配張氏封文林郎嘉善知縣垌孫女鉞女生康熙巳亥三月廿四子一皐女一

皐

字佩芬生乾隆壬戌正月廿一

烝

字雲瞻生康熙丁酉八月二十配趙氏之禎女生康熙巳亥十月十二子二敦凝女一

敦

字依仁生乾隆癸亥九月十二

凝

宗淮 榛之玄孫 錫晉子

字源九生康熙丙

佁松

字友仙生康熙己

燮

字東疇生雍正甲辰二月初八

燾

字遐疇生雍正乙巳二月初五

字鍾靈生乾隆丙寅四月廿七

年正月初六配張巳十月十三
氏子二岱松峻松

峻松
字朋仙生康熙丁
丑二月初四

永年 榛之玄孫
鉅芳子
字韓璋生崇禎辛
巳九月初一卒康
熙丙申配高氏庠
彥汝復女生順治
巳丑十二月十九

楚書 無嗣
字寶林生康熙乙
丑四月初八卒乾
隆癸亥四月

卒雍正壬子子一
楚書
葬聽松祖塋

如海 榛之京孫 鉅英子

字弘章生崇禎丙子十一月三十卒康熙壬辰二月廿四配顧氏生崇禎丙子十一月三十卒康熙乙亥四月廿五子二用楫用霖
葬聽松祖塋

用楫

字方行生康熙庚戌七月初九卒乾隆庚申十一月初一配盛氏生康熙丙辰卒缺繼盛氏生康熙甲子卒康熙癸巳子二承烈希烈繼盛氏出
合葬聽松祖塋

用霖

承烈 無嗣

字善繼生康熙甲申九月十九卒乾隆癸亥四月

希烈 無嗣

字善述生康熙丁亥六月十二卒乾隆壬戌

字沛遠生康熙壬子十一月初十卒雍正乙卯四月配尤氏生康熙甲子八月三十子一揚烈殤女二適曹適丁

如瀾 鉅英次子

字成章生崇禎己卯十月廿九卒康熙丙戌十二月十二配謝氏子一大一考耶殤

大鑣 無嗣

字虞山生康熙庚午十月廿一卒乾隆戊午配丁氏子二大鑣女四適盛適成適張適丁

葬聽松祖塋

永昌　榛之玄孫　錫圭子
字敬後生康熙壬申十月十九卒乾隆甲子七月三十
無嗣

左瀍　榛之玄孫　錫鼎子
字西侯生順治戊子七月十四卒康熙辛酉八月十八配范氏生順治丁亥九月初八卒康熙壬戌正月廿三祔梅村後子一崧高女一適任山東寧海州

崧高
字維岳生康熙戊午十一月初八配李氏生康熙壬戌二月十八子三德王德勝德公德勝

德王
字元昭生康熙己卯十二月初十配何氏子一珠還女一

德公

珠還
字孟常生雍正

葬方隆
合葬聽松祖塋

王家營前

字文昭生康熙甲午十二月初九配范氏

右瀾 錫嶴次子

字東侯生順治丙申六月十五卒康熙巳未十一月十六配奚氏嗣學海子梅村塟聽松祖塋

梅村

字林培生康熙乙亥九月十一聘趙氏卒嗣崧高子德勝

德勝

字武昭生康熙戊子二月廿九配梁氏

學海 錫嶴三子

字龍韜生康熙丁未三月初九卒乾

荷村

字周培一字泰雷生康熙丙戌八月

隆丙辰正月初九廿五
壽七十配王氏生
康熙丙午六月十
五卒康熙戊寅二
月十二繼李氏生
康熙丙寅三月二
十卒雍正乙卯四
月初三子三梅村
荷村杏村梅村嗣
右瀾後王出荷村
杏村李出女二適
錢禹金適夏起鳳
李出
合甃聽松祖塋之
昭

杏村

字董培生康熙癸
巳七月初九從釋

沂曾　椿之玄孫　永鈫子

字以泰邑庠生生康熙乙巳十一月十八卒康熙甲午三月十五配薛氏平湖知縣希文孫女生康熙乙巳八月十三卒乾隆庚申十一月初二子四高梁鄒梁姚梁狄梁鄒梁嗣龍津後女一適朱天儀合塟聽松

高梁

字隆夫生康熙乙亥三月三十卒康熙巳亥五月配江陰曹氏祭酒峨眉孫女生康熙甲戌卒康熙戊戌女一適沈士明

姚梁

字崇夫生康熙壬午十二月廿六卒雍正丁未

狄梁
字仁夫一字聖山
生康熙丙戌正月
初一

汪度永欽次子
字以寧郡增生生
康熙壬子九月十
七卒康熙丁酉正
月初六配錢氏邑
庠丹霞女生康熙七
丁巳八月十三卒
乾隆丁卯八月廿
三壽七十一子三

季龍
字越石生康熙庚
辰三月初六配山
東濟寧州朱氏生
康熙丙申九月廿

季龍本公季隨女
三適薛懿德尤棣
華慎旃

本公

原名季友字魯望
以縣佐雜職於河
東河工効力咨請
歸部候選生康熙
乙酉十月廿六配
浙江山陰田氏江
西承新營守備振
邦女生卒缺繼山
東聊城王氏生雍
正丁未十月十六
女一未字

季隨

字士會尼山書院禮生生康熙庚寅正月廿四配汪氏繼陳氏生卒俱缺又繼山東濟寧州張氏生康熙庚子十一月十六子三爲川爲岳爲棟

爲川

字京源生乾隆壬戌二月初一

爲岳

字岱峰生乾隆甲子十一月初三聘蘇州吳江陳氏濟寧河廳武敏女

龍津　榛之玄孫　永錡子
字以雲生康熙巳未十二月廿四卒康熙丙子七月十四嗣沂曾孫鄒梁

鄒梁
字聖夫生康熙丁丑八月十五卒乾隆壬戌正月初八

爲棣
字國材生乾隆丁卯六月廿七

原山第二支紹山公派

宗演 椿之玄孫 鉚之子
字行生生崇禎戊寅六月廿八配陳氏子本茂

本茂 無嗣
字興侯生順治戊戌八月十八卒缺

宗淳 鉚次子 無嗣
字含生生順治戊子九月十八卒缺
配沈氏

宗澤 椿之玄孫 鋑之子
字○○生順治甲午四月十九無嗣

源永 椿之京孫 鍋之子
字永生生順治庚寅七月廿八卒康熙己亥三月十七配張氏生順治己丑十二月初九卒雍正癸丑五月初七子一栢峻女三適鮑適蔣適陸

栢峻
字宗仙生康熙庚午七月初八

流長 鍋次子
字長生生順治癸巳四月十七卒康熙庚寅二月初八

栢年
字秉仙生康熙壬戌六月十七卒乾隆己未十月十三

世美
字天成生康熙癸巳五月初三配許氏生康熙庚子十

配蔣氏生康熙辛 配陳氏生康熙丁巳初六女一

丑十二月廿六卒卯二月初三子四

雍正辛亥十二月世美進美士美韶

十七子一栢年女美女三一適王一

一適陸 適唐一適周

進美

字天錫生康熙己字○○生乾隆辛

未八月初八配陳酉三月廿一

氏生康熙辛丑閏

六月廿九子二君

端文瑞女一

君瑞

文瑞

字○○生乾隆丙

寅六月廿四

士美

字天昇生康熙己

亥五月十六配陸

治　椿之玄孫
字鈞嗣子
字仁生生康熙丁巳十二月十六配王氏生康熙己未九月十五卒康熙壬午九月初一子二櫓標俱爲嗣濬

能本　字士務生雍正癸卯三月廿一配陸氏生雍正乙巳十
氏生雍正丁未七月十九

韶美　字天祥生雍正甲辰十月十五

子能本

沼 椿之玄孫 字鉉子

字義生生康熙乙未九月廿一卒乾隆丁巳六月十三聘張氏生康熙丙寅二月初一子二榜極俱殤嗣濬子能楷

能楷

字士式生雍正乙巳九月廿三聘黃氏

渭 字鉉次子

字智生生康熙壬申九月十七卒雍正己酉十月廿四

能樹

字士植生雍正戊申九月初九聘吳氏

配陳氏生康熙庚辰五月初五卒乾隆己未九月初九子一能樹

湘 字鈜三子

字性生生康熙乙亥六月十六卒乾隆庚申八月初五配惠氏生康熙庚寅子二能秩能新

能秩 字士禮生康熙戊戌八月十四配丁氏生雍正丁未八月十五

能新 字士修生乾隆巳未四月廿九

濬 鉉二子

字康生生康熙戊字士表生雍正丁
寅九月初五卒雍未十一月十七聘
□巳酉十月初四華氏
配李氏生康熙辛
巳十月十八子三
能本能楷能標能
本嗣沽後能楷嗣
沼後

洛 濬之玄孫 字錕嗣子

字禮士生康熙巳
巳三月十八配華

能標

能栗

字士莊生康熙庚
子三月初六配朱

錫山秦氏宗譜 世系卷之六

……癸卯三……女二一字……子

三能㝷　華出能才
能棋　側出女四適
華出二未

能相
字士林生乾隆巳未七月廿一聘黃氏

能棋
字士發生乾隆乙丑十月初一

中齋

第三 字伯榮生崇禎戊

爻荊 寅十一月初八配

南公 沈氏無嗣

如湖 標之玄孫

鐶之子

壽 鐶次子

生崇禎癸 字漢臣生康熙癸

卄九卒康 酉配華氏生康熙

配王氏子 甲戌隨母任塘頭

女一 適蔡王巷

弘學

啟熊

康熙巳 字尊三生康熙乙

肇基

字國祚生雍正巳

如雲

如洲　標之玄孫　天錫子
字○○生順治癸
巳[illegible]月初[illegible]康
熙戊午無[illegible]

康熙[illegible]子[illegible]十月廿九卒[illegible]
林女一適宋

熙戊戌正月廿六蘇朝俊
子二啟熊瑞熊瑞
熊殤女三適王煥
文適金聖臣適馬

[illegible]二卒乾[illegible]酉十二月廿一配酉四月廿六配楊
[illegible]月二十王氏生康熙乙酉氏生雍正戊申七
生康熙[illegible]十二月廿二子二月初六

開基
[illegible]雍正癸
[illegible]月初十[illegible]金
氏生雍正癸丑五
月廿九

敬二養

九世 十世 十一世 十二世 十三世

采 鐘之孫 淮之子
燦
墀
欽仁
清

字子白號鳳橋封字孟韶號兩河邑字茂陽號飲赤郡字君輔號太修生
生任廣西靈庠生生嘉靖辛卯庠生生嘉靖甲寅萬曆庚辰二月初
縣丞陞四川閏六月初七卒萬正月初八卒萬曆七卒崇禎丙子四
州判官生正曆丙申九月三十丁未十一月廿五日十七配武進毛
德九月十五壽六十六配武進配瞿氏生嘉靖甲氏生萬曆辛巳卒
靖戊午六月毛氏生嘉靖癸巳寅卒崇禎癸酉壽崇禎丙子子四清
四配華氏生正卒萬曆癸卯子二八十子四欽仁欽澄洪淳女四適吳
德庚午卒隆慶辛壩陞
未子一燦女五適合葬龍山祖塋
宜興任永貞烏盧
珍華字　黃夢
弼武進王　晉一

澄
洪

順欽復欽德女二申順陞歲鳳唐子
適太學鄭邦傳江泉卞炳文
陰邑庠蔣世棟万
之廷
江陰楊名鄉薛石橋

淳
欽順
浩

適錢志灝側出
合葬龍山祖塋

濛
字濟之號開陽生萬曆辛巳十一月初一卒崇禎壬午六月十七壽六十二配戚氏生萬曆甲申子二浩濛女一適華嶽英

欽復

洪亮
字明伯號集台生萬曆癸未十二月十一卒崇禎辛巳九月十五配華氏生萬曆戊子卒崇禎庚辰子二洪亮洪裕女二適華儀

洪裕

陛　無嗣

字茂擢號源赤己庠生生嘉靖丁己八月三十卒萬曆壬子八月十五配

祥王純一

欽德

字逵卿號行素生萬曆壬辰九月廿六卒順治己亥九月十六壽六十八配張氏生萬曆丙申卒弘光乙酉子二鴻績鴻緒女一

鴻績

鴻緒

江陰徐氏女二適
武進庠生吳鍾嵍
一側出
葬龍山祖塋

禾　淮之仲子

炳

馨

鍾

貢號文橋由字道允號廉泉太字聖通號太階由庠名華鍾字元癸
嘉靖庚子學生生嘉靖庚子邑廩生應天啟丁吳縣廩生由順治
鄉試登嘉靖十月廿一卒于天啟卯歲貢崇禎戊辰戊子歲貢任寶坻
謹榜進士乙丑正月廿六壽延試冠帶候選贈平樂府富川縣知
浙江武康縣八十六配黃氏繼廣西按察司僉事縣知難於平樂府
知縣陞任南京戶楊氏子六馨黃出生嘉靖己未二月特恩贈按察司僉
部主事進本部員陞璽垶堠楊出在十三卒崇禎辛未事賜祭葬廕一子
外郎中擢浙江金側出女三適邑庠三月十五壽七十以子沚　覃恩晉
華府知府改授雲徐翼元黃出適邑三配興道華氏贈　階奉政大夫崇祀
南永昌府知府卒庠王國俊邑庠顧宜人子四鐘鍍鑾　詔建忠義祠配

瀠

瀾

沚

於官生正德丁丑　弘見楊出
四月廿三卒嘉靖合埊滸溪橋父塋
丙寅九月十二祀之穏
永昌名宦以子燿
貴　贈中憲大夫
寺少卿配葛
叅政石崖公恒
女累封太恭人生
正德丙子卒萬曆
丙子壽六十一子
二炳側出燿葛出
女二適邑庠華儁
太學吳自成
合埊滸溪橋新阡

副贈宜人陸氏出享始祖祠生萬曆
銛側出女九適封丙申二月十二卒
侍御吳宗泰封縣順治癸巳八月十
令華瑾艮華出適二配周氏贈宜人
貫允寧庠生李澤光祿寺少卿繼昌
長側出適華日昇女生萬曆丙申九
張鑿徵庠生侯巳月初十卒天啟壬
源陸出適王大樂戌正月廿四繼龔
甥女適沈君任丙氏封宜人生萬曆
姪女　壬寅四月十三卒
合埊金城湾　康熙己未三月初
八壽七十八子六
瀠周出灝沚湝洞
滑俱龔出女四適
陸大中強醇庠生
華韜鄒宗岳俱周

湝

洞

滑

出

鏤

庠名慶鍾長洲附生字元集號從好以曾孫雄褒皇清候贈生萬曆庚子十一月初五卒康熙癸卯五月十六壽六十四配武進龔氏湖州推官振西女生萬曆庚子四月初七卒康熙丙辰四月廿三壽七十七子四一泓存淑存衍龔

一泓

存淑

存衍

存潤

出存潤側出女六
適鄭家麟江陰王
毓祐華汝猷國學
生華善鄉成章庠
生王有爲
合塟馬鞍塢

鎡

字元燊號季時吳
縣增廣生改本縣
學纂修家乘凡十
餘年生萬曆癸卯
三月初四卒順治
戊子三月廿二配
張氏大叅澄齋孫
女生萬曆丙午十

湄　澳　涘

陛

字世忠號太衡錦衣衛冠帶舍人中萬曆丁酉科武舉人配孫氏繼許氏

月廿五卒康熙戊申正月廿九壽六十三子四湄澳渙溱溱幼育於母舅張女二適庠生毛袞曹紳合葬龍山

銛

字○○生天啟乙丑六月初四從釋

瑞鍾

字祚徵邑庠生生萬曆戊子四月十

滌

浩

生隆慶戊辰十一
月廿八卒萬曆丁
巳四月廿一配華
氏進士叔陽女子
二瑞鍾華出鼎銘
側出女三適許灝
顧國標華胥
合葬滸溪橋

子三滌浩灑俱許
出女一適宜興吳
孫出

鼎銘
字德徵生萬曆癸
卯二月十三卒康
熙癸卯十一月廿
三配武進陸氏生
萬曆丙午十月初
七卒康熙乙卯七
月十五子二淑高
濬高女一適莫大
猷

灑

淑高

濬高

壐

字〇〇號太昭生萬曆甲戌三月十一卒崇禎丁丑壽六十四配華氏子一鼎鋐

鼎鋐 無嗣

字開先生萬曆丙辰二月初一配馬氏

埣

字〇〇號太液太學生生萬曆辛巳九月二十卒崇禎壬申配吳氏子三英鍾祥鍾吳出蘅鍾側出祥鍾嗣爾出

英鍾

字元彂生萬曆壬寅九月廿六卒康熙庚戌配華氏子二復華出浚側出女二適時適曾側

復

浚

進後女一適華

堠
字聖望號太空生萬曆甲申十二月初二卒順治戊戌十一月十一壽七十五配侯氏繼沈氏子一鳳鍾沈出女二適祝適楊樹浜成側王出合葬滸溪橋

蔭鍾
字○○生萬曆癸丑閏十一月初十

鳳鍾
字來儀生崇禎癸未七月三十卒康熙辛卯十二月廿三壽六十九配顧氏生順治丙申八月初八卒康熙戊子七月初七子三永誠永隆永綏女一適張貞生合葬滸溪橋爻塋

永誠

永隆

永綏

在

字聖見生萬曆戊午十二月廿八卒康熙癸亥配韓氏子一鍠

鍠　昭穴

字元音生順治巳丑五月十五卒缺配蔡氏子三仁浩仁溥仁淵

仁浩

仁溥

仁淵

燿

字道明號舜峰由附學入監中嘉靖甲子舉人登隆慶辛未張元忭榜進士考選翰林院庶

璲

字懋純號太清太學生鄉飲大賓生嘉靖丙寅二月十五卒順治丙戌五月二十壽八十一

伯欽

字公安太學生鄉飲大賓生萬曆丙戌十一月廿七卒順治巳亥五月十二壽七十四配華

德滋

德浄

吉士授刑科給事配施氏太僕卿諱氏贈工部主事侍
中轉兵科右陞禮策女生嘉靖丙寅曾女生萬曆丙戌
科左奉使冊封衡十二月初六卒順五月廿三卒順治
藩丁內艱萬曆巳治戊子三月初三乙酉七月廿五壽
卯服闋補刑科左壽八十三子三伯六十子五德滋德
給事中陞吏科都欽仲錫施出叔銘泙德淇德汾華出
給事中充庚辰會側出德衍側出女三適
試經房壬午陞太合埜華藏姚濱華碩元華侃一幼
常寺少卿改提督育於叔銘
四夷館癸未陞太埜姚湾父瑩之昭
僕寺卿乙酉轉光
祿寺卿丙戌陞右
僉都御史提督南
贛汀韶等處軍務
以平蠻平妖功陞
奉二級巳丑陞右

仲錫
字公蕃太學生生
萬曆戊子閏六月
十七卒崇禎甲戌

德淇

德汾

德衍

德澄

副都御史巡撫湖廣辛卯回籍生嘉靖甲辰正月三十卒萬曆甲辰五月十五壽六十一皇清康熙崇祀鄉賢配享惠山雙孝祠配安氏僉事諱如山孫女累封恭人生嘉靖乙巳卒萬曆辛亥壽六十七子四埈堰安出坦堦側出女二適太學華京禧安出適周家新側出合葬開化大涔新

九月初四配金壇于氏鄖陽兵備副使文熙孫女生萬曆庚寅六月初四卒順治辛丑八月廿七壽七十二子三德澄德藻德湛女一適中書舍人周顯甲合葬馬鞍塢

叔銘

字公盤生崇禎乙亥十月二十卒康熙壬午正月廿九配呂氏大桼陽女

德藻

德湛

德滙

玕

生崇禎戊寅七月
初七卒康熙癸亥
五月十七子一德
滙側出女四一撫
伯欽女適甲子舉
人長洲縣教諭侯
文熹一適太學倪
振祚一適呂臧孫
一適高
合葬華藏

挻

字元厚號太寧更字汝聲改字執臣
名璣別號叅庵太邑庠生生萬曆丙
學生生隆慶庚午十一月十一配
六月廿七卒崇禎侯氏孝廉世芬女

鏸

日新

潩

溹

巳卯十月十九壽
七十配錢氏眞定
郡守普女生隆慶
庚午卒天啟壬戌
子六鏸錸叔鈁季
鑅鏶鋹鏸側金出
錸鏄側鮑出鈁鑅
鋹側宣出女十適
邑庠張憲徵南京
戶部主事孫端禾
邑庠華敷藻俱錢
出餘適倪渼華繡
武進陸祺武進錢
尚貞錢鑾浦凱顧
光烈俱側出
楚大孝父塋之穆

先卒子四日新瀆
滲景淳侯出女二
適邑庠高蓮生甲
午舉人華元慶

錸

字汝振改字辰高
邑庠生廣西昭平
縣教諭生萬曆戊
申九月初四卒康
熙甲子六月廿一
配賈氏子七滈灝
漾濼賈出濟湷潛
側出女六適陸適
高適徐適强適黃

景淳　滈　灝　濟　湷　漾　濼

適

叔鈁

字汝洪邑庠生生萬曆巳酉九月十二配蘇郡顧氏子五漴沆淵滜顧出永治側出永治嗣鋹後女一適華

季鑠

字汝遠由邑庠中崇禎巳卯應天鄉試生萬曆壬子六

潪　漴　沆　淵　滜　驤

月初八卒順治丙
戌四月十四配張
氏大司農有譽女
繼張氏有譽姪女
俱先卒子一驤

鏵

字汝衛邑庠生生
萬曆壬子十二月
十三卒順治已亥
三月二十配楊氏
文華殿中書兆東
女生萬曆甲寅三
月初七卒康熙辛
未十月初八子二
瑞源祥濬楊出女

瑞源

祥濬

坦

字懋瑞號太鴻浙

五適費承珍楊廷玥孫淇適周適安文光

鋹

字汝韶蘇郡庠生生萬曆丁巳九月十三卒康熙丁卯十月二十配黃氏邑庠京祖女嗣叔鈁子永治女三適武進吳適施庚適劉

伯鈐

字公美郡庠生生

永治

泓昌

江平湖縣庠生生萬曆癸未十一月廿七卒天啟壬戌十二月初四配五牧薛氏繼配陸氏生萬曆癸未七月十二卒順治丁酉九月初六壽七十五子一伯鉁陸出

萬曆癸卯十二月十九卒康熙壬子九月初六壽七十配堵氏方伯維垣孫女生萬曆壬寅二月初三卒康熙丁未十二月初十子二泓昌汝言泓昌先卒女四適庠生湯芬顧熙庠生王有爲費承釗

汝言

堦

字懋升號太函邑廩生天啟甲子貢例考選州判不就

伯鋐

字公遠郡庠生生萬曆丁未八月初十卒康熙甲寅七

浴咸

月廿七配吳氏衢州知府澄時女生萬曆丁未閏六月十一卒順治丙申十二月十四子一浴咸女三適吳匏國學生顧大觀適陳繼武側出合塟江聖橋

生萬曆己丑十二月初五卒崇禎己卯七月初八配蘇郡劉氏繼顧氏子三伯鍒仲鈖劉出叔鑅側出女二適吳瑞鼎庠生唐雲起合塟嶂峢新阡

仲鈖

字公玉邑庠生生萬曆己酉六月初十卒康熙甲辰九月初五配鮑氏封文林郎大昌女生

德治　德渶　德源　德濾

萬曆庚戌九月十九卒康熙甲辰七月十八子七德治德渶德源德瀗德清德濟德瀠女二適太學生郛日熙黃國藩合葬陡門鄉吳村里黃泥城新阡

德清

德濟

德瀠

遺祿

字公陶邑庠生生萬曆戊午八月初四卒康熙癸亥八月廿六配張氏甲戌進士禮部主事

德浩

棻 淮之三子

字子佩號雙橋廩例太學生生正德巳卯十一月十四卒萬曆甲戌閏十二月初五配郯氏生正德庚辰卒萬曆甲午壽七十五子三煒熢熷熷嗣兆後女五適張朝

煒

字孟輝生嘉靖丁未三月十三卒嘉靖甲子五月廿二年十八配胡氏邵武檢校銑女三月而寡遺娠不育守節二十二年撫按旌奬給月米生嘉靖甲辰十二月十

墉

字德周號潔如生萬曆癸酉四月初五卒崇禎巳卯十一月初五壽六十七配王氏子一鐮女五適王一梧龔緒祖趙鳴鵬吳宗成邊廷瑨

琦女生萬曆丁巳六月廿八卒康熙辛亥七月初七子一德浩女二適孫與煥惠敷旌

鐮

字順之號武雙生萬曆辛亥十月廿一配錢氏子一文潤汝二

文潤

佐堵維岳趙崇教
蔡如虹貢生顧可
言
塟龍山

五卒萬曆乙酉十
月十二嗣烇子墉
育女一適王元棟
合塟龍山祖塋

烇

字道光號舜麓生
嘉靖辛亥十一月
廿九卒萬曆戊戌
配顧氏卒年六十
子三垍墉塍墉嗣
煒後女三適孟譚
義顧允庶趙輔鄉
分塟雞坑山龍山

垍

字曰堅號澹明生
隆慶庚午十月初
九卒順治丙戌十
月壽七十七配張
氏子一伯鏞女五
適許張胡黄朱
塟龍山

伯鏞 無嗣

字艮臣號念赤生
萬曆丙午二月十
一配邵氏女二適
張漢英吳學海

塍

字界甫號完希生

龍錫 無嗣

字化鄉生萬曆庚

楠　淮之四子

字子佪號虹川太學生生嘉靖庚寅十一月廿六卒萬曆丙子二月廿一配鄒氏子二焴燁女二適郡庠高附鳳經歷顧烝合塟崋峒岮

焴

字道融號念虹生嘉靖丙寅三月十一卒天啟丙寅壽六十一配胡氏嗣宗錫燁子塈女一適鄒合莘龍山

萬曆巳卯二月十五卒天啟乙丑配劉氏子一龍錫女一

塈

宇方生生萬曆丙辰九月十六聘孫氏未娶卒嗣堅子

戊三月初九卒順治癸巳四月初二配顧氏生卒缺

任懷仁

宗錫

字于明生崇禎癸酉六月廿一配方氏生崇禎戊寅八月二十卒康熙乙卯九月初三繼周氏生崇禎乙亥八月十九子三永通永遵永達俱方出永遵嗣宗鏐後女一適李之芳

永通

永達

燿

字道源號尚存邑
庠生生隆慶戊辰
八月初六卒崇禎
戊辰壽六十一配
白氏繼張氏子二
墍堅墍嗣焴後女
一適沈
塟龍山

堅

字文生號復餘生
萬曆癸丑十月十
一卒康熙甲辰正
月十二配鄭氏生
萬曆甲寅九月初
九卒康熙癸丑四
月十八子三宗錫
宗鏐宗鎮宗錫嗣
墍後女一適楊廷
聖
合塟嵊峢嶂祖塋
之側

塟景雲黃土荆橋

宗鏐

字念茲生崇禎癸
未九月廿五卒康
熙甲辰三月初三
配李氏嗣宗錫子
永遵
塟嵊峢嶂

宗鎮

字在茲生順治癸
巳五月二十卒康
熙辛酉配方氏子
一永道

永遵

永道

十三世	十四世	十五世	十六世	十七世
清 采之玄孫 欽仁子 字清之生萬曆壬寅正月初八卒崇禎丙子五月十四配吳氏無嗣				
澄 欽仁次子 字澹侯號培本歷任武職衛指揮生萬曆癸卯十二月初一配武進陸氏子一懋昭女	懋昭 字○○生順治乙未十月三十卒缺無嗣			

適王適陳
塟陸庄楊堰橋
任武進陸庄

洪　欽仁三子
字文侯生萬曆乙卯八月初七配宜興周氏子一懋禎

懋禎
字振遠生順治戊戌六月廿一配宜興王氏生順治甲午六月廿五子一
炘

炘
字闇章生康熙戊辰九月廿三配宜興臧氏生康熙癸酉十一月十一子一定遠
任宜興黃川

定遠
字○○生康熙壬辰六月十七

淳 欽仁四子

字明倓生萬曆庚申正月初六卒缺無嗣

浩 采之玄孫 欽順子

字養浩號二何生字子靜生崇禎己巳七月十巳九月初十卒缺辰配許氏子二可萬曆乙巳七月十六卒康熙辛酉壽配吳氏繼配陸氏遠宏遠女一適趙七十七配周氏子一惠然女一適二樞機女二適趙趙世逸適李塟楊名大橋

樞

任東鄉

惠然

可遠

字○○生康熙丁丑

宏遠

字○○生康熙甲

午八月初九

機
字子發生崇禎戊寅正月廿四配華氏

濛 欽順次子
無嗣
字養濛生萬曆辛亥四月廿三配郭

氏女一
壑龍山

洪亮 釆之玄孫 欽復子
字公亮生萬曆己酉五月廿五配張氏

洪裕 欽復次子
字公綽生天啟癸亥七月十五從釋
玄墓

鴻績 采之玄孫 欽德子
字侍明生萬曆乙卯六月初六從釋淮安

鴻緒 欽德次子
字公赤生萬曆庚申六月廿四配
氏子一舜年

舜年
字○○生順治戊子九月初九
任蜀山

存赤第二支文橋公派文橋第一支廉泉公派

濚 汞之玄孫 鍾之子
字斐瞻吳縣庠生字懋公生崇禎戊寅九月初四卒雍正甲寅正月廿五配楊氏生康熙巳巳十二月初十氏生康熙巳巳十八卒康熙甲子正丁未十二月初四配張氏生順治二月廿五卒雍正月初六配顧氏生萬曆丙乙未五月十二卒癸卯正月廿四嗣辰五月二十卒康熙丙申三月初弘炯子文垣熙巳巳十二月初四子二弘燒弘煬九子二樹芳樹聲女一適竇承基合葬揚名祖塋

樹芳
字懋公生崇禎戊寅九月初四卒雍正甲寅正月廿五配楊氏生康熙巳巳十二月初十……

弘燒
字志高生康熙丙午……

文垣
字有光生康熙丁酉三月廿一配周氏生雍正甲辰五……

弘煬
字志明生康熙庚午四月初三未配
卒

樹聲

字永公生順治辛卯三月十一卒康熙戊戌十月十六配顧氏生順治丁酉十一月初四卒雍正乙巳五月初三子二武烈弘炯

女一適顧維墀

武烈

字志行生康熙巳未十一月十二卒康熙乙酉四月初二配王氏生康熙巳未六月廿八卒康熙甲申十月十

弘炯

字志熙生康熙庚午九月廿一配陳氏生康熙壬申六月十八子二文垣

文琪

字重光生康熙辛丑六月初十

文珙文垣嗣弘熀
後女三適胡懋忠
餘未字

瀾 鍾次子

字紫迴以隨父任委署廣西平樂府督糧經歷署平樂縣事憲題實授生天啟乙丑九月初七卒康熙巳卯正月初六壽七十七配張氏生天啟丙寅卒順治巳丑繼周氏生崇禎乙亥

樹猷

字麟公生康熙甲寅十一月十一卒康熙壬子正月初二配趙氏山東塩運使分司弼女生康熙甲寅十月初十卒康熙乙酉六月廿八繼周氏生康熙丁巳九月初十子一爔趙出女

爔

字麗天生康熙丁丑二月十一卒雍正乙卯十一月十一配周氏子一天聲

天聲

字振宇生雍正乙巳九月十七

卒康熙壬寅繼李
氏生順治丙戌卒
康熙戊辰側諸氏
生康熙辛亥九月
廿一守節乾隆四
年奉
旨旌表子三樹猷
朝棟樹穀女二適
太學惠敷基太學
陳楚英俱側出

二一、側出

朝棟
字英公武庠生生
康熙巳未六月廿
九卒康熙丙申十
二月十四配過氏
歲貢生澄女生康
熙巳未十一月三
十卒乾隆甲子九
月廿八子一炎

樹穀
字藝公生康熙丁

炎
字麗明生康熙庚
寅六月十三卒乾
隆癸亥九月初三
配陳氏生雍正丙
午六月初六守節

雄飛
字旦初邑庠生生

鳳聲
字桐山生乾隆戊

丑四月十九配陸康熙戊戌二月初午四月十五
氏生康熙癸酉五十配黄氏庠彥世
月十三卒雍正戊輝女生康熙丙申
申六月初八子一九月十七子一鳳
雄飛女二適甘露聲女一
陳閔杰蘇州張怡
谷

泚 鍾三子　樹芬　弘熹　玉書

字撼岳號迴游恩字若公國學生生字宗朱生康熙丙字用行一字賡韶
蔭官生以父殉難康熙已未六月廿戊八月廿九配侯生雍正壬子五月
蔭授直隷河間縣三卒雍正乙卯五氏庠彥連城女生初二
知縣丁內艱服闋月十七配侯氏封康熙丙戌九月初
補福建侯官縣知奉政大夫文耀女六嗣弘燕子玉書
縣陞北城兵馬司生康熙戊午十一

正王揮陛戸部陝西司主事授階承德郎生天啟丁卯十一月初二卒康熙巳丑三月十二壽八十三配鄒氏封孺人晉封安人生天啟丁卯十二月初九卒康熙戊寅五月初八子一樹芬側出女二適張之繩郡庠鄒人儀合巹錦樹菴新阡

月十六子三弘燾側出殤弘熹弘燕侯出女一適庠彥陳志復

涒　鍾四子

弘燕

字景昌生康熙庚寅十一月廿八配侯氏庠彥亦奇女生康熙甲午十月初五子二玉書玉堂玉書嗣弘熹後女三

玉堂

字直行生乾隆甲子十二月十三

字爾潔生崇禎甲戌六月十六以瞻父任卒平樂府

洞　鍾五子

字瞻民生崇禎丙子八月廿六以瞻父任卒平樂府

渭　鍾六子

字蓼斯生崇禎戊寅三月十八卒康熙己酉十一月十一壽六十八以子樹績　覃恩贈文林郎配周氏贈孺

樹績

字峻公由郡庠生中康熙己卯江寧鄉試候選知縣改授宿州學正　覃恩加一級　敕授文林郎甲辰科湖

其煌

字聚星生康熙丙寅十二月初九卒乾隆乙丑十月十四配趙氏生康熙庚午卒康熙癸巳繼胡氏生康熙庚

文基

字漢章生康熙乙未十二月初九配侯氏生雍正癸卯九月初八女一

人生崇禎甲申三南分試生康熙丁午二月初六卒康
月初八卒康熙巳未二月二十卒乾熙庚子八月初三
亥八月　子二　隆丙辰二月十五子二文型文基胡
樹績樹國女二適配周氏贈孺人生出文型出姓許
張卯金鄒文熙　康熙巳酉十一月
合葬管社山新阡　初十卒康熙丙戌
正月廿六繼湯氏
孝廉梁女封孺人　其焯
生康熙辛酉十二字瑞星生康熙辛
月初三子二其煌巳四月初二配胡
周出其焯側出女氏庠彥鴻曾女無
四適胡適侯鋐周嗣
出適侯鈁湯出適
吳側出

樹國　其炘

字京公生康熙癸丑十二月廿八卒康熙乙未七月初二配鄒氏生康熙癸丑八月廿五卒康熙甲戌十一月廿三繼胡氏太學宸錫女生康熙甲寅三月初五卒乾隆乙丑五月初八子三其炘其烜其爊俱胡出女二適李雍鄒出適浦田一胡出

字耀星生康熙丁丑九月十八卒乾隆甲子六月十九

其烜

字南星生康熙庚辰五月十七配陳氏生康熙己丑六月初四卒雍正己酉八月廿九繼陳氏生康熙癸巳正月十七子二文壎文圭

文壎

字憲章生乾隆丙辰十月廿二

文圭

字玉章生乾隆壬戌三月初十

其爊

字劍星生康熙癸巳四月廿七出家洞虛宫

一泓 禾之玄孫 鏤之子

字淸可生萬曆己未十月廿七卒康熙辛巳六月初六配江氏繼韓氏子一樹敏韓出女一適鄒鴻洲

樹敏

字企文生順治甲午十二月廿六卒康熙辛酉十一月初四配施氏卒繼許氏卒無嗣

存淑 鏤次子

字育仲生崇禎辛

樹嘉

字申公生康熙甲

未九月初六卒康寅十二月廿八配
熙甲子四月廿九周氏無嗣
配徐氏子二樹嘉
樹隆女二適李復
旦適張　俱側出

樹隆
字興公生康熙壬
戌十二月初八無
嗣

存衍 鏤三子

樹屏

星

字昌來號懋齋以字維公生順治巳字三能生康熙癸
孫雄褒貴侯䁱贈亥八月初三卒康巳八月初三
文林郎生崇禎戊熙庚午五月十六
寅九月初十卒康配李氏生順治戊
熙辛卯六月廿一戌九月廿八卒雍
壽七十四配長洲正丁未○月○○

尤氏叅議崇簡女守節三十餘載侯
侯移贈孺人生崇姪嗣樹奇子星女
禎癸酉七月初四一適王宗旦
卒康熙甲申十一
月十四子三樹屏
樹奇樹人女一適
太學徐培祿
合塟石塘官山祖
塋

樹奇

字膚公生康熙癸卯十一月廿八卒雍正甲寅○月○
○配華氏太學君服女生康熙巳酉九月廿六卒康熙巳卯八月十二繼張氏庠彥亨孫女生康熙巳未六月初六子二星[redacted]星

張出嗣樹屏後女

一

樹人

字訃百號溯洄以子雄褒貢候贈文林郎乾隆癸亥鄉飲大賓生康熙戊申十月廿四卒乾隆甲子八月廿六壽七十七配高氏奧貢生愈女候贈孺人生康熙辛亥四月廿三卒康熙丁丑三月十三繼朱氏庠彥鑣女候

雄褒

字淵雲號甘泉別號南薮由邑庠生中乾隆丙辰科江南鄉試丁巳會試聯捷登于敏中榜進士欽命吏部觀政丁卯任山西五寨縣知縣生康熙巳丑四月十六配王氏文學騫女生康熙甲申十月十三子

在東

字孟候生雍正癸丑二月廿一聘惠恩氏候選通判偉女生雍正壬子

在宣

字偶王生乾隆庚申九月廿八

贈孺人生康熙丙二在東在亶女三
辰十月二十卒雍幼未字
正庚戌四月十一
子一雄褒朱出

存潤 鏤四子
字季常生順治辛
卯正月廿九卒康
熙　　月
配成氏生順治丙
申二月十七卒康
熙辛未八月十七
女二適陸乾九王
一祥無嗣

涓 禾之玄孫
滋之子
字伊人生天啟癸亥四月初四卒康熙戊寅十月廿九壽七十六配程氏先卒繼俞氏生崇禎乙亥三月十五子一天保女一適二
字曼儒生康熙丙午二月初三卒乾隆辛酉十二月初九配吳氏生康熙甲辰九月廿三卒康熙丙子二月廿

天保

澳 鎡次子
錢公源
字斐君號拙存邑庠生生天啟甲子八月初十卒康熙
字孫若揚州府增生生順治戊子十月十八卒雍正乙
字楚封生康熙戊午五月初十卒雍正戊申正月十八

仁紀

文熊

丙戌十二月廿八巳十一月十八配配劉氏庠彥最女
壽八十三配周氏華氏庠彥廷樛女生康熙戊午九月
庠彥在謙女生天生順治戊子八月十六卒康熙丁亥
啟乙丑八月初二初三卒康熙丁亥五月十二繼華氏
卒康熙庚辰正月十月十二子二文子一隨母去
十一壽七十六子熊有熊有熊嗣肯
三仁紀肯穀肯穫穫後女二適朱宏
生武進庠彥龔泰

肯穀　祥熊　位坤　鏃

字孫億生順治辛字幹臣生康熙壬字令輿一字春林
卯五月廿四卒康子九月初十卒康生康熙癸未十一
熙巳丑五月初四熙乙酉正月初一月十九配施氏生
配顧氏庠彥曹渤配高氏庠彥敬女康熙乙未十一月
女生順治壬辰卒生康熙辛亥正月廿六子一鏃女一

康熙辛未子一
熊
合葬軍嶂山許舍
裡新阡

雍廿六卒乾隆己未
二月廿九子二位
坤儀坤
合葬軍嶂山許舍
裡祖塋之昭

儀坤

字奇兩生康熙辛
卯十二月廿二出
家九龍峯茅蓬法
名長生

肯穫

字禮耕郡增生生
順治丙申五月廿
一卒康熙癸酉十
月初七配張氏生
順治甲午十月廿
一嗣仁紀子有熊

有熊

字亦士生康熙壬
戌十月十八卒乾
隆丙寅三月初六
配鄒氏生康熙丁
卯十二月十六

涘 鎰三子
字幼韻生崇禎辛
未十二月十九從
釋

滌 禾之玄孫
瑞鍾子
字子新生萬曆丁
巳七月十三配王
氏子一懋功

浩 瑞鍾次子

女三適周鴻儀庠
彥陳進玻一適陳
球

懋功
字○○生崇禎庚
辰八月十四配馮
氏

字子善生萬曆己未十月初三無嗣

灑 瑞鐘三子

字子可生天啟癸亥二月十六無嗣

淑高 禾之玄孫 鼎銘子

字闓斯生崇禎壬申六月十五卒順治己亥十月○○

配吳氏無嗣

濬高 鼎銘次子

字取斯生崇禎癸

粲

字試公生康熙丙

未十二月十五卒午十二月廿四
康熙戊子閏三月
○○配陸氏子一
祭女二適盧士安
適馬
任懷仁后墅

復 禾之玄孫 英鍾子
字蕙咸生順治甲申八月廿三卒康熙壬寅四月十三配鄒氏生順治戊子卒康熙壬申正月廿六子二恒榕

恒榕
字克明一字孝先生康熙壬戌十一月初四配任氏生康熙乙丑三月初八子一暲

暲
字驥雲邑庠生生康熙癸巳十一月初七配羅氏生康熙癸巳九月十一子一瓚女一

瓚
字中黃生乾隆巳未正月廿三

浚 㳄鍾次子
字萬敬生順治壬辰正月三十卒康熙戊子正月廿二無嗣

永誠 禾之玄孫鳳鍾子
字子厚生康熙甲寅七月廿四卒雍正正月十六配舒正丁未正月十三氏弘緒女生康熙

繩榕
字克峻生康熙乙丑二月初五配沈氏俱卒無嗣

樹瑚
字克華生康熙己

子十月二十

鶱
字應唐生乾隆甲

配賀氏生康熙丙
寅十一月初三子
三樹瑚朝楷朝模
朝模嗣永隆後女
三適張村王奎光
夏天順徐聰橋毛
大椿

永隆 鳳鍾次子
字子長生康熙壬
戌三月初十卒缺

癸巳五月廿一子
二鷟鷗女二

鷗
字聲喈生乾隆丁
卯正月二十

朝楷
字克獻生康熙乙
未七月初六配方
氏生雍正丙午二
月廿三

朝模
字克順生康熙戊
戌六月初五

正丁未正月廿一
配盧氏生康熙乙
丑二月廿二卒康
熙丁酉十月十七
嗣永誠子朝模
合葬滸溪橋祖塋
之穆

永年 鳳鍾三子
字子樂生康熙甲
戌十月十五

仁浩 禾之玄孫
鎤之子
字漢臣生康熙巳

樹德
字松岳生康熙辛

弘燿
字士明生乾隆癸

卯九月廿四卒雍卯九月十三配尤亥

正甲辰三月初十氏子一弘煜

任新安張浜兜

配倪氏生康熙壬

戌卒雍正乙卯十

二月廿八子二樹

德樹勳

樹勳

字松喦生康熙戊

戌六月初九出家

南廟橋永福菴法

名體智

仁溥 鍠次子

字漢瑛生康熙辛

酉六月十二無嗣

仁淵 鍠三子

字子深生康熙庚

午無嗣

文橋第二支舜岑公派

德滋 燿之曾孫 伯欽子

字以興由邑庠中崇禎癸酉副榜又名瀛精楷書載邑志生萬曆戊申十一月十六卒康熙丙辰九月廿八壽六十九配蘇郡王氏太學永叢女生萬曆戊申九月廿一卒崇禎己巳六月十六子七松年王出松九松承松鱗側潘出松五松壽松辰側李出李

松年

字齊祖長洲縣庠生生崇禎戊辰十一月初二卒康熙丙寅七月初一配張氏庠彥玄箕女生崇禎己巳九月十三卒康熙己未十月初三子二世熙張出重熙側出女一適邑庠華斌合葬孔山新阡

世熙

字覲光生順治辛卯十二月初三卒康熙己卯三月初二配蘇郡王氏生順治甲午四月初九卒康熙丙寅二月三十嗣重熙子堯雲

新鑑

重熙

字奕光生康熙甲辰五月三十卒康熙辛丑五月初四

堯雲

字遇黃生康熙乙亥十月廿六卒康熙辛丑嗣堯文子

堯文

字翼善生康熙巳卯十二月廿七配李氏生康熙戊子

新鑑

明鑑

如鑑

氏恩例旌節崇祀
詔建貞節祠松壽
嗣德涯後女一適
武庠楊在豊
合塟河闸口新阡

配楊氏生康熙癸八月十四子三新
卯七月十六卒康鑑明鑑如鑑新鑑
熙巳丑正月十七嗣堯雲後
子二堯雲堯文堯
雲嗣世熙後女二
適武進毛永清恭
將陳昇

松允

字陟山生崇禎壬
申正月廿三卒康
熙乙未二月初三
壽八十四配高氏
庠彥永厚女生崇
禎壬申五月初七

寧熙

字文光生順治壬
辰六月初一卒康
熙丙辰二月十二
配華氏生順治甲
午二月廿二卒康
熙丁巳八月十五

堯廷

字荻生生康熙丙
辰六月廿六卒雍
正癸卯七月初六
配華氏生康熙丁
巳正月十七卒康
熙丙申閏三月十

鍾英

卒康熙庚午八月
初八子六寧熙續
熙維熙芳熙堯熙
淳熙維熙嗣國楨
後芳熙幼育於孫
合葬惠山桃花塢

十一葬廷

續熙

字咸光生順治甲
午正月十三卒雍
正壬子三月廿四
配王氏生順治丁
酉正月初一卒雍
正壬子三月初六
子二堯臣堯卿堯
臣嗣繼熙後女一
適倪陷遠
合葬桃花塢穆穴

八子二鍾英鍾傑
鍾傑嗣堯章後
合葬桃花塢昭穴

堯卿

字天叙生康熙壬
申八月廿一配吳
氏生康熙甲戌九
月初七子一鍾麒

鍾麒

義熙
字建中生康熙戊申正月初十配倪氏生康熙巳酉一月初三卒康熙甲戌八月廿九繼華氏生康熙壬子六月初三卒康熙戊午三月廿五子堯俊殤撫丙顏子堯封

淳熙

堯封
字天與生康熙乙酉九月初九

堯仁

鍾尹

字在中生康熙己酉十月廿六卒雍正辛亥九月初三配高氏生康熙癸丑十一月十六卒康熙壬午閏六月廿四繼陸氏生康熙癸亥十月廿四卒雍正庚戌六月廿八子一堯仁

字天如生康熙壬申十一月初五配陳氏生康熙己卯十月廿六子二鍾尹鍾勇

鍾勇

松承

字茂爾生崇禎甲戌正月十二卒康熙己卯七月初二

緝熙

字耿光生康熙己酉十二月二十卒康熙壬申六月初

堯臣

字天顏生康熙丙寅正月初三配汪氏太學正容女生

壽六十六配陳氏二配鄧氏嗣績熙康熙辛未九月初
子一緝熙女二適子堯臣女三一適三卒康熙庚子五
楊適尤　華一育于孫一未月二十子鍾俊殤
字

松鱗　純熙　堯章　鍾傑

字皆龍武庠生生字鍜臣歲貢生生字令儀生康熙癸
崇禎已卯十月三康熙丙午四月十酉八月廿八卒康
十卒康熙戊寅八四卒康熙壬申八熙癸巳五月廿二
月初三壽六十配月廿一配華氏生配顧氏生康熙壬
祝氏生崇禎庚辰康熙戊申八月初申九月十二卒雍
七月初一卒康熙二卒乾隆辛酉十正乙巳二月初八
壬戌七月初一繼二月初五守節受嗣堯廷子鍾傑
顧氏子二純熙雍旌崇祀　詔建貞
熙女四適胡適顧節祠嗣雍熙子堯

適顧適殷俱祝出章女一適王式曾

雍熙

字亮臣太學生生康熙辛亥十一月三十卒雍正癸卯四月十九配華氏生康熙辛亥卒康熙辛未繼顧氏生卒欽又繼惠氏生康熙癸亥三月廿二卒康熙壬寅十二月初八子二堯章顧出嗣純熙後

堯功

字虞勳生康熙辛卯九月二十卒雍正癸丑四月廿六配殷氏生康熙丁亥五月十七子一鍾美

鍾美

堯功惠出女一

松五
字望岳生康熙辛亥五月十九卒雍正甲寅十一月初一壽六十四配胡氏生康熙辛亥五月初一卒雍正戊申五月初八子一元熙女二適吳適高

元熙
字際丹生康熙癸未十月十一配沈氏生康熙癸未十二月廿七子二堯心堯中女一

堯心
字宗傳生雍正甲寅二月十二

堯中
字聖傳生乾隆癸亥六月廿四

松辰

字衣堅生康熙乙卯九月十四配鮑氏生康熙甲寅三月十三女一適武庠張潮進

德淨 伯欽次子

字以謙庠名伊吳縣庠生生萬曆甲寅十二月廿七卒康熙巳巳九月初五壽七十六配華氏太學時芳女生萬曆乙卯正月廿七卒康熙癸丑五五

松存

字志猶生崇禎丙子十二月初八卒康熙丙子十月初二壽六十一配高氏生崇禎甲戌四月十七卒康熙戊寅五月廿九子二載熙利熙利熙嗣

載熙

字典文生順治庚子十一月十八卒乾隆丙辰五月廿七配張氏生康熙庚戌三月初四卒雍正癸丑五十一月二十子二邦基弘基女一

邦基

字亦新生康熙庚午四月初八配張氏生康熙甲戌八月廿五子二衡銓鼎銓衡銓嗣弘基後女二適蔣適吳

鼎銓

月初十子三松存松友後女三適鮑
松際松友女三適適姚適陳
倪適陸華出適王埜錢橋父塋
側出
合葬錢橋新阡

松際

字子月生崇禎戊寅十二月初一卒康熙乙亥七月初

永熙

字寶文生順治乙未十一月廿三卒康熙丙子十二月

弘基

字維康生康熙癸酉四月初九卒乾隆乙丑八月廿九配高氏生康熙丁丑六月初四卒雍正癸卯十月初七繼陸氏嗣邦基子衡銓

肇基

字丕承生康熙丁卯二月初一卒康熙辛卯六月初一

衡銓

六配張氏生崇禎
丙子十月初十卒
康熙辛巳正月十
四子二永熙貞熙
女五適倪適錢適
朱適許適鮑
合葬錢橋爻塋

初十配趙氏生順
治乙未十二月初
七子一肇基女三
適陸適王鏞

配胡氏生康熙[illegible]
午九月初二女一

貞熙

字元文生康熙丁
未九月初七卒雍
正甲寅十月十九
配李氏生康熙壬
子卒康熙丁丑繼
侯氏生康熙丙辰
卒康熙丙戌又繼
賈氏生康熙辛酉
九月十九子一孝

孝基

字天經生康熙甲
申二月初三配朱
氏生康熙丙戌二
月廿二子一在鎬
女二未字

在鎬

德淇 伯欽三子

字小武吳縣庠生

松友

字寒三生崇禎庚辰八月廿一卒康熙己未十二月十七配毛氏副松存子利熙女二一適鄧一育子安

塟滸溪橋

松高

字興宗邑廩生康

基侯出女一適陸

李出

利熙

字龍文生康熙丁巳四月廿六卒乾隆丙辰八月十三配華氏生康熙丙寅正月廿三子二明基丕基明基殤

咸熙

字雍萬生順治戊

丕基

字端培生雍正丙午八月十六

琴堂

字宓鳴生康熙乙

生萬曆戊午二月廿三卒崇禎甲申正月三十配高氏恩蔭生世寧女生萬曆乙卯十二月廿二卒崇禎庚辰十月廿五繼華氏庠彥淑女生天啟甲子十一月初五年二十一而寡守節撫孤卒康熙丙午三月廿四乾隆丁巳題旌崇祀詔建貞節祠子一松高女一適顧士奎俱高出

熙戊午歲貢選授江浦縣訓導生崇禎丙子十月廿三卒康熙庚辰十月廿三壽六十五配孫氏太學寅禾女生崇禎戊寅六月廿七卒康熙丁亥九月十六壽七十子三咸熙敬熙春熙女四適太學周錫疇庠生顧陛顧歎陸銮塟荷花橋新阡

戊十一月十五卒康熙庚寅五月廿八配孫氏卒繼范氏生順治戊戌六月廿六卒雍正癸丑十一月初七壽七十六子一琴堂女二適周適顧塟蔥安鄉新阡

敬熙

字景文號菊園郡庠生康熙辛未歲貢任常熟縣訓導丁內艱癸巳補嘉

亥七月初二配蔣氏生康熙乙酉五月廿三卒雍正癸卯八月初七

含英

字紫佩蘇郡庠生生康熙庚午十一月廿四卒雍正癸卯三月十二配楊

元聲

合塟姚湾

定縣訓導雍正癸
卯　覃恩授登仕
郎生康熙巳酉四
月十五卒乾隆巳
未四月十七壽七
十一配楊氏庠彥
俞音女　敕封孺
人生康熙戊申八
月十四卒乾隆戊
午五月初六壽七
十一子三含英琦
楊出珩側出女二
一適辛卯舉人巢
縣知縣華湘一適
麻城縣縣丞楊瀚
合塟中橋新阡

氏庠彥鍠女生康
熙庚午十月初十
卒乾隆癸亥正月
十三子元聲又撫
琦子振聲女四一
適太學王誦曾一
適周勇一適太學
楊仲機一適太學
薛瑄憲
合塟中橋新阡

琦

字韓雲號雲溪由
國學生中雍正巳
酉順天鄉試生康

振聲

駿聲

友聲

熙乙亥九月初十
配諸氏廩貢生棟
女生康熙癸酉十
二月十四子八駿
聲友聲倍聲鳳聲
嗣聲振聲和聲鸞
聲嗣聲嗣珩後振
聲幼撫于舍英女
三一適倪國禎一
適胡斗耀一未字

倍聲

鳳聲

和聲

鸞聲

珩

字楚珍生康熙壬
寅十月十九乾隆
丁巳十一月初九

嗣聲

殤聘倪氏庠彦維清女生康熙庚子十一月初三聞訃誓死不二朞而卒與珩合葬倪詳請旌嗣琦子嗣聲合葬中橋新阡

春熙

字羲賓生康熙甲寅六月初二卒康熙癸巳九月初九配吳氏卒繼陶氏卒

合葬錢橋

德汾 伯欽四子

字小令號節安邑庠生生萬曆己未七月十九卒康熙丙子十二月十二壽七十八配顧氏貢生與濱女生天啟辛酉六月廿七卒康熙丙辰三月廿二子二松龍松一鳳女一適華俱側出合葬章山

松龍

字乾九生順治丁酉五月廿五卒雍正庚戌十一月十五配吳氏生順治丁酉七月初九卒雍正丁未十二月廿四子五養熙樂熙存熙交熙祖熙女

養熙

字景恬生康熙丁己二月初五卒康熙丙戌八月十二配陸氏生康熙丁巳十月十二撫孤守節乾隆庚申韶旌子三載峰載績載業

載峰

字彝生生康熙乙亥十二月初四配沈氏生康熙辛巳正月初十子二元錫永錫先撫胥姓子天錫遂側異姓槃不登譜

載績

字在功生康熙辛巳二月初六配裴氏生康熙辛卯九月廿五子二廷錫

元錫

永錫

廷錫

三錫

樂熙

字師易生康熙戊午七月三十配丁氏生康熙丁卯七月廿九女三

三錫

載業

字克紹生康熙甲申五月十九卒雍正癸丑

存熙
字如赤生康熙庚申四月廿八出家洞虛宮雷尊殿卒雍正甲戌

文熙
字子然生康熙癸亥九月廿七

祖熙
字若卽生康熙辛未十月初六卒雍正壬子

松鳳

字儀舜生康熙甲辰六月初四卒康熙甲午六月廿七配周氏生康熙壬寅七月廿四卒雍正癸丑六月初一子二道熙懋熙

道熙

字希明生康熙甲子十月十六卒雍正壬子四月十四配倪氏生康熙甲子三月初七子二載[illegible]載洪載芳殤

懋熙

字希純生康熙丙寅九月初九配倪氏生康熙乙丑十一月初三子二載起載振女一字華

載洪

字　生雍正甲寅三月十五

載起

字茂春生康熙甲午七月十二

載振

龍襃

字茂時生康熙丁酉正月廿六

德行 伯欽五子

字以大生天啟乙丑五月廿一卒康熙甲子十二月十四壽六十配倪氏太學銓女生天啟丁卯十二月十七卒康熙壬申六月十二壽六十六子二松岩松嶺女一適武功知縣倪雝梧

松巖

字邦瞻生順治戊子二月十七卒康熙庚子九月初三壽七十三配顧氏元釗女生順治丁亥六月初十卒雍正癸丑十月十二壽八十七恩賚粟帛子二成烈揚烈女三一適吳縣庠生華宗學一適顧

成烈

字元功生康熙己酉三月二十卒康熙癸酉二月十六配倪氏太學懋傑女生康熙辛亥七月廿一年二十三撫孤守節乾隆丙辰詔旌卒乾隆戊午二月十一壽六十八崇祀 詔建貞節祠嗣揚烈子

孝坤

字子敬生康熙乙酉二月初九卒乾隆壬戌正月十三配倪氏庠彥天閑女生康熙甲申二月初九子三維鏞維鍠維錦

維鏞

維鍠

維錦

合葬舜柯山新阡

侯封一守貞卒　孝坤

合葬嘩峢灣祖塋　合葬青山新阡

揚烈

字雲臺太學生生康熙丙辰五月初六卒雍正甲辰五月十二配顧氏庠生彥綸女生康熙庚申十一月十五卒康熙戊寅五月十八繼邵氏太學生維勳女生康熙庚申三月十六卒雍正丙午三月廿七子四孝坤順坤震

順坤

字子和生康熙戊子二月初二卒雍正壬子十二月二十配張氏生康熙丙戌八月廿四卒雍正辛亥六月初九子一維鎬

合葬嘩峢灣

震坤

字子存生康熙庚寅十一月廿三配

維鎬

維鍾

坤履坤孝坤嗣成許氏生康熙乙未
烈後履坤殤女二九月十五子一維
一適惠銘顧出一鍾女四俱未字
適張世貞鄒出
合葬嶂嶼灣祖塋

松嶺

字俯峼生順治辛卯十月十七卒康熙辛卯十月二十配吳氏邑庠道在女生順治辛卯正月廿三卒康熙庚申八月初四繼倪氏生順治戊戌九月廿一卒康熙丁

紹烈

字克家生康熙丙辰三月廿三卒乾隆巳未十一月廿四配華氏生康熙乙卯七月十八卒乾隆癸亥六月廿一子二厚坤應坤女一適楊

厚坤

字希載生康熙壬午閏六月十七配過氏生康熙庚辰二月初一子一廷鉽女一適華永烜

應坤

字宜載生康熙丙

廷鉽

廷鏞

酉八月廿五子一
紹烈吳出女二一
適朱吳出一適錢
倪出

申十二月初六配
湯氏生康熙戊戌
三月廿五子三廷
鏞廷鏴廷鈺女二
未字

廷鏴

廷鈺

德澄 燿之曾孫 仲錫子

字以時邑庠生以松齡貴贈文林郎翰林院庶吉士加一級候贈資政大夫禮部左侍郎生萬曆乙卯二月十六卒崇禎戊寅八月初十配金壇王

松齡

字留仙號對巖由邑庠生中順治甲午江南鄉試乙未會試第五名登史大成榜進士選庶吉士丁酉授國史院簡討加一級甲寅以賢能薦湖廣

道然

字雒生號南沙由附例國學生中康熙乙酉順天鄉試己丑會試登趙熊詔榜進士選翰林院庶吉士壬辰授編修癸巳
萬壽覃恩加一級

芝田

字耕青號寄園由國學生中康熙乙酉江南鄉試庚子任直隸正定府無極縣知縣授文林郎生康熙丙辰十一月十七配王氏
太學封文林郎揚

應鈞

氏學博彥泓女　軍前効用戊午以授儒林郎丁酉充州府教授世善女
贈孺人候　贈太博學弘儒薦召試　日講官起居注　封孺人生康熙
夫人生萬曆癸丑復翰林院檢討辛江西鄉試副主考丁巳五月十一卒
七月三十卒順治酉充　日講官起居庚子改授禮科給事雍正巳酉五月初
戊子九月三十嗣居注江西鄉試正事中掌登聞院事四子一應鈞女六
子二一嗣德藻子主考　覃恩授徵候貤　贈資政大適直隸通州知州
松齡一嗣德湛子仕郎陞右春坊右夫禮部左侍郎生江都杜中一適邑
松岱女一適華實中允兼翰林院修順治戊戌七月十一增生王一峯一適
椒王出　撰甲子陞左春坊一卒乾隆丁卯三汪楠林一適庚子
合葬馬鞍塢父塋左諭德充順天鄉月廿五壽九十歲舉人廣西新興知
試正主考丙戌舉配徐氏庠彥允懷縣江西裘建一適
鄉飲大賓癸巳以女　贈安人候貤庠彥程王章一適
道然　覃恩晉階　贈太夫人生順劉執玉
奉直大夫候　贈治巳亥四月十三
資政大夫禮部左卒康熙庚午三月
侍郎生崇禎丁丑初十繼胡氏庠彥

六月十九卒康熙
甲午五月初一壽
七十八崇祀鄉賢
祠惠山尊賢祠又
配享雙孝祠配吳
氏郡庠彥以馭女
累　贈宜人候
贈太夫人生崇禎
庚辰正月初三卒
順治辛丑六月初
一繼華氏己亥榜
眼弘文院侍讀亦
祥女累　贈宜人
候　贈太夫人生
順治丙戌三月十
一卒康熙辛酉八

蘭女　贈安人候
馳　贈太夫人生
康熙己酉三月廿
六卒康熙壬申七
月三十子三芝田
徐出惠疇蕙田側
浦氏出乾隆丙辰
浦以蕙田貴馳
贈孺人候馳　贈
太夫人蕙田嗣易
然後女一撫甥女
王適邑增生劉瞻
櫓
塟新安鄉鶴嘴之
新阡元配徐太夫
人繼配胡太夫人

惠疇

字耕畯一字藝菉
郡庠生康熙戊
寅五月廿三卒乾
隆丙寅九月廿五
配華氏庚子舉人
希閔女生康熙己
卯前七月廿七卒
乾隆戊辰二月十
八子二體鈞鳴鈞

體鈞

月廿七子六道然 葬南塘祖塋之昭
實然祖然易然明然側浦太夫人祔葬
然壽然道然吳出 新阡
實然華出祖然易
然明然壽然側費
氏出費氏侯 贈
太夫人實然嗣松
岱後女二適太學
封文林郎揚州府
教授王世善吳出
適諸曰芭側出
合葬南塘

祖然

字萊士國學生生康熙丁巳正月十一配胡氏太學曾栢女生康熙戊午十月初二卒康熙戊子四月廿八子二瑤田恩田

瑤田

字耕白邑庠生生康熙辛巳十一月十六配鄒氏聖宗女生康熙巳卯三月廿六子二文鎬文鏡女三一適華炯然一適鄒維墉

文鎬

文鏡

一適崑山候選州
佐徐德豊一適葴
貢生杜玢一適蔡
胡出一適黄側出
一未字

恩田

字耕蔭生康熙癸
未六月十七配王
氏候選州同知佐
女生康熙癸未十
月廿七子二文鎔
文鍵女一未字

文鎔

文鍵

易然

字香山邵庠生生
康熙庚申七月初
三卒康熙壬午十
月十七乾隆丙辰
以蕙田貴
覃恩贈文林郎翰
林院編修候　贈
資政大夫禮部右
侍郎配顧氏璘女
贈孺人候　贈
太夫人生康熙己
未四月廿八卒康
熙癸未九月十三
嗣道然子蕙田

蕙田

字樹峯號味經由
國學生中雍正乙
卯江南鄉試乾隆
丙辰會試登金德
瑛榜第一甲第三
名賜進士及第授
翰林院編修
欽命南書房侍直
給假治本生生母
丧丁巳還朝充順
天鄉試同考官京
察一等加一級辛
酉纂修一統志告
成議叙紀錄三次

泰鈞

鼎鈞

合鏊吉龍橋

充順天鄉試同考官京察一等加一級充順天武鄉試副主考壬戌欽命上書房行走充會試同考官癸亥四月陞侍講六月陞右春坊右庶子掌坊事八月陞通政司右通政十一月陞内閣學士兼禮部侍郎乙丑陞禮部右侍郎丁卯給假治本生父喪戊辰五月奉旨特召補授禮部

左侍郎生康熙壬午十月十九配侯氏太學承埰女侯封夫人生康熙壬午七月十七子三泰鈞復鈞鼎鈞

復鈞生雍正戊申八月初五乾隆乙丑七月初二殤女一字嵇

明然

字後渠國學生候選州佐生康熙癸亥三月廿六卒雍正甲辰十一月初九配周氏國學普女生康熙癸亥九月十九卒康熙乙酉六月十六繼施

周田

字耕澧生康熙戊戌閏八月初二配方氏國學朝梓女生康熙丁酉七月廿二子一宏鈞

宏鈞

氏丙午孝廉刑部郎中焻曾女生康熙癸亥四月十四卒康熙壬辰四月十三又繼施氏庠彥廷瓚女生康熙癸酉七月十五乾隆甲子彙題　旌節子一周田女二一適太學周澧一適歙縣刑部主事吳震生

壽然

字人鑑邑庠生生

鄉田

字耕祿國學生生

慶鈞

康熙丙寅五月初康熙戊子九月廿
四配劉氏庠彦貽一配鄒氏太學文
安女生康熙丁卯一女生康熙丁亥
三月初五子三鄉十月十六子一度
田杏田聖田女二鈞女一未字
一適庠彦朱必江
一適貢生周奕濬

杏田

字耕魯生康熙丁
酉九月廿二配鄒
氏歲貢士駿女生
康熙庚子四月十
五卒乾隆甲子十
月初七

聖田

字耕禮生雍正戊申四月十五

松岱

字赤仙號燈巖附例國學生生崇禎戊寅八月十九卒康熙丙寅二月十二祭祀東林道南祠配邵氏庠彥儒炳女生崇禎戊寅九月初十卒康熙

實然

字涑子號慎菴邑增例貢生生康熙乙巳三月初二配鮑氏太學鳳起女生康熙庚戌十二月初二卒雍正壬子十二月十一子一春田女五一適

春田

字耕和國學生生康熙丙子十月初八配呂氏貢生命榮女生康熙甲戌八月十八卒雍正庚戌五月廿七繼黃氏吳縣候選州佐昌淳女生康熙

鴻鈞

龍鈞

廣鈞

應鏞

應鐸

辛巳三月初四嗣崑山貢士徐德宗丙戌正月十一子
子二一嗣松齡子一適太學錢孫繩六鴻鈞龍鈞廣鈞
實然一嗣松衡子一適太學侯臨一呂出應鏞應鐸鳳
舜燕女一適太學適顧慶元鮑出一鈞女一未字黃出
錢駿
適侯兆錫側出
合葬大池灣

鳳鈞

舜燕

字姚升邑庠生生
康熙乙巳七月十
二卒乾隆戊午十
二月十一壽七十
四配高氏庠彥酉
生女生康熙丁未
正月初六卒康熙
庚子十月廿四子

中威

字孫儀生康熙巳
巳九月十六將娶
卒康熙戊子正月
初九聘顧氏庠彥
徐乾女生康熙戊
辰八月廿一聞訃
守貞乾隆戊午題
旌嗣鏃子鈁

鈁

二中威鐖女三一適周鍾英一適庠彦薛日孜高出一適江陰汪側出

鐖

字吉士一字石門國學生考授州判改遐縣丞協理江南水利告成議叙即用生康熙庚午九月廿八配楊氏庠彦芳菲女生康熙庚午七月十三子三鈁鉷釶鈁嗣中威後女二一適太學錢大坤一適太學楊祖烈

鉷

釶

德藻 仲錫次子

字以新號海翁恩貢生以松齡貴覃恩貤封文林郎翰林院庶吉士加一級丙辰丙寅戊辰三舉郡邑鄉飲賓候貤贈資政大夫禮部左侍郎生萬曆丁巳二月初四卒康熙辛巳五月初七壽八十五配享惠山雙孝祠配侯氏丁丑進士戶部主事毘銘女

松期

字邳仙號潄園邑廩貢生應康熙乙卯廷試選蒙城縣學訓導改授翰林院孔目乙未舉鄉飲大賓續輯宗譜世系甲午獨力付梓生崇禎庚辰十一月初七卒康熙乙未十月初七壽十十六配享惠山雙孝祠配黃氏癸未進士歸安知縣鑣諧女生崇禎辛巳

始然

字元獻號丹山鄰庠貢生生康熙乙戌五月初五卒乾隆丁卯八月十五壽七十八配高氏庠彥蓮生女生康熙己酉十月廿二卒乾隆丁卯正月廿九壽七十九子四藍田二田天田鵬程女三一適顧昉一適貢生錢孫宜一適太學王烔

曾

藍田

字耕鱗國學生生康熙丁卯六月廿七配侯氏太學承琛女生康熙丁卯八月十五子四秉鈞和鈞調鈞鍾霊女二一適太學考選主簿楊廷槐一未字

二田

字耕爻國學生生康熙辛未二月十

秉鈞

和鈞

調鈞

鍾霊

樂鈞

封孺人倪氏貤贈
太夫人生萬曆丁
巳二月廿五卒順
治庚子八月十六
子六松齡松期松
喬松如侯出慧航
松虬側出松齡嗣
德澄後慧航出姓
倪女一適太學侯
麟然
合塟孔山唐灣

十一月廿八卒康
熙甲辰十二月廿
四繼鮑氏丁亥進
士樂安知縣鳳伋
女生順治戊子八
月廿四卒雍正乙
巳九月十三壽七
十八子五始然軒
然存然起然瑞熙
鮑出女四一適封
中憲大夫顧起佐
黃出一適太學侯
承垛一適太學王
起福一適太學華
文熹鮑出
合塟蘇州吳縣和

一配王氏太學起
福女生康熙壬申
十月初十子二樂
鈞宏鈞女二一適
王陛一適倪徵蘭

宏鈞

天田

字耕漢生康熙甲
戌四月十七配華
氏歲貢虞奏女生
康熙甲戌十月廿
七子一文鉒側出
女四一適顧一適
薛二未字

文鉒

安山乾山巽向
黃氏葬唐灣父塋
之昭

軒然
字二南號敬夫郡
增例貢生生康熙
甲寅十月初四卒

鵬程
字耕籌國學生生
康熙丙子二月十
五配侯氏太學侯
封文林郎元巘女
生康熙丁丑十二
月廿八子一陶鈞
側出女二一適崑
山郡庠徐傳芸侯
出一未字側出

琬
字耕新原名雲田
生康熙辛巳二月
初三配侯氏太學

陶鈞

雲錦

文錦

雍正壬子七月廿七卽三韓祖氏荆南道孫議澤深女生康熙癸丑十月十九子三琥弘錦鱗女三一適信宜知縣呂泓基一適太學黃世弼一適太學顧升錦鼇懷仁鄉鴨城橋新阡

文鼎女生康熙巳卯正月廿三子四雲錦士錦文錦晝錦士錦嗣弘後女五一適廩生黃世錫四未字

弘

字耕稼原名稽田郡庠生生康熙甲申七月初八卒雍正丁未六月廿八配侯氏太學墳女生康熙乙酉二月十六子一嗣琥子

晝錦

士錦

士錦

塟鵬城橋父塋之穆

錦鱗

字耕賞太學生生康熙乙酉十一月十四配華氏太學文熹女生康熙戊子七月初九子一廷鉉女四一適吳一適滕守默二未字

廷鉉

存然
字三緘邑庠貢生字耕釆太學生生生康熙庚申正月康熙戊寅九月初初四卒雍正丁未十配尤氏太學源六月廿一配顧氏功女生康熙丙子太學岙女生康熙六月廿五卒乾隆巳未正月初五子癸亥二月初二子一圭田女一適周二鏊銓女七一適一永祺

圭田
侯晝錦一適朱宗瀛一適吳德琦一適周鳳集餘未字

鏊

銓

起然
字四知國學生生字耕方原名寸田

時

銑

康熙壬戌二月廿三卒康熙己丑六月十六配周氏廩貢候選教諭粲珩女生康熙癸亥八月十六卒乾隆丙辰七月十五年二十七而寡守節撫孤乾隆丙辰題旌崇祀詔建貞節祠子一時女二一適呂適孫一適張世謙

瑞熙

國學生生康熙癸未六月廿一配施氏己卯舉人山西平陽府萬泉知縣宏任女生康熙乙酉十月三十卒雍正己酉二月廿九繼丹陽皇塘荆氏太學蕃女生康熙壬辰九月初六子四銑釚施出錦鈽荆出女二一施出一荆出

兆雷

釚　錦　鈽

仁鉷

字五軺郡庠貢生字豫吉國學生生
生康熙辛未三月康熙壬寅八月十
初十配周氏康熙七配楊氏太學洛
壬戌進士浙江台南女生雍正癸卯
州府太平知縣宜正月十五子一仁
振女生康熙癸酉鉷女二
二月十九子一兆
雷女一適華明寰
俱側出

松喬

孝然

玉田

鉥

字晁仙號卧雲郡字石經號慕廬邑字耕烟生康熙庚
庠增例國學生以庠生鄉飲大賓生申四月十六配王
子靖然　覃恩敕康熙壬寅二月初氏太學封文林郎
封儒林郎翰林院八配顧氏丁亥進揚州府教授世善

仙鑾

庶吉士加一級舉士廣東督學鏞女
鄉飲大賓生崇禎生康熙癸卯正月
壬午十月廿一卒初六卒康熙壬午
雍正癸卯十二月十二月廿五子七
十七壽八十二配玉田鶴田在田鳳
享惠山雙孝祠配雨田南田荷田荷
高氏庠彥蓮生女田幼撫於文然女
敕封安人生崇三一適太學王三
禎癸未三月廿二錫一適山陽太學
卒康熙丙申七月周禎孫一適呂梁
十九壽七十四子
三孝然靖然文然
女二一適太學侯
承基一適太學周
金蘭
合塟漈塘

女生康熙庚申閏
八月十一子二鉌
仙鋆女二一適賈
洪音一適莫桂

鶴田

字耕九生康熙壬
酉九月廿三配楊
氏太學鍠女生康
熙癸亥十一月上
一卒乾隆丙辰二
月十八子一商鑾
側出女六一適華
曾望一適吳旦一
適薛玉田一適黃

商鑾

進元一適張大酉
一適朱敬哉

在田

字耕雲生康熙壬
戌九月廿六配鮑
氏太學維屏女生
康熙乙丑六月初
二卒雍正甲寅八
月廿六子二筌鏊
鮑出鏊側出女四
一適江陰太學張
炳一適王太鶴一
適吳樹禮一字山
酉劉

筌

鑾

鏊

鳳

字耕若國學生考授州吏目生康熙丁卯十月廿七配過氏廸女生康熙巳巳四月十八子一殿鏊側出撫雨田女適顧一泓

殿鏊

雨田

字沛霖生康熙乙亥四月三十配朱氏太學沅女生康熙癸酉十月初九

鑾昇

和鑾

子二鎏昇和鎏女四一適丁沛一撫於鳳一字郊補嚴一幼育於周

南田

字漢陽生康熙丙子八月十二配李氏文斗女生康熙辛巳七月廿七子四祥鎏鳴鎏調鎏星鎏女四一適邑庠張瑚一適朱龍馭一適金秉智一適太學李灘來

祥鑾

鳴鑾

調鑾

星鑾

靖然

字藥師號陶菴郡廩生康熙丁丑拔貢中康熙辛卯順天鄉試壬辰會試登王世琛榜進士選翰林院庶吉士癸巳授編修萬壽覃恩加一級敕授儒林郎生康熙癸卯六月十五卒雍正丙午七月廿三壽六十四配張氏壬辰進士翰

力田

字耕仁太學生生康熙辛未九月十九配殷氏太學堯臣女生康熙癸酉八月十五卒乾隆巳未十二月十四 子三晨鐘應鐘廷鐘晨鐘年二十而殤女四一適太學丁琦一適胡霞標一適倪國翰一未字

應鐘

廷鐘

林院侍讀允欽女
敕封安人生康
熙癸卯七月廿三
卒雍正辛亥十月
廿九壽六十九子
三力田研田張出
餘田側出女五一
適周焞一適安慶
訓導丁詮一適候
錫士一適太學倪
隆祚張出一適倪
宮桂側出
合葬軍嶂山

研田

字耕紅由太學生
中雍正癸卯　恩
科副榜候選儒學
教諭生康熙丁丑
二月廿五卒雍正
甲寅五月廿九配
張氏庠彥鳳岡女
生康熙戊寅十月
初六卒乾隆丙辰
三月初九子三宏
鐘黃鐘萬鐘女三
一適華安國一適
朱照一適安鳳儀

宏鐘

黃鐘

萬鐘

合葬漴塘山

餘田

字耕留生康熙巳亥十月初五配夏氏太學時霖女生康熙戊戌六月十八卒乾隆丁巳七月廿八繼鄒氏乙卯舉人烈女生康熙丁酉九月初九子三宮鐘獻鐘嵒

宮鐘

獻鐘

嵒

文然

莘田

鑄

字中子國學生生康熙甲辰六月十三卒康熙丙子十二月廿四以子莘田　覃恩敕贈文林郎湖南長沙府益陽縣知縣配顧氏太學宣侯女生康熙乙巳九月初七卒康熙辛未四月廿九　敕贈孺人繼顧氏庠彥璡女守節　詔旌　敕封孺人生康熙癸丑九月廿六卒乾隆丙寅五月廿

字耕樂號待軒由邑庠生中雍正甲辰江寧副榜丙午江寧鄉試癸丑會試登陳倓榜進士任湖南益陽縣知縣乾隆丙辰覃恩敕授文林郎充湖南鄉試文闈同考官戊午充湖南鄉試文武兩闈同考官繼調湖南永順府保靖縣知縣在任三載以母老告請終養回籍生康熙甲戌九月

鏤

九壽七十四崇祀廿九配侯氏太學
語孝貞節祠子芊承基女 敕封孺
田繼顧出又撫孝人生康熙癸酉二
然子荷田女一適月廿三卒乾隆乙
顧道復前顧出丑七月初一子二
合葬藕蕩橋鑄鑁女三一適朱
宗洄一適華鏊泰
一字高

荷田

字耕素生康熙巳
卯八月十六配程
氏太學琮女生康
熙庚辰七月十三
子二鉞鍔女二一

鉞

鍔

松如
字亦仙國學生任廣東高州府吳川縣知縣辛酉覃恩敕授文林郎生順治丁亥六月二十卒康熙戊戌正月廿八壽七十二崇祀吳川名宦祠并建專祀又配享惠山雙孝祠配陳氏庠彥允謙女敕贈孺人生順

憲然
字式度號學圃附例太學生候贈文林郎生康熙甲辰十二月初六卒乾隆壬戌十二月廿六壽七十九配王氏歲貢贈文林郎江西雩都縣知縣淑高女生康熙癸卯七月廿二卒康熙庚寅十一月廿九候贈孺人子二

未字一字孫
雲會
字元臣號起淵由邑庠生中雍正壬子江寧鄉試候選知縣生康熙辛巳十二月廿七卒雍正癸丑八月二十候贈工部主事配武進蔣氏廩例太學高驥文候封安人生康熙巳卯閏七月廿七子二朝釪廷釪女一適大

朝釪

廷釪

治丁亥七月廿一一嗣恬然子雲會學杞錫孚
卒康熙癸丑二月一雲萬側出
十二子五悳然敬合葬馬鞍塢
然恬然陳出榮景
然側出女四一適
庠彥顧徐乾一適
太學倪之烈陳出
一適薛撫辰二十
一而寡苦節四十
年乾隆已未詔
旌一適歲貢孫龍
蓀側出
合葬蕭家湾

雲萬
字程九國學生生
康熙庚子二月廿
二配楊氏國學淵
儒女生康熙庚子
十二月初六子一
紫釪女二

紫釪

敬然
字學伊邑庠生候
貤封文林郎翰
林院編修生康熙
丁未三月初三配

昆田
字漢珍國學生生
康熙丁卯二月初
八配黃氏歲貢芹
森女生康熙丁卯

銘思

高氏太學貽贈文林郎四川南溪縣知縣並生女候貽封孺人生康熙丁未七月十二子二昆田東田奉父命昆田嗣伯兄愿然後以嫡長立爲冢孫後奉伯兄命以側出有子立議歸宗

二月廿四卒乾隆丁巳正月十一子二銘思鍾瑞女四一適楊原汶一適太學虞士玉一適雍正癸丑進士交城知縣侯齡一適太學華汝綸

東田

字暘谷號約齋鄒增生候　封文林郎翰林院編修生康熙庚午十一月初八配顧氏封中

鍾瑞

鏷

鑽

憲大夫起佐女候
封孺人生康熙癸
酉十二月初九子
三鑅鑛鍠女一適
邑增生王千仞

恬然

字師石號儉齋邑
庠生以子旬
覃恩敕封文林郎
山東濟南府齊東
縣知縣候贈承德
郎生康熙庚戌十
二月初四卒乾隆
丙寅正月十五壽

鍠

星田

字皋榆郡庠生生
康熙巳巳九月初
四卒康熙壬辰十
月廿二配王氏太
學封文林郎揚州
府教授世善女生
康熙巳巳六月廿
九年二十四而寡

元釗

七十七配楊氏巳未進士行人司行人泓女　敕贈孺人候贈安人生康熙丁未七月廿七卒康熙辛丑五月十九子五星田甸雲翼雲會雲衢雲會嗣悪然後女三一適太學顧師錫一適高炯一適楊濟合塟小嶺灣

乾隆辛酉題旌子一元釗

旬

字中馭號毅齋由邑庠歲貢生中雍正丙午江寧鄉試丁未會試登彭啓豐榜進士巳酉充江西同考官辛亥任山東濟南府齊東縣知縣丙辰覃恩敕授文林郎戊午充山東文武兩闈同考官巳未

文釗

武釗

行取奉 旨以部
主事用在任候陞
辛酉充山東文闈
同考官壬戌兼攝
齊河縣事癸亥兼
攝歷城縣事甲子
充山東武闈同考
官乙丑特調萊州
府濰縣知縣丙寅
丁外艱回籍生康
熙辛未二月廿八
配楊氏庠彥孫抃
女 敕贈孺人生
康熙辛未十一月
十五卒雍正乙巳
六月十四繼江西

大釗

祖釗

齊釗

張氏光祿大夫襲爵留侯正一大眞人繼宗女　敕封孺人生康熙壬午十一月十四卒乾隆戊午四月廿二子五文釗武釗大釗祖釗齊釗

雲翼

字稼士一字進之邑庠生生康熙巳卯八月廿四配侯氏太學埧女生康熙巳卯九月廿二

鼎銘

新銘

子二昺銘新銘女二一適高均一未字

雲衢

字天門附例太學生生康熙戊子十二月二十配華氏太學文熹女生康熙丁亥七月十七子三士鈖士鎔士鍈女二一字顧一字錢

士鈖

士鎔

士鍈

榮

字希敏號素村國學生候封文林郎生康熙壬戌二月初六配吳氏庠彥穎銳女候封孺人生康熙壬戌三月十四子二鳳翼孫田女二一適乙卯拔貢四川南溪縣知縣高有懷一適溧陽乾隆丁巳探花翰林院編修任端書

鳳翼

字賡梧號蓁亭由國學生中乾隆戊午順天鄉試經魁　三朝實錄館議叙即選知縣生康熙戊子七月十二卒乾隆庚申九月十三配薛氏撫辰女生康熙丁亥八月二十卒乾隆癸亥十一月十三子一泰初女二一適常熟太學蔣元燈一適太學鄒企鉽

泰初

景然
字虞光生康熙丙寅四月十五卒康

合葬馬鞍塢

孫田
字耕曾國學生生康熙辛卯二月初三配高氏庠彥贈文林郎嶒女生康熙辛卯七月廿三子四復初籌初瑞初裕初女一未字

孟堅
字耕存國學生生康熙丙戌十一月

復初

籌初

瑞初

裕初

鎬

熙丙戌八月廿八
配華氏歲貢棟女
生康熙癸亥十二
月初十卒雍正巳
酉七月廿一年二
十四而寡守節撫
孤乾隆辛亥題
旌崇祀詔建貞節
祠子一孟堅
合葬青龍山雞坑

十五卒乾隆巳未
十月初一配周氏
庠彥金蘭女生康
熙戊子十月廿二
子一鎬女四一適
丁一適吳一適鄒
一繼周

松虬

字龍仙國學生生
康熙丁未十二月
初十卒康熙庚辰

純然

字師范國學生生
康熙丙寅九月初
九卒康熙辛卯五

禹田

字耕岵生康熙乙
酉十二月二十配
顧氏太學山民女

九月二十配吳氏
庠彥公傳女生康
熙乙巳九月初三
卒康熙辛未閏七
月十一繼胡氏曾
來女生康熙乙卯
十二月廿九卒康
熙辛巳八月廿五
子四純然修然吳
出竹然處然胡出
女二適劉適王
塟開化丁石橋

月十三配呂氏太
學平齋女生康熙
丙寅三月廿七年
二十六而寡撫孤
守節乾隆戊午題
旌子二禹田份田
塟龍山馬鞍塢

修然

字學歐郡庠貢生
生康熙庚午六月
初五卒康熙戊戌

生康熙丙戌十一
月廿一

份田

字耕雅生康熙庚
寅七月初十配胡
氏太學安沂女生
康熙己丑正月十
二子二錦鈐

見田

字耕餐生康熙庚
寅十二月初二配
周氏歲貢元起女

錦

鈐

八月廿六配倪氏生康熙戊子十二
候選知縣亮采女月廿四女二一未字
生康熙庚午十月
廿七卒康熙戊戌
八月初一子一見
田女一適費
墊開化漆塘

竹然

字企唐國學生
康熙丁丑九月十
八卒雍正庚戌五
月十七配張氏太
學旭文女生康熙三
戊寅六月十三卒

畇

生字耕心生康熙庚
子十月初一配張
氏太學廷楷女生
雍正戊申十月初

康熙巳亥正月初六繼張氏太學曲江女生康熙庚辰十二月初八子一畇女二一適華一來字葬龍山馬鞍塢

處然

字宗周生康熙己卯十一月二十配顧氏太學繹斯女氏生康熙丙子十一月廿二卒雍正癸丑七月十五繼張氏

經畬

字耕明生康熙壬寅九月十八配周氏生雍正癸卯八月初二卒乾隆辛酉正月初一

經畯 子二經畲經畯犀出

字耕含生雍正丙午六月初六

中嘉

辰燕

松衡

德湛 仲錫三子

字以雪郡庠生生字漢仙一字開雲字警心號念修郡字賓樂生康熙壬寅萬曆己未六月十郡增生啟入國學廩生康熙癸未歲申七月初九配倪六卒康熙乙卯六候貤贈文林郎生貢候選訓導生康氏燕謀女生康熙月初五配顧氏孝崇禎癸未三月十熙癸卯正月廿八癸酉十二月初二廉與浹女生泰昌七卒康熙丁酉二卒康熙癸巳五月子一長庚女三一庚申八月十九卒月二十壽七十五初七配胡氏庠彥適龔　一適過康熙戊申七月初配吳氏庠彥岡女鸛女生康熙乙巳鵬飛一適蔡兆禎六子三松岱松衡候貤贈孺人生順二月初九卒康熙松華顧出松岱嗣治乙酉十一月廿壬申十月初一繼

長庚

德澄後女一適庠 四卒康熙戊戌六 倪氏庠彥彪女生
彥王起祚側出 月十七壽七十四康熙癸丑正月十
合塟蘇州府吳縣 子三辰燕舜燕昌四子三中嘉胡出字岳峙邑廩生生
寶華山新阡 燕舜燕嗣松岱後 甲立中瑛倪出女康熙乙亥四月廿
女五一適癸巳經四一適壬子舉人二卒乾隆癸亥十
元高躍龍一適太周永禧一適太學一月廿二配倪氏
學侯嘽一適太學馬弘文一適周人其極女生康熙丙
蔡斌一適邑庠劉鳳一適庠生施宗子六月廿五子四
在晉一適郡庠周璐
金蘭
合塟蘇州府吳縣
錢家塢新阡

中立

鎮鉉鑑錢鍹生康
熙丁酉三月廿七
乾隆辛酉十月初
四年二十五而殤
女一適華履泰

中瑛

鉉 鑑 錢

字用明邑庠生生康熙丁丑五月初十配蔡氏太學斌女生康熙丙子十一月廿一卒乾隆乙丑五月廿一

昌燕

字芑祥號伴鷗邑庠生候贈文林郎生康熙丁未正月廿一卒雍正壬子十月十七壽六十六配楊氏孝廉淵女生康熙丁未三

日至

字來初生康熙丁卯四月初三配嵇氏太學曾翼女生康熙己巳十月十二子一學乾女一適王公輔

學乾

月十九卒雍正癸丑七月廿二候贈孺人壽六十七子五日至知至思慶川至大呂女一適庠生楊濂合葬馬鞍塢新阡

知至
字行健邑庠生生康熙戊辰五月初九配楊氏太學鋌女生康熙戊辰十二月初一子二始乾承乾

思慶
字偕梅邑庠生生康熙壬申五月廿四配高氏癸巳經元踞龍女生康熙甲戌八月十一子

始乾

承乾

如金

若金

二如金若金女二
一適庠生華廷相
一適倪夢熊

川至
字巨濟生康熙甲
戌十月十四卒乾
隆丙辰九月十五
配華氏恩貢崧女
生康熙壬申六月
廿八子三鼎鐘鎮
女三一適楊廷禎
一適蔡焜一未字

鼎　鐘　鎮

大呂

字人俊號咸齋由
國學生中雍正丙
午江寧鄉試壬戌
會試登金甡榜進
士改授江寧府學
教授生康熙戊寅
十一月十八配惠
氏太學爾璋女生
康熙丙子五月初
八女二一適國學
丁鴻起惠出一未
字側出

松華

字瀛仙號位西邑庠生康熙丁巳歲貢授汀浦縣教諭陞四川叙州府筠連縣知縣以孫勇均貤贈文林郎內閣撰文中書舍人候貤贈中憲大夫生順治丙戌六月初十康熙甲戌九月十八卒於官崇祀筠連名宦祠配胡氏淸和知縣王賓女貤贈孺人候

曾榮

字沂公邑廩生雍正癸卯恩貢候選教諭以勇均貴　恩敕贈文林郎內閣撰文中書舍人候贈中憲大夫生康熙乙巳正月初八卒雍正戊申十二月廿六壽六十四配王氏太學洸高女　敕贈孺人候贈恭人生康熙癸卯五月初十卒康熙庚午二月

秉均

字治資太學生生康熙乙丑正月十五卒雍正乙巳六月初三配施氏孝廉寧都知縣謙吉女生康熙甲子四月初六子四銖二西五錧萬鎰女一適庠生范晉

義均

字敬資生康熙戊辰七月廿八配高

銖

二西

五錧

萬鎰

兌麗

貤贈恭人生順治丙戌十月廿六卒康熙丁亥十二月廿八壽六十二子四曾榮胡出琦榮博榮弼榮側出女二適歲貢倪之熺胡出適胡安泉側出合葬天授落霞橋新阡

初九繼徐氏庠彥鉞女　敕封孺人候封恭人生康熙乙卯正月初一子八秉均義均王出履均智均信均勇均直均恕均徐出女四適歲貢朱廷銘太學馬景文王出適太學范章聖適周永敞徐出

氏孝廉躍龍女生康熙戊辰十月初八子二兌麗申受女一字程榮愷

履均

字立資生康熙丙子八月十三配周氏太學金華女生康熙丁丑八月初九卒雍正甲辰八月廿二子一朝昺

智均

申受

朝昺

雨金

字鑒資太學生生康熙丁丑十二月十六配朱氏太學紫章女生康熙丙子十一月十六子五兩金士銳蘭金蓮錦式金女二一適江陰夏澍一字任廷錫

士銳

蘭金

蓮錦

式金

信均

字成資考授公府典籍廳生康熙庚辰正月三十配妻氏太學雲女生康

士鋐

熙癸未十二月廿
三子一士鋐女一
未字

勇均　鼎雲

字健資號梓川由
邑庠生中雍正甲
辰江寧鄉試乾隆
丁巳補授內閣撰
文中書舍人己未
會試登莊有恭榜
第一甲第三名賜
進士及第授翰林
院編修充乙丑會
試同考官特簡江
西九江府知府生

康熙辛巳十月廿九配徐氏紹容女生康熙壬午十二月初四子一鼎雲女一未字

直均

字正資生康熙乙酉九月廿八配朱氏太學聞賓女生康熙壬午十二月十七卒雍正巳酉十二月廿二繼華氏庠彥維烈女生康熙乙酉五月三

鍾秀

鍾雋

琦榮
字魏公生康熙丁卯七月廿八配胡氏貢生永祺孫女

十子二鍾秀鍾雋
華出

恕均
字萬資生康熙癸巳三月三十配崑山高氏庠彥式亮女生康熙乙未三月廿八

度均
字象儀生康熙庚子三月初一配華氏太學存誠女生

生康熙癸亥正月康熙庚子十月廿
廿七卒康熙辛卯二
繼龔氏庠彦浩女
生康熙癸酉十月
十二子二度均成
均女四適楊永初
適太學薛懿爵適
龔潢一未字俱龔
出

博榮

字潞公生康熙辛
未十月廿二配范
氏太學鏐女生康
熙甲戌九月十五

成均

字映奎生雍正辛
亥三月廿一

體均

字世綸生雍正乙
卯三月初六

子一體均女二適
方生榮適唐濟和

弼榮
字鄭公生康熙甲戌十一月廿一配錢氏太學仲明女生康熙甲戌正月十三子三毅均道均翼均女一適黃叔本

毅均
字弘聲生康熙丁酉十二月十八

道均
字廣生生康熙辛丑八月廿七

翼均
字大匡生雍正乙

德滙 耀之曾孫 叔銘子

字以聚生康熙庚辰正月初六卒康熙巳亥六月初九配朱氏生康熙戊寅十月十九卒康熙戊戌正月廿三繼黃氏嗣德滋子

松壽

松壽

字南如生康熙壬子八月初八卒雍正甲寅十二月初一配倪氏生康熙乙卯七月廿六卒乾隆壬戌七月十六子四嘉熙紹熙

國熙明熙

嘉熙

字希周生康熙巳卯二月十四子一堯天女一側徐出

紹熙

字遵六生康熙甲申六月廿二卒雍正壬子十月十九

國熙

巳七月廿四

堯天

字○○生乾隆巳未二月十七

字右章生康熙戊子六月廿七

明熙
字右鳳生康熙丙申七月廿七

日新 耀之曾孫 鏸之子
字映碧邑廩生癸丑歲貢任旌德靈壁儒學訓導生天啟丁卯二月初二卒康熙己巳六月三十壽六十二配

棟
字大士原名惟梵國學生生康熙乙卯十二月廿三卒康熙癸未十月廿二配邵氏歲貢維勲女生康熙丁巳

元煥
字堯文生康熙甲戌八月廿六卒雍正辛亥九月初四配嵇氏贈文林郎曾翼女生康熙丙子正月十二子二

紹奎
字斗初生康熙戊戌九月二十配唐氏生雍正癸卯八月初七子一鑫女一

鑫

華氏繼顧氏生順四月廿八卒雍正
治巳丑八月初十乙卯四月初五苦
卒雍正丙午七月節受旌崇祀　詔
初九壽七十八子建貞節祠子一元
五棟繼霖宗李顧煥女一適嵇
出崇祀宗朱側出埜娘娘堂祖塋
女三適吳庠楊俞
音　特恩旌節華
出適贈文林郎嵇
曾㬎適周俱側出
埜巢黃涇新阡

紹奎紹珍

繼霖

字貞生郡庠生生
康熙丁巳七月二
十卒雍正丙午十
二月三十配許氏
生康熙戊午四月
廿五卒乾隆丁巳
十月初二壽六十

元炳

字蔚文生康熙丁
亥九月初八配華
氏戊午舉人純曾
女生康熙甲午九
月廿四子二紹基
紹琛

紹珍

字斗南生雍正巳
酉正月初十配
氏

紹基

字肯堂生乾隆丙
辰十月廿二

紹琛

字朝卿生乾隆癸
亥九月初十

子一元炳

宗李

字天御生康熙巳字明章生雍正乙未三月初六卒乾巳十一月廿一隆辛酉八月十五壽六十三配薛氏生康熙辛酉十月廿九卒乾隆乙丑八月初五嗣宗朱子文烜女一適戊午舉人鄒雲城

文烜

宗程

文煋

字元公生康熙甲子十二月初五卒康熙丙申十月初九配徐氏生康熙癸亥六月十五卒缺子一文煋

字成德生康熙癸卯十一月十六出外無考

宗朱

字際泰生康熙戊辰十二月十二配蔡氏生康熙丙子正月初一子二文炟文煐文炟嗣宗李後女一適顧

文煐

字明翰生雍正壬子七月廿九

淏 鏸次子 無嗣
字石泉生崇禎庚午五月廿五卒順治癸巳配華氏生卒缺

潔 鏸三子
字紫濤號轉時太學生生崇禎壬申七月初三卒康熙乙未十二月初四壽八十四配華氏生崇禎辛未十一月初六卒康熙丁

維藩
字天培號介人歲貢生生康熙戊午三月十一卒乾隆戊午四月初七壽六十一配何氏贈文林郎其達女生康熙丙辰十二月

元勳
字毓甲生康熙甲戌九月初一配倪氏太學之勳女生康熙乙亥九月廿六子一方琦女三一適太學楊廷椿一適薛一適朱

方琦
字用錫邑庠生生康熙癸巳四月初四配朱氏生康熙丁酉十月二十

卯三月十九子二十二維藩維蕃側胡出女一適施然苦節受旌側邛出塟娘娘堂父塋

卒康熙庚辰正月十七繼徐氏州佐公開女生康熙甲寅十二月廿六卒乾隆丙寅十月初四子五元勳何出龍旂龍章龍衮龍勛徐出女一適庠彦華應炎何出
塟娘娘堂祖塋

龍旂
字銘常原名紀勳邑增生生康熙壬午六月十二配范氏歲貢璦女生康熙壬午七月十四卒雍正乙巳六月十九繼華氏卒繼鄒氏生康熙戊子六月十五子二起南在復俱范出在復嗣龍章後

起南
字翼雲生康熙辛丑十一月廿七配青陽沈氏生康熙庚子五月初一子一廷錦

廷錦

龍章　在復

字竹書號荆村原字見心生雍正癸
名策勲邑庠生生卯十二月十六配
康熙癸未六月初塗氏候選州佐永
四卒雍正乙卯正年女生雍正庚戌
月十一配蔡氏卒十月初一
嗣龍旂子在復女
一適何
合葬娘娘堂祖塋

龍袞　玉瑛

字漢英原名麟勲字文祥生雍正壬
生康熙乙酉八月子十一月十一
廿八配徐氏候選
州佐建東女生康

熙戊子十月廿一
子二玉瑛仁寶女
一

仁寶
字國瑞生乾隆丙
寅五月初六

龍誾
字玉調原名誾勲字懷光生乾隆壬
附例太學生生康戌五月廿二
熙戊子四月初五
配張氏壬辰進士
鏞女生康熙丁亥
四月廿二子一璡
瑜女三

璡瑜

繼棻

字天馥生康熙丙寅三月廿七卒雍正甲辰八月初七配顧氏庠彥申侯女生康熙甲子五月初五卒乾隆巳未子四奕勳叙勳建勳晉勳

塋娘娘堂祖塋

奕勳

字亦大生康熙丁亥二月廿五卒康熙壬寅九月十一聘施氏太學廷表女生康熙丙戌八月初二年十七聞訃守貞

叙勳

字有典生康熙戊子閏三月初二配錢氏內黃縣知縣勝先女生康熙丙

在升

戌二月廿二子一
在升女一

建勳
字聿俊生康熙壬
辰三月初五

晉勳
字階升生康熙甲
午十一月初六

光第
字祖耀生康熙己

宗桯
字愿起生康熙戊

景淳　鏸四子
字鑑碧生崇禎戊

寅九月初八卒康熙癸未九月初九壽六十六配高氏生崇禎壬午三月十九卒康熙巳未六月十四繼惠氏生順治丙申七月十九卒雍正戊申正月十一壽七十三子三宗柽宗枋高出宗林側出女三適太學湯煒高出適庠彥惠敷截側出適顧怡惠出合葬娘娘堂前

申七月初四卒雍正癸丑九月初二壽六十六配薛氏吳庠陳鑑女生康熙壬子十月十三卒雍正乙卯九月十二壽六十四子二光第光斗女二適尤迴華

宗枋

字鳳來生康熙辛亥四月十二卒雍正甲寅八月十四壽六十四配顧氏二月初五

卯十月初六

光斗

字祖文生康熙甲午正月廿九

光仁

字丕承生康熙庚午十月廿二配朱氏生康熙癸酉十二月初六卒乾隆

振基

字大凝一字玫峰生康熙辛五二月十三聘顧氏生雍正癸卯十月初五

生康熙辛亥八月甲子十一月初五
初四子四光仁光子一振基女二一
義光禮光智
塟娘娘堂祖塋

光義
適嵇塘一字周
字祖勲生康熙己
卯正月三十

光禮
字祖周生康熙壬
午十月廿五

光智

宏基

字祖明生康熙乙酉五月廿一配周氏生康熙巳亥八月初八子二宏基肇基

字大年生乾隆庚申正月十一

肇基

字大烈生乾隆乙丑正月廿三

宗林

字鳳鳴生康熙乙卯三月初十卒雍正巳酉正月廿八配孫氏生康熙丙辰九月初五子二光儀光表女三適

光儀

字祖修生康熙辛巳十二月初四配王氏生康熙巳卯六月廿二子一德基女二適王宗沂一未字

德基

字培大生乾隆庚申六月三十

滉 耀之曾孫 鉌之子

字子藻生崇禎壬申二月初七隨父任廣西昭平縣未歸

瀞 鉌次子

字子玉生崇禎癸酉九月十五卒康

惠適華適趙

滎

字承峇太學生考授州同知生順治

光表

字祖蔭生康熙丁亥十一月廿八

章煥

字爲光生康熙戊辰七月初五卒雍

致坤

字資萬太學生生康熙乙未十二月

銓

熙丁未二月廿八酡張氏生崇禎丙子八月廿三卒康熙巳卯十月十一子二榮榮紹女一適太學倪振繩

庚子三月初二卒乾隆丙辰八月初二配陸氏生順治辛丑七月初九卒雍正庚戌十一月十三子一章煥女二一適周宗蓮一適朱安瀾

榮紹

正癸卯正月初二酡倪氏生康熙庚午九月廿九子二致坤效坤女四一適王一適陸一適趙一適朱

廿三卒乾隆丙寅三月初八配楊氏生康熙巳酉九月十七卒乾隆癸亥九月廿八嗣效坤子銓

效坤

字寧一生康熙壬寅二月初八配高氏生康熙辛丑八月十七子銓嗣致坤後女一未字

字及萬生康熙壬寅六月初二卒康熙己未聘許氏誓不改適守節而終合葬

濵 鉌三子
字子津生崇禎乙亥五月廿六卒康熙己亥正月初十配宋氏生崇禎壬午二月初十卒康熙辛巳九月初四子三榮綸榮綬榮繡

榮綸
字允言生康熙甲辰五月初五卒康熙庚子十二月十三配胡氏生康熙乙巳十月初六卒乾隆巳亥八月初一女三適過適徐適殷

榮綬

字雙若生康熙甲寅十月十五卒康熙辛丑十二月廿四配談氏生康熙己未三月初六子二文焯文煇女一適談

文焯

字容端生康熙己卯閏七月廿二卒乾隆甲子六月二十配朱氏生康熙壬午九月十二卒乾隆戊午十月十七嗣文煇子華堂女一適楊

華堂

字煥章生雍正辛亥十二月二十

文煇

字容倜生康熙甲申二月初九配黃氏生康熙丙戌七

玉堂

字其章生乾隆丙辰三月十八

榮繡
字彰青生康熙戊午十二月十四配宋氏生康熙庚申九月初二女一

瑃 錄四子
字子遵生崇禎丁丑十月初五卒康

榮經
字翰儒生康熙壬寅九月廿九卒康

月初四子三華堂玉堂肯堂華堂嗣文焯後

肯堂
字丕章生乾隆辛酉五月初九

熙已未十一月廿一熙丁酉正月廿三
一配顧氏生順治配過氏生康熙辛
甲申四月十二卒酉五月廿九卒康
康熙已亥七月廿熙庚寅十月廿七
九子二榮經榮縉女一

榮縉

字紹祖生康熙戊申五月廿四卒雍正丁未五月初五配王氏生康熙壬子七月十一卒康熙壬申四月十七繼楊氏生康熙丙辰十一月十三卒

文燠

字安六生康熙甲申六月廿八卒康熙庚子十月廿八聘顧氏嗣文燕子天泰

天泰

字復先生乾隆丙寅七月初十

二文煥文熙楊出
文熙殤女二適楊
適蔡

滋　錄五子

字子芬生崇禎戊寅正月廿四卒康熙乙丑十一月廿五配顧氏吳庠增女生崇禎癸未七月二十卒康熙壬寅正月初十子二適高

御李

字武高太學生生康熙壬寅正月廿六卒乾隆丁巳二月十七配侯氏庠彥楷女生康熙壬寅八月廿二卒康熙丁亥八月十六

丙熾

字黎文生康熙丙子九月十四配蔡氏順治丁亥進士璦枝孫女生康熙丙子三月廿四子一坤配殤女二適孫適張

御李仁標仁標嗣繼嵇氏生康熙丙

滐後女三適倪適寅十二月廿七子

四丙熾甲熾侯出

辛熾甲熺嵇出甲熾嗣仁標後辛熾甲熺殤女二適周適高侯出

渫 錄六子

字子式生崇禎庚辰六月廿四卒康熙甲子七月十九配許氏生順治甲申二月初十卒康熙乙巳二月初十嗣渼子仁標

仁標

字維高生康熙庚戌七月廿四卒康熙乙亥九月十三配顧氏生康熙庚戌十月初九卒雍正丁未九月十二年二十六而寡苦節三十三年嗣御李子甲熾

甲熾

字東來生康熙甲申十一月十五配花氏生康熙乙酉十二月十二子一坤誠殤女三未字

滔　鉌七子

字子昭生崇禎癸未十一月十二卒康熙辛丑十月二十配周氏生順治甲申六月十四卒康熙辛巳十一月廿五子一榮緒

榮緒

字繩高郡庠生生康熙丙辰九月初四卒乾隆丙辰八月十七配徐氏生康熙庚申二月初九子一有烈女四適鮑適龔適張適徐

有烈

字介福生康熙乙酉四月初八配顧氏生康熙甲申八月十一子三象坤厚坤應坤

象坤

字一誠生康熙壬寅十月十四

厚坤

字二西生雍正乙卯七月二十

應坤

字三俊生乾隆辛酉四月初五

漴 燿之曾孫 叔鈁子

字映禎生崇禎丁丑八月三十配方氏無嗣

淵 叔鈁次子

字雲碧生崇禎壬午閏十一月廿六卒康熙丁丑四月廿九配鄭氏生崇禎辛巳十月廿一卒雍正癸卯十一月初七子三國相廷機宗標廷機宗標嗣

國相

字開務生康熙甲辰九月初一從釋

廷機

字亦我生康熙癸亥六月初十卒雍正癸卯十一月十五配華氏生康熙

大烈

字紹揚生康熙戊辰六月十二

永治後

甲子四月初二子
二光烈大烈光烈
殤

淖　叔鈁三子
字漢碧生順治乙酉二月初十配錢氏生順治乙酉九月初一卒康熙己丑十月初一女二側出適庠生廖林琢蘇州顧蕭武

驥　耀之曾孫
季鑅子
字瀨吾由武庠生

學程
字宗道生康熙甲

鳳年
字龍光武庠生生

中康熙巳酉江甯武鄉試丙戌會試登苟國樑榜進士生崇禎癸未正月廿二卒康熙戊午九月十一配鄒氏太學原博女生崇禎壬午八月初三卒康熙丁亥十月二十子二學程學朱

辰十一月廿九卒雍正戊申九月廿八配張氏庚辰進士葆女生康熙乙巳九月廿六卒乾隆丙辰正月初九嗣學朱子鳳年

康熙庚午十二月十二卒乾隆庚申二月廿二配陸氏生康熙癸酉六月初六卒雍正巳酉七月十三

學朱

字宗文號振儒生康熙丙午正月十七卒康熙辛丑七月廿四配馬氏太學恒開女生康熙戊申十月十三卒

文照

字斗光號芳軒生康熙巳卯九月初三配朱氏州佐懷遠女生康熙壬午八月廿五卒雍正戊申十月十五繼

建

字子常生雍正癸丑正月初十

康熙乙酉九月初唐氏太學泉遐女五子四鳳年文照生康熙辛卯五月南箕文爔鳳年嗣廿六子一建女三學程後女三一適雍正癸卯舉人曹輯五一適周一未字

南箕

字維斗生康熙辛巳十一月廿三配袁氏太學履端女生康熙丙戌十月初五女一

文爔

字容光生康熙癸未八月十六

瑞源 燿之曾孫 鏵之子

字湄孫生崇禎乙亥十一月初五卒康熙丙寅九月初一配吳氏生崇禎戊寅四月十七卒康熙壬辰五月廿九子一宗楫女三適葉適劉適武進吳

宗楫

字濟川生康熙癸卯十二月廿五卒康熙己未五月。配尤氏生康熙壬戌六月廿六卒康熙壬午七月十二繼張氏生康熙丁卯十月初一子一文燕張出女一尤出

文燕

字天民生康熙丁亥九月初七配顧氏生康熙辛巳十一月初八子一天泰嗣文燠後女三未字

祥濬 鏵次子

宗彙

字漣漪生崇禎丁字彙川生康熙戊
丑十一月初二卒申三月廿八配蔣
康熙庚辰八月初氏生缺卒康熙甲
七配張氏子一宗申女一
彙

永治 燿之曾孫 鋹之嗣子 —— 宗標 無嗣

字霞碧生崇禎癸字大受生康熙庚
未十二月初五卒戊八月廿一卒康
康熙癸巳八月初熙乙酉三月○○
四配盛氏生崇禎配趙氏生康熙巳
庚辰八月初四卒酉十月初八卒康
康熙壬申七月初熙戊寅三月十七
三嗣淵子宗標 女一

泓昌 耀之曾孫 伯鈐子

字巨侯生天啟甲子七月初二卒崇禎壬午五月初五聘吳氏兵部員外其馴女生天啟壬戌十二月廿四聞訃誓以死殉卒崇禎甲申六月初五崇祀貞節祠

洨言 伯鈐次子

字亦言生崇禎庚午九月廿三卒順治庚子十一月初

國楨

字克周生康熙丙午四月初二卒康熙壬申四月初八

維熙

字志光生順治丁酉三月十四卒雍正癸卯十月廿四

堯賓

字友郝生康熙癸亥五月初二配張氏生康熙丁卯七

鍾秀

五配陳氏嗣德源配曹氏生康熙丁配顧氏生順治辛月廿九卒康熙庚
子國楨女二適莫未六月初十卒康丑十二月十四卒辰八月十五繼惠
適陳
熙癸酉十一月○康熙壬午閏六月氏生康熙已巳六
○嗣松九子維熙十四子一堯賓女月十七卒雍正丁
一適顧
未六月初十子一
鏵秀恵出女三

浴咸 耀之曾孫 伯鋐子

龍椿

智光

聖鳴

字以貞邑增生生字胎霞生順治甲字弘裕生康熙辛字鳳祥生乾隆丁
天啟乙丑九月初午七月初十卒康酉九月廿五卒雍巳閏九月初十
九卒康熙乙丑十[illegible]月廿
二月廿五壽六十配孫氏卑彥聲女一嗣義光子[illegible]聖鳴
一配安氏生天啟生順治乙未十二
乙丑二月初五卒月十二卒雍正丙
康熙庚午正月十午十月十一子二

義光

聖岐

三子三龍樁龍栢智光義光
龍楠女三適顧鵬
芳吳庠華吳照華
嘉謀
合葬江聖橋

字弘道生康熙癸
酉四月廿三配張
氏生康熙甲午三
月十七子二聖鳴
聖岐聖鳴嗣智光
後女一

字鳳瑞生乾隆癸
亥十一月廿六

龍栢

字紫瓊生順治丙
申四月初三卒康
熙壬寅二月初五
配華氏生順治辛
丑九月初九卒康
熙壬申二月初一
子二仁光聖光聖光後

仁光

字弘序生康熙癸
亥二月二十卒乾
隆丙辰五月廿五
配徐氏生康熙甲
戌正月初七子二
元龍元興元興嗣

元龍

字寅疇生康熙甲
午四月十一

龍楠

字翠泥生順治庚子十月十七配顧氏生順治辛丑五月廿一女一適季嗣龍栢子聖光

聖光

字弘化生康熙乙丑九月十三卒乾隆丁巳十一月二十嗣仁光子元興

元興

字錫疇生康熙己亥七月廿九

德治

耀之曾孫仲鈖子

本實

起鳳

字枉臣生崇禎癸
酉三月廿三卒康
熙辛酉十一月初
十配華氏繼陳氏
乙未進士常女又
繼陳氏生順治巳
亥二月十五嗣德
瀗子本實女一後
陳出適周瀾
塟黃泥城父塋右

德渙 仲鈖次子
字英侯生崇禎甲
戌九月十一卒順
治辛丑八月十九

字充之生康熙乙
巳十月廿二卒康
熙巳丑九月十六
嗣蟾枝子起鳳

本天
字霈仙附列大學
生生順治庚子十
二月廿九卒康熙

字鳴盛生康熙丁
酉十月初七

鳴時
字履中生康熙壬
戌十一月初十卒
乾隆庚申五月廿

增益
字三友生康熙己
亥六月初四配劉
氏生康熙辛丑十

鈺

配華氏生崇禎甲　壬寅十一月十五三配許氏生康熙
戌閏八月二十卒　配顧氏生康熙癸　辛酉十月初四卒
康熙乙丑十月初　卯十一月十一卒雍正戊申四月十
七子一本天女一　雍正辛亥七月初七子一增益
適許慶忠　九子四鳴時鳴球
葬黃泥城父塋之　鳴鶴鳴雷女一適
穩　陸一鳴

一月初六子一鈺

鳴球
字詠和生康熙丙
寅二月初五配華
氏生康熙甲子正
月初四子四增高
增遠增榮增仁增
遠殤

增高
字來崇生康熙巳
丑十月初十配沈
氏生康熙庚寅十
月廿一子三鈞銑
錕

增榮
字來朝生康熙丙

鈞

銑

錕

申十月初三

增仁

字來壽生雍正乙巳二月廿四

鳴鶴

字聞臯生康熙丁卯十月十一卒乾隆癸亥九月廿八氏配謝氏生康熙己巳閏三月十五子二增修增川

增修

字載行生康熙丁酉十月初五配李

增川

字方至生康熙壬

錸

寅十月十二配顧氏子一錸

鳴雷

字暘若生康熙己巳十二月初二配吳氏生康熙丁卯六月十九子三增美增傑增賢增美殤

增傑

字希聖生康熙丙申十一月十八配孫氏子二鈁銈

增賢

字來儀生康熙己亥五月二十配許氏

鈁

銈

德源 仲鈖三子

字以泉生崇禎丙子二月初八卒康熙庚申八月初十配許氏生崇禎辛巳七月十二卒康熙戊子子二國楨國棻國楨嗣汝言後女四適司馬適倪適吳適許

國棻

字震馨生康熙癸丑十一月初一卒康熙丙申五月十七配許氏生康熙丁巳二月初四子三鳴岐鳴岡鳴竹女二

鳴岐

字文生生康熙戊寅五月十五配陳氏生康熙丙子八月初五卒雍正壬子四月初七子一培生女一

鳴岡

字桐生生康熙丁亥七月廿八配薛氏生康熙戊子八月初十子二培質培性

培生

字天五生康熙庚子十月十七聘章氏

培質

字大五生乾隆丙辰十二月十四

培性

德濾 仲鈖四子

蟾枝

起鵬

鳴竹 字寶生生康熙壬辰十二月廿九配申九月廿五馬氏生康熙丁酉八月初八子二培敘培德

培敘 字思通生乾隆庚

字兼五生乾隆乙丑六月二十

培德 字思睿生乾隆癸亥十二月初十

字以成生崇禎壬
午十月二十卒康
熙癸巳四月十七
配陸氏生順治乙
酉六月初二卒康
熙甲子四月初九
子三本實嶒枝本
一本實嗣德治後
女二俱適華

字月仙生康熙丁
巳三月初九卒康
熙辛丑十月十四
配堵氏生康熙庚
申八月廿三子二
起鵬起鳳起鳳嗣
本實後

字雲程生康熙甲
午九月十六

本一

字靜仙生康熙庚
申三月初七卒乾
隆庚申十二月廿
三配許氏生康熙
庚申十一月初八
卒康熙丁亥七月

鳴鳳

字子岐生康熙丙
申四月廿四配賀
氏生康熙丁酉八
月初九子三均仁
均義均禮女一

均仁

字乾德生雍正乙
卯十一月廿五

均義

字明德生乾隆戊

廿七繼許氏生康熙己巳十一月初九子一鳴鳳

午五月初二

均禮

字宏德生乾隆庚申十二月廿七

德溥 仲鈖五子

字以揚生崇禎甲申六月十九卒康熙辛丑八月初七配袁氏生順治丙戌四月廿五卒康熙辛卯八月廿九子二松盛松峻女

松盛

字子褒生康熙己酉十一月廿一卒乾隆丁巳七月初一配林氏庚戌進士鍾女生康熙辛亥三月廿三卒乾隆戊午十月十九

舜熙

字重華生康熙庚寅閏七月初七配華氏生康熙戊子八月三十女一

三適王適蔡適唐子一舜熙女三

松峻

字豫仙生康熙壬戌四月初八配張氏生康熙甲子正月初十子二驪珠鱗珠

驪珠

字龍珍生康熙庚寅七月廿一配朱氏生康熙庚子十一月廿二

鱗珠

字明珍生康熙甲午九月初五配馮氏生雍正癸卯九月十九

德濟 仲鈖六子

字以仁生順治戊子六月十九卒康熙庚寅二月廿九配尤氏太學機女生順治丙戌十月廿五卒康熙庚申九月十八繼陸氏生康熙丁未七月十一子二松鶴松操女三側出尤氏葬黃泥城右

松鶴

字樂仙生康熙巳未正月初九卒雍正庚戌八月初七配鄒氏生康熙壬戌三月十九卒康熙戊辰十一月廿三子周勳殤嗣松操子文烈女一適沈

文烈

字肇先

松操

字英仙生康熙乙亥七月初九配

武烈

字繼光

氏子二文烈武烈
文烈嗣松鶴後

德瀠 仲鈖七子

字以彰生順治庚寅三月十四卒康熙巳丑十一月廿六配許氏生順治辛卯十一月十八卒康熙乙丑七月初九繼安氏貢生虎文女生康熙丁未四月初七卒康熙辛巳五月初六子三琳許出本立

琳

字一瑤生康熙癸丑三月初三卒雍正壬子正月廿三配孫氏生康熙壬子二月初三子二文熺文鳳文鳳嗣本立後女一適孫塟孔山新阡

本立

文熺

字道光生康熙戊寅四月初九配陸氏生康熙巳未三月廿三

文鳳

維禮

琛女一　與□安出

字期生生康熙辛
未十月初八卒康
熙壬辰六月初二
配王氏嗣琳子文
鳳

琛
字宮仙生康熙丙

字明光生康熙巳
丑正月十三配張
氏生康熙丙戌七
月廿六卒雍正乙
卯正月三十繼邊
氏生康熙戊戌七
月十三子四維禮
維信維和維誠維
禮張出維信維誠
邊出維和側出維
誠嗣蘭然後

蘭然
字紹宗生雍正戊

字怡如生雍正壬
子正月十六

維信
字近義生乾隆壬
戌七月十一

維和
字旣翁生乾隆乙
丑正月廿四

維誠
字尚素生乾隆乙

子十二月初九卒
乾隆庚申六月十
二配鄒氏生康熙
癸酉十一月廿六
子一蘭然女二適
王適孫
葬孔山新阡

申九月十六卒○
○○○　月○○
嗣文鳳子維誠

丑九月十八

德浩 燿之曾孫 遺鏶子

字以聞生崇禎甲
申二月初六卒康
熙庚寅十二月十
二配華氏生崇禎
甲申四月初十卒
康熙癸酉五月廿
一子一枚女四適

枚

字虞揆郡庠生生
康熙乙卯四月初
一卒康熙乙未七
月初八配倪氏生
康熙丁巳十二月
初四卒康熙乙亥
十一月廿一繼溁

協熊

字袁南生康熙癸
未十月十四配强
氏生康熙己丑十
一月初七子一學
增女二未字

學增

字○○生乾隆壬
戌九月十九

顧圻書宗洛朱支
選朱鑑

氏生康熙丙辰三月廿六卒康熙戊子八月初一子一協熊女一適丁閭如

壅燦山

存赤第三支雙橋公派

文潤 棻之玄孫 鏶之子
字方明生崇禎甲戌三月初二卒順治戊戌二月○○配王氏無嗣

存赤第四支虹川公

永通 楠之玄孫 宗錫子
字大安生康熙乙巳三月三十

永達 宗錫次子

字治安生康熙甲寅十一月廿一

永遵 楠之玄孫 宗鉁嗣子

字禹安生康熙戊申七月廿五

永道 楠之玄孫 宗鎮子

字聖安生康熙壬戌四月二十隨母在謝

養栝第一支存赤公派 存赤第二支文橋公派 文橋第一支廉泉公派

十七世

鍭 澳之玄孫 位瑞子 字芬枝生乾隆庚申五月十四

十八世

十九世

二十世

二十一世

文橋第二支舜峯公派

新鑑 德滋玄孫 堯雲子
字商盤生雍正戊申五月廿五

明鑑 德滋玄孫 堯文子一
字古生生乾隆丙辰九月廿七

如鑑 堯文次子
字若水生乾隆辛酉八月初八

鍾英 德滋玄孫 堯廷子

字榮周生康熙癸未十月廿五配王氏贅宜興

鍾麒 德滋玄孫 堯卿子

字瑞徵生雍正甲辰二月廿七

鍾尹 德滋玄孫 堯仁子

字覺先生雍正壬子正月廿八

鍾勇 堯仁次子
字一經生乾隆庚
申八月廿八

鍾傑 德滋玄孫
堯章子
字龍降生康熙壬
辰四月廿二配周
氏生康熙甲午十
月十六亥一未字

鍾美 德滋玄孫
堯功子
字元英生雍正巳
酉十月二十聘許

氏

昂銓　德淨京孫　邦基子

字方英生雍正辛亥十二月十七

衡銓　德淨京孫　弘基子

字方進生雍正乙巳三月廿八聘華氏生雍正己酉十月廿七

在鎬　德淨京孫　孝基子

字西周生雍正巳酉十一月廿五

元聲 德淇亮孫 含英子

字亦鈞生康熙甲午九月廿三配陳氏廩貢士芳女生康熙壬辰十一月初十卒雍正癸丑八月初十繼高氏二宋女生康熙丁酉九月初六子一應洛女四未字

應洛

字 生乾隆丙寅九月十六

振聲含英嗣子
字洪鈞生雍正乙
巳七月初八配尤
氏丙辰舉人霖女
生雍正癸卯九月
廿七

駿聲德洪玄孫琦之子
字聿寧生康熙乙
未十月廿二配顧
氏蘇郡太學文會
女生康熙甲午五
月廿七子二溶洞
女四未字

溶
字　生乾隆戊
午十月初七

洞
字　生乾隆壬

戌四月初二

友聲 琦次子

字于喬生康熙丁酉正月三十配侯氏庠彥黃登女生康熙丁酉七月廿二子四濤溥福汲成六溥嗣倍聲後女一

濤

字 生乾隆丙辰九月十六聘王氏太學論曾女

福汲

字 生乾隆辛酉八月初四

成六

字 生乾隆甲

子六月廿四

倍聲 琦三子

字一葦生康熙庚子正月十四卒乾隆辛酉二月廿一配殷氏太學朝鑄女生康熙庚子十二月十九嗣友聲子溥

溥

字 生乾隆戊午十二月初一

鳳聲 琦四子

字與濤生康熙辛丑六月廿二卒乾

隆癸亥十一月十三配華氏辛卯舉人湘女生康熙壬寅七月十四女一未字

和聲 琦五子

字師軾生雍正庚戌七月十四聘楊氏辛卯舉人雲龍女

鸞聲 琦六子

字在衡生雍正辛亥十一月十五聘

侯氏癸卯乙榜長樂縣知縣海女

嗣聲 德淇玄孫 珩嗣子

字象賢生雍正癸卯十二月十四配季氏庚戌進士鞏縣知縣璟女生雍正癸卯八月廿五女一

元錫 德汾玄孫 載峯子

字　生雍正癸丑二月初九

永錫 臧峯次子
字 生乾隆丁巳四月十八

廷錫 德汾玄孫 藏續子
字 生乾隆戊午十一月廿五

三錫 載續次子
字 生乾隆癸亥十月十三

維鏞 德行玄孫 孝坤子
字宏聲生雍正癸卯十一月廿八配雷氏庠生有聲女生雍正乙巳二月廿五

維鍠 孝坤次子
字宏音生雍正戊申十月十五配孫氏生雍正戊申

維錦 孝坤三子
字天章生乾隆丙

辰三月初四

維鎬 德衍玄孫 順坤子

字粲祥生雍正庚戌三月十八配趙氏生雍正庚戌

維鍾 德衍玄孫 震坤子

字兆祥生乾隆辛酉五月初一聘宋氏

廷鉽 德衍玄孫 厚坤子

字鼎臣生雍正壬子三月廿九聘周

氏

廷鏞 德衍玄孫 應坤子

字于宣生雍正乙卯十二月初十

廷鎔 應坤次子

字次行生乾隆巳未九月十六

廷鈺 應坤三子

字如剛生乾隆辛酉十月十四

應鈞 德澄元孫 芝田子

字叶宮生康熙巳卯四月十二卒乾隆壬戌六月廿三配薛氏癸未進士四川簡州知州祿天女生康熙巳卯七月十五子二溥灝女一適袁謙吉

溥

字天池太學生候選縣丞生康熙巳亥十二月廿七配杜氏直隸通州知州甲女生康熙壬寅正月十六女一

灝

字海若生雍正戊申二月十二聘張氏太學士傑女

體鈞 德澄玄孫 惠疇子

字王裁太學生生康熙己亥八月十一配陳氏太學國士女生康熙戊戌閏八月十八女一

鳴鈞 惠疇次子

字儀抑生康熙壬寅五月初十配丁氏庠彥濤度女生雍正乙巳十一月十三

文鎬 德澄京孫 瑤田子
字西京生雍正乙巳正月十九

文鏡 瑤田次子
字如升生乾隆丁巳閏九月初二

文鎔 德澄京孫 恩田子
字良治生雍正癸丑九月廿九

文鍵 恩田次子
字體要生乾隆丙
辰十二月十六

泰鈞 德澄玄孫 蕙田子
字汝夏由國學生
中乾隆甲子順天
副榜生雍正甲辰
三月廿六配方氏
生康熙壬寅五月
初四女一

鼎鈞 蕙田次子

字兆文生雍正庚戌七月初七配楊氏太學洛南女生雍正壬子四月廿二

宏鈞 德澄玄孫周田子

字體元生雍正乙卯十一月初六

度鈞 德澄玄孫鄉田子

字裴封生雍正壬子二月初十

鴻鈞 德澄玄孫 春田子
字心陶邑庠生生康熙己亥十一月初三配昆山徐氏貢生德宗女生康熙辛丑十二月十八子一沛女一

沛 一名瀛別字小硯
字用霖生乾隆癸亥正月廿八

龍鈞 春田次子
字雲濤國學生生雍正癸卯三月初九配蔡氏太學璜女生雍正乙巳正月十七子一濟

濟
字巨川生乾隆丙寅二月初三

震鈞

廣鈞 春田三子
字振纛生雍正乙巳三月初七配呂氏紹裔女生雍正甲辰十一月廿六

應鏞 春田四子
字又荊生雍正乙卯正月初三

應鐸 春田五子
字若木生乾隆辛

酉二月初九

鳳鈞 春田六子
字丹山生乾隆癸
亥五月十五

鈁 德滋玄孫
中盛嗣子
字豈石生康熙巳
丑十月初七配朱
氏貢生廷銘女生
康熙戊子三月初
五子一濤女一

濤

字
生雍正甲
寅二月初二

鉷 德澄玄孫 鑨之子

字淼二太學生生康熙壬辰十一月廿八配鄒氏太學天錦女生康熙庚寅七月十七子一潮女二

鈊 鑨次子

字品三生康熙戊戌二月十二配如皋沙氏太學樹本女生康熙辛丑正月初二女一

潮

字　生乾隆辛酉九月十八

秉鈞 德藻玄孫 藍田子

字叶政生康熙己丑三月初十配胡氏生康熙丁亥三月十八子一懷清女五一適王景曜一字倪一字鄭

和鈞 藍田次子

字叶權國學生生康熙庚寅十月廿四配夏氏太學一驊女生康熙辛卯九月廿九女一

懷清

字永文生乾隆丁卯二月廿六

調鈞 藍田三子
字嗣音邑庠生生康熙丙申七月廿四配蔡氏太學岵基女生康熙乙未三月十九卒乾隆已未三月十九繼胡氏邵武府同知宸基女生康熙丙申八月十九子二震清運清胡出

鍾璽 藍田四子
字廷衡生雍正乙

震清
字敷文生乾隆甲子六月初五

運清
字賡文生乾隆丁卯五月初四

巳七月十七配顧
氏庠彦起寅女生
雍正戊申二月初
二
樂鈞德藻三孫
二田子
字叶奏生康熙癸
巳三月初七配徐
氏生康熙癸巳二
月廿二女一
宏鈞二田次子
字叶華生雍正癸
卯四月十八配王
氏貢生峻峯女生
雍正乙巳十二月

初四女二

文鏵 德藻玄孫 天田子
字秀山生雍正辛
亥二月三十

陶鈞 德藻玄孫 鵬程子
字叶舞生乾隆丁
卯二月三十

雲錦 德藻玄孫 琬之子
字其倬生康熙辛
丑九月十二配楊
氏候選同知魯傳
女生雍正癸卯四
月廿八子鴻女一

鴻
字大章生乾隆丙
寅八月二十

文錦 琔次子

字仲簡邑庠生生雍正甲辰五月十一配武進劉氏縣佐維燕女生雍正癸卯四月初六女一

晝錦 琔三子

字粱棟生乾隆戊午九月十六

士錦 德藻玄孫 弘嗣子

字尚美郡庠生生字敏求生乾隆丁

汲

雍正癸卯四月初
卯四月初三
一配鄒氏增例貢
生祁曾女生雍正
乙巳二月廿五子
一汲女一

廷鉉 德藻玄孫 錦鱗子
字有聲生雍正乙
卯二月廿九聘鄒
氏太學候選州佐
景濂女

鏊 德藻玄孫 圭田子
字巨峰生康熙庚
子六月初二配薛

氏太學鎬女生康
熙庚子八月二十

銓 圭田次子
字秉衡生雍正戊
申八月初七配蔡
氏太學燴女生雍
正丙午四月初二
子一漢

銑 德藻玄孫
時之子
字南珍生康熙壬
寅十月初六

漢
字天章生乾隆丙
寅九月廿八

釚　時次子

字省度生雍正甲辰閏四月初五聘周氏太學文輝女

錦　時三子

字采舒生雍正甲寅正月初七聘吳氏若林女

鍗　時四子

字紫文生乾隆丙辰正月廿二

仁鉷 德藻玄孫 兆雷子
字容安生乾隆辛酉九月十九

鉩 德藻玄孫 玉田子
字聲雝邑庠貢生生康熙癸未四月十二配汪氏欽縣候選州佐世卿女

生康熙甲申八月
十三女三一字王
二未字

仙鑾 玉田六子
字簫引生康熙丁
亥十月廿六配汪
氏歙縣大學顯卿
女生康熙己丑十
一月十五子一永
仁

商鑾 德藻京孫 鶴田子
字公輅生康熙壬

永仁
字葆靈生雍正乙
卯十二月初四

永壽
字靜生生乾隆辛

辰二月廿八配陳
氏庠彥漢珍女生
康熙甲午九月廿
三子三永壽永祚
永禧永祚嗣殿鏊
後

笙鑾 德藻亰孫 在田子
字緱山生康熙己
丑十月初五配朱
氏候選州佐宸錦
女生康熙丙戌十
二月十五卒雍正
癸丑八月十三繼
陳氏武進候選州
佐俞岳女生康熙

酉正月十九

永禧 字 生乾隆丙
寅八月十二

永義 字邦直生乾隆丙
辰二月初十

辛卯五月十三卒
乾隆丁巳十月初
七子一永義陳出
女二朱出

鍪 在田次子
字鉅谷生乾隆辛
酉四月初七

殿鍪 德藻玄孫 鳳之子
字體仁國學生生
康熙庚子正月十
九卒乾隆丙寅五
月初十配過氏太

永祚
字
生乾隆甲
子二月初五

學維乾女生康熙丁酉二月十一卒乾隆丙寅十一月初一嗣商銮子永祚

鑾昇 德藻玄孫 雨田子

字祖勳生康熙乙未正月初十配曹氏太學培元女生康熙己亥九月初六子一永寧女一字江陰徐

和鑾 雨田次子

永寧

字象坤生乾隆癸亥九月初九

字聲昭生雍正乙巳七月廿五配王氏太學三錫女生雍正甲辰正月廿二

祥鑾 德藻玄孫 南田子

字麟徵邑庠生生康熙辛丑九月廿申六月十七一配顧氏生康熙辛丑十二月初四子二永福永言女一

永福

字 生乾隆庚

永言

字 生乾隆辛酉九月十八

鳴鑾 南田次子

字于崗生雍正己酉七月十七聘華氏

調鑾 南田三子

字賛元生雍正癸丑正月初八

星鑾 南田四子

字德輿生雍正甲寅十二月廿一

應鐘 德藻玄孫 力田子

一源

字正音生康熙戊戌閏八月廿三配吳氏太學禍承女生康熙丙申四月廿六子一一源女一

字　生乾隆丁巳十一月初三

廷鐘 力田次子

字朝若生康熙庚子十一月廿六聘顧氏庠彥維女

宏鐘 德藻京孫 研田子

字永思生康熙丙

申閏三月廿三配
華氏鳳祥女生康
熙丁酉正月廿四
女一

貫鐘 研田次子
字至元生康熙丁
酉十一月十三配
周氏歲貢金綸女
生康熙庚子二月
十三女一

萬鐘 研田三子
字素存生康熙辛
丑正月初二配華

宗瀚
字　生乾隆癸
亥十一月廿三

氏由錫女生康熙戊戌六月廿三子二宗瀚宗瀛

宗瀛 字 生乾隆乙丑十月廿七

宫鐘 德藻玄孫餘田子字聲遠生乾隆巳未九月廿四

獻鐘 餘田次子字景光生乾隆癸亥正月廿七

鬯 餘田三子

字舟祥生乾隆丙寅八月初七

鑄 德藻京孫 莘田子 字康大生康熙乙未二月廿一 配楊氏候選州佐心尼女生康熙癸巳八月初九子三學海宗海觀海

學海 字保孫生乾隆辛酉六月初五

宗海 字天孫生乾隆癸亥四月初二

觀海 字三孫生乾隆乙

⿰金憂　莘田次子
字立夫生雍正壬
子四月初五

鉞　德藻玄孫
荷田子
字寬夫生雍正癸
卯三月廿七配華
氏庠彥麟女生
康熙壬寅十一月
初三

鍔　荷田次子

丑六月廿三

字敦夫邑庠生生
雍正乙巳正月初
七配莫氏太學金
鍰女

朝釪 德藻玄孫 雲會子
字大樽號岵齋由
邑庠生中乾隆丁
卯江寧鄉試經魁
戊辰登梁國治榜
進士授工部屯田
司額外主事生康
熙辛丑十一月初
六配楊氏太學鑾

女侯封安人生康
熙壬寅五月十四
女一

廷釪 雲會次子
字季和生雍正壬
子十月初六聘徐
氏太學汝琳女

紫釪 德藻玄孫 雲萬子
字元音生乾隆癸
亥十一月十一

汝釪 雲萬次子
字鳴豫生乾隆戊
辰十月初七

銘思 德藻玄孫 昆田子
字建峰邑增生生康熙乙未七月十九配錢氏太學孫繩女生康熙乙未九月初四子一洙
女三

洙
字景行生乾隆巳未八月二十聘王氏邑增生千伋女

鍾瑞 昆田次子
字駿發生康熙巳亥九月初二配倪

泗
字宗尼生乾隆乙丑正月十三

錫山秦氏宗譜世系卷之七

氏韋彥沅女生雍
正癸卯七月十三
子三泗黎沐女一

鑅 德藻玄孫
東田子
字廣和號禮堂由字
生乾隆辛
邑庠生中乾隆丁酉十月二十

黎
字
生乾隆丁
卯四月十九

沐
字
生乾隆戊
辰七月廿四

泉

卯江寧鄉試生康
熙乙未七月初六
配華氏歲貢亦燮
女生康熙丁酉三
月廿一子二泉漆
女四

漆
字　　生乾隆癸
亥七月廿四

鑽　東田次子
字震遠號泉亭又字　生乾隆庚
號曉廬由郡廩生中九月初九聘虞
應乾隆庚申拔貢氏太學士玉女
中辛酉順天鄉試

霱

乙丑會試登錢維
城榜進士選翰林
院庶吉士戊辰授
編修充會典館纂
修官生康熙丁酉
四月初八配侯氏
邑增生錫範女侯氏
封孺人生康熙
丁酉八月十八子
三澍淦渼女一字
錢

淦
字　生乾隆甲
子十月二十聘顧
氏

渼
字　生乾隆丙
寅九月二十聘侯
氏

鍠 東田三子
字韛儀生康熙庚子七月初一配杜氏縣佐瑛女生康熙壬寅四月初四
女二

元釗 德藻玄孫 星田子
字長祀歲貢生生康熙辛卯八月廿子五月廿六娉顧二配楊氏封文林郎翰林院庶吉士

若涵
字千頃生雍正壬氏太學一韓女

銘朱女生康熙戊子九月十四子一若涵女一

文釗 德藻玄孫甸之子字彥章太學生生康熙丙申二月十一配蔣氏太學維梅女生康熙丁酉七月初六卒乾隆乙丑七月初九繼陶氏太學鴻中女生雍正丁未二月初四

武劍 甸次子

字彦威生康熙壬寅十一月廿五配吳氏太學琦女生康熙巳亥十二月初三卒乾隆癸亥十二月廿四繼顧氏濮州知州居莊女生雍正甲辰九月十三子一毓洙

毓洙

字杏源生乾隆丙寅六月廿二

大劍 甸三子

字彦吉生雍正戊申五月十六配楊

氏丁酉舉人單縣知縣士凝女生雍正戊申六月十一

祖釗 旬四子

字彥承生雍正庚戌十月廿一聘楊氏庠彥侯封文林郎文水知縣孝元女

齊釗 旬五子

字彥輔生雍正甲寅八月初一

鼎銘德藻玄孫雲翼子

字益恭太學生生雍正乙巳七月二十配蔡氏丙午舉人工部司務德晉女生雍正乙巳二月初一女一

新銘雲翼次子

字楙昭生雍正辛亥九月初三聘楊氏太學登湘女

士鈖 德藻玄孫 雲衢子

字伯玉生雍正丁未十月初一聘杜氏廪彦崐女

士鎔 雲衢次子

字仲陶生雍正辛亥七月十九聘陳氏丙午舉人射洪知縣士雋女

士鍈 雲衢三子

字季昭生乾隆甲

子正月廿八

泰初 德藻玄孫 鳳翼子

字象三生雍正巳酉八月廿二聘侯氏庠彦瑮女

復初 德藻玄孫 孫田子

字起元生雍正甲寅四月廿三

籌初 孫田次子

字士祺生乾隆庚申十二月廿二

瑞初 孫田三子

字紹起生乾隆癸亥七月十八

裕礿 孫田四子

字　生乾隆丁卯二月十五

鎬 德藻玄孫 孟堅子

字　生乾隆丙辰五月初九

錦 德藻玄孫 份田子

字先玉生雍正己酉八月十一聘朱氏

鈔 份田次子

字鳴山生乾隆辛酉九月廿五

長庚 德湛玄孫 中嘉子

字　生雍正壬子五月十二

鋐 德湛玄孫 中立子

字子敦生康熙巳亥八月初三配劉氏庠彥瞻榕女生

康熙壬寅七月廿六女一

鑑 中立次子

字 生雍正甲寅二月廿四

籛 中立三子

字 生乾隆壬戌八月初二

學乾 德湛玄孫 日至子

字耀龍生雍正癸

法唐

字 生乾隆癸

卯二月十八配朱亥三月二十
氏生雍正乙巳十
月十八子二法唐
法尹

法尹
字　生乾隆丙
寅四月十四

始乾德湛玄孫
知至子

若瀚
字肇元生康熙庚字　生雍正甲
寅十一月初二配寅五月十一
侯氏容城女子一
若瀚

承乾知至次子

字繼元生康熙庚子十二月十七配鄭氏希衡女

如金 德湛玄孫思慶子

字王度生雍正巳酉十二月初八配孫氏太學臻呂女生雍正戊申九月初九

若金 思慶次子

字相材生雍正辛亥十一月十九

鼎 德湛玄孫 川至子

字有美生康熙丁酉十一月初十酉周氏太學之楨女生康熙丁酉七月初六

鐘 川至次子

字文在生康熙巳亥十二月二十酉錢氏太學澍女生康熙庚子七月十六子一瀾

瀾

字 生乾隆乙丑十一月初十

鎮 川至三子

字文雄生雍正庚戌六月三十

錸 德湛立孫 秉均子

字與權由邑增生中乾隆辛酉江寧鄉試生康熙丙戌正月初三配張氏祖式女生康熙戊子四月廿六卒乾隆庚申八月初三繼陸氏孝廉鏞女

生康熙庚子三月廿七女一未字張出

二西　秉均次子
字書山生康熙丁亥五月十四配陸氏孝廉鑣女生康熙丁亥二月初一女一未字

五錧　秉均三子
字宗孟生康熙己亥二月初七配華

氏太學楷女生康
熙壬寅十一月初
二

萬鎰 秉均四子
字完璞生康熙辛
丑六月廿三

兌麗 德湛玄孫 義均子
字悅先生康熙庚
寅五月十六配趙
氏暻女生康熙辛
卯十二月廿七子
一鳳池

鳳池
字集蘷生乾隆辛
酉正月廿一

申愛 義均次子
字顯祿生康熙癸巳五月十二

朝陽 德湛玄孫 履均子
字錠吉生康熙戊戌六月廿八

雨金 德湛玄孫 智均子
字鳴山生康熙巳亥二月初五配龔子九月廿八氏太學起釗女生

蛟池
字思雲生乾隆甲

康熙庚子三月十一卒乾隆丙寅正月初六嗣士銳子蛟池女一未字

士銳

智均次子

字邦英生康熙庚子三月初八配潘氏夔女生雍正甲辰九月三十子一蛟池側出嗣雨金後

蘭金

智均三子

字邦馨生雍正丙午六月初二聘侯氏庠彦乾泰女

蓮錦　智均四子

字邦愛生雍正戊申六月十六

式金　智均五子

字廷範生雍正癸丑九月初三

士鋐　德湛京孫　信均子

字振聲生雍正戊
申九月十三

鼎雲 德湛玄孫 勇均子

字汾祥生乾隆辛
酉五月十九娶嵇
氏庚戌進士大理
寺正卿璜女

鍾秀 德湛玄孫 直均子

字士奇生乾隆庚
申八月十三

鍾雋 直均次子

字士毅生乾隆甲子正月廿九

鑫 日新玄孫 紹奎子

字廷貴生乾隆癸亥十二月初四

廷錦 滐之玄孫 起南子

字子美生乾隆丁卯正月十四

銓 瀞之玄孫 致坤子

字衡南生乾隆壬戌七月十六

鍾秀 汝言玄孫 堯賓子

字漢嘉生康熙辛
丑閏六月廿二

鈺 德渶玄孫
增益子
字二如生乾隆巳
未四月初十

鈞 德渶玄孫
增高子
字志員生乾隆庚
申三月廿九

銑
增高次子
字志羽生乾隆壬
戌八月十三

鋹 增高三子
字志貞生乾隆乙丑十二月廿六
鍊 德渶玄孫 增川子
字志寶生乾隆乙丑八月十六
鈁 德渶玄孫 增傑子
字志雲生乾隆壬戌十二月初六

鉒　增傑次子

字志尚生乾隆乙丑九月初五

目録

養恬第二支敬泉公派

九世　十世　十一世　十二世　十三世

九世

本　鐙之孫　澶之子

字子仁號虹濱太學生任南京孝陵衛經歷陞陝西行太僕苑馬寺武安監監正授階徵仕郎生嘉靖中午十月廿一卒萬曆己酉九月初五壽七十六配錢氏贈孺人子一燧女四適興道華履祥贈工部主事華休曾顧

十世

燧

字先明號芥舟生嘉靖辛酉六月十六卒崇禎甲戌三月十八壽七十三配顧氏卒年六十一子二塏鄰女一適錢時英合塟龍山祖塋

十一世

塏

字誠固號紹衡生萬曆庚辰六月十八卒崇禎戊辰七月十三配丁氏繼華氏子二明鑾明鑒丁出女三適張遴丁出適唐湖鄉錢子畏華出塟龍山祖塋

十二世

明鑾

字君略生萬曆壬寅正月十二配華氏子一永孝女三適華世濟惠仲球蔣昌齡塟龍山祖塋下

明鑒

字仲明生萬曆甲辰四月廿五配范氏子一永恭女二適丁適許

十三世

永孝

永恭

應箕顧采

垹

字誠靜號處仁生萬曆庚寅五月初一卒順治甲午十一月二十壽六十五配華氏生萬曆癸巳十一月初一卒順治庚子八月廿二壽六十八子三恂鍫華出季釣側出女六適華鍼華素華東遶鄭承洧顧璧俱鍫出一側出

恂

葬龍山祖塋

字文遠郡庠生生萬曆庚申五月初八卒康熙乙巳五月十八配華氏生天啟癸未五月廿二卒順治辛丑十一月十七繼沈氏生崇禎辛未十二月廿二子四人功之淑之沖俱華出之瀛側出女四適強朔生郡庠張亥孫庠生吳奇遇太

人功

之淑

之沖

之瀛

合葬龍山祖塋

學周志煤

葬龍山祖塋

鎣

字見遠號天啟丙寅六月初八卒順治甲午八月初三配華氏武進士斌女生崇禎丁卯卒康熙丁卯子一泳女二適華適張

泳

季鈞

字徵遠生順治庚寅九月廿三配劉氏子一紹淮女一

紹淮

梁
鏜之孫
瀚之子

爕

爾載

鏞
適馮

潢

養恬

寫三字子成號虹洲由字孟和號龍槐郡字彥熙一字伯厚字大音號弱水由
文從邑廩生中嘉靖癸庠生生嘉靖戊戌號水菴更名二宜邑廩生崇禎元年
公卯應天鄉試登嘉九月初九卒嘉靖吳縣庠生遊高忠選貢中庚午順天
靖丁未李春芳榜壬戌四月初四年憲公門爲道南書鄉試丁丑登劉同
進士任江西南昌二十五配談氏右院會長敕贈文林升榜進士任江西
府推官辛亥擢吏都御史愷女生嘉郎江西臨江府清臨江府清江縣知
科給事中忤旨廷靖丁酉九月廿四江縣知縣再贈儒縣已卯爲分考官
杖以督重城功陞卒萬曆己丑六月林郎河南道監察癸未入覲授階文
通政司右叅議壽初二壽五十三守御史生萬曆乙亥林郎補山東登州
陞左叅議丁巳晉節二十八年嗣焯十二月初二卒萬府蓬萊縣知縣行
階奉政大夫戊午子爾載女一適太曆丁未十一月廿取離任明年考授
改南京太僕寺少學顧㯁會二崇祀道南祠配河南道監察御史
鄉辛酉遷南京鴻台壟龍山祖塋施氏太僕寺卿策生萬曆丁酉八月

臚寺卿再遷南京
通政左遷浙江布
政司左叅議明年
陞山東按察司副
使甲子改浙江提
學副使陞本省叅
政明年擢湖廣按
察司丙寅轉江西
右布政丁外艱遂
不仕生正德乙亥
十月廿四卒萬曆
戊寅九月廿四壽
六十四崇祀南昌
府名宦配陳氏封
文林郎鳳女封宜
人以子焜加贈夫

女贈孺人再贈安十九卒順治辛丑
人生萬曆丙子六閏七月十八壽六
月二十卒崇禎壬十五崇祀清江名
申十月初五守節宦祠崇祀道南祠
二十六年子三鏞門人崇祀于休館
鈛鋏鈛幼育於爾私謚文孝先生有
佳女二適武進庠周易序卦圖說通
生薛元雋郡庠陳書半解行世順治
穀似
合甓軍嶂山銅坑
山

庚子續輯宗譜世
系集配華氏太學
諱萃女封孺人再
封安人生萬曆乙
未八月廿二卒順
治丙申五月十九
壽六十二子一潢
女三適例貢華碩

人生正德丁丑十一月十一卒萬曆甲午二月十七壽七十八子四燮焜焯陳夫人出爗側朱出女三適太學華之立太學王化行陳出適照磨胡汝節側出合葬軍嶂山箬塢艾塋之穆

光邑庠侯鄉塋邑庠周之鎬合葬朱店山西播塢

鋏

字小匡一字亮甫號俞待邑廩生天啟丁卯副榜生萬曆丁未閏六月廿二卒康熙己未十月初六壽七十三配楊氏文華殿中書兆東女生萬曆丙午十一月廿四卒康熙乙卯二月

泉芳

淙

十四壽七十子二泉芳宗女四適顧文炳華永灼邑庠倪秉壬戌進士浙江太平縣知縣周宜振
合葬錫山

焜
字君揚號京峰由太學生遐授誥敕房辦事中書舍人兼翰林院典籍授階徵仕郎以子之坦贈承德郎禮部儀制司主事生嘉

之垣
字維液號象京由太學任制敕房中書舍人累加大理寺評事禮部儀制司主事初授徵仕郎晉階承德郎卒於官生萬曆丁亥

錫祉
字介于太學生生萬曆丁未正月廿二卒順治辛卯配江陰顧氏溫處道諱言女繼吳俱先卒子三濬滌沐俱顧出

濬　　滌　　沐

靖甲辰九月廿四卒萬曆乙巳五月十八壽六十二配顧氏贈孺人再贈安人繼徐氏贈孺人再贈安人側室王氏累封太安人子一之垣王出女五適華岵粹黃懋額嘉定龔英中侯如淵華○塟席圻河北

五月初五卒天啟丙寅二月二十配吳氏太學桂芳女贈孺人再封孺人再封安人生萬曆丁亥九月二十卒順治壬辰五月初二壽六十六子三錫祉錫裕錫祺女四適武進鄭選邑庠顧㯋楊州進士高暭邑庠薛躬震合塟大浮

塟席圻庄

錫裕

字燕于號懶園生萬曆辛亥七月廿九卒康熙甲子八月初五配五牧薛氏先卒嗣錫祺子孔淵女二側出適王克昌顧金章塟席圻河北祖塋之昭

錫祺

字引于號西亥太學生生萬曆戊午

孔淵

德漢

十一月十八卒康熙丙午十一月十八配唐氏繼李氏子三孔淵唐出德漢舉淹李出孔淵嗣錫裕後女二適吳鍾嶲孫尚義俱李出蓺席圻河北祖塋之穆

舉淹

焯

字季華號玉峯太學生授上林苑監署丞以子爾佳貴贈徵仕郎光祿寺

爾佳

字伯仁號振玉一字中實一字若甫號青丘由太學生長洲縣廩生崇禎任光祿寺珍羞署甲申歲貢乙酉廷署丞授階徵仕郎試生萬曆戊戌十

鈦

澥

大用

珍羞署署丞生嘉
靖己酉十月初一
卒萬曆辛卯二月
廿八配吳氏諭德
情女贈孺人生嘉
靖壬子四月十九
卒萬曆己亥二月
十八子三爾佳爾
載爾基爾載爾燮
後女一適蘇庠周
永新
合葬箬塢祖塋

鄉飲大賓生萬曆
癸酉十月廿六卒
順治壬辰十月初
三壽八十配賈氏
廉使應璧女贈孺
人生萬曆甲戌十
一月廿七卒萬曆
辛亥八月二十子
二鈇賈孺人抱爾
載子鐸側出女一
適邑庠張敬徵賈
孺人抱姨女
合葬漆塘桃花塢
新阡

月廿七卒順治癸
巳十一月十九配
王氏太學秉一女
生萬曆乙未八月
十八卒康熙甲寅
十一月十五壽八
十子六瀣大用至
存方渙以漸既濟
俱側出女四適安
淑邑庠吳文在戊
戌進士侯巇俱王
出適邑庠賈履祥
側出
合葬漆塘桃花塢
父塋之穆

至存　方渙　以漸　既濟

爾基

字丕季號華玉太學生鄉飲大賓生萬曆丁丑三月廿六卒順治己丑十月三十壽七十三配吳氏副使之龍

鐸

字子振生崇禎癸未正月初十配吳氏生崇禎壬午九月十三卒缺子一泫女三適吳桑許承武蔣鴻武

鏷

字子韜一字其直號真齋長洲縣庠生入太學生萬曆丁酉六月廿四卒順治丁酉八月十一壽六十一配顧

泫

溢

保寅

汕

女生萬曆庚辰三
月初五卒崇禎壬
午二月初三壽六
十三子二鏷鎏女
一適郡庠施元徵
合葬新塘新阡

氏夔州守與沐女
生萬曆戊戌十月
初五卒康熙壬寅
十二月初一子七
溢保寅顧出汕原
璐潭洄側出女六
適邑庠劉縉勳邑
庠王慧生邑庠唐
弘穀張曰駜俱顧
出適徐允猷吳郡
庠倪滎側出

鎏

字子鏻號蓉庵太
學生生萬曆甲辰

原　璐　潭　洄　浩

正月十七卒順治
甲午十月初九配
華氏賓應教諭允
謀女生萬曆丙午
三月初七卒康熙
癸卯五月初四子
一浩華出女一適
華應桐側出
合葬新塘爻塋之
穆

鍠

熑

爾封

字季和號嵩峰更字後如邑庠生生字聲遠生崇禎壬
名起淹附側太學萬曆甲午七月十午十月十七卒康
生生萬曆乙亥十一配錢氏太學用熙戊辰八月十七
月初七卒順治庚培女子一鍠側出配鮑氏生崇禎甲

泉源

泉鳴

子正月初十壽八女四適邑庠吳明申九月廿七子三
十六配吳氏行人培錢出適華顧薛泉源泉鳴泉醴泉
海鰲女生萬曆丙俱側出
子卒萬曆乙亥繼
强氏生萬曆庚辰
十二月十三子三
爾封吳出爾雍爾
雋側出女一適郡
庠華德混强出

醴嗣丙錫後女二
適高適湅

爾雍

字灝如生萬曆巳
酉八月廿九卒崇
禎甲戌四月初七
配吳氏郡庠騄祥
女女一適華

爾雋

字斐如更名瑞邑
庠生生萬曆庚戌

丙錫

字永肩生崇禎丙
子二月初三配華

泉醴

閏三月初十卒崇
禎乙亥○月○○
配吳氏太學逢世
女生萬曆○○○
月卒缺子一丙錫
女二適吳適倪

氏邑庠朞蘅女嗣
鍠子泉醴爲後

棨 瀚次子

字子儀號龍洲廩例太學生任鴻臚寺序班生嘉靖壬午九月十三卒萬曆戊子六月廿二壽六十七配華氏生嘉靖甲申七月廿七卒萬曆戊寅

烱

字孟○號五河生嘉靖甲辰六月三十卒隆慶庚午十一月廿五配華氏司城讓女年二十五而寡守節三十三年萬曆丁酉具呈當道奉憲旌表

珍

字席儒邑庠生贈文林郎溫州府推官生萬曆辛卯五月廿八卒崇禎壬午八月初四配萬氏少司空象春女贈孺人生萬曆癸巳十二月十一卒

鏕

字馭甫號陛丹由邑庠生中崇禎丙子應天鄉試任和州學正順治壬辰科會試中式乙未登史大成榜進士任浙江溫州府推官庚子浙江鄉試

澍

渤

淀

九月十二子五炯生嘉靖丙午正月康熙丁亥十一月
炤燭燈華出煇側廿三卒萬曆癸卯十三子六鏕鈿鐺
出女一適武進庠十二月十二嗣炌鉉鈃鑨鈃側出女
生陳世廉子珍女一適邑庠一適邑庠劉翀吉
合葬軍嶂山箬塢黄之英合葬沙頭鳳凰山
祖塋合葬箬塢父塋之
昭

同考官晉階文林
郎生萬曆癸丑十
月廿一卒康熙癸
亥六月十九壽七
十一配華氏贈孺
人卒年二十一繼
金壇于氏山東別
駕穀貽女封孺人
生萬曆丙辰十月
初八卒康熙癸卯
五月初八子七澍
側出渤淀澐瀗于
出汾淲側出女六
適吳○適殷適謝
適庠生湯聘三太
學唐祖穀俱于出

汾

澐

瀗

淲

適張覺因側出

鈿　無嗣

字同甫生萬曆乙卯二月初一卒順治己亥九月二十

配華氏女一適戚亮采

鏥　無嗣

字盈仙生萬曆丙辰六月廿四卒順治庚寅五月初六

配華氏繼華氏俱先卒

鋐　字小鳴生萬曆戊午八月廿八配黃氏子二溙洧女二適錢

鉀　字公猷生萬曆己未四月初三卒康熙癸亥三月初五配錢氏生天啟丙寅七月初二卒康熙丁亥八月廿六子二洤浩女二適陸元盛孫承爚

溙

洧

洤

浩

鑨
字季玉生天啟乙丑正月廿二卒康熙戊申十一月十六配華氏子一淦女一

淦

炤
字孟開號箭源太學生任廣西都司斷事署桂林府興安縣象州二篆生嘉靖丙午十一月十九卒天啟甲子正月廿五壽七十

圻
字政甫號惠陽太學生贈文林郎福建延平府順昌縣知縣生隆慶戊辰五月廿一卒萬曆戊午八月廿五配王氏太僕卿鑑孫

欽翼
字君鄰由長洲縣庠生入太學中崇禎己卯順天鄉試任福建建寧府崇安縣教諭陞福建延平府順昌縣知縣行取兵科給事

汧

[illegible]

澧

九崇祀興安縣名女贈孺人生隆慶中晉階文林郎鄉
宦祠配夏氏生嘉靖庚午五月十四卒飲大賓生萬曆乙
靖丁未正月二十萬曆庚申二月十未三月十一卒康
卒萬曆乙卯十月四子三欽𪰠欽爲熙辛亥八月初六
十十三壽六十九子王出鎮側出女四配高氏都御史忠
三圻𡖖出珍環側適邑庠吳之駟倪憲公諱攀龍女封
出珍嗣燗後女三德溥王出適翰林孺人生萬曆丙申
適周炳勲蘇州府檢討趙玉森適副四月廿四卒順治
學訓導錢周延榜貢生王玉汝守庚寅十一月初九
陰庠生郁㕘徵節 詔旌側出子六汧漑澧湳沅
合葬石塘 合葬石塘父塋之高出湊側出女三
穗 適庠生顧奎高出
適華道艮趙笙側
出
合葬石塘祖塋之
穗

一

湳　沅　湊

欽爲　字君宣禮部儒士生萬曆壬寅十月初四卒順治戊子九月初六配劉氏孝廉長康女生萬曆庚子九月初一卒順治戊戌十二月廿六子四泓洽湘劉出澄側出女五適庠生郭胤祚沈懋孝劉出適朱適成適楊側出

鎮

泓

洽

湘

澄

河

字君采邑增生生萬曆癸丑三月十五卒康熙辛亥配鄭氏子二河洛女三適庠生楊惟楫朱兆鳳朱琦

洛

環

字運之生萬曆丙申七月十五卒順治戊子正月十五配黃氏生萬曆丁酉卒順治甲午子四釬鑌錫鑌嗣叔祖煇後一爲僧女一適張

釬

字潘甫生萬曆癸五四月初九卒康熙庚申八月廿四壽六十八配鄧氏生天啟辛酉九月初九卒康熙甲辰正月廿一子一

濤

一清

鍔 無嗣

字凝甫生崇禎戊辰二月十一卒順治庚子配吳氏先卒

燭

字孟熙號劬峰太學生生嘉靖辛亥四月十四卒萬曆壬子十二月初十壽六十二配顧氏道洪女生嘉靖癸丑卒萬曆辛亥五月初四子二堨塙

堨

字伯陽號本嬰太學生生萬曆甲申五月十五卒崇禎丁丑十月廿六配吳氏太學桂芬女生萬曆戊子卒崇禎甲戌子二鈺吳出鈺卒嗣塙子鋧

鈺

字貞甫生萬曆丁未正月廿五卒天啟甲子配安氏嗣鋧子鴻女一適邑庠華衷慊

鋧

字巽公生萬曆乙

鴻

溶

側出
合葬姚灣新阡

燈

合葬姚灣

塙
字仲堅生萬曆庚寅配王氏子二鋹鐄鋹嗣堣後
葬姚灣

至仁

卯十二月初四卒康熙丁未十二月初四配沈氏太學日宣女生萬曆丙辰卒康熙戊辰子四鴻溶灝潀鴻嗣紝後灝嗣鐄後

鐄
字抑仝生天啟辛酉九月十四配王氏貞生延禧女先卒嗣鋹子灝
葬姚灣

鍵

潀

灝

祖淮

字孟化號文峯太字伯順號惠水生字維持邑庠生中
學生生嘉靖癸丑萬曆戊寅十月初順治丙戌副榜生
十二月十四卒天三卒萬曆巳酉配萬曆壬寅三月初
啟辛酉二月十七顧氏生萬曆庚辰二卒順治巳丑三
壽六十九配鄒氏閏四月廿一卒萬月十七配韓氏總
生嘉靖丁巳卒崇曆丁未八月廿二戌冲雲女生萬曆
禎丁丑壽八十一子一鏈
子一至仁女三適合塟龍山祖塋
劉常慶鄒出適賈
適劉側出
合塟龍山祖塋

煇

壬寅十月初一卒
康熙乙卯七月廿
二子五祖淮宗海
忠衍彪孔治女五
適江陰太學張瓆
巳丑進士刑部主
事王范龍顧愼言
華鏊周麟孫

鑌

宗海

忠衍

彪

孔治

字孟陽生萬曆辛巳六月初七配何氏叅議汝健女子殤嗣環子鑽為孫

字國甫生天啟癸亥九月廿九配張氏生天啟甲子女三

寀 瀚三子

字子任號京洲太學生授河南開封府蘭陽縣二尹生嘉靖丙戌五月十七卒萬曆庚子正月初二壽七十五配華氏生嘉靖庚寅卒萬曆丁亥子三熒瑩華出蕢側出女三適顧大桂

熒

字明星號蘿石邑庠生鄉飲賓冠帶偏官生嘉靖壬戌六月十七卒天啟甲子八月初二壽六十三配黃氏庠生邦奇女子二境域女二適江陰庠生徐光顯華中吉

境

字伯超號尊生生萬曆丁亥六月十七卒天啟壬戌配盛氏子二胤錫疇錫

胤錫

字克令生萬曆丁巳十月初一卒順治乙未八月廿二配高氏生崇禎己巳十月初五卒康熙壬午四月初七子二衍芳衍華

疇錫

衍芳

衍華

衍慶

體乾演古經
合葬龍山祖塋

字克復生天啟辛酉十一月二十卒康熙戊午八月十九配徐氏生崇禎戊寅七月初一子一衍慶女二適周適丁

域

字仲開號更生邑庠生生萬曆己丑正月十六卒崇禎辛巳十月二十配蔡氏子一齡錫女一適黃

齡錫

字克之號繼開昆山縣庠生生萬曆壬子八月初二卒康熙己未十一月廿四配丁氏生萬曆甲寅八月十二卒康熙己酉八月

衍義

衍文

燮

字上生號混塵郡庠生贈奉直大夫福建福寧州知州生嘉靖乙丑八月十六卒天啟癸亥正月初十壽五十九配錢氏真定知府普女封太宜人生嘉靖丙寅十一月初六卒崇禎庚辰八月初一壽七十五子二堈坊

堈

字嚚新號儼海由邑庠生中萬曆乙卯應天鄉試登天啟壬戌文震孟榜進士任山西澤州知州丁外艱丙寅補福建福寧州知州授階奉直大夫陞戶部員外請告回籍甲申陞本部郎中崇祀鄉賢生萬曆丁亥九月初六子二衍義衍文

年錫

字甲先號任天邑庠生生天啟癸亥十二月廿九卒康熙辛亥四月二十配劉氏貢生明翔女卒繼黃氏阜城令繼祖女生天啟戊辰六月初三卒康熙壬申十月十六子二汝舟汝霖女一適郡庠施廷奏俱黃出

汝舟

汝霖

錫山秦氏宗譜 世系卷之八

合葬苕溪祖塋側　一　卒順治戊子九　合葬新安鄉
之新阡
月十三壽六十二
配黃氏封宜人生
萬曆丁亥六月廿
二卒康熙甲辰七
月初一子二年錫字[redacted]
辰錫年錫幼育坊[redacted]生崇禎庚
子辰錫側出

辰錫

辰六月十七卒康
熙丙戌配高氏邑
庠有臨女生崇禎
己卯十一月十二
卒康熙壬申十二
月初二子一承澤
側出

承澤

坊 台錫 源寬

字表行號儼麈由　字鼎硶生萬曆乙
郡庠生入太學恩卯三月廿一卒崇
例准貢授光祿寺禎丙子九月廿八
監事郡邑鄉飲大以嗣子源寬待贈
賓置義田贍族所文林郎配賈氏邑
著有範身範家集庠生熙女待贈太
等書行世生萬曆孺人生萬曆丁巳
癸巳五月初九卒十月十九卒康熙
順治辛丑十二月丙辰五月初七壽
十七壽六十九配六十嗣巳錫子源
顧氏鄉飲介性成寬女一適邑庠楊
女生萬曆甲午九廷濟
月初五卒崇禎戊合葬馬鞍塢新阡
辰十二月廿一子

三台錫先卒年錫嗣堌後倶顧出巳錫側虞出女三適孝廉華廷樾顧出適華駿發側虞出適吳德全側錢出合葬璨山新阡

巳錫

字載遷邑庠生以子源寬貴待貤贈文林郎生順治巳丑七月廿六卒康熙庚戌九月廿四配胡氏庠彥琛女待貤贈太孺人年二十二而寡撫孤守節康熙癸未奉
旨建坊旌表生順治巳丑二月十二卒康熙丁酉七月廿一壽六十九崇祀
詔建貞節

源功

彗

字元朗號獻可更
名焱生萬曆壬午
八月廿六卒順治
戊戌九月初八壽
七十七配王氏繼
華氏余氏子七班
珩瑶華出璐珙余

班

字伯叙生萬曆庚
戌閏三月十一配
楊氏生萬曆乙卯
九月初二卒康熙
癸亥十月十六子
一勇錫

祠子二源寬源功
源寬嗣台錫後女
一適乾隆丙辰進
士翰林院檢討侯
陳齡
合葬小青龍山之
新阡

勇錫

字依先生順治辛
丑十月初八

出琪玢俱顧出女
二適成揚曾華榛
揆
葬龍山祖塋

珩

字仲瑩吳縣庠生生萬曆辛亥十一月十一卒崇禎戊寅四月廿一配董氏生萬曆戊午九月初七卒康熙甲寅三月十二吉志守節三十六年知縣吳給區優獎子一鑑明合葬軍嶂山祖塋之側

鑑明

字子明生崇禎戊寅八月廿一卒康熙己丑七月十四壽七十二配茹氏生崇禎丙子卒康熙庚子十月初十繼華氏郡庠子實女生順治甲申十一月廿三卒康熙己丑八月初二壽六十六子四鴻寶鴻運鴻儀鴻逵女三適滿適王適邑庠蕭略俱華出

鴻寶

鴻運

鴻儀

鴻逵

珵

字叔潤生萬曆癸丑十一月廿九卒康熙癸卯五月廿二配李氏生萬曆戊午二月初四卒康熙巳卯八月廿五子三亨錫利錫貞錫女二適華觀光韋嘉吉合塟龍山祖塋側

亨錫

字惠先生順治乙酉十二月初六卒康熙丁亥七月十六配胡氏生順治丁亥十一月初五卒康熙戊寅十一月廿三嗣利錫子臨澤女一適庠生徐箎

利錫

字行先生順治戊子七月廿五卒康

臨澤

莘澤

熙癸巳五月初三配徐氏生順治甲午十一月初一卒康熙丁亥八月廿九子五臨澤履澤卒澤孚澤兌澤臨澤嗣亨錫後履澤嗣貞錫後女一適太學祝榮合葬龍山祖塋

孚澤

兌澤

履澤

貞錫

字適先生順治壬辰正月廿一卒康熙癸亥六月十四配朱氏生順治癸

巳二月十六卒康熙辛巳十月二十嗣利錫子履澤甃龍山祖塋

璐

字季珍生崇禎庚午十一月廿七配陸氏子二鑑英鑑爽甃龍山祖塋

珙

鑑英

字子英生順治壬辰六月初六卒缺無嗣

鑑爽

字子爽生康熙戊申卒缺無嗣

鑑頴

鴻業

字瑞玉生崇禎丙字子穎生康熙甲
戌正月十二卒康辰正月廿九配周
熙丁亥九月廿六氏生康熙丙午十
配馬氏生崇禎甲二月十五子三鴻
戌四月三十卒康業鴻文鴻勳女二
熙巳卯十月初二
子一鑑穎女二適
王武揚適

琪

字子賢生順治戊字明先生康熙壬
子三月初三配吳戌六月廿四配張
氏生康熙丙申三氏
月初八子二洪錫
吳出仁錫側出

鴻文

鴻勳

洪錫

仁錫

字榮先生康熙癸亥十一月十一配陸氏

玢

字采如武庠生生順治辛卯正月廿九卒康熙丁卯十月十八配周氏生順治甲午九月初八子一鑑齡女二適王朝棟徐皇錫塟章山

鑑齡

字明遠生康熙丁巳正月十五配常氏生康熙甲子七月廿六卒康熙丁亥四月廿六子二養浩養淵

養浩

養淵

襲 瀚泗子

字穉川號鷺洲太號南卿生萬曆癸卯四月廿八卒順亥十一月廿二卒學生任寧夏衛經歷卒於官生嘉靖己丑九月初九康熙〇〇配徐氏甲寅二月廿九卒配華氏子一均女子一鍾高萬曆己酉十月十一適賀四配張氏繼杜氏子一烜側出女四適郡庠華敦倫江陰贇文榮邑庠華祖澗華季文

烜

均

字平子生天啟癸生順治丁亥九月初八先父卒

鍾高 無嗣

養恬第四支問詹公派

桀　鏜之孫　涵之子
字子理號虹溪由邑庠生應萬曆癸酉龍飛恩貢生嘉靖戊子正月廿八卒萬曆壬午正月十二配殷氏嗣蔡子熷女一塟崋峲嵉

熷
字道和號舜山生嘉靖庚申四月廿二卒崇禎乙亥五月十九壽七十六配蘇氏繼陸氏子四時側出暹䢖陸出進側出女二適蘇州府庠生江陰徐應祺陸出適郡庠顧有源陸出

時　無嗣
字茂道號澹如生萬曆癸未

暹
字善先更名孝維生萬曆甲午二月初七卒順治己丑十一月十五配何氏繼高氏子一錫祖何出女一適江陰朱

錫祖　無嗣
字懋修生天啟丙寅六月初九配惠氏女二適陸天錫黃鐘

彬 涵次子

字叔豹號繼潛生嘉靖庚子三月初

會

字得之號夷白生萬曆壬午三月初

逵

字道先郡庠生生萬曆乙未五月初五卒天啓壬戌無配

達

字振先號夢廷生萬曆丁酉三月十三卒順治○○無配

爾進

字日新號適天生萬曆甲寅十月初

祥鍾

字元致生萬曆甲辰閏九月十六配

蒞

七卒萬曆壬寅九二卒崇禎己卯十三卒康熙丁巳配王氏卒繼汪氏子
月十七壽六十三月廿三配倪氏子華氏嗣垶子祥鍾二湴汪出淪側出
配江陰徐氏子二一爾進女四適顧女一適華
女三適華許張
曆側周出倓側蕭周繆倪
出女三適庠生顧
其治徐出適顧允
庶庠生王之經側
出

倓

字郁如生萬曆丁
酉二月十八卒順
治甲午十月十四
配過氏子二瑱過
出璇側出

瑱

字君美生萬曆戊
午十二月初八卒
順治癸巳十月初
五配顧氏遺腹子
鑸女一適周

璇 無嗣

字君衡生順治癸
巳二月初三卒配

鈌

鑸 無嗣

字鈌生順治甲午
六月廿九卒配鈌

淪

養恬第二支漱泉公派
漱泉第一支紹衡公派

十三世	十四世	十五世	十六世	十七世
永孝 木之玄孫 明奎子 字維則生崇禎己卯八月初二配張氏無子				
永恭 木之玄孫 明鑒子 字敬之生崇禎丙子七月十六卒康熙癸丑六月廿三配陸氏子四本植本基本勇本奎女一適時	本植 字茂時生康熙癸卯九月初二			
	本基 字茂勤生康熙壬子八月廿八配段			

氏生康熙己巳正
月初一

本勇
字茂先生康熙戊
午十月十三配張
氏生康熙戊辰正
月二十子一芝榮

芝榮
字子蘭生康熙甲
申十二月初二

本奎
字茂英生康熙乙
丑五月十九配陳
氏生康熙辛未九

漱泉第二支處仁公派

月廿八

人功 木之玄孫 憪之子 字爾京邑庠生生崇禎壬午六月初四卒康熙癸未九月十二配華氏子二龍標華出振標側出女一適陳合葬龍山祖塋

龍標 字天御邑庠生生康熙乙巳五月廿九卒康熙丙戌十月廿六配楊氏雲南宜良縣令蒼祚女生康熙戊申九月十四卒康熙癸未九月初七子二仁煜仁燦女五適楊起鳳適倪書升適唐源適陸璇玉適糜邦燮

仁煜 字元昌生康熙丙子十月十八卒雍正戊申正月二十配徐氏生康熙壬申七月廿七子二德基善基善基嗣仁燦後女一適孫武遷

仁燦 字季昌生康熙癸

德基 字周新生康熙庚子十二月初八

善基 字繼可生雍正丙

未五月廿九卒乾午正月十九
隆丁巳五月初一
配楊氏生康熙辛
巳三月初八嗣仁
煜子善基女三適
陳楚材適楊一未
字

振標

字天友邑庠生生
康熙甲子十一月
十八配朱氏生康
熙乙丑十月初四
卒乾隆辛酉十月
初四子四文煓文

文煓

字有成生康熙丙
申十一月十六配
華氏生雍正丙午
四月十五

熾文煐文炳女二

適華河陽

文熾

字　生康熙辛丑七月十九出家鴻山寺

文煐

字敬明生雍正癸卯三月初一

文炳

字學誠生雍正乙巳十一月十八

之淑 恂次子

字儀一國學生考授州同知生順治庚寅十二月初九卒康熙戊子配華氏生順治庚寅二月二十卒康熙癸酉十二月廿五子一晉標

晉標 絕

字用蕃生康熙巳巳六月初十配陳氏

之冲 恂三子

字雲九生順治乙未十一月初四卒康熙辛未閏七月初五配朱氏無嗣

之瀛 恂四子

字霞城生順治丁酉正月廿二卒缺配華氏生康熙壬寅十月廿七卒缺子一順標

順標 絕

字寶山生康熙壬申六月初四

泳 木之京孫 鎣之子

字孝則生順治甲午正月初十卒雍正戊申五月十八配吳氏生順治癸巳七月廿五卒雍正丁未八月十六子一國棟女五適

國棟

字安世生康熙丙寅十一月初五配朱氏卒繼李氏生康熙乙丑十月初十子一充美朱出女三適庠彥華傑朱出適庠彥李

充美

字元功生康熙巳丑正月廿九配華氏生康熙辛卯七月廿九子二邦畿邦楨女二

邦畿

字千里生雍正巳酉十一月廿九

邦楨

字萬里生乾隆戊午五月廿九

李龔倪錢張　適楊俱李出

紹淮　木之玄孫　季鈞子

字源海出家希夷

道院

潢　梁之玄孫　鏞之子　巽權　麗中　坤寧　鉅

養恬第三支從川公派

字源遠邑庠生以字行之號默齋由字本如邑庠生生字安吉生康熙庚

子巽權　覃恩貤邑庠生中康熙癸康熙乙卯三月初辰七月初五卒乾

贈修職郎滁州學西江甯鄉試任滁三卒康熙丁亥九隆丙寅二月廿五

正加一級生天啟州學正　覃恩加月十六配劉氏庠配劉氏生康熙壬

從川第一支虹洲公派

丁卯七月廿五卒一級敕授修職郎彥賓潁女生康熙午正月廿七嗣坤

康熙庚戌七月十生順治癸巳四月丁巳七月廿二嗣厚子鉅女一　側出

九配高氏督學僉初九卒雍正庚戌麗南子坤寧女二

事世泰女贈孺人十二月廿九壽七適

虹洲

生天啟丙寅正月十八配侯氏庠彥葢銅坑山文[illegible]

第一支龍䫆公派

二十卒順治庚寅瑩鄉女贈孺人生
四月初四繼顧氏順治乙未九月十
庠彥元英女贈孺一卒康熙壬子九
人生崇禎癸酉十月十四繼侯氏刑
月十二卒康熙甲部郎中杲女生順
申十二月廿六壽治丙申八月十七
七十二子四巽權卒康熙壬戌六月
第巽申巽維俱顧初六繼倪氏生順
出女二俱守貞不治庚子八月十五
字焚修靜室 卒康熙庚寅七月
合葬厚本山 廿五子六麗中麗
元配塋龍山祖塋正麗南繼侯出麗
之穆 照麗治倪出麗元
側出麗治嗣巽維
後女二一適趙一
適錢俱倪出

麗正
字立如生康熙巳
未六月廿八卒
月
配楊氏孝廉宸鑣
女生康熙壬戌八
月初五卒
月 子一
坤亨女一適朱
塋龍山

坤亨
字咸吉生康熙癸
巳三月初八

麗南
字鬻如生康熙辛
酉三月十六卒雍
正巳酉六月廿二

坤厚
字承吉生康熙丙
戌十二月初五配
諸氏生康熙丙戌

鎮

葬開化銅坑山

配塗氏廬陵知縣十一月十七卒雍
宗震女生康熙癸正巳酉十一月十
亥九月初八子四五繼奚氏生康熙
坤寧坤厚見美坤己丑正月初九子
黃坤寧嗣麗中後二鎮鉅鉅嗣坤寧
女五一適盧廷鏞後女二
一適庠彥張汝翼
一適宿鳳儀一適
劉大業一適顧

見美

字含吉生康熙甲
午十二月十五配
楊氏生康熙丙申
二月初二子二鎮
五鎮寰

坤黃

鎮五

鎮寰

麗照

字繼如生康熙己巳正月初六配錢氏生康熙己巳正月初七卒乾隆丙寅七月廿五子三錦霞錦龍錦鳳女二適侯適楊

字元吉生康熙辛卯六月廿四配楊氏生康熙甲午五月十八子五錦雲坤光坤益坤珍女章女一

坤光

字方吉生雍正丁未正月廿五

坤益

字芳吉生康熙乙

錦雲

錦霞

錦龍

錦鳳

錦章

錦才

箭

麗元

字德如生康熙壬辰三月初五配周氏生康熙癸巳卒乾隆癸亥

麗文

未十二月廿二配孫氏生康熙壬寅六月初五子一錦才女一

坤珍

字廷吉生雍正巳酉四月廿三

坤復

字潔之邑庠生生順治戊戌七月初七卒康熙乙未七月十八配胡氏生順治巳亥正月初一卒雍正癸丑二月廿八壽七十四子五麗文麗明繼離晉離升照升照女二適高廷古適程紹洛適陳嗣娶申後葬龍山祖塋之傍

字獻如生康熙丁巳五月二十卒雍正壬子十二月十九配鄭氏生康熙戊午十一月初九卒雍正壬子二月初八子二坤復坤德坤德嗣麗明後女二適陳懿範葬龍山祖塋之傍

字長吉生康熙壬午七月初四配尤氏生康熙辛丑七月十九卒乾隆庚申三月初五繼顧氏

麗明

字閬如生康熙乙丑五月初九卒康熙甲午七月○○

坤德

字順吉生康熙丁亥八月初八子一鎬京女二側出

鎬京

配華氏生康熙己巳七月初四卒康熙乙未嗣麗文子坤德葬龍山祖塋之傍

繼離

字東明生康熙戊辰五月二十卒康熙戊戌七月十二配吳氏孝廉勿休孫女生卒缺子一坤福女一葬龍山祖塋之傍

坤福

字廣吉生康熙壬辰

晉離

坤道

字覲明生康熙戊寅九月初五卒雍正乙巳五月十三配薛氏生康熙丁丑二月初一子二坤道坤義

字弘吉生康熙辛正十二月初七

坤義

字信城出家福城菴

與申

字隨之國學生生順治戊戌七月初七卒康熙己卯十一月廿八配華氏生順治辛丑五十一月十八卒乾隆癸亥三月初三壽八

升照

字方明生康熙壬午七月十六配孫氏生康熙庚辰八月十六子一坤裕女二

坤裕

字隆吉生雍正巳酉十一月初一

十三嗣第子升照
女四適華適倪適
薛一守貞

巽維

字張之生康熙甲
辰四月廿三卒康
熙甲戌十二月初
九配樂氏生康熙
庚戌八月廿四年
二十五而寡守節
撫嗣雍正戊申奉
旨建坊旌表卒乾
隆丙寅八月初七
壽七十七崇祀詔
建貞節祠嗣巽權

麗治

字聽如生康熙丁
丑三月初七配樂
氏生康熙丁丑八
月二十子一廷雄

廷雄

字文吉生康熙戊
戌七月廿一配王
氏生康熙巳亥八
月十二子鐘女一

鐘

子麗治女一適太
學顧一元
莖南延鄉西城橋
新阡

泉芳 梁之玄孫 鋏之子

字天乳號茗柯邑
庠生生天啟乙丑
十一月初三卒康
熙辛巳十月初七
壽七十七配顧氏
太學梟女生天啟
丁卯正月初一卒
康熙巳巳七月初
八壽六十三子二
逢甲樂循女二側
莖錫山祖塋之昭

逢甲

字一原生順治戊
子五月初六卒康
熙壬子二月十七
配華氏生順治巳
丑十一月初八卒
康熙乙酉七月十
九子一丙吉女二
適庠彥吳光緒太
學薛祖含

丙吉

字翁歸生康熙丙
午十一月十九卒
雍正壬子七月廿
九配錢氏太學桀
女生康熙戊申十
月十五卒雍正乙
卯九月初五子一
戊隆
莖龍山祖塋之昭

戊隆

字望子生康熙戊
辰十月廿八卒雍
正甲辰八月廿三
配錢氏實琍女生
康熙丙子九月廿
六乾隆丙寅彙題
旌節子一銘錫
莖龍山祖塋之穸

銘錫

出一適庠彦王逑
曾一適錢
合葬荷花橋

樂循
字次蜚生順治庚寅十二月廿一卒康熙癸未十月十七配華氏生順治庚寅六月廿六卒雍正甲辰五月廿三子一王澧塟大池西山嘴

王澧
字曾孝長洲縣庠生生康熙乙卯三月初六卒康熙丁酉十二月初七配華氏太學僡女生康熙甲寅九月十三卒雍正甲辰八月初八子三信瑄信遇信中女二適范大中

信瑄
字望軒生康熙巳卯十一月初八配錢氏生康熙庚辰三月初四子一廷銘女二一適李

信遇
字望渭生康熙壬午六月初十卒雍正乙卯十月初一無嗣

信中

廷銘

字孚邦生康熙甲申二月十三卒雍正乙巳七月十三
無嗣

宗 鍈次子

字濤聞生天啟丙寅十月廿六卒康熙甲申六月十四壽七十九配黃氏癸未進士鍾諧女生天啟丙寅五月初六卒康熙巳卯十一月十七壽七十四子三傳甲聯甲普甲女一適庠龔龍山父學之昭

傳甲

字盛初生順治丁酉五月初二卒康熙丁亥六月二十配殷氏貢生沆女生順治巳亥十一月初五卒雍正壬子十月三十子一丙顏

丙顏

字師捲生康熙巳未五月廿八卒康熙巳丑六月初一配安氏生康熙丙辰七月初七子三茂玉茂森茂晟茂晟幼撫於義熙女一適孫

茂玉

字天福生康熙巳卯出家藥師堂卒

茂森

字天祿生康熙癸未十月初七

錫山秦氏宗譜 世系卷之八

彥賈秀實側出合葬龍山祖塋之傍

聯甲
字奉慈生康熙癸卯三月初四配顧氏鈁女生康熙甲辰正月初二卒雍正辛亥十二月廿八子三丙復丙功丙正女一

丙復
字學乾生康熙甲子十一月十七卒康熙戊戌四月廿五無嗣

丙功
字學雍生康熙丙寅十月廿四卒康熙壬寅十一月廿三無嗣

丙正
字弘任生康熙戊辰十月初五卒乾

垣墉
字堯臣生乾隆丙辰十一月初三

普甲 無嗣

字亦發生康熙丁未二月十九卒雍正甲寅六月十七配劉氏太倉庠彥雯女生康熙辛亥十月初三卒康熙丙子正月初二繼高氏女一適周高出

葬龍山祖塋之傍

隆乙丑五月十七子一垣墉女二適徐適嬰俱側[redacted]出

虹洲第二支玄峰公派

濬　梁之玄孫　錫祉子

字長發生天啟甲子九月十五卒崇禎甲申配黃氏嗣沐子人烝葬庄東周巷

人烝

字曰萬生順治戊子正月初一卒康熙癸酉九月十二配崑山顧氏生順治庚寅八月廿九卒康熙丙辰五月初四子一兆熊葬河北祖塋

兆熊

字佐周生康熙己酉十一月廿七卒雍正甲寅十一月初二配李氏生康熙癸丑八月十三卒雍正庚戌九月廿九子五金城蓉城干城連城霞城霞城殤女二

金城

字國藩生康熙丙子九月十八配沈氏生康熙壬午十一月十二女一撫蓉城子鎮嵩

蓉城

字江藩生康熙辛巳九月十四配唐氏生康熙辛卯六月初十子三鎮嵩鎮泰鎮衡鎮嵩幼撫于金城

鎮嵩

鎮泰

鎮衡

滌 錫祉次子
無嗣
字井修生天啟乙丑十一月廿六卒順治丙戌配王氏

干城
字俊藩生康熙戊子十一月初九配趙氏生雍正癸卯六月廿四

連城
字與藩生康熙辛卯十月廿六配吳氏生康熙巳亥正月十二子一鎮恒

鎮恒

沐 錫祉三子

字旣霑生天啟丁卯四月廿七卒順治戊戌配唐氏生崇正辛未八月初九卒康熙癸未十月十三子二人杰天休人杰嗣濬後合葬河北祖塋

天休

字茂章生順治戊戌七月廿七卒康熙巳丑六月廿七配胡氏生順治戊戌二月廿二卒子一炳龍

炳龍

字文昭生康熙丁卯三月初六卒○○○○○○配周氏子二江城凰城江城殤

凰城

字友鳳生康熙戊戌○月○○配周氏

孔淵 梁之玄孫 錫裕子

字二明生崇禎巳卯十月十七卒康熙乙酉六月十五配陸氏嗣德漢子

頴禾

字晉培生康熙戊辰二月十四卒乾隆癸亥十月初八配孫氏生康熙戊

鴻烈

字襄成生康熙辛卯十月十四配包氏女一

穎禾女四適庠生辰七月初六子二
顧正域太學生宗鴻烈鴻照
泗倪其章太學華
與昌
塟

鴻照
字炳成生雍正己
酉七月十七

德漢 梁之玄孫 錫祺子
嘉禾
鴻勳
邦鐵

字二癢生順治辛字稷培生康熙丁字扆成生康熙庚字馭千生乾隆辛
卯十月十三卒康戌十二月二十配寅正月廿五配趙酉七月初五
熙丙申三月廿五華氏卒繼姚氏生氏卒繼李氏生雍
配陳氏子二嘉禾康熙癸亥十一月正戊申子一邦鐵
穎禾穎禾嗣孔淵初八子二鴻勳鴻
後女二適唐天祥孫殤
許文瀚
塟

虹洲第三支玉峰公派

舉滄 錫禎次子
字二仲生順治甲
午三月初九卒康
熙辛巳配李氏繼
顧氏子孝本碭

澥 梁之玄孫
鈂之子
字獲三生崇禎辛
未十月廿四卒順
治乙未八月十二
配賈氏壬辰進士
曾女生崇禎癸酉
卒順治丁酉子一
回春
嵇漈塘山祖塋側

回春
字開元生順治甲
午二月廿一卒康
熙癸巳九月初二
配胡氏生順治甲
午十二月初二卒
雍正辛亥四月初
五子一夏瑚女三
適國學錢韻揚程

夏瑚
字宗英生康熙辛
未七月初三卒乾
隆乙丑十二月廿
一配楊氏生康熙
甲戌正月十六子
一明玉女一適汪

明玉
字文成生雍正乙
巳八月初二

景保葬文燦
塋滌塘祖塋昭

大用 釴次子

字西來武庠生生崇禎甲戌七月十五卒康熙乙亥二月廿二配陳氏庠彥穀似女生崇禎乙亥十二月十三卒康熙辛卯九月廿一子一富春側謝出女二適國學褐燦陳出適太和縣庠生吳源奇側謝出

富春

字客星生康熙癸丑九月初三卒雍正乙卯八月十九配鄒氏贈翁顯吉女生康熙癸丑八月十二卒康熙辛巳九月廿九繼倪氏生康熙巳未八月十九卒康熙丁酉正月十九繼劉氏生康熙戊辰十一月廿五子二名夏友夏

名夏

字學勤生康熙丁丑閏三月廿五配鄒氏贈翁士肯女生康熙戊寅五月十七卒康熙巳亥七月初四繼邵氏生康熙戊子九月十一子一時中

友夏

字師儉生康熙癸

時中

字希聖生乾隆丁巳二月初九

墉

字掄書生乾隆壬

合葬龍山新阡

至洊 鈂三子

字天尺生崇禎丙子七月廿一卒康熙乙丑四月初五配滕氏庠彥新國女生崇禎丁丑八月十九卒康熙巳未六月十二子一陽春

合葬獨山湾鹿項山新阡

夏友夏

陽春

字廣平邑庠生生順治乙未九月二十卒康熙甲午正月廿九配賈氏生順治乙未正月三十卒雍正癸丑十一月廿一子四夏閆夏圭夏罷夏時女六適楊汝偉何國沐太學高濱楊

未三月廿一配張氏生康熙癸未九月廿七子一塘女二

夏閆

字禹功邑庠生生康熙甲寅正月十三卒雍正壬子正月十二配薛氏庠彥聲可女生康熙丙辰卒康熙辛巳繼華氏太學啟昌女生康熙戊午正月初六子一黄輿女二適楊士洵薛

戌三月初二

黄輿

字方載生康熙巳丑五月廿三配吳氏庠彥泰金女生康熙乙酉卒雍正壬子繼施氏生康熙丙申卒乾隆甲子繼塗氏廬陵知縣錄震女生康熙丁酉六月十九子一廷颺施出

廷颺

埭顧銳周谷芬
塟父塋之昭

出適江華出
塟鹿頂山

夏圭

字爲錫生康熙癸亥二月十三卒乾隆丙辰配顧氏庠彦民佽女生康熙巳未卒康熙丁亥繼顧氏卒酉舉人光斗女生康熙巳巳十月廿九卒康熙戊戌子二黃王黃中後顧出女一適武邑庠生陳元顯

黃王

字方潤生康熙丙戌六月十五

黃中

字方理生康熙丙申十一月十二

夏謳

字禹玉生康熙戊辰十一月十六卒雍正壬子九月初八配王氏生康熙丁卯卒康熙癸巳繼華氏生康熙乙亥卒康熙乙未繼唐氏生康熙壬申卒雍正己酉子二黄元黄吉唐出

黄元

字方坤生康熙己亥三月廿六出家前州道院

黄吉

字方貞生康熙壬寅九月十九

夏時

黄憲

字禹正生康熙甲字方度生康熙戊戌閏五月廿六配戊戌閏八月十七配倪氏太學振繩女朱氏庠生允元女生康熙壬申二月生雍正甲辰四月十六子三黄憲黄十六德黄衡女二適楊全德鄒蘭孫

黄德

字方厚生康熙壬寅七月初十

黄衡

字方岳生雍正戊申正月廿四

方渙 鈘四子

字同節生崇禎庚辰三月初八卒康熙壬午七月初五配陳氏孝廉正卿女生崇禎庚辰六月廿七卒康熙壬午七月廿九子三皆春王春壽春女二適華原澄邑庠施準合葬漆塘祖塋之旁

皆春

字咸亨生順治戊戌三月初八卒康熙戊子五月十四配胡氏生康熙庚子正月廿七卒康熙丙申十一月初六子二成美君美女三葬漆塘父塋之昭

成美

字文炳生康熙壬戌十二月初十卒乾隆丙辰十二月初九配孫氏生康熙甲子六月十九子二坤載坤能坤能嗣君美後

君美

字熊飛生康熙壬申九月廿五卒乾隆巳未十二月十四配　氏無子嗣

坤載

字厚培生康熙癸巳六月初十配王氏生雍正丙午十月十四子一庚曜

坤能

字順培生康熙戊戌七月十三

庚曜

成美子坤能

王春

字咸熙邑庠生生康熙乙卯二月二十卒雍正庚戌十二月初九配朱氏邑庠坤女生康熙戊午正月廿三卒雍正丁未正月初九子三一鵬一鯤一鳴女一適顧唯

一鵬

字雲衢生康熙乙酉十一月廿三配張氏生康熙丙戌八月廿六卒雍正辛亥正月十七

一鯤

字巨川邑庠生生康熙戊子九月初三配許氏庠彥猷女生康熙巳丑正

月廿六女二

一鳴

字瑞岐生康熙乙未六月初三配華氏生雍正甲辰

壽春

字咸一生康熙庚申二月廿五卒康熙戊子九月初九配余氏生康熙甲子九月廿六卒雍正乙巳七月廿一子一一鶴

一鶴

字皐鳴生康熙癸未九月十八配過氏生康熙壬午九月廿九子一琳女二一適過一未字

琳

字玉林生雍正甲寅九月十九聘李

合葬滌塘父塋之昭

以漸 武五子

字羽侯生順治丙戌正月十九卒康熙戊辰七月廿八配吳氏生順治丙戌二月十一卒康熙辛巳十月十七子二永春熙春葬馬鞍塢

永春

字曾傳生康熙丁巳十月廿九卒乾隆己未七月廿三嗣熙春子夏聲

夏聲

字禹音生康熙辛卯二月初七配鄒氏生康熙己丑四月十五子一維垣

維垣

字啟大生乾隆丙寅閏三月廿六

熙春

字振宇生康熙辛酉四月十六卒乾隆辛酉十月初六配吳氏生康熙戊辰九月廿八卒乾

夏奠

字禹敷生康熙甲午十一月十四配陳氏生雍正戊申十月初六

隆丙寅二月十九
子二夏聲夏甄夏
聲嗣永春後女二
一適周一適江陰
奚

旣濟 釴六子

字未侯生順治戊
子十一月廿二卒
康熙壬辰九月廿
一配方氏繼周氏
俱先卒子四正春
和春同春萬春女

正春

字文守生康熙乙
卯十一月廿二卒
乾隆辛酉十月初
八嗣萬春子撫夏

撫夏

字　生康熙庚
子九月廿一

和春

字明守生康熙巳
未十一月廿五配

行夏

字介福生雍正戊
申十月廿四配黃

元載

字　生乾隆乙
丑十二月初一

孫氏生康熙壬戌四月廿五卒雍正甲寅二月二十子二炳南孫出行夏側葛出炳南出姓華

氏生雍正丙午五月二十子一元載

同春

字翔宇生康熙乙丑九月初七卒鈌

萬春

字仁宇生康熙甲戌十一月初八配沈氏生康熙癸未

時夏

字　生雍正癸丑九月十一

正月初四子四撫
夏時夏昭夏章夏
撫夏嗣正春後女字
五適包適丁適周
適姚一未字

浤
梁之玄孫
鐸之子
字襲三生順治庚
子六月廿一卒
月
配孫氏生順治

昭夏
生雍正乙
卯七月廿一

章夏
字　生乾隆庚
申五月廿八

廷楷
字楷陵生康熙丙
寅八月十八卒無
子

辛丑八月十二子
三廷楷廷模廷楨

廷模 字階謀生康熙辛未十月十七卒無子

廷楨 字階春生康熙己卯九月廿三

溢 梁之玄孫 鏷之子
字名皆邑庠生生萬曆庚申十月初八卒順治乙酉九月廿六配周氏太

耒 字見心生崇正癸未八月廿五卒康熙巳巳九月初十配高氏世寧女生

大勳 字麟孫生康熙癸丑十二月初四卒乾隆庚申三月初十配施氏生康熙

坤維 字承久生康熙甲申十月十三配朱氏生康熙甲午四月廿六卒乾隆丙

鈺

錦

學如璽女生天啟
壬戌五月十二卒
康熙乙巳十二月
廿三子一耒女二
適堵龍文王麟瑞
合葬孔山

保寅 鏷次子
字樂天蘇郡庠生
生崇禎戊辰五月
十六卒康熙庚午
十月廿八配施氏
太學元薇女生崇

崇正癸未三月廿
九卒康熙癸亥七
月三十嗣來春子
大勳
合葬孔山父塋昭

來春
字陽中生順治戊
子十二月廿四卒
康熙戊子十二月
初七配周氏庠彥
廷龍女生順治庚

丙辰八月十八卒
康熙癸巳三月廿
三子二坤維坤利
合葬孔山祖塋

大熙
字明孫生康熙辛
未五月初四卒乾
隆己未　月
配周氏生康熙癸
酉六月廿九子二

寅正月初六繼董
氏生康熙
月　子二鈺錦
女一適朱俱朱出

坤順
字施久出家斗婁
閣法號清志

坤敬
字承裕生雍正癸
卯七月初十

禎丁卯二月初二寅七月初三卒康坤占暘坤敬
卒康熙甲午八月熙壬寅九月廿三
初八壽八十八子子二大勳大熙大
二來春來曾女一勳嗣耒後女三適
適庠生嚴元杓　唐適王適
合葬新塘祖塋次
昭

來曾

字敦九生順治壬字佑孫生康熙辛字天顏生康熙戊
辰七月廿四卒康未十一月十一卒戌八月初三配劉
熙戊子十一月廿康熙辛丑十二月氏生雍正戊申十
六配施氏庠彥京廿一配姚氏生康一月十五女一
女生順治甲午正熙甲戌七月廿七
月初三卒康熙巳子一之璜
丑六月十一子二
大烈大照女二適

大烈

之璜

汕　鏷三子

字皆天生崇禎乙亥十月初一卒康熙丙戌七月初十壽七十二配唐氏太學雲起女生崇禎乙亥九月廿四卒康熙戊辰九月廿七嗣洄子鵬程合葬石塘父塋穊

原　鏷四子

孫景鎮一守貞焚

修

楚青山

鵬程

字南溟生康熙庚午九月廿六卒雍正戊申九月初四配唐氏庠彥照濟女生康熙癸酉五月十三子一夢熊女二適馬景福適殷

蘢開化伏虎山

來貞

大照

出家斗姥閣

夢熊

字若賓生雍正丙午七月初五

光孝

基

銓

字景天任福建永春教諭生崇禎庚辰九月廿四卒康熙乙酉三月廿三配顧氏生崇禎巳卯六月廿一卒康熙巳丑十月初五子一來貞塟許墓之新阡

字鳴六生順治巳亥六月廿一卒康熙乙亥五月十八配嚴氏生順治丁酉四月廿二卒康熙丁酉十一月初九子二光孝光弟

字奉思生康熙乙丑四月十五卒乾隆庚申十二月十九配徐氏生康熙丁卯九月初一卒乾隆乙丑七月十九嗣光弟子基

光弟

字志生生康熙辛未五月十一卒乾隆巳未九月廿七配張氏生康熙壬申四月初七卒康熙丁酉三月十七

字上九生康熙癸巳十二月十七配邵氏生康熙癸巳正月初一子一銓女二

潞 鏷五子

來嘉

字衛天生崇禎甲字元禮生康熙巳

申正月初四卒康酉二月初六從䆁

熙癸未十二月初卒

八配邵氏卒彥儒

榮女生崇禎癸未

四月廿九卒順治

巳亥三月初三繼

陸氏生順治戊子

二月二十卒康熙

丁巳六月初五子

二來嘉來熹來熹

嗣潭後

子一基嗣光孝後

合葬石塘祖塋次昭

潭 鍈六子

字儀吉生順治辛卯十一月初二卒康熙戊午配倪氏嗣潞子來熹塟黃公澗

洄 鍈七子

字充在號樵陽生順治癸巳二月初七卒雍正癸卯八月初五壽七十一配鮑氏庠彥鳳元

來熹 無嗣

字大成生康熙壬子六月初二卒康熙丙子

來彌

字北海生康熙壬申九月十三卒雍正癸丑九月十八配唐氏應祥女生康熙癸酉七月初

載燔

字興嗣生康熙乙未二月二十

女生順治庚子七五子二載燔一出
月初五卒乾隆辛 姓濮女一適孟
酉九月初五壽八
十二子三鵬程來
鵬崧高鵬程嗣湖
後
合葬新塘祖塋穆

崧高
字維嶽生康熙戊
寅九月十七配華
氏馮孫女生康熙
丙子十一月十五
子一孔炤女二一
適華尚志一適華

孔炤
字尚賓生雍正癸
卯十月廿九配華
氏生雍正丙午十
一月十六子一國
均

國均
字天授生乾隆乙
丑十一月十四

浩
梁之京孫、
鋆之子
字其天附例國學
生生崇禎壬申三

來佑
字允燕邑增生生
順、卒五六月十

宏煥
字思曠生康熙壬
甫十二日·二配

士驤
字見伯生康熙甲
午十月廿八配張

錦雲

月廿三卒康熙癸亥三月初二配顧氏太學杲女生崇禎辛未九月廿五卒順治戊戌七月初八繼黃氏太學毓尚女生崇禎辛巳九月十六卒雍正癸卯六月初八子六來佑郁蘭來信來修來俊來脩女一適鄒來鶴俱黃出
塟許墓之新阡
元配塟新塘祖塋
次穆

六卒雍正辛亥正月十九壽七十一配張氏庠彥裘女生順治己亥四月卒康熙庚寅十一月十七撫來信子宏煐

張氏候選教諭縣女生康熙丙子五月初一子五士驄士鴻士鵠士鶴士麒女一適盛

氏生康熙乙未三月廿四子一錦雲女一

士鴻

字賓鴻生康熙戊戌十一月初八配吳氏生雍正甲辰八月廿一子一鍔

士鶴

字羽超生康熙庚子五月初四配華氏生康熙壬寅九

鍔

月廿一女二

士鶴
字九臯生雍正癸卯九月初二

士麒
字履仁生雍正己酉七月十六、

瑞

郁蘭

楷煐

字允丸郡庠生生字思兼生康熙乙字輯五生乾隆丙康熙丁亥八月十酉二月初九配馬寅十一月廿一
二卒乾隆丙辰六氏生康熙丁亥正

月廿六配馬氏太月廿五子一瑞
學岩女生康熙丁
未正月初五卒乾
隆丁巳六月十九
子一楷燠女六適
徐元玳適李適程
適黄至深適黄粹
中堵列爵

來信　紹燠

字允中生康熙庚字思泉生康熙丁
戌四月十五卒雍丑十月二十配華
正甲寅八月十九氏上海儒學時女
配華氏邑庠東憐生康熙乙卯六月
女生康熙已酉三十九女一適顧

月十二卒雍正乙卯十一月初一子二宏焕紹煐宏煐撫于來佑

來修

字允文生康熙壬子五月十三卒乾隆巳未八月二十配黄氏生康熙庚戌八月十六子一克煐女一

克煐

字思明生康熙癸未九月初一配陳氏生康熙戊子九月廿四子二士魁士元女一

士魁

字瑛垣生雍正巳酉九月初一

士元

字薇垣生乾隆巳未二月二十

來俊
字允千生康熙癸丑四月廿九卒乾隆辛酉十月初六配顧氏太學大觀女生康熙丙辰三月廿二子一錫燦
女二

錫燦
字思依生康熙丙戌七月十三配朱氏生康熙己丑五月十一卒雍正戊申六月初十繼汪氏生康熙辛卯九月廿四卒雍正癸丑五月初七

來備
字允五生康熙乙卯七月十六卒康熙辛丑五月初四

繼燦
字思美生康熙戊寅七月廿七配朱氏生康熙乙酉十

士駿
字見艮生雍正丙午七月初八

虹洲第四支嵩峯公派

泉源 梁之玄孫 鍠之子
字盈科生順治辛
丑三月初八無嗣

泉鳴 鍠次子
字天籟生康熙丙

配施氏庠彥濟女月初八子三士駿
生康熙戊午三月士彪士特
廿三卒康熙庚寅
十月十四子一繼
煥女一

士彪
字見文生雍正甲
寅九月廿七

士特
字見遠生乾隆乙
丑二月十五

從川第二支龍洲公派

龍洲第一支五河公派

午十月初六無嗣

泉醴 粲之京孫 酉錫嗣子
字甘來生康熙庚
戌五月廿二無嗣

澍 粲之京孫 鑣之子
字子兩郡庠生生
崇禎丁丑七月初
十卒康熙戊辰五
月初六配孫氏太
學茲禾女子一淞
月從釋

渤 鑣次子
字仲演生崇禎巳

本榮
字令德邑庠生生

承勳
字燿曾太學生生

錫山秦氏宗譜 世系卷之八

四

卯十一月初六卒康熙壬寅六月十康熙己巳九月廿
康熙辛巳十月十五卒缺配吳氏庠三
三配金壇吳氏乙彥岡女生順治庚
丑進士履中女生子十月初三卒缺
崇禎辛巳六月十子一承勲女一側
一卒雍正乙巳十出
一月廿八子三本
榮芳本桂芳嗣淀
後女二適祝克孝
吳可學
合巷厲家庄

本桂
字巖秀生康熙壬
子九月初九卒雍
正甲辰十月廿六
配祝氏生康熙甲
寅八月十三子三
紹鰲世熙熊女一
適貢生周涪麟
巷厲家庄

紹鰲
字爍曾邑庠生生
康熙丙子三月初
六配周氏生康熙
丁丑五月初九女
二一適楊海

世熙

字煥曾生康熙甲申六月廿一卒雍正乙卯二月十六配楊氏生康熙壬午四月廿七

熊

字元明生康熙戊子十一月初八配侯氏生康熙庚子十一月初八女一

淀 鏕三子

字定水武庠生生

芳

字天佑武庠生生

如岡

原名貽燾字曄曾

坤順

字德載生乾隆戊

順治丙戌二月初八卒康熙戊子四月十二配張氏巳丑進士迎徵女生順治乙酉十月初九卒康熙庚申十月十三嗣渤子芳女一適尤

康熙癸卯十月初一卒乾隆戊午八月初二配孫氏生康熙壬寅十月廿九卒康熙壬寅七月廿二子一加岡

武庠生生康熙壬申五月初二卒乾隆巳未正月初九配江陰奚氏生康熙甲戌九月廿八卒乾隆丙辰二月十七繼江氏生康熙甲申十一月十四子一坤順江出女一適江陰張奚出

午四月十六

汾 鏕四子

字文水生順治巳丑八月廿五卒缺配鄭氏繼朱氏生

本立

字道生生康熙庚戌卒缺配趙氏卒缺無嗣

卒俱缺子一本立

澐 鑣五子

字永江武庠生生順治庚寅十月初六卒康熙乙酉三月廿四配于氏生順治己丑四月廿六卒康熙庚寅三月初三子四榧楷棟模女四適吳適陳適陸適

榧

字龍虬生康熙辛亥十二月廿三卒康熙戊戌閏八月廿日配方氏生康熙壬子十一月十四卒乾隆乙丑十二月初三女一適方起元

楷

字舜音生康熙乙卯八月十五卒缺配謝氏生康熙乙

燾

字鎬文生康熙丙子六月十三卒缺配李氏子一坤柔

坤柔

字祥麟生雍正庚戌八月十六

卯二月十九卒鈌

子二于熹于焯于

焯殤

棟

字[illegible]生康熙戊子〇〇生康熙丙

午十一月廿二卒戊九月十七卒

鈌配王氏生康熙

丁巳九月初九子

一于燈

于燈

濬

鑣六子

模

字廷範生康熙乙

酉正月十一卒

梅

字適石生順治丙申五月廿二卒缺配常熟許氏壬辰進士瑤女生順治辛卯十月十二卒缺子四梅相桯棪女四適方適强適張適過

字友白生康熙癸丑十月初十未配卒

相

字天成生康熙戊午十一月初三未配卒

桯

字武公生康熙甲戌五月初一未配卒

棪

字季良生康熙庚

渢 鏕七子
字清音邑庠生生
康熙戊申十一月
初五卒康熙戊辰
十一月廿七配董
氏巳丑進士文驥
女子○

溙 棨之玄孫
鋐之子
字濟公生順治丁
亥十月初三卒康
熙庚戌無嗣

辰十二月初十從
釋

淦 榮之玄孫 鈃之子
字祖年生順治辛卯六月初五卒康熙庚寅八月初八配張氏子一樹邦女二適華適陸俱側出

樹邦
字維新生康熙庚午三月初三卒雍正壬子四月廿六配蕭氏生康熙巳巳二月十四子二光瑞光成女一適錢

光瑞
字繼祖生康熙庚寅四月廿四配陸氏生康熙辛卯三月十六卒乾隆丁巳四月子一朝玉

朝玉
字時建生雍正庚寅五月十八

光成
字繼先生康熙癸巳十二月十四配蕭氏生康熙庚子十二月廿三子一廷玉女一

廷玉
字時憲生乾隆丙寅七月廿七

浩 鉌次子

字祖慶生康熙甲午十二月廿四卒康熙戊戌正月初二配蕭氏生順治癸巳八月初八卒雍正丙午十月廿七壽七十四子二初樹道女一適王芬洲

初

字洪遵國學生生康熙戊辰五月十九卒康熙壬寅五月初一配朱氏太學煥女生康熙丁卯五月初三子一學熹

樹道

字王臣生康熙壬申十月初十卒乾隆乙丑三月廿九配周氏生康熙癸

學熹

字親賢生康熙丁酉八月廿四配浦氏生康熙己亥六月廿三子二御玉殿玉

樂熹

字啟賢生雍正癸卯十月初八配周氏生康熙辛丑十月廿六子一陛玉

御玉

字時乘生乾隆己未六月初七

殿玉

字時颺生乾隆乙丑十二月二十

陛玉

字時搢生乾隆丙寅七月二十

龍洲第二支篇源公派

淦　棨之玄孫　鑨之子
字師張生順治丙申卒缺無子

汧　棨之玄孫　欽翼子
字吉生由邑庠生中崇禎巳卯應天鄉試經元崇禎癸未會試經魁登楊廷鑑榜進士任兵部職方司主事生

酉八月初五卒乾隆丙辰十月廿三
子一樂熹

在寬
字公績國學生考授州判生崇禎丙子十一月初八卒康熙庚辰五月初七配施氏庠彥元嫩女生崇禎戊寅

為龍
字德燕邑庠生生順治戊戌十二月初二卒康熙庚子十一月初六配徐氏生順治戊戌六月十九子二致坡

致
原名坡文字鶴峯國學生生康熙辛酉十二月廿五配陸氏生康熙庚申正月初三卒雍正丙午二月廿五繼

鈞儀

鈞僖

鈞倪

萬曆癸丑十二月七月廿五卒雍正
初一卒康熙乙亥丁未十二月十八
八月初四壽八十壽九十子三爲龍
三五十年杜門著朱干爲則
書有書經箋註杜合葬官來塢爻堂
詩註自問稿問巳昭
什配享碧山吟社
配安氏癸未會副
授大令廣居女生
萬曆丙辰九月十
七卒康熙癸未九
月廿三壽八十八
子二在寬安出桑
側出嗣泖後女三
適庠彥王仁演安
出適黃重適丁未

仙坡仙嗣爲則後山陰徐氏無錫令
女七適顧國柱太永言女生康熙戊
學司馬成都安曾辰四月十五子三
發錢雪中太學徐鈞儀鈞僖鈞侃女
時敏徐出適黃士一適周廷槐俱側
華李恒側出　出
莖鎮山對菴嘴新
阡

朱干　坡道

字樂燕由吳縣庠字雪堂生康熙甲
生中康熙癸巳子四月十四卒乾
萬壽科江南鄉試隆丙寅十二月十
經魁候選知縣生四配謝氏庠彥袁
順治庚子十二月女生康熙丙寅七
初五卒雍正庚戌月十六卒乾隆辛

嘉錫　晉錫

進士陳人龍側出
合葬官來塢新阡

八月廿三壽七十　酉四月十四子二
一續輯家乘六卷　嘉錫晉錫女一適
配龔氏生順治辛　廪生錢凌雲
丑正月初五子四
坡蓮坡才起虹坡

起虹
奇坡士嗣爲則後字雨亭生康熙辛
坡奇殤女二適太　未九月初八配朱
學龔銓亮適錢灝　氏邑庠希文女生
康熙丙寅十二月
初一子一鷃

一鷃

爲則
字有燕附例太學字思齋生康熙丙
生生康熙庚戌七寅四月十八配龔
月廿三卒康熙甲氏生康熙巳巳五

坡才

景鐘

黄鐘

[illegible]
欽翼次子

燊

爲綱

申九月廿五配安氏庠彥巽女生康熙巳酉九月初六卒雍正乙卯三月初七嗣子二一嗣爲龍子坡仙一嗣朱千子坡才女二一適蔡岵基年十九而寡矢志守節恩詔建坊旌表一適吳譽律

鶴瑞

月十八子三景鐘黃鐘應鐘女一適監貢生陸文渭

坡仙 字九亭生康熙丙子正月十二卒乾隆甲子十月初三配殷氏廩彥雲芳女生康熙丙子十二月十七子二鈞儼鈞僩女一

錫之

應鐘

鈞儼

鈞僩

字爾屢生萬曆乙卯三月初三卒順治乙酉嗣汧子𥿎

字務纘生順治壬辰正月廿八卒康熙癸丑二月初一配朱氏生順治乙未十一月十五十九歲而寡守節撫孤學憲優獎卒康熙壬辰正月初一雍正甲辰奉旨建坊旌表崇祀詔建貞節祠遺腹子爲綱

字令燕生康熙癸丑七月初九卒乾隆辛酉四月廿三配鮑氏太學允恭女生康熙甲寅十月初十卒康熙辛丑五月初一子三鶴瑞麟瑞桂瑞女五適嚴來照胡晟胡體元黃渭鮑出適吳潮側出

字鳴皋生康熙甲申三月初九配黃氏生康熙壬午三月初十卒乾隆乙丑八月十七子三錫之錫余錫爾

麟瑞　字天授生康熙丙戌十一月初十配張氏生康熙戊子五月廿五

桂瑞

錫余

錫爾

雯錦

澧 欽翼三子

字濬卿郡增生生萬曆丙辰九月廿二卒康熙庚午三月廿一壽七十五配華氏庠彦廷陞女生萬曆庚申二月初九卒康熙丙

杲

字日纘生崇禎巳卯四月初四卒康熙丁未九月初四配高氏生崇禎甲申四月初六卒康熙甲子十一月十一無嗣

字益三生康熙巳丑十一月初四卒乾隆癸亥七月廿五配胡氏生康熙巳丑十一月十六子一雯錦女一

午七月十九子八
枽棨衛棨棨華出
棨宏業棠側錢出
棨嗣南後棨嗣淶
後棨出姓馮
塟

衛
字衛濆生順治庚
寅二月初九卒雍
正甲辰十二月初
六配孫氏庠彥邑
女生順治辛卯十
月初七卒康熙戊
午二月初四子一
爲夾女一適惠俱
側𣐊出
塟石塘

爲夾
字來燕生康熙丙
寅三月廿八卒乾
隆辛酉八月初一
配王氏生康熙丁
繼
周氏生康熙巳卯
二月廿五

棨
字棨續生順治丁
酉正月廿一卒康

熙戊寅六月十二
配華氏無嗣

宏業

字安續又字南夫生康熙丙午八月十六卒雍正辛亥正月廿三配錢氏生康熙丙寅卒康熙庚辰繼唐氏生康熙乙丑七月初十卒乾隆甲子十一月初八子二爲楫爲霖爲楫嗣桀後女二適朱適苘

爲霖

字時燕生康熙庚寅十二月廿一配華氏生康熙癸巳八月十七子一陸再嗣爲楫後

棠
字尚纘生康熙己酉八月初二配沈氏生康熙甲寅二月十三卒乾隆丙辰十一月十五子四爲律爲度爲德爲忠女三適唐適王適吳甲午譜嗣大宗宗淮後本非應嗣今本生不絕如綫因告通族來歸

爲律
字以和生康熙庚辰九月廿一出家洞虛宮法名冲理

爲度
字用章生康熙癸未三月初三卒雍正癸丑正月十三出家萬壽菴法名水如

爲德
字子辰生康熙辛卯五月廿八

為忠 字緘三生康熙丙申十月三十卒乾隆甲子十一月十一配嵇氏生康熙己亥三月初六子二成基定基

成基 字東魯生乾隆戊午十月廿一

定基 字西成生乾隆辛酉八月初七

滴 欽翼四子 字山公邑庠生生萬曆戊午二月十九卒順治辛卯二月廿二配江陰李

棨 字代纘生順治戊子閏四月初一卒缺配安氏生順治丁亥十月初七卒

為楫 字濟燕生康熙丙戌八月廿二卒雍正巳酉十二月廿七配○氏嗣為霖

陞再 字敬輿生乾隆丙寅六月十八

氏生天啟癸亥十康熙壬戌九月十子陞再
月十六卒順治戊九嗣宏業子爲楫
子十月十六嗣澧
子榮女二適太學
鮑弘庠彥劉榮節
臺

沅 欽翼五子

㮚

爲蔚

字湘侯郡庠生閉字肉纘生順治癸字文起生康熙丁
戶讀書工書法著巳二月十六卒康卯四月廿九卒鈌
有春秋綱目詩經熙○○○月○○配鄒氏生康熙丙
多識等書行世生配華氏庠彥槳女寅二月初四卒鈌
天啟乙丑六月十生順治丁酉四月子一珂里殤
一卒康熙丙寅四廿七卒繼錢氏生
月十八壽六十二順治庚子十一月
配劉氏孝廉長康初八卒

爲經

孫女生天啟乙丑○月○○子三爲字叙五生康熙乙
七月初五卒康熙蔚華出爲穀爲經卯八月十八
乙亥十二月初三女一適楊起鳳俱
壽七十一子二臬錢出爲穀嗣棻後
棻女二適庠彥華
庭迎庠生頤鍾麟
合塟軍嶂山新阡

棻　爲穀　萬里

字棻續生順治巳字維艮一字人式字暘若生康熙壬
亥十一月二十卒生康熙癸酉正月辰九月初八配張
康熙○○○月○十一配錢氏生康氏生康熙
○配長洲夏氏生熙壬申八月廿八女二
順治庚子七月十子一萬里
一卒康熙壬申二就館粵東侯歸
月十一嗣臬子爲補登
穀女一適華千里

淩 欽翼六子
字靜尹生順治丁酉四月初八卒康熙丁巳四月二十聘季氏未娶卒嗣澧子檠

檠
字敬纘生順治乙未三月廿八卒康熙庚午八月二十配華氏生康熙甲辰九月初六卒雍正戊申十一月廿五二十七歲而寡守節撫孤三十年乾隆丙寅旌表子一爲遠

爲遠
字近仁生康熙己巳二月十一卒乾隆丙辰七月十三配華氏生康熙戊辰二月初十子一聖輿

聖輿
字艮玉生康熙己亥十一月初四

泓 粲之京孫 欽爲子
字一生生萬曆己

樂節
字公盍生順治乙

文燦
字曰彥生康熙己

麟基
字于祥生康熙乙

未十二月廿三卒酉十月初十卒康酉十二月初二卒酉六月十七配浦
康熙巳未十月二熙丙申閏三月廿康熙辛卯十一月氏
十配常熟邵氏卒二配孟氏生順治十九配孟氏生康
繼邵氏生天啟癸巳丑二月廿二卒熙壬子六月十七
酉十月初九卒康康熙丁卯七月廿卒康熙丁丑三月
熙癸酉七月廿九五繼韓氏生順治初一繼吳氏生康
子三樂節樂善樂癸巳六月十二卒熙壬子七月廿七
才康熙丁亥十二月卒雍正壬子十一
埜康山爻塋二十子四文燦其月廿三子一麟基
煥若炳文燿孟出埜祉塋側
女一適張韓出
埜祖塋穆

其煥
字曰章生康熙癸
丑正月廿五卒乾
隆辛酉正月十二
配孟氏生康熙丁

龍基
字于成生康熙丁
丑十月十一配徐
氏生康熙丙戌六
月廿六卒乾隆丙

心銘

巳十二月初六卒辰七月二十子二
康熙丙申三月廿心銘與鍾與鐘嗣
八子三龍基鶴基鳳基後女一
鳳基鳳基嗣文燿
後
塟莫家橋宅後

鶴基
字于九生康熙辛
巳十二月廿四卒
無嗣

若炳
字曰星生康熙戊
午十二月初一卒
雍正乙巳八月初
五配朱氏生康熙
癸亥八月十九子

龍田
字文明生康熙丁
酉十月初四配蕭
氏生康熙壬寅六
月初七女二

二龍田甫田龍田
側出女一
葬祖塋側

甫田

字歲千生康熙戊戌十二月初十配吳氏生康熙戊戌正月廿六子二中鎮三銓

鎮三銓

文耀

字曰茲生康熙丙寅正月初五卒乾隆甲子二月廿四配馬氏生康熙庚午七月廿六嗣其煥子鳳基

鳳基

字于岡生康熙丁亥八月初十配華氏生康熙甲申九月三十卒乾隆丙寅二月十四嗣龍基子興鍾

中鎮

三銓

興鍾

樂善 無嗣

字公揚生順治己亥閏三月十六卒康熙己巳正月初二配楊氏生卒缺

樂才 無嗣

字公英生康熙戊申十二月廿六卒康熙辛巳八月廿四配錢氏生卒缺

洽 欽爲次子

字叙卿生天啟甲子六月十九卒康

樂道

字公友生順治丁亥二月初四卒康

文焜

字曰明生康熙壬戌十二月廿一卒

始基 無嗣

字斯勤生康熙己丑五月初八未娶

熙戊午三月廿二熙癸巳八月初十缺配鄒氏生康熙卒
配郭氏生崇禎戊配顧氏生順治丁庚午十月初十卒以上俱葬康山祖
辰二月十九卒康亥卒康熙甲子子缺子一始基　塋
熙丙戌七月十一一文焜
子一樂道

湘　欽爲三子
字孔江生崇禎乙
亥三月廿四卒順
治戊戌配朱氏生
卒缺無嗣

澄　欽爲四子
字祖朱生崇禎乙
亥十二月初五配
袁氏生卒缺無嗣

河　榮之亰孫　鎮之子

字天來生崇禎丙子七月廿六卒康熙己巳九月二十配華氏景山知縣天錫胞妹生崇禎庚辰五月十八卒康熙乙丑三月初六子二翰楚兆楚兆楚嗣洛後女一適萬景華

翰楚

字方城生康熙丁未十一月廿四卒雍正　配王氏生康熙己巳四月十四卒子爲鳳巢

洛　鎮次子

字天中生順治戊子十月十七卒康

兆楚

字漢書生康熙癸丑七月初六卒雍

爲政

熙己巳四月初一正
配尤氏生順治丙
戌卒康熙己丑七
月十二壽六十四
苦節二十餘年嗣
河子兆楚

配華氏生
康熙壬申卒鉄子
一爲政

一清　璨之玄孫　釪之子
字海若生崇禎甲
申二月十七卒康
熙癸巳十二月十
六配華氏生順治
丁亥七月廿九卒
康熙乙亥七月初
九子一松恒女二

松恒
字楚培生康熙戊
申正月廿四卒乾
隆戊午正月廿五
配唐氏生康熙壬
子二月初一子二
宗照宗烈女一適
楊

宗照
字元暘生康熙庚
辰十月十八配王
氏生康熙庚辰三
月廿六子一王瑞
女一　適惠

王瑞
字麟昭生雍正甲
寅十二月廿一

適單適何
葬東唐湾

龍洲第三支劍峰公派

鴻
緊之玄孫
鈺嗣子
字渭伊生崇禎丙子十二月初九卒康熙乙酉十月廿一配許氏生順治辛丑無嗣

溶
緊之玄孫
鋧之子

梅

宗烈
字元承生康熙癸巳三月十九配華氏生康熙丙申十二月初五子一聖時次一

聖時
字鳳彰生雍正甲寅九月廿五

字宛伊生崇禎巳卯五月廿八卒康熙丁亥二月三十配高氏生順治壬辰卒康熙辛巳子二梅楓女三適陳適袁適袁

淶　鋭次子

字以晋生順治辛卯正月廿九卒康熙戊戌十二月廿四配王氏生康熙丁未九月初一卒康熙乙亥六月廿

字玉章生康熙丙辰二月十二無嗣

楓

字玉英生康熙癸亥六月初六

槐

字宗支生康熙丁卯五月廿五出家洞虛宮祖師殿卒

標

鳳翔

連城

子二榧標女一
字宗赤生康熙巳巳十二月初五配戊七月十二卒乾隆丙金氏生康熙乙亥隆辛酉八月廿五十一月三十子五配許氏生康熙丙鳳翔鳳翼鳳鳴鳳申四月廿六卒乾詒鳳儀鳳詒嗣楠隆丁巳三月初二後女一
字上林生康熙戊字永珍生乾寅七月十八

鳳翼
嗣鳳翼子連城
字起岐生康熙辛丑七月初八配呂氏生雍正甲辰正月初五子一連城

鳳鳴
嗣鳳翔後

浩 榮之玄孫 鑛嗣子

字在伊生崇禎壬午十月十三卒康熙丁亥十一月初十配趙氏生康熙壬子卒康熙甲午子二楠梧

楠

字耀先生康熙癸酉十二月初九卒康熙壬寅四月十九嗣標子鳳詔

字于高生雍正丙午正月廿九

鳳儀

字舜來生乾隆巳未六月廿八

鳳詔

字季龍生雍正庚戌十二月廿三

龍洲第四支文峰公派

祖槐 燦之京孫 鍵之子 字益長生天啟甲子四月廿一卒康熙壬寅十二月十九配劉氏生天啟甲子五月十五卒康熙壬寅四月初九無嗣

宗海 鍵次子

梧 字宗益生康熙丙子十月十四

字仲躬生天啟酉寅十一月十二卒康熙丁丑八月十九配浦氏生崇禎壬申四月廿四卒康熙庚申九月十三無嗣

宗衍 鍵三子

字叔憲由武庠改文庠生生天啟丁卯十二月初二卒康熙辛巳八月十三壽七十五配朱氏生崇禎辛未三月初二卒康熙

秉修

字紫梁生康熙丙午卒 配鮑氏生康熙丁未卒 子一爲乾

爲乾

字元龍生康熙壬申三月廿七卒雍正乙卯配韓氏生康熙甲戌子二增賢增能女二適趙適孫

增賢

字王文生雍正巳酉

增能

字王武生雍正乙卯

月子二秉修樂敬
側顏出女四適孫
仁滋朱出適武進
庠生龔學鰲適吳
庠曹陸卓適張文
麒側顏出

樂敬
字有三生康熙巳未正月初一卒乾隆庚申十二月廿一配王氏生康熙丙辰子三觀光鳴謙漸鴻

觀光
字尚賓生康熙丙子六月初七配孫氏生康熙戊寅子二連城朝堦

鳴謙
字晉吉生康熙甲申三月廿二

漸鴻
字其羽生康熙丙戌十二月十五

連城
字玉蒼生雍正壬子正月廿三配趙氏

朝堦
字玉堂生乾隆庚申九月廿四

彪 鏈四子

字季敏由武庠生中順治丁酉科武舉人任江陰衛千總生崇禎庚午二月十四卒康熙丁卯七月十六配江陰許氏生崇禎壬申八月初九卒康熙庚申七月廿一繼俞氏生順治甲申四月十六卒康熙癸未正月十九子二栢齡椿齡女三適顧弘毅歲貢

栢齡

字元卿生順治癸巳十二月廿四卒康熙辛巳四月初五配江陰劉氏生順治甲午八月十五卒雍正丙午十一月三十子一芝鳳甲午譜載之炳子肯堂升堂亦堂係趙姓例不登譜

椿齡 無嗣

字仲卿生康熙丙午七月十一卒缺

芝鳳

字儀韶生康熙丙子五月初五配劉氏生康熙甲戌五月初四子二永坤載坤女二適劉適陳

任長涇劉家橋

永坤

字順常生康熙辛丑八月初四

載坤

字德方生雍正甲寅九月十六

邵裘赤俱許出一
適顧俞出

孔治 鏈五子

字幼傑武庠生生崇禎辛未八月十二卒康熙巳未六月十七配華氏生崇禎甲戌十二月初一卒康熙癸卯七月廿三繼倪氏生崇禎壬午十一月廿五卒康熙戊辰十月廿八子二述養本恬俱倪出

述養

字昭嗣生康熙丙午三月廿一卒乾隆庚申五月十七配王氏太學馨女生康熙乙巳十月初七卒乾隆丁巳三月初六子一兆鳳

兆鳳

字熙暐生康熙壬午十二月十三配吳氏卒繼金氏卒又繼陳氏子三仁基金出義堦德培陳出女一陳出

仁基

字秉彝生雍正巳酉四月初八

義堦

字秉文生乾隆巳未三月初七

德培

字秉全生乾隆癸

女五適太學韓達字談宜聰聞訃過門撫嗣守貞三十年雍正　恩詔旌表崇祀詔建貞節祠華出適庚子科舉人華希閔適太學徐培祿何沐時俱倪出

[illegible]

本恬

字繩武生康熙丁未六月十八配唐氏庠彦旋穀女生康熙乙巳正月十七子四之熹之燕之燾之煦殤女一適王德榮

之熹

字載揚生康熙庚午五月初九卒乾隆巳未五月廿五配華氏生康熙戊辰四月十一子一應雷

之燕

字載翊生康熙癸酉八月廿五配何氏生康熙戊寅十

亥八月廿五

應雷

字震修生康熙乙未八月廿三配馮氏生康熙乙未五月十六子一維鏞

應基

字定修生乾隆丁巳九月初六

維鏞

從川第三支亰洲公派

衍芳 窾之亰孫 胤錫子

字茂生生順治庚寅正月十四卒康熙庚子八月廿七

仁集

字德明生康熙巳未八月初九卒雍正癸卯七月初十

月初六子二應基應璽女二適劉揚若適李

之燾

字載鳴生康熙壬午四月廿四配趙氏生康熙甲申八月廿六女一

烔

字耀邦生康熙丁酉十月初七配徐氏生雍正癸卯二

應璽

字家修生乾隆庚申十月廿三

京洲
第一
支巃
石公
派

配錢氏生順治辛
卯七月十三卒康
熙丁丑九月十二
嗣衍華子仁集女
一適丁

配沈氏生康熙巳
未八月初九卒康
熙癸未十月十五
繼王氏生康熙癸
亥九月初九卒雍
正壬子十月初五
子一烱

月初六

衍華 胤錫次子
字奕生生順治壬
辰四月十六卒康
熙辛巳五月十四
配過氏生順治巳
亥十月廿八卒乾
隆辛酉二月十七

義集
字德培生康熙甲
戌五月十一配朱
氏生康熙甲戌十
月廿二卒乾隆丁
巳七月初四子二
煥

煥
字燁時生雍正乙
巳二月十六

子二仁集義集仁集嗣衍芳後

埜

衍慶 棻之玄孫 疇錫子

字端生生順治丁酉十二月廿四卒缺配徐氏生順治巳亥八月廿四卒缺無嗣

衍義 棻之玄孫 齡錫子

字誾大邑庠生生崇禎甲戌十月初一卒康熙甲子二月十八配張氏生

善集

字培元國學生生順治辛丑四月廿五卒雍正癸卯六月初三壽七十三

焱

字執鄉生康熙壬戌十二月十一配華氏太學年女生康熙甲子三月二

士玉

字璞存生康熙戊戌九月初五配張氏生康熙乙巳九月廿九

崇禎乙亥十月十配龔氏庠彦兆蘭十子二上王士玉
二卒康熙庚戌五女生康熙壬寅八上王殤女三適庠
月初二子三善集月廿三卒雍正甲生錢一元適華適
遙集張出慶集側辰七月廿五壽七王
出遙集嗣汝舟後十三子一荻女一
慶集嗣衍文後女適王岵
二適李華俊李啟

武
塋

衍文

齡錫次子

字宜中武庠生生順治丙戌十月初六卒康熙戊戌五月十三配朱氏生順治己丑三月十

慶集

字履吉生康熙己未正月廿五卒雍正乙卯配王氏生康熙壬戌八月十五子四承煒承煜

承燴

字○○生康熙卒卯九月二十

玄洲第二支混塵公派

三卒康熙甲寅正月十六嗣衍義子慶集女三適太倉州庠生殷雲芳孫鶴對華千里塟軍嶂山南塢

汝舟 案之玄孫 年錫子

字龍門邑庠生生順治壬辰六月十二卒康熙辛亥四月十八聘張氏巳丑進士廻禄女生順治壬辰三月三十卒康熙丙辰五月廿二閏訃守貞

殤承熻承○

逸集

字曾望生康熙丁未閏四月初八卒乾隆甲子十一月廿五配張氏生康熙乙巳三月廿六卒康熙壬辰十二月初四繼王氏生康熙庚戌卒乾隆

承○

字○○生康熙戊戌

顯烈

字文謨生康熙壬申十一月廿五配王氏庚辰進士翼女生康熙甲戌五月二十卒康熙壬寅四月十八繼華氏庠彦宣五女生康熙丙子七月十

候　旌子二嗣衍甲子子三顯烈俊
義子遙集嗣汝霖烈偉烈張出
子本恒

六卒雍正壬子三
月廿九女一適蕭

俊烈
字武揚生康熙己
卯四月初七配蘇
氏生康熙己丑十
二月十九子二覲
玉宸玉女一

偉烈
字成周生康熙癸

覲玉
字德臣生雍正壬
子二月初三

宸玉
字殿臣生乾隆丙
辰五月十三

式玉
字德全生乾隆乙

未配沈氏子式圭丑十二月初二

本恒

字履常生康熙丁巳七月二十配吳氏卒繼顧氏生康熙丁巳卒繼黃氏辛子一承烈顧出女一適陸吳出

承烈

字　生康熙辛巳十一月十三配錢氏子五天生天福印隆慶隆允隆

天生

字　生雍正甲辰七月廿七

天福

字　生雍正甲辰七月廿七

印隆

字　生乾隆丙辰正月廿四

慶隆

字　生乾隆辛

酉正月十九

允隆　字　生乾隆壬戌二月二十

汝霖　年錫次子　字歲星邑庠生生順治甲午卒康熙丙戌配顧氏孝廉宸女生順治癸巳卒康熙甲戌子三本恒本豫本泰本恒嗣汝舟後女三適庠生顧鄴庠生施鉅高蘇庠劉本楙

本豫　字謙友生康熙壬戌九月初四配倪氏嗣本泰子承勳

本泰　字履安生康熙己巳五月初十配陸氏生康熙庚午子三承熙承隆承勳嗣本豫後

承勳　字　生康熙庚子五月廿一聘　氏生雍正乙巳

承熙　字　生康熙丁酉十一月十七

承隆　字　生康熙壬寅十二月二十

承澤 粲之玄孫 辰錫子

字復敬太學生生康熙壬申八月十一卒康熙己亥十一月廿四配孫氏歲貢祁雍女生康熙癸酉十一月廿九年二十七而寡守節撫孤乾隆丙寅恩詔建坊旌表子三建寅柄寅楠寅女一適顧學源

建寅

字時夏生康熙辛卯七月廿六娶蔡氏德升女生康熙丙申四月十八子一京榮女一

柄寅

字昭夏生康熙癸巳正月十六卒雍正壬子二月十八聘華亭王氏生康熙癸巳五月初五卒

京榮

字書紳生乾隆壬戌十月十九日

楠寅
字君夏生康熙巳亥十月十二

源寬 棨之玄孫 台錫嗣子
字未能號岵雲由邑庠生中康熙巳卯江寧鄉試癸未會試經魁登王式丹榜進士候補內閣中書候贈文林郎生康熙丁未十一月初一卒雍正癸丑十二月廿六

伯龍
字春山號蛟門由邑庠生中康熙庚子江寧鄉試雍正甲辰會試登陳悳華榜進士授文林郎山東萊州府濰縣知縣生康熙乙丑十二月廿二卒乾隆癸亥七月十

鵬舉
字程萬生康熙丙申正月初十配邵氏太學鰲徵女生康熙乙未十月初九子二方城肇域俱側出女二一字楊邵出一未字側出

方城
字汝玉生乾隆庚申二月十一

肇域
字留畊生乾隆甲子十二月十七

壽六十七配高氏四配楊氏太學爔附例太學生芷生女生康熙甲子五女候贈孺人生康月十五卒康熙戊熙乙巳六月初十戌七月廿五候贈卒雍正乙巳七月孺人子四鵬舉楊二十壽六十一子出鵷序鴻升五伯龍雲龍躍龍側顧出景燽嗣龍龍光宮桐女一適光後女三適周楊候選縣佐倪啟燕出一適太學倪大合葬燦山祖塋之培一未字側出昭　合葬五浪山新阡

鵷序
字彝青生雍正乙卯十一月廿三

鴻升
字軒秧生乾隆戊午十一月十三

雲龍
字又元金邑庠生生康熙丁卯三月十五配江陰張氏

兆鰲
字霖蒼生康熙己亥六月廿九配龔氏庠生鑑女生康

礽基
字元培生乾隆庚申三月初六

康熙甲午舉人世熙巳亥七月廿四
綸女生康熙丙寅子四初基振基丕
十二月十六子二基紹基振基嗣鯉
兆鰲鯉鱺嗣官楠後女一
後女二適歙縣太
學生汪勝一適候
選縣佐楊兆槐

躍龍
字山公金邑廩生
生康熙庚午十二
月十六配高氏郡
庠彥椎女生康熙
辛未七月初六卒
雍正丙午七月十

驤
字千里廣東番禺
縣庠生生康熙癸
巳五月初八配顧
氏庠彥維女生康
熙丙申二月十五
子二黃裳含章

丕基
字廣培生乾隆癸
亥八月廿八

紹基
字心培生乾隆丁
卯七月廿四

黃裳

含章
字可貞生乾隆甲
子四月廿一

八子三驥騮騏騮嗣龍光後騏嗣宫栴後高出女二一適太學丁鯤起一適福建貢生熊炳

龍光

字逸季吳縣庠生生康熙壬申正月十二卒康熙丁酉十月十四憲獎孝行候旌配吳氏庠彥頵鉥女生康熙壬申二月初二卒雍正甲寅七月二

景熺

字振千邑庠生生康熙己亥十二月廿五配周氏太學奕隆女生康熙戊戌五月廿五子一堯臣

堯臣

字希元生乾隆丙寅六月初五

十嗣躍龍子騮殤
又嗣伯龍子景熺
女二一適楊鳳池
一適丁元起

宮楫

字少良生康熙丁丑四月廿三卒雍正丙午七月初六配黃氏太學芹森女生康熙丙子五月廿七子一殤一嗣雲龍子鯉一嗣躍龍子騏女二一適薛奇逢一適黃

騏

字仲謀生康熙辛丑十月初七配周氏生康熙巳亥十二月廿二子一福基

鯉

字萬南生雍正癸

福基

字峻培生乾隆乙丑五月十四

振基

字厚培生乾隆辛

毓錦

卯十月廿五卒乾酉十一月初一

隆辛酉七月初六

聘華氏嗣兆鰲子

振基

源功 淙之玄孫 巳錫子

字兆廣郡庠生生康熙庚戌三月十七卒雍正乙卯十一月十八壽六十六配胡氏太學宸錫女生康熙庚戌五月初七卒雍正辛亥六月初六壽六十二子四文龍震龍應龍學龍女

文龍

字體乾太學生生康熙壬申六月廿三配　氏子一象熊女一適强良弼

俱側徐出

象熊

字　生雍正乙卯閏四月三十

震龍

字起潛生康熙癸酉十二月十七配

儀鳳

字懷虞生雍正丙午五月十四

四適太學傒選州周氏例貢秉貞女佐傒元岱適楊紅生康熙甲戌九月廿二子儀鳳女三嶷適周需集適太學鄒祖期　適太學張　適
合葬燦山祖塋之杜莊
穆

應龍
字與時錫邑庠生生康熙乙亥二月初六配薛氏傒贈文林郎惟讓女生康熙戊寅三月三十子二天爵承爵女二適許錫保適潘

天爵
字汝樀生雍正戊中五月廿六

承爵
字汝楫生雍正辛亥六月十六

京洲第三支獻可公派

鴻寶 梁之京孫 鑑明子
字紫來生康熙庚戌七月廿九卒康熙戊子二月二十配陸氏生康熙癸

本孝
字貽孫生康熙乙酉三月初八配董氏生康熙丁亥十二月十八子二正

正焉
字用謙生雍正乙巳四月初四配蕭氏生雍正丙午十二月十六

學龍
字有謙生康熙戊寅十二月初六配華氏太學候選州佐崇康女生康熙戊寅四月二十女七適王心錦適候雲錦餘未字

丑十月初九卒康
熙戊子十月廿二董
嗣鴻逵子本孝女
一適董

焉位焉女三一字

位焉
字葆中生乾隆戊
午十月初十

鴻運 鑑明次子
字震千生康熙癸巳字君務改字彙川字臣度生乾隆癸
丑十二月十七配生康熙巳五七月亥七月廿二
董氏生康熙丙辰廿三配朱氏庠彥
四月廿三卒雍正旅源女生康熙巳
乙卯四月初四子九十一月廿六卒
一本仁女一適王乾隆辛酉八月三字
十繼汪氏生康熙寅
壬寅十月初四子

本仁

容焉

戴焉

生乾隆丙

二容焉載馮女一

字馬

鴻儀鑑明三子

字大年生康熙丁巳十月初九卒乾隆丙辰八月十三配陳氏卒繼陸氏卒又繼鄒氏生康熙辛未正月十五卒雍正甲辰十二月初十又繼陳氏生康熙庚午五月廿三卒乾隆壬戌七月廿一子一本貞

本貞

字晚成生康熙癸巳五月初六配李氏生雍正癸卯六月廿四

貞鄧出
合塟南象山

鴻逵 鑑明四子 本祖

字若來生康熙壬字燕翼六雍正巳戌七月十九配蕭酉八月十九聘朱氏生康熙癸亥五氏生雍正庚戌九月二十卒康熙癸月初五
巳五月十七繼華氏生康熙庚午六月廿二卒雍正癸丑五月二十子二
本孝本祖本孝嗣鴻寶後蕭出本祖
華出

臨澤 棨之玄孫 亨錫嗣子
字路蔭生康熙己未正月廿九卒雍正癸丑四月初九
嗣萃澤子本御
葬龍山

本御
字永安生康熙乙未四月十四

萃澤 棨之玄孫 利錫子
字觀聚生康熙癸丑九月初十卒乾隆丙辰五月廿五
配唐氏生康熙丙寅十一月十二卒乾隆丙辰五月廿八子二本御本數

本數
字永明生雍正

本衙嗣臨澤後女
一適華
塟龍山

孚澤 利錫次子
字忠蔭生康熙庚
午十月廿四配邵
氏生康熙甲戌十
二月十五卒雍正
甲辰四月初六繼
虞氏子一本射女
二適胡鳴珂周三
公

兌澤 利錫三子
字元蔭生康熙癸

本射
字永發生康熙甲
午十一月初二

丙十二月初四卒
康熙戊戌正月三
十配董氏
葬龍山

履澤 利錫四子
字嘉蔭生康熙壬
戌四月初二卒乾
隆癸亥八月十四
配黄氏生康熙庚
午正月廿九卒乾
隆甲子七月初二
子二本樂本書女
一適吳禽若
合葬龍山

本樂
字文昭生康熙癸
巳九月廿七配胡
氏生雍正戊申八
月廿九子昕

本書
字文興生康熙丁
酉十月十八

昕
字旦明生乾隆丙
寅三月十五

鴻業 棨之玄孫 鑑頴子

字丕基生康熙甲子十一月廿一卒康熙壬寅二月十四配王氏生康熙戊辰八月十六卒乾隆戊午正月初二子一汝楫

汝楫

字濟川生康熙辛卯六月廿六配鮑氏生康熙己亥正月初五卒乾隆戊午正月初五

鴻文 鑑頴次子

字丕顯生康熙己巳七月初二卒乾隆癸亥十二月十八配莊氏生康熙

巳巳十一月廿五
女一適許

鴻勳 鑑頵三子

字丕臣生康熙乙亥十一月初一卒雍正丁未二月十八配楊氏生康熙丁丑七月十七子一汝霖

汝霖

字廿和生康熙戊戌八月廿八配董氏生雍正丙午六月初七

餋浩 棨之京孫 鑑齡子

字毓山生康熙庚辰十月十二卒乾隆壬戌九月二十配謝氏生康熙甲

宏

字天申生雍正巳酉七月初五配李氏生雍正壬子正月十八

申十二月初八卒乾隆巳未十月初十子一本宏

養淵 鑑齡次子

字景山生康熙甲申二月十一配楊氏生康熙丁酉十一月初七子一本高

養恬

第四支問詹公派

涖 彬之玄孫 祥鍾子

問詹

字公臨生順治癸巳九月十九卒乾隆丙辰十一月廿七配吳氏繼趙氏子

本高

字天佑生乾隆庚申十二月初八

邦楨 無嗣

字君蕃生康熙巳酉九月三十配謝氏繼錢氏俱卒

第二支繼詹公派

三邦楨吳出邦樫邦楝趙出女一適梅

邦樫

字時行生康熙辛酉五月初三卒乾隆庚申五月十二配費氏卒繼闕氏子三德熹德照費出德熹德照闕出

德熹

字廷榮生康熙丁酉十一月二十

德照

字廷貴生康熙巳亥八月十六

邦楝

字時俊生康熙丁卯六月初三卒康熙庚子正月初四

德煥

字嘉賓一字廷標生康熙庚寅十一月廿八配董氏生

淪 祥鍾次子
字公昇生康熙丙
午四月初一無嗣

配顧氏生康熙甲
子八月十六子三
德煥德焜德耀

康熙庚寅十一月
初六卒乾隆壬戌
十月廿七

德焜
字尚賓生康熙壬
辰八月初三從釋

德耀
字列賓一字廷英
生康熙癸巳十一
月十六配唐氏生
雍正甲辰四月初
四

從川第一支虹洲公派

虹洲第一支龍槐公派

十七世	十八世	十九世	二十世	二十一世
鉅 潢之玄孫 坤甯嗣子 字大任生乾隆壬戌八月十五				
鎮 潢之玄孫 坤厚子 字于藩生雍正壬子八月初七				
鎮五 潢之玄孫 見美子 字嵩壽生乾隆癸亥十二月初七				

鎮寰 見美次子

字君壽生乾隆丙寅十二月廿九

錦雲 濆之玄孫 坤光子

字祥華生雍正癸丑九月廿六

錦霞 坤光次子

字文德生乾隆丙辰七月廿七

錦龍 坤光三子

字公垣生乾隆戊午九月廿八

錫鳳　坤光四子
字敏育生乾隆癸亥七月十五

錫章　坤光五子
字敏歆生乾隆丙寅六月十五

鎬京　瀩之玄孫　坤德子
字洪生生乾隆辛酉七月十六

鐘 潢之玄孫 廷雄子
字大呂生乾隆甲子十一月廿九

銘錫 泉芳玄孫 戊隆子
字安仁生雍正甲辰六月廿九

廷銘 泉芳玄孫 信瑄子
字譽昭生雍正辛亥七月初八

虹洲第二支京峰公派

鍹嵩 濬之玄孫 金城子
字峙中生雍正庚戌三月廿四聘錢氏

鎮泰 濬之玄孫 蓉城子
字峙東生乾隆辛酉九月十八

鎮衡 蓉城次子
字峙南生乾隆甲子七月廿六

虹洲第三支玉峰公派

鎮恒　濬之玄孫　連城子
字峙西生乾隆甲子八月初四

廷颸　至洊玄孫　黄輿子
字念茲生乾隆癸亥八月廿一

庚曜　方涣玄孫　坤載子
字敔明生乾隆甲子九月廿四

鈺　湁之玄孫　坤維子
字○○生乾隆庚申九月初九

錦　坤維次子
字○○生乾隆甲子二月十五

銓　原之玄孫　基之子
字伯慈生乾隆乙卯五月十八

錦雲　浩之玄孫　士驥子
字天秀生乾隆巳

未正月廿五

鍔 浩之亥孫 士鴻子
字鶴亭生乾隆丙寅十月初七

龍洲第一支前源公派

鈞儀 沂之亥孫 致之子
字伯芳金邑庠生
生康熙癸巳閏五
月十六配王氏生
康熙丁酉十月廿
二子一瀜女二

瀜
字太冲生乾隆巳
未正月初四

鈞僖 致次子
字叔芳生康熙壬

寅三月十八

鈞侃 致三子
字芳五生雍正辛
亥三月廿八

嘉錫 沂之京孫 坡蓮子
字肇麟生康熙丙
申九月十二配朱
氏生雍正甲辰三
月十四子一灃

灃
字會灃生乾隆丙
寅閏三月二十

晉錫 坡蓮次子

字康侯生康熙已亥九月初三配　氏

一鵰　汧之玄孫　起虹子

字上立生康熙戊戌四月初七配司馬氏太學成都女生康熙丙申二月初九女二

景鐘　汧之玄孫　坡才子

字正暘生康熙癸巳五月三十配惠

宗灝

字希程生乾隆庚申三月十二

氏生康熙巳亥九
月廿三子三宗灝
宗濂宗洵宗濂嗣
黄鐘後

黄鐘 坡才次子
字正音生康熙戊
戌八月十四卒乾
隆壬戌八月初七
配趙氏生康熙壬
寅十月十四嗣景
鐘子宗濂女一

應鐘 坡才三子

宗洵
字起泉生乾隆丙
寅正月初二

宗濂
字師周生乾隆癸
亥七月廿四

字正南生雍正癸丑二月十八

鈞儼 汧之玄孫 坡仙子

字仲芳生康熙戊戌八月初五配朱戊十月十八

氏庠彥嗣宗女生康熙戊戌十二月十二子一灖女二

灖 字企常生乾隆壬

鈞佴 坡仙次子

字季芳生雍正丙午正月初九聘徐氏太學時敏女

錫之 汛之京孫 鶴瑞子
字汝福生康熙壬寅七月十三

錫余 鶴瑞次子
字以嘉生雍正戊申十一月十五

錫爾 鶴瑞三子
字永益生雍正癸丑十一月初九

錢氏宗譜　　八十八

雯錦　泖之京孫　桂瑞子
字文雋生乾隆丁巳閏九月初四

心銘　泓之京孫　龍基子
字天玉生雍正乙巳十月初十

中鎮　泓之玄孫　甫田子
字天賢生乾隆辛酉五月初三

三銓 甫昀次子
字天爵生乾隆己丑六月初六

興鍾 泓之玄孫 鳳基子
字天聖生雍正乙卯十月廿二

維鏞 孔治玄孫 應雷子
字文倫生乾隆巳未五月三十

錫山秦氏宗譜世系卷之八

修敬
第三
支務
本公
派
務本

九世

鳳梧 銓之孫、瀛之子
字子橋號濟源邑
庠生五應鄉試工
詩諸晚存稿生嘉
靖○○卒萬曆○
○壽七十九配○
氏無子

植 瀛次子
字子培號濟虹原
名鳳竹以能詩客
晉藩著清湖集生

十世

聚
字景暘號甄宇生
隆慶丁卯六月廿
六配陳氏子二孝

十一世

孝珮
字嗣服號臣素生
萬曆巳丑五月初
九卒順治戊子七

十二世

德鏊
字振之號達中生
天啟丙寅九月初
四卒順治戊戌從

十三世

嘉靖己亥十二月十七卒萬曆乙巳九月十一壽六十七配劉氏子一暻女一適張

梓　銓之孫　潞之子

字子才生卒俱缺

珮孝子

昊

字景明號完吾生

月初二壽六十配釋殷氏子一德鏌女一適唐

孝圭

字嗣錫號文素生萬曆癸巳六月十三配胡氏子一德鑰

孝璧

字嗣完生萬曆巳

德鑰

字順之生天啟乙丑正月廿九配孫氏

任興道

配周氏子一炅

卒缺配鄒氏子二西餘不詳

孝璧孝璽

孝璽

字若吾生萬曆庚戌餘不詳

本

第二

支鶴

亭公

派

鶴亭

棟 鋐之孫 滂之子

字子隆號蠡橋生嘉靖巳亥三月初二卒萬曆壬子九月初十壽七十四配鄒氏子二烶熜

烶

字元明號茂谷生嘉靖庚申七月廿九卒萬曆庚申四月十二壽六十一配薛氏繼陸氏子

堜

字六龍號聖間吳縣庠生生萬曆乙未五月廿二卒崇禎庚辰十月二十配張氏嗣埭子雲

雲錦

字麗若生崇禎巳卯正月十三配張氏生崇禎辛巳出家三峰法號雲間

第一支振庵公派

熜嗣楙後
葬龍山祖塋前

三埰琜㮚俱陸出錦
㮚嗣熜後女二適
邵應熙薛出適周
懋智陸出
葬華藏

琜

日鑣

漢儀

字九臯生萬曆丁字馭若生崇禎辛
未閏六月十一卒巳十二月十一卒
康熙乙巳配談氏康熙庚辰十一月
子四雲錦日鑣禪七八配高氏子二
金雲鋗雲錦嗣埰漢儀
後礪金嗣㮚後雲
鋗出家

楙　旁次子　熜　煠　礪金
字子盛號虹原生字季明號茂華生字百雉生萬曆辛字用若生崇禎甲
嘉靖丁未閏九月萬曆癸酉七月十亥五月十三卒順申九月二十從釋
初二卒萬曆癸酉三卒萬曆乙巳五治巳丑七月初五
十二月十二配華月十四配黃氏子配王氏嗣垛子礪
氏嗣棣子熜女一時歸從釋嗣煠子金
適庠彦華聶巘　堞　塟龍山祖塋
塟龍山祖塋

森　旁三子　燵　基　籛
字子華號紹庵生字韜白號覲文生字基玉號芸吉生字亦彭生順治辛
卒鈌配錢氏嗣楊萬曆甲申四月十萬曆丁未七月十卯六月十九配陳
子燵　四卒順治辛丑三五配宣氏子一籛氏女一
月初十配顧氏生女二
萬曆丙戌卒順治

巳丑子五堪璲瑾
琉琦女二適談士
爍呂棟啓

璲

字遂玉號君岑生萬曆庚戌六月初十卒康熙丁未九月二十崇禎十四年館甥江陰東常配王氏庠彥台衡孫女生天啟癸亥七月初六卒康熙辛亥閏六月廿四子二天錫王錫王錫嗣瑋後女一適曾塟龍山祖塋穰

天錫

字懋昭生順治壬辰十月十二卒雍正癸丑六月初四壽八十二配萬氏羅山縣知縣陽春孫女生順治癸巳十月初五卒乾隆乙丑二月十七壽九十三　恩賚粟子四武游祖游振游紹游女一適薛申仁室艮玉貢生王峻峯合塟龍山祖塋穰

武游

祖游

振游

紹游

任江陰馬鎮東

常

瑋

字韋玉號躍仙生字懋功生順治丁萬曆癸丑九月廿酉十一月初七卒八卒康熙辛亥六雍正壬子九月三月十六配錢氏生十壽七十六配張天啟壬戌三月二氏繼過氏生順治十卒康熙壬戌三丙申閏五月初二月廿二嗣璲子王卒雍正丙午九月

錫

王錫

廿三壽七十一子

一式游女一適宣

廷訓俱過出

合藝大浮新阡

任薛石橋

式游

琓 無嗣
字宛玉號維四生
萬曆乙卯十一月
廿五卒康熙辛酉
十一月廿一配沈
氏女二
葬龍山祖塋

琦 無嗣
字奇玉生天啟辛
酉正月初一卒康
熙乙亥三月廿一
配姚氏
葬龍山祖塋

鶴亭第二支裕菴公派

暘 鉉之孫 洸之子
字子舒號文巖生嘉靖己酉五月初四卒萬曆壬寅七月初六配蔡氏子三爔熺燍熺嗣森後女三適曹尚醇沈君佑凌之清葬龍山祖塋

爔
字道白號思文生隆慶辛未正月初二卒順治丙申正月初二壽八十六配朱氏繼華氏子五琇側出璋珹華山瑹珊側出女四適華方藥鄒

琇
字玉秀生萬曆辛丑二月初五配鄒氏子一敷錫女一適周

璋 無嗣
字玉章生萬曆癸卯七月十九配俞氏繼余氏女一

珹 無嗣
字玉成生萬曆己酉十月廿一卒順治癸巳

敷錫
字用五生崇禎甲戌正月廿六配戴氏子一○○女一適卞

錫山秦氏宗譜世系卷之九　五

璩
字玉素生萬曆庚
戌十月初三配王
氏子一鎰側出

[王田]
字玉田生天啟甲
子七月廿七卒康
熙癸卯八月初九
配許氏生天啟乙
丑七月十二子二
鳴鑾鳴鍾

鎰 無嗣
字○○生崇禎丁
丑七月初一

鳴鑾
字殿臣生順治丁
亥五月廿七卒康
熙乙亥六月廿一
配劉氏生順治戊
子八月十一卒康
熙壬申六月十四
子三汝爲汝明汝
聞女一適袁

汝爲

汝明

汝聞

爋

字虛白生萬曆甲午三月十九配胡氏子一瓚

瓚

字行芝生萬曆己未十二月三十卒康熙戊辰十月十五配朱氏繼虞氏

鳴鍾

字景臣生順治甲午五月十二卒康熙戊戌十二月初一配龔氏生順治丁酉三月廿九卒雍正辛亥十二月廿八子一汝穀女三適袁龔

之鋐

字楙德生順治癸巳十月初四配朱氏生順治辛卯四月十七子一有源

汝穀

有源

鶴亭第三支慎菴公派

程 鋐之孫 淪之子 字子雲號孤城郡庠生生嘉靖戊戌十二月十九卒萬曆戊子三月十六娶倫氏子一焞倎

焞 字君策號方城生萬曆庚辰十二月十八卒崇禎庚辰十月十五壽六十一配婁氏繼祝氏

子二之鋐之鑅

雍如 字爾容生萬曆癸丑十一月廿四配鄒氏子一正錫

影遠 無嗣

之鑅 字懋昇生康熙壬寅七月初二配過氏生康熙甲辰正月初一子三有濟有潤有涞

正錫 無嗣 字似客生崇禎丁丑六月十四

有濟

有潤

有涞

出女三適黃衣馬子三疵如髟遠側字爾思生萬曆戊
應坤俞出適吳璠出寄生祀出女二午十一月十七出
側出適華袞葛維宗祀外未歸
葬孔山太平墩出

寄生 無嗣

葬孔山字爾延生天啟辛
酉九月二十

科 淪次子

熿

士孝

金麟

水犀

字子登號連城生字顯甫號覺軒生字永思生萬曆戊字大熹生崇禎癸
嘉靖甲寅四月廿萬曆庚辰閏四月申三月初七配王未九月初四卒康
四卒萬曆壬辰七廿八卒萬曆戊申氏繼吳氏嗣址竑熙丁巳十二月廿
月廿二配華氏子九月廿九配華氏子金麟女一適王五配丁氏生順治
二熿烱女一適華生萬曆辛巳二月渭飛辛卯十月廿四卒
登元廿六卒順治巳亥葬孔山祖塋康熙癸巳六月十
葬孔山太平墩十一月初一壽七三撫孤守節三十

龍江

十九守節五十二
年子一士孝女一
適華孝徵
合塟孔山

烱

字汝礪號達夫生
萬曆庚寅八月廿
五卒康熙丙午九
月初一壽七十七
配許氏子六坻紘
坻開坻廣坻永許
出坻廓坻瑩側出
女二適計靜遠許

坻紘

字煥先生萬曆壬
子九月廿三卒康
熙壬戌四月初一
配成氏平遠縣尉
周美女生萬曆乙
卯卒康熙甲戌十
月十九壽八十一
子二金麟崟金麟

餘年候
吉旌表子二水犀
又嗣崟子龍江女
二適周濂俞迎祥
合塟孔山太平墩

崟

字三逕生順治癸
巳十一月初三卒
雍正癸丑七月初
三配王氏庠彥遠
圖女生順治丁酉
正月初四卒雍正
甲辰十二月十六
子四龍江龍淮龍

龍淮

龍河

龍漢

出適趙賢側出
合葬孔山祖塋之
略

嗣士孝後女一適
杜俊
合葬孔山太平墩

址開

字肇新生萬曆丙
辰五月初九卒康
熙○○配華氏繼
唐氏嗣址廣子錮
合葬孔山祖塋

河龍漢女一適張
宸鉽龍江因水犀
出外嗣金麟後
合葬孔山太平墩

錮

字嗣興生順治巳
亥九月初三卒康
熙辛丑十一月初
七配王氏生康熙
戊申八月十三子
三道江道濟道澧
女一適奚錦城

道江

道濟

道澧

址廣

字德礽號省齋生萬曆戊午六月初二卒康熙丁巳十一月廿四壽六十配江氏生崇禎己巳八月廿九卒康熙丁酉三月十六子四鋥欽鋞鉌欽嗣址永後鋞嗣址開後女三適江陰奚長錫十七歲守節乾隆元年奉旨旌表一適顧朝海一適丁雋民守

鋥

字思安號石峰生順治庚寅四月十一卒雍正丙午十月十八配談氏生順治庚寅四月初十卒康熙辛酉六月初七嗣鉌子道源女一適呂

道源

鉌

字洪音生康熙己酉十一月十二卒乾隆庚申十二月

道淵

節廿年乾隆元年　初九配江陰張氏
奉　旨旌表
合葬錫山之麓

緒倚女生康熙甲寅三月初十子二道源道淵道源嗣
鋥後女二適華大鎮賈灝

址永

字祚遠生天啟甲子七月三十卒順治己亥五月廿七正甲辰十一月初
配　氏嗣址廣子欽
葬孔山

欽

字經綸生順治丁酉三月初四卒雍正甲辰十一月初
五配楊氏生康熙己酉五月十九子三道淮道涇道渭
女二適高拱星王中立

道淮

道涇

道渭

址廊

字廸基生崇禎戊辰十月廿二卒康熙癸未四月十五配華氏生崇禎乙亥二月十九卒康熙丁酉正月十七子二龍金虹金合葬錫山廟巷內章家塢

龍金

字乾元生康熙壬寅九月十七卒康熙壬寅正月初八嗣虹金子漢文

虹金

字與含生康熙乙巳十一月廿九卒康熙辛酉三月廿三配侯氏生康熙壬子正月初四卒康熙丙辰十一月

漢文

漢書

十七子二漢文冀書漢文嗣龍金後女二適庠彦王登一適朱

址肇

字鼎固生崇禎丙子五月初七卒康熙庚申六月廿九配趙氏生崇禎辛巳八月廿一卒康熙庚申六月十二子一鏡輝

鏡輝

字元昭生順治戊戌十一月廿五卒康熙壬寅七月廿六配華氏生康熙壬寅九月初五先卒子一惠澤女一適過任洛社鶩子岸

惠澤

務本第二支鶴亭公派
鶴亭第一支振庵公派

十三世	十四世	十五世	十六世	十七世
漢儀 棟之玄孫 日鑣子 字祥興生康熙癸丑卒康熙戊寅配朱氏生康熙壬子正月十二卒康熙巳丑六月十九子一懋續合葬倉下新阡	懋續 字宏模生康熙癸酉六月初三配安氏生康熙丁丑八月廿三卒乾隆庚申十一月廿六子二燿祖燿宗任板橋	燿祖 字文煥生康熙戊戌四月廿五		
		燿宗 字文煜生雍正乙卯十一月初一		
武游 森之玄孫 天錫子 字源起生康熙丙辰正月初四卒雍	朝楨 字廷棟生康熙乙未十月十五配何			

正巳酉配王氏庠
彥濤之孫女生康
熙甲子四月初七
子一朝楨女二長
適華次適王
任黃蕩東常

祖游 天錫次子
字源發生康熙辛
未十月初八配季
氏庠彥永卿孫女
生康熙巳巳七月
初七卒乾隆丁巳
閏九月十六繼王
氏無出又繼朱氏
生康熙辛巳十月

氏生康熙甲午十
二月廿九

喬林
字起伯號南軒生
雍正癸卯七月十
九配李氏生雍正
乙巳八月十六

楠林

三十子二喬林季字克任生乾隆乙
出楠林朱出女一丑三月初六
適宣王臣季出

振游 天錫三子
字源常號崑源生
康熙丙子二月十
九配萬氏陽春曾
孫女生康熙丙子
五月初七子一榜
元女二適張瑞麟
張丕基

榜元
字廷榮號蒙來生
乾隆戊午十二月
初六

紹游 天錫四子

棻林

惠然

字源洪生康熙巳卯正月初六卒乾隆癸亥二月初六配孔氏生康熙戊寅二月十六子三棻林梓林桂林女二適李之濂孔兄誠

字子歆生雍正戊申三月初五配張氏生雍正丙午八月十五子一惠然

梓林

字琴材生雍正甲寅十一月廿三

桂林

字濤遠生乾隆戊午二月初四

字　生乾隆丙

鶴亭第二支裕庵公派

式游 森之京孫 王錫子

字起宗生康熙乙亥五月初三配張氏生康熙丙子十二月初二子二國標國材女一適華大長任薛石橋

國標

字望尊生雍正己酉九月十八配王氏生雍正辛亥七月初九

國材

字敬尊生雍正癸丑正月十六

○○ 楊之京孫 敦錫子

字亦淮配卞氏生卒諱俱缺

汝爲 楊之京孫 鳴銮子

字子宣生康熙壬子閏七月十九卒雍正辛亥十一月初二配鄭氏生康熙丁卯七月廿三卒乾隆丁巳十月十一子二方桓方東女一住新安何家橋

方桓

字舒陽生康熙壬辰三月十八配陸氏生康熙戊戌六月初十子二沛然萃然

方東

字明陽生雍正壬子六月初四

沛然

字尚霖

萃然

字向安

汝明 鳴銮次子

方植

字子復生康熙乙卯閏五月廿七卒雍正壬子九月初三配郁氏生康熙庚申卒雍正甲寅九月十八子一方植女三

汝聞 嗚蚉三子

字子賢生康熙丙寅九月廿一卒乾隆庚申配陸氏子一方栻

汝毅 楊之京孫 嗚鍾子

字均陽生康熙癸巳五月

方栻

字近陽生乾隆丁巳六月廿九

方臬

欣然

字子俊生康熙庚申十一月初四卒乾隆戊午二月十四配龔氏生康熙乙丑十二月初三卒康熙辛卯十月十八繼張氏生康熙癸酉八月廿六子二方臬龔出方格張出女一龔出

有源 楊之京孫 之鋐子

字觀瀾生康熙庚申七月十九配薛

字志高生康熙庚寅十月廿五配杜氏生康熙己丑八月十六子二欣然樂然女一

方格

字志貞生雍正戊申三月十五

字向榮生雍正壬子三月初十

樂然

字向華生乾隆辛酉十一月十六

氏生康熙庚申十二月初三女一適朱錫九

有濟 楊之玄孫之鏷子

字逢周生康熙丙辰六月初六早卒

有潤 之鏷次子

字之富生康熙甲申五月廿七配朱氏子一廷桂

有淶 之鏷三子

任上舍港顧庄

廷桂

字一生乾隆丙寅正月初七

鶴亭第三支慎菴公派

字泉源生康熙巳丑五月初一

水尾 科之玄孫 金麟子

字儼嘉生康熙戊午白幼出外未歸

龍江 金麟嗣子

字繼修生康熙辛酉十二月廿一配朱氏生康熙甲子二月廿二子二其相其植

其相

字瑞豐生康熙巳丑十月初四

其植

字惠蒼生康熙甲午九月初七

龍淮 科之玄孫 崟之子
字武修生康熙甲子六月十二配曾氏生康熙壬申十二月二十繼吳氏
女一適岳

龍河 崟次子
字紹修一字嵩山字望雲生康熙庚午十月酉十二月初六配申八月廿四生康熙庚午十月初九卒雍正癸卯張氏生康熙丙申九月十七配蔣氏九月初三子一熀生康熙丙子十二月初三卒雍正甲
住陸門梅徑

秉模

熀
字耀文生乾隆庚

辰四月廿一子一

秉模

合塟惠山娘娘堂

前

龍漢 銈三子

字承修一字裕安

生康熙丙子三月

十四配鄒氏生康

熙丁丑二月初七

卒乾隆辛酉三月

二十子一其松

道江 科之玄孫 鏀之子

字龍泉生康熙丙

其松

字茂如生康熙辛

丑配徐氏生雍正

己酉七月十七

國梁

字賓洲生康熙庚

煥

字文采生乾隆甲

寅九月初九配劉氏生康熙丙寅五月廿二卒康熙戊戌六月廿四子二國梁國柱

道濟 鎔次子

字能耀生康熙丁丑九月初三配季氏生康熙癸未五

寅七月廿五配呂氏生康熙辛丑五月初四子一煥

國柱

字霓洲生康熙癸巳十一月廿七配鄭氏生康熙乙未四月十一女三

國棟

字湘洲生雍正壬子十一月初五

子二月初十

月廿一卒乾隆戊
午正月廿五子一
國棣女一

道澧 鈵三子
字龍生生康熙己
卯十二月廿五配
吳氏生康熙壬辰
五月十一子二國
楨國槐女二

道源 科之玄孫 鋥嗣子
字雍山生康熙庚
辰八月廿五卒雍

國楨
字旭文生乾隆丙
辰

國槐
字旭初生乾隆辛
酉

樹德
字峻如生雍正乙
卯十一月廿一

正戊申七月廿五
配朱氏嗣道淵子
樹德

道淵 科之玄孫 鍒之子
字本立生康熙巳
丑七月初三配江
陰張氏曾修女生
康熙巳丑三月廿
九卒乾隆巳未四
月十八繼江陰朱
氏懋功女生康熙
丙申五月十九子
一樹德張出嗣道
源後

道淮 科之玄孫 欽之子

字錦文生康熙壬申五月廿五配鄧氏生康熙甲戌九月廿八女四適呂國采

道涇 欽炎子

字弘文生康熙乙亥十一月初二配陳氏生康熙巳卯十一月廿六卒雍正辛亥十月初十繼呂氏生康熙戊寅九月十七子二國枚女三適張

國枚

字廷選生雍正丁未十月初四

道渭 鋐三子

字弘山生康熙己卯十二月廿七卒雍正辛亥十月初四

漢文 科之元孫 龍金嗣子

字華國生康熙辛未四月初三配吳氏生康熙庚午九月三十女三適吳錫祺王震雷陳和裏

漢書 科之玄孫 虹金子

字雄國生康熙庚辰正月初四配胡氏生康熙庚辰六月十七卒雍正戊申四月廿二繼北京王氏子二嘉禾瑞禾女二適邵丞臣一未字

嘉禾

瑞禾

惠澤 科之玄孫 鏡輝子

字育民生康熙巳巳九月初五配吳

如松

字茂長生康熙癸巳五月初二配王

氏生康熙已巳七月廿四子三如松二月廿二女二如栩如楠
氏生康熙已亥十
任洛社鷰子岸

如栩
字茂森生雍正癸卯七月十四配周氏生雍正己酉正月十九

如楠
字茂文生雍正己酉正月初十

梅隱第一支抱拙公派

抱拙子怡晚公派怡晚第一支

九世	十世	十一世	十二世	十三世
果 震之曾孫 溥之子 字號生卒俱缺配高氏子一美	美 字號生卒俱缺配○氏子一重封	重封 字號生卒俱缺配滸墅白坊陳氏子一鍾習	鍾習 字號生卒配俱缺	
杲 溥次子 字號生卒俱缺配田氏子一然	然 字號生卒配俱缺			

怡晚第二支甲牧公派

甲牧第一支端敏公派

端敏第一支小山公派

相 金之孫 泮之子

字汝弼號瞻山太學生生嘉靖甲申十月初六卒隆慶庚午八月初八配徐氏生嘉靖壬午卒萬曆辛卯壽七十嗣子二一嗣樫子延焘一嗣格子延煦葬歸山南灣

延焘

字允成號耒山生萬曆辛巳八月十三卒萬曆甲寅十一月廿四配周氏主事子文女卒年六十三子一重稷女二一撫于延煦一撫于重泰葬歸山南灣

重稷

字茂青號玄鳳又名臺吳邑庠生生萬曆甲辰三月廿八卒康熙戊午十二月初三壽七十五配吳氏郡庠龍錫女生萬曆乙巳七月初七卒康熙己未五月廿九壽七十五子二肇錫高錫側出高錫嗣坐重闈後女二適武進武舉吳侯適武進庠生蔣衣吳出

肇錫

字敏伯生崇禎己卯七月十六卒康熙庚寅八月廿五配周氏文祐女生順治丙戌五月初十卒康熙庚寅七月初八子二源淮源海女二適吳起鱗適王晋合葬歸山窐墩祀

源淮

源海

延煦　重端　宏鐳

字允佐號貳公邑庠入太學生生萬曆壬午正月廿五卒崇禎庚辰十月廿八配周氏順天府丞繼昌女嗣延烋子重端女五一適方湛撫延烝女適吳縣庠生吳英銓邑庠錢愷吉邑庠賈明叙郡庠張鳳詔俱側出

字貽德號樂閒郡庠生入太學生萬曆庚戌七月十八卒康熙巳未十月廿九壽七十配華氏郡庠淑女生萬曆壬子十二月初六卒康熙甲寅三月初五子三宏鐳華出三丰宏鑄側出女四適華碩彥吳鄖華出適邑庠黃福顒吳蓉湖側出

字闓省生順治丙戌三月十八卒康熙乙丑八月十一配劉氏丁亥進士惠恒女生順治丙戌九月廿七卒雍正乙巳八月初四子三藩洪濬藩濬側出女五兩適庠生黃蛟起一適庠生周蘭芳一適劉瞻岵一適楊孫衍甄歸山窒敦祖塋

藩　洪　濬

二丰

字禹和邑庠生生順治庚子十月十二卒康熙丙子五月十一配邵氏壬戌進士雲南布政名世女生順治巳亥六月十八子二瑜海鶴海鶴嗣宏鑄後女一適楊銘謙

宏鑄

字大治廩貢生生

瑜

海鶴

樫 泮次子

字汝蔭號企鳳邑

庠生由恩蔭任南

延烝

字允秀號恒所太

學生生嘉靖乙卯

重光 無嗣

字茂宣生萬曆癸

酉八月初二卒萬

順治辛丑十一月廿七卒乾隆丙辰十二月廿四配吳氏一芝女生順治庚子十月十三卒康熙壬辰二月初三繼孫氏生康熙壬申嗣二丰子海鶴女三適太學邵贊徽適邑庠黃泳吳出適馮側出

京都察院都事
敕授文林郎陞南
京後軍都督府經
歷　誥晉奉直大
夫擢廣西慶遠府
知府生嘉靖丁亥
七月初一卒萬曆
乙酉七月初十配
武進王氏吏部尚
書文肅公諱與孫
女累封孺人宜人
生嘉靖巳丑卒萬
曆丙申壽六十八
子二延杰延焦俱
側出延焦嗣相後
女四適王化醇李

四月廿九卒萬曆
巳亥二月廿五配
武進丑氏生嘉靖
丙辰卒崇禎丁丑
壽八十二子四重
光重芳重景重第
女三適武進太學
毛應嘉邑庠朱允
中金壇庠生于玉
嘉

曆壬辰十二月初
一配顧氏卒年三
十一女一適王
合葬歸山

重芳

字茂芬生萬曆辛
巳三月三十卒天
啟庚申配高氏郡
庠附鳳女子一鍾卒鉄
珽女一適鄧
合葬張舍新橋

重景

字茂初號栢如生

鍾珽 無嗣

字廷卿生萬曆辛
丑三月廿一卒崇
禎戊寅配許氏生
葬新橋父塋側

鍾侃

字申之生萬曆庚

汝浹

思靜毛應辰吳天錫
合塟華藏菜園灣

萬曆甲申六月廿申三月十四配吳六卒崇禎乙亥正縣徐氏贅居西洞月初九配顧氏生庭堰邊子一汝汶萬曆丙戌卒萬曆戊午子鍾侃側陸出女二適武進太學蔣艮能適武進庠生馮嘉遇合塟歸山姚墩祖塋側

重第　無嗣
字茂登生萬曆壬辰三月廿一卒萬曆丙辰配錢氏卒

年二十

格 泮三子

字汝正號邦川太學生生嘉靖丁亥七月初一卒萬曆辛巳九月初六配江陰夏氏中書範女卒年三十二子二延休延煦俱側出延煦嗣相後女二適郡庠張原冲顧中寅葬姚湾側施祔塟

延休

字允美號龔明郡庠生生萬曆乙亥十一月十四卒萬曆壬子正月廿四配孫氏少宰繼臯女生萬曆甲戌卒崇禎戊辰子三重輪重闓重端重端嗣延煦後女一適高世修合塟姚湾父塋

重輪

字茂中吳縣庠生生萬曆辛丑七月初三卒順治辛卯八月十八配華氏生萬曆辛丑六月廿四卒順治乙未十二月廿七子二大鉞大鈇女一適鄒爕

大鉞

字伯威生天啟丁卯九月廿七卒康熙己未五月初三配王氏子一汝潮

大鈇

字仲威生崇禎辛未二月初四卒康熙辛未十二月初八配朱氏生崇禎乙亥八月十六卒

汝潮

學泗

康熙甲申十月十六子一學泗女一適詹

端敏第二支次山公派

柄 金之孫 沐之子 字汝操號邢塘邑庠生巳卯歲貢生嘉靖丁亥十二月

延烈 字允揚號履山邑庠生鄉飲賓生嘉靖庚戌十月十四

重慶 字原積號雨行邑庠生生隆慶辛未十月十六卒天啟

世鋐 字來調郡增生生萬曆甲午八月廿八卒康熙壬寅正

重闐 字茂苑生萬曆乙巳三月初九配潘氏庠彥慈胤女嗣重稷子高錫撫鍾璟女適甥方奉慈

高錫 字續侯生崇禎甲申十月三十卒康熙戊午九月二十三配王氏子二源澳源淇

源澳

源淇

洵夔

洵詭

廿三卒萬曆壬午卒天啟乙丑八月丙寅五月初一年月廿六壽六十九
十月十二配武進初一壽七十六配五十六配武進董配顧氏道潛女生
白氏桂國康敏公尤氏江西叅議瑛氏生隆慶辛未卒萬曆戊戌十月廿
孫女生嘉靖己丑女生嘉靖辛亥正崇禎庚午壽六十七卒康熙丁卯十
九月廿八卒萬曆月廿九卒萬曆庚子一世銓女三適一月十一壽九十
甲辰十二月廿九戌十月廿七壽六邑庠鄭德禎邑庠子四洵夔洵說洵
壽七十六子三延十子一重慶女二許文倫一撫舅允頊洵旦洵頊側出
烈延熙延照女一適王大禮龔儀鄉氏女適胡希益　女三適常熟縣庠
適郡庠王教行　合埊韓湾　合埊姚湾竹山　生浦上虬適邑庠
合埊韓湾　安敏適劉月釆
合埊姚湾竹山

洵頊

洵旦

延熙

重振

世銓

澤纓

字允緝號望山郡字原仁號自牧生字夾衡邑庠生中
庠生生嘉靖壬子萬曆壬午八月十崇禎庚午應天鄉

正月廿七卒萬曆一卒崇禎壬午十試授浙江嘉興府
癸巳正月廿五配月初四配曹氏生嘉善縣教諭生萬
華氏太學復禮女萬曆丁亥二月二曆丙午六月十九
生嘉靖癸丑卒天十卒康熙己酉十卒順治丁亥九月
啟癸亥壽七十一一月十九壽八十初四配王氏大禮
嗣延照子重振　三子二世銓世鑑女生萬曆辛亥十
女一適吳桂標　一月廿三卒康熙
葬歸山諭塋前左丁卯八月初七壽
七十七嗣世鑑子
澤纓女一撫姊女
吳適考授州同趙
眷

世鑑

字來藻號若冰郡

爰淳

延照

重亂

世鐸

庠生生萬曆己酉九月十一卒康熙乙丑十二月十七壽七十七配顧氏生萬曆庚戌八月初二卒康熙壬申八月十一壽八十三子五澤纓爰淳爰浩爰渶爰淀澤纓嗣世銓後女一適庚子舉人周繼高

壻華唎湾

衍弓

爰浩

爰渶

爰淀

字允明號繹山太學生生嘉靖丁巳十一月廿七卒萬曆丁酉五月初七配顧氏邑庠生適淳女生嘉靖乙卯卒崇禎庚辰壽八十六子三重亂重振重榮重振嗣延熙後女二適太學劉廷楫孝廉顧與淶合塟姚灣

學原錫邑庠生生萬曆庚辰十一月初四卒萬曆壬子十一月初八配陳氏卒年廿六嗣重榮子世鐸女二適華以玄宜興太學吳允禔合塟姚灣

字來宣生萬曆己未九月十四卒康熙乙卯六月廿七配顧氏生天啟辛酉七月初六卒康熙丙寅八月二十子二衍弓衍高女一適襄陽府通判吳國荃

重榮

字原賜蘇州府庠生生萬曆丁酉八月十六卒順治壬辰十一月初一配

德涯

字來啟號書映吳縣庠生生天啟辛酉六月十一卒康熙乙丑四月初八

衍高

衍箕

昆浦

楷 沐次子

字汝範號定橋邑庠生生嘉靖己丑二月初九卒嘉靖

延勳

字允元號存橋太學生鄉飲賓生嘉靖己酉二月十六

重泰

字原博一字大來號澹緣郡庠生中萬曆庚子應天鄉

鍾瑗

字遜鄉生萬曆己亥九月廿一卒康熙丙辰六月配華

顧氏生萬曆丙申壽六十五卒崇禎己巳繼莫氏子二世鐸德渥顧出世鐸嗣重亂後葬姚灣祖塋側

配施氏隆慶進士夢龍孫女生天啟辛酉二月十八卒康熙辛巳正月廿九子三衍箕昆浦衍治女二適高可觀適山東鄒平縣庠生馬佩珩葬沙頭歷嘴山

衍治

爾濟

爾瑩

乙丑三月廿一配卒萬曆戊午三月試任山東兗州鄆氏卒順治壬辰子
溧陽史氏馮臚寺初七壽七十配殷城縣教諭陞福建四爾濟錫嘏爾瀅
序班淮女生堯靖氏孝廉旦女生嘉福州長樂縣知縣爾渭錫嘏嗣鍾琦
巳丑卒萬曆巳卯靖辛亥卒萬曆戊鄉飲賓生隆慶壬後女二適武進龔
子四延勳延壽延申子一重泰女七申十月二十卒崇琰適吳
聰延默女二適敕適太學楊兆登王禎丙子十二月初
贈浙江道御史張來徵邑庠黃與琰三壽六十五崇祀
伯謙武進龔臼臨千戶楊敬聯顧憲長樂名宦祠東林
合葬滁塘山
曾王紹之廣寧兵道南祠配江陰徐字宋卿號仍滄郡
備贈光祿卿謚忠氏生萬曆癸酉卒庠生生萬曆乙巳
節揚州高邦佐
合葬游來塢

鍾璟

萬曆戊午子四鍾十一月廿二卒順
瑗鍾璟鍾琦鍾瑋治辛丑十二月廿
女三適顧熙時顧六配宜興吳氏子
武先一撫延焦女四廣之泓清之淮
適許應陞之女四適楊至晉
分葬游來塢父塋武進貴錫甲宜興

爾渭

廣之

泓

清之

昭穆

湯原弘房太慈

進之

錫嘏

鍾琦

字韓卿生萬曆丁未六月廿五卒崇禎戊辰十月廿七配陸氏太學本中女生萬曆丙午卒崇禎己巳嗣鍾瑗子錫嘏女一適武進胡山合葬歸山南灣六世祖塋

鍾瑋

滌之

延燾
重門
鍾軾
渭
涑

字曹卿郡庠生生
萬曆戊申七月初
八配唐氏庠彥道
衡女子二滌之側
出彌唐出女三適
施福曾武進楊森
蘭薛禹

字允德號見橋別字原姒一字兆夫字伯瞻生萬曆乙
號鴻一邑廩生中太學生生萬曆丙卯十一月初八卒
萬曆庚子應天經戊八月初四卒崇康熙庚申八月廿
魁生嘉靖戊午十禎甲申七月廿六三壽六十六配浦
一月廿八卒萬曆配王氏邑庠生純氏邑庠生遠女生
庚戌二月廿三配一女生萬曆丁亥萬曆癸丑十一月

施氏太僕卿策女卒順治巳亥壽七十一卒康熙丙辰
生嘉靖戊午九月十三子三鍾軾銮九月廿五壽六十
廿五卒崇禎巳卯鍾輅俱側周氏出三子三渭涑沛女
九月十一壽八十女一撫甥施氏女二適陳穀生邑庠
二子一重禺側蔣適武進庠生楊兆王濟上
出女三適錢銮適亂
太學安璜俱蔣出
一撫延煦女適邑
庠生華潤玘
合葬歸山南湾高
祖塋

沛

合葬歸山南湾

銮

字仲霖郡庠生生
萬曆巳未五月廿
七卒康熙辛亥配
孫氏少宰繼皋孫
女生萬曆巳未卒
康熙戊午子一榮
女一適王賓之
合葬歸山南湾[illegible]

榮

垃

鍾輅

字季輿武庠生生天啓甲子六月初九卒康熙丙午十一月十八配劉氏貢生允珍女生天啟癸亥十二月十九卒康熙壬申七月初七子一濰女二適邑庠生劉有恒華松年

合葬歸山

濰

延煦

字允和號從橋郡庠生生嘉靖庚申二月十九卒萬曆丁未閏六月廿八配俞氏楚府典寶文徵女生嘉靖庚申卒萬曆乙未子一重晉側陶出女四適邑庠生黃士鯤邑庠生楊名新俞出一撫子延壽一撫子延默合葬歸山南灣高祖塋

重晉

字原虞一字昭甫邑庠生生萬曆丁酉八月廿七卒崇禎己卯正月十八配黃氏郡庠生之英女卒年三十六繼黃氏郎之英季女子二鍾霞前黃出鍾靄繼黃出女一適華碩亮前黃出合葬歸山祖塋

鍾霞

字子綺生萬曆戊午七月十九卒康熙丁未十月十五配鄭氏邑庠璘女生泰昌辛酉卒康熙甲辰十一月子二廣淵巨源女二適黃適周

鍾靄

字子陽生崇禎丙子三月十二卒康熙乙未二月初四

廣淵

巨源

洛英

壽八十配潘氏生
康熙乙巳十二月
二十卒乾隆戊午
正月十三子一洛
英女二適楊適高

延默

重甲

去垢

汝灝

字允言號念橋邑庠原翀一字先之字勿欒河南光州
廩生應萬曆壬辰邑庠生生萬曆丁庠生生萬曆甲寅
選貢任浙江金華亥十月十八卒順十月初三卒順治
府湯溪縣知縣生治戊戌八月十五乙酉十一月三十
嘉靖辛酉八月十壽七十二配華氏配張氏嗣鈺生子
四卒萬曆丙辰三邑庠生嵩祝女生汝灝
月十九以孫鉽貴萬曆己丑四月初
皇清誥贈中大夫四卒順治壬辰五

鈺生

汝潞

長蘆鹽運司運使
崇祀湯溪縣名宦
祠配吳氏贈浙江
長興縣知縣鳳徵
女生嘉靖甲子卒
天啟辛酉 臯濤
誥贈淑人子二重
甲重采女二適宜
興湯振裔一撫延
煦女適庠彥浦遠
合葬楊灣

月初十壽六十四
子五去垢鈺生去
非華出鑌生鎮生
側出女四適武進
貢生鄒嘉祉邑庠
生鄒汪武進吳守
蘊華出適吳明述
側出
合葬閘原鄉橫山

字勿疑郡庠生生
萬曆丙辰五月廿
二卒康熙甲子九
月十七壽六十九
配殷氏生萬曆乙
卯六月十九卒順
治甲午十一月繼
盛氏生崇禎丁丑
三月初五子五汝
潞汝灝汝沂殷出
汝瀛汝渤盛出汝
灝嗣去垢後女五
適邑庠生頏曰驥
適江陰歲貢戚鏸
適武進吳曾立適
吳韓立殷出適楊

汝沂

汝瀛

汝渤

慶漆盛出

鑛生

字勿私邑庠生生萬曆丙辰十一月十三卒康熙癸亥五月十六壽六十八配陸氏生萬曆戊午五月初二卒康熙戊午正月廿八壽六十一子二汝汾學洙女二一適宜興庠生湯衮一適庠生鄒辰乘合葬石皮嶺下

汝汾

學洙

去非

字勿餘號衣言郡廩生順治辛丑歲貢任吳江縣學訓導陞浙江金華府經歷致仕舉鄉飲大賓生萬曆丁巳六月十九卒康熙甲戌十二月廿八配武進陳氏先卒繼常熟瞿氏孝廉玄錫女生崇禎戊辰八月廿一卒康熙己卯三月初七子二煜學湖瞿出

煜

學湖

女二適江陰徐如彝適華樹美
合葬斗山白墩橋

鏌生

字勿爲生萬曆庚申六月廿四卒康熙丙辰四月十五配張氏生天啟甲子六月二十卒康熙癸亥十二月初八壽六十子二之琦汝淳女四適郡庠生華振先適吳道全太學周鼎燮太學鮑允蒸

之琦

汝淳

重采

字幼儀長洲縣庠生封儒林郎內翰林國史院編修加一級累封中憲大夫浙江杭嚴道副使贈中大夫長蘆塩運司運使鄉飲大賓生萬曆癸卯七月廿一卒康熙戊申五月初六壽六十六配華氏白立女累贈安人恭人淑人生萬曆甲

合葬太平橋西

鉽

字克繩號補念由長洲縣庠生中順治戊子江南鄉試第一名乙未會試第一名殿試第一甲第三名史大成榜進士及第授內翰林國史院編修覃恩加一級授階儒林郎充戊戌會試同考官外陞廣東省布政司叅議分守海北南道庚子陞浙

汝泌

汝沆

辰四月初四卒崇禎丁丑閏四月初八子三鉽寅錄女四適華延遠丁亥進士閩縣知縣劉惠恒華出適邑庠生周允益側出一撫內姪華女適吳炳謀合塟侍郎湾

江按察司副使整飭杭嚴道覃恩晉階中憲大夫辛丑陞陝西布政使司叅政整飭延綏東路道甲辰陞江西按察司按察使以失出降一級丙辰補長蘆都轉鹽運使覃恩晉階中大夫癸亥陞湖廣布政司叅政湖南糧儲道鄉飲大賓生天啟辛酉三月初七卒康熙丁卯六月十二壽六十七

學源

崇祀鄉賢祠配吳
氏太學琳女歷封
安人恭人淑人生
天啟壬戌十一月
十一卒康熙乙亥
七月十五壽七十
四子三汝泌汝沆
學源女四一適歲
貢生殷沆一適定
興縣丞顧嗣和一
適庚辰進士陝西
城固知縣劉學洙
一撫鎮生女適太
學吳漢宗
蓁

寅

字克備邑庠生以孫仁覃恩貤贈文林郎雲南蒙自縣知縣生崇禎戊辰三月廿八卒康熙巳卯七月廿九配黄氏癸未進士錫安知縣鍾諧女貤贈孺人生崇禎戊辰九月廿七卒康熙癸未十二月初十壽七十六子三汝壽汝瀚汝溥女三適國學楊溥適

汝壽

汝瀚

汝溥

庠彥徐銘適邑庠
生周錫瓚

鉽

字尊尼長洲縣廩
生生崇禎甲戌十
月廿三卒康熙甲
寅六月廿七配華
氏庠彥煥女生崇
禎癸酉七月十一
卒康熙丙戌九月
十八壽七十四子
一汝衍女二適太
學華德適太學胡

汝衍

柱 次三子

字汝立號餘山中太學生任武英殿中書舍人授階徵仕郎以子延烝贈文林郎江西吉安府丞豐縣知縣再贈承德郎兵部職方司主事生嘉靖丙申六月十六卒萬曆乙酉九月廿六配武進蔣氏郡庠生瑤女封孺人

延烝

字允孝號亭山邑庠生中萬曆丁酉應天鄉試登癸丑周延儒榜進士任江西吉安府永豐縣知縣丁內艱補福建汀洲府歸化縣知縣擢兵部職方司主事授階承德郎生隆慶丁卯七月廿二卒天啟甲子二月初一崇禎貽

重豐

字原番一字大年號蒼峴邑廪生著有易詩春秋三經偶得生萬曆庚子正月廿一卒順治戊戌四月十一配華氏太學與進女生萬曆己亥四月廿三卒康熙辛亥八月初一子二鉅儒鉅任女一適沈

鉅儒 宸翰

字孔彝邑廪生生萬曆己未七月初六卒順治癸巳二月十七配張氏廣東按察司經歷熹徵女生萬曆庚申四月初一卒康熙庚辰九月初三壽八十一子三準遠志流慶遠志嗣鉅任後女一適王子舉人山西寧鄉知

準

流慶

加太孺人再贈恭
人生嘉靖丁酉四
月廿一卒萬曆丁
巳五月廿九壽八
十一子二延烝延
赤女四適太學吳
桂芬太學曹道孫
成袞靖江太學承
肇敞
合葬姚湾

祀永豐名宦祠配
顧氏道津女歷封
孺人安人生嘉靖
乙丑卒崇禎庚午
壽六十六子一重
豐女三適庠彥吳
與驂封刑部郎中
侯之源歸安知縣
黄鐘諧
合葬楊湾

合葬陳村

縣顧崧
合葬陳村

鉅任
字伊先邑增生生
天啟壬戌七月初
八卒順治乙酉四
月廿八配顧氏太
學生逵女生天啟
甲子七月三十卒
順治乙酉閏六月
十五嗣鉅儒子遠
志
合葬諭塋左西石
嶁

遠志

延赤

字允華邑庠生生萬曆辛巳八月廿九卒萬曆乙卯五月廿三配華氏邑庠生封祝女生萬曆甲申卒崇禎庚辰子一重益女二適陳梁社黃演合巷侍郎雲

重益

字原謙號六皆邑增生鄉飲賓敕封文林郎陝西延安府宜君縣知縣生萬曆丁未正月初十卒康熙戊辰九月初七壽八十二配顧氏孝廉紹佐女封孺人生萬曆戊申六月十三卒康熙丙子十二月初四壽八十九子三鉅儀鉅倫錦女一適丁巳舉人

鉅儀

字虞來生天啟乙丑十二月廿一卒康熙丙寅三月廿九壽六十二配倪氏元會女生天啟癸亥五月初二卒康熙癸丑七月廿五繼殷氏生崇禎壬申七月廿一卒康熙丙子十一月廿七子一景淑女五適張欽俊李蒞枝邑庠生桀方椛鄒楳棠一適錢

景淑

貴池教諭楊淵

鉅倫　字敷五號牖雲由郡廩生中康熙癸卯科江寧鄉試登甲辰嚴我斯榜進士改授揚州府學教授乙卯充浙江鄉試同考官陞陜西延安府宜君縣知縣授階文林郎生崇禎乙亥八月初六卒康熙乙亥七月初七配殷氏蓮女封孺人生崇

之洵　之浚　之沂　之淇

禎丙子三月初二卒康熙癸巳六月十四子四之洵之浚殷出之沂之淇側出女二適張艮佐周國珍

錦

原名鉅俊字大千號絅庵長洲縣庠生中康熙壬子副榜應丙寅歲貢廷試儒學訓導生崇禎丙子七月廿九

之鴻

卒康熙丙戌十一
月廿七配江陰戚
氏文華殿中書焴
難勲女生崇禎丁
丑四月十二卒康
熙癸未正月初六
子一之鴻女一適
浦炳

甲牧第二支半農公派

楫 霖之曾孫銘之孫淠之子
字汝濟號龍田邑庠生生正德庚辰八月初六卒萬曆癸酉六月廿八配孫氏子二希薰希羔女適鄭亭儀

希薰
字○○生卒缺年二十三配陳氏布政策孫女卒年五十七子一子孝分塋西庄漆塘

希羔
字聖餘號少田生

子孝
字遠凡生嘉靖丙寅卒萬曆辛丑配浦氏生隆慶丁卯卒崇禎巳巳壽六十三子二九錫百錬

重學
字汝修生萬曆壬

九錫
字嘉甫生萬曆癸巳卒崇禎戊辰配王氏子一元棟

百錬
字成甫生萬曆庚子正月廿一配曹氏卒繼楊氏女一任新安毛文橋

世鈹 無嗣
字節侯生萬曆庚

元棟

嘉靖庚戌三月初辰十月廿八卒崇戌卒崇禎丁丑配
四卒崇禎丙子四禎辛巳五月初八陸氏生卒缺
月初九壽八十七配馬氏卒年五十
配吳氏生嘉靖丁三子三世鉞世釜
未卒天啟癸亥壽世鍾世鍾嗣重祿
七十七子二重學後女二適適適陶
重祿側李出女合葬西庄父塋
四適李時薈沈紹
川華重仁何心存
合葬九渡西庄

世釜

字待岩生萬曆乙
亥六月初五卒康
熙癸卯十二月廿
四配毛氏生萬曆
戊午卒康熙丁巳
二月初二子一德
潤
合葬祖塋
住顧橋巷

德潤

重祿

字汝能生萬曆乙
未十一月廿二卒
鈌配過氏繼王氏
嗣重學子世鍾女
一王出

世鍾

字聲洪邑庠生生
天啟丙寅四月廿
八卒康熙甲子二
月初九配臧氏卒
繼蘇氏生崇禎乙
亥正月初三卒康
熙壬申九月初十
子一永泰女三適
國學杜詩邑庠生
強應慈一字陳鉞
聞訃奔喪守貞具
呈給匾候　憲題
旌
葬青山

永泰

機 湜次子
字汝省號龍池生
嘉靖戊子十月十
四配張氏子一希
點

棖 銘之孫一 灝之子
字汝由號元橋生
嘉靖辛丑七月十
九配邢氏子一文
煥女一適庠彥俞

希點
字○○號企南生
嘉靖丙午十月廿
二配陳氏子二際
適重顯際適從釋
女二適唐體適陸
需

文煥 無嗣
字懋昭號景元生
隆慶辛未十月初
九配周氏女一繼
周氏女一

重顯 無嗣
字○○生萬曆庚
子正月廿四

臬　灝次子
字　號敬山生嘉靖辛亥六月十一卒萬曆辛亥十一月初三壽六十一配楊氏生嘉靖乙卯八月十三卒缺子一文炤

文炤
字　號承山生萬曆甲戌四月廿八配戈氏生萬曆甲戌十月廿六子二重五重六女二適王適吳

重五
字華甫生萬曆乙巳十一月十八配吳氏子一世鉅

重六　無嗣
字　生萬曆戊申四月十二卒缺

世鉅
字廷榮生崇禎戊寅六月初九卒康熙丙戌十二月十六配高氏子一嘉瀚

嘉瀚

標　灝三子
號企農生卒缺配歷村繆氏子二光燿光焜

光燿
號建農生萬曆癸未卒順治庚寅壽六十八配吳氏子

維堰
字奉元生萬曆辛丑十一月廿一配邵氏子五世鎮世

世鎮
字尚甫生天啟壬戌九月廿八配范氏子一文汪

文汪

一

四維堰維塤維圻欽世錫世錄世鉢

維墊

世欽 字昇甫生崇禎戊辰七月廿八配許氏子二文濤

世錫 字英甫生崇禎壬申正月三十卒康熙乙酉八月十九配邊氏子二文沐文演

世錄 無嗣

文濤

文沐

文演

[illegible]

字榮甫生崇禎乙亥八月十五

世鉢
字茂甫生崇禎戊寅七月初六卒缺
配李氏子三文漢文滿文洪

文漢

文滿

文洪

維塤 無嗣
字君逸生萬曆乙巳六月十三卒缺
配吳氏

維圻 無嗣
字君玉生萬曆辛

酉九月廿三卒缺
配李氏

維塹
字清之生萬曆乙卯二月廿四配吳氏子四世銑世鑽世錤世錡

世銑
字叔如生順治辛卯四月十七配喻氏子二永龍永寧

世鑽
字清如生順治甲午二月十三配濮氏子四永昌永盛永康永興

永龍

永寧

永昌

永盛

永康

永興

光焜
號繼農生卒缺配字起元生萬曆乙
○氏子二維塀維卯六月十四配黄
墻

維塀
字爾芳生崇禎庚
辰十月廿七配陳
氏子一世鈺

世鈺無嗣
氏

世錡
字蓮如生康熙壬
寅六月廿六贖東
爲僧

世錤
字漢如生順治巳
亥九月初三配陳
氏卒繼馬氏子一
文涵

文涵

維墻

字起賢生崇禎甲戌正月十四配馮氏子一世釴

任江陰黄塘

世釴

字○○生順治乙未三月十二

梅

銘之孫

沆之子

號隱陽生嘉靖辛丑二月廿八卒萬曆辛卯正月二十年五十一配王氏生嘉靖丁未五月廿八卒缺子二光燮光熒光燮女一適俞惟新

光燮

號近橋生隆慶巳巳六月廿一卒缺配史氏生萬曆甲戊十月十一卒缺子二重祥重瑞

任溧陽

重祥

字華宇生萬曆巳亥五月廿七配臧氏繼滕氏生卒缺子二鍾瑛鍾秀

鍾瑛

字忠鄉生崇禎戊寅十一月廿二卒康熙甲戌五月初十配臧氏子一洪聲

鍾秀

洪聲

洪遠

光熒

字○○生萬曆丙

重瑞 無嗣

字華甫生萬曆丙午六月十一配倪氏生卒缺女二

重隆 無嗣

字○○生萬曆庚

字伯卿生崇禎甲申九月初六卒康熙甲子正月○○配章氏生崇禎甲申四月廿五卒缺子二洪遠洪泰

洪泰

子六月廿五配楊子十二月初四
氏生萬曆辛巳六
月廿六子一重隆

光爂　無嗣
字○○生萬曆己
丑九月十三

樹　沆次子
字○○生嘉靖丁
未卒萬曆庚寅年
四十四配王氏生
嘉靖癸丑卒萬曆
癸丑壽六十一子

光煒
字允○號葵赤生
萬曆庚辰九月初
一
任薛堰橋

一光煒女一適張

櫃　沆三子
字○○生嘉靖戊
申六月十一卒缺
配謝氏生嘉靖癸
亥十二月十九卒
缺子二光燔光煒
女三一適許次適
許

光燔　無嗣
字○○生萬曆辛
巳八月初五

光煒　無嗣
字○○生萬曆戊
戌七月初八

枋　沆四子
字○○生嘉靖辛
酉卒萬曆庚寅配

光僉　無嗣
字○○生萬曆戊
子二月三十

徐氏生嘉靖辛酉
卒萬曆巳丑子一
光翰

栻 鋊之孫 水之子
號春寰生嘉靖丙字允儀生萬曆巳
辰十二月十二卒丑八月初七配楊
萬曆丙午正月廿氏生萬曆戊子四
五配王氏生卒缺月十四卒俱缺
子一光熊
合葬龍瓜橋

光熊 無嗣
侄萌壕

端敏第一支小山公派 小山第一支瞻公派

十三世	十四世	十五世	十六世	十七世
源淮 相之玄孫 肇錫子 字振孫生康熙丁未十一月十四卒康熙辛巳配張氏無嗣				
源海 肇錫次子 字宜孫生康熙庚戌十一月初四配吳氏邑庠生元士女生康熙庚午十二月廿五女二				

藩 相之京孫 宏鏻子

字良翰生康熙甲寅十一月初八卒乾隆辛酉正月初九配孫氏歲貢祁雍女生康熙丙辰十一月十六子一元琳女三適龔適楊適華

元琳

字荆山生康熙癸巳三月十二配孫氏歲貢裘仁女生康熙癸巳十一月十二卒乾隆丁巳十一月二十繼張氏太學玉岫女生康熙甲午十二月初五子二鳴鳳鸞鳴鳴鳳嗣之樞後女一孫出未字

鸞鳴

字鳳佐生乾隆甲子九月初三

洪 宏鏻次子

之本

雷鳴

字企羅太學生生字逢源生康熙巳字震宇生雍正癸
康熙乙卯九月十刃九月廿七卒乾丑正月十八
四卒乾隆辛酉正降乙丑正月三十
月十六配吳氏生酏王氏庠彦述曾
康熙丙辰八月初女生康熙辛卯七
十卒雍正丁未十月初五卒乾隆巳
月初八子一之本未十月初九繼楊
女二適楊守正適氏生康熙丁酉二
吳楠磬　月十六子一雷鳴
王出

濬　宏鏞三子　之樞　鳴鳳

字協深淮海祠生字逢辰生康熙壬字于崗生乾隆癸
生康熙辛酉六月午九月廿七卒雍亥四月廿一
廿四卒康熙乙未正丁㓕三月廿七

四月十四配黄氏配楊氏孫衍女生
庠彦福瀕女生康康熙壬午正月初
熙巳未八月十八七嗣元琳子鳴鳳
卒康熙戊戌三月
初一子一之樞

瑜 相之玄孫
二丰子
字六駕武庠生生字羽䴏生雍正癸
康熙巳未三月十五三月初十
一配劉氏生康熙
癸亥正月十八卒
乾隆甲子八月初
九嗣海鶴子崗梧

崗梧

海鶴 相之玄孫 宏鑄嗣子
字九聲生康熙癸亥六月十二配黄氏庠彦福灝女生康熙丁卯十月初八卒康熙乙未九月初三繼楊氏生康熙丙子八月十一子三商梅夏樽商梧商梧嗣瑜後女五適過維乾適周鍾蓮適張適楊適毛

商梅
字說維生康熙丁酉五月初二配王氏生康熙丙申十一月廿八子三球鳴岐鳴琴鳴

球鳴
字夔颺生乾隆辛酉九月廿一

岐鳴
字德輝生乾隆甲子九月十一

琴鳴
字學襄生乾隆丙寅七月初五

夏樽

字宗彝生雍正乙巳十二月十七配孫氏生雍正丁未九月初六

小山第二支企鳳公派

汝汶

檉之玄孫鍾侃子字○○生崇禎甲申任舅家西洞庭徐氏

小山第三支邦川公派

汝潮 格之玄孫 大鉞子

字公信生順治巳丑十一月廿九卒康熙丙辰七月十九無嗣

學泗 格之玄孫 大鈇子

字魯源生順治丁酉二月十八卒康熙庚寅五月三十配華氏生順治丁酉正月初十子一杜若女二一適吳一適抜貢俞玉局

杜若

字芳洲生康熙己巳閏三月初十配張氏生康熙乙亥八月十二卒康熙辛卯十一月初八繼丁氏生康熙甲戌正月初八卒雍正乙卯三月十三

有鳴

字載陽生康熙壬辰二月十二卒乾隆甲辰九月初十

一鳴

字于陽生康熙巳亥六月十三配嚴

子二有鳴張出一
鳴丁出女三一適
錢一適余一未字
丁出
塟歸山諭塋之側

氏生雍正戊申十
二月初一

源澳格之玄孫
高錫子
字繩孫生康熙

源淇高錫次子
字○○生康熙

端敏二第次支公山派一次山第邦支公塘派

洵夔 柄之京孫 世鋐子

字廷諧生泰昌庚申九月十六卒康熙丙寅二月廿一壽七十六配華氏配俞氏生順治丙戌十月初二卒康熙戊戌十月初三月十四繼楊氏六子一文煒女一生天啟壬戌十月適葉

櫟德

字再求生順治癸巳十月廿四卒雍正甲辰正月十六配俞氏生順治丙戌十月初二卒康熙戊戌十月初三月十四繼楊氏六子一文煒女一生天啟壬戌十月十五卒康熙丙寅正月初五子一櫟德合葬姚灣

文煒

字天和生康熙辛酉三月十七卒乾隆庚申六月廿八配俞氏生康熙癸酉九月廿八

洵說 世鋐次子

字廷賫生天啟丙寅正月廿三配錢氏生天啟丙寅二月廿五卒康熙乙巳六月初九女一適方

合葬姚湾

洵輿 世錥三子

字廷格生崇禎庚午十二月廿九卒康熙癸酉三月十九配顧氏生崇禎庚辰十月[illegible]卒康熙[illegible]月初[illegible]一子一懋政女一

懋政

字爾彰生康熙丁未四月初二卒乾隆○○正月廿一配潘氏生康熙壬戌三月廿七子一嘉熚女一適朱

嘉熚

字政柘生康熙丙申十月初七

適甲子舉人王龍
瑞

洵亘 世鋐四子
字廷孚生崇禎己
卯十二月初二卒
康熙庚寅十二月
廿六配陳氏生順
治乙酉五月初三
卒康熙甲戌五月
二十子一懋京女
二適方晉適許
台埜姚湾

懋京 無嗣
字爾照生康熙壬
戌十一月初三卒
乾隆辛酉正月廿

澤纓 柄之京孫 世銓子
字中美別字敉謀生崇禎庚辰四月廿四卒康熙己巳六月廿九配殷氏生崇禎辛巳七月初三卒康熙己丑八月廿六子二惟杏種如種如嗣爰淏後女二適太倉庠生黃周雍適倪彤

惟杏
字尚雲邑庠生生順治戊戌二月廿五卒雍正丙午十二月十五配黃氏繼顧氏子一有廣女一適程維曾

有廣
字二寔生康熙辛未八月十一卒乾隆丙辰七月十七配楊氏生康熙丙子八月十七子一敦培

敦培
字○○生雍正己酉十一月十六

爰淳 柄之京孫 世鑑子

相如

煦

字子厚生崇禎庚午九月十六卒康熙壬申五月十五配賈氏生崇禎巳巳二月初十卒康熙壬申五月廿五嗣爰淀子相如女二適華適顧
𡑞華嘯灣

字又蘭生康熙丙辰八月廿八卒乾隆辛酉三月廿五嗣梓如子煦

字永寧生雍正癸卯五月初十

爰浩 世鑑次子

字廸吉生崇禎乙亥十月十二卒康熙癸巳九月廿一壽七十九配李氏生順治戊子十二

樸如

字旣勤一字相友生康熙壬戌十月初八卒乾隆丙寅九月○○配周氏生康熙壬申十二

君

字允馨生康熙巳丑九月十九配成氏生雍正癸卯五月十四

月十七卒康熙丙寅閏四月廿七嗣爰淀子梓如女一適倪星元塟華峒灣

月廿四卒雍正丙午三月十五繼徐氏生康熙甲戌正月十五子二君煦煦嗣相如後女一適周

爰澳 世鑑三子

字咸英生崇禎壬午九月初六卒康熙庚戌十二月二十配倪氏生崇禎癸未六月初二卒康熙甲子八月十九子一惟楨卒嗣子二一嗣澤纓子

惟楨

字思皇生康熙辛亥三月廿四卒康熙辛未五月初八配倪氏生康熙辛亥九月廿五卒康熙甲申九月初五塟李家橋

種如一嗣爰淀子
桐如女一適倪
葬李家橋

爰淀 世鑑四子
字安定生順治己丑八月廿九卒康熙庚辰六月十三
配朱氏生順治癸巳四月廿七卒雍

種如
字秦公生康熙丁卯二月十一出家歸山

桐如
字雝皆生康熙辛未三月初三卒缺

楨如
字又惟生康熙甲戌閏五月初五

正癸卯六月初五
子四相如梓如桐
如楨如相如嗣爰
源後梓如嗣爰浩
後桐如嗣爰漢後
女一適王

二
衍淳 柄之玄孫
世鐸子

字天張生順治丙
戌三月十七卒康
熙甲午四月十九
配黃氏嗣衍高子
本善女一適周

二
衍高 世鐸次子

本善

字元長生康熙壬
酉五月十七卒雍
正辛亥七月初十

本直

字天階生順治甲 字元發生康熙丁
午十一月初四卒卯八月十七卒雍
康熙辛卯八月初正癸丑二月十五
卒配包氏生順治
巳亥三月十五卒
康熙辛卯八月初
本古
八子三本善本直字元泰一 字元復字子台生雍正壬
本古本善嗣衍弓生康熙丁丑九月子正月初二配陳
後女四適顧起仕廿七配俞氏生康氏生雍正辛亥九
適李適陳適顧 熙戊寅十二月初月十九
任東湖蕩 二子一煌署
煌署
衍箕柄之玄孫 梅鼎
德涯子
字南星生崇禎癸原名本蘭字調元
未十月十四卒康生康熙甲寅正月
熙丙申九月初十初三卒康熙戊寅

配胡氏生順治丁
亥卒康熙丁未繼
李氏生順治甲午
九月初五卒雍正
丁未五月廿二子
二梅嫁本晳女四
適堵廷錫適許子
英適陳憲適楊宜
濤
合葬西定橋

昆浦 德涯次子
字衣闇號復映生
順治乙酉六月十

四月初一配顧氏

本晳
字石臣生康熙癸
酉八月十八卒乾
隆丁巳三月廿六
配王氏生康熙癸
酉十月初十卒雍
正丁未十二月廿
八嗣枝桂子愛蓮

枝桂
字燕庭一字寧拙
生康熙癸丑十一

愛逵
字景叔生康熙乙
未二月十三配吳
氏生雍正丁未二
月十五

愛菊
字景亮生雍正癸
卒八月廿五

三卒康熙戊戌閏月初三卒乾隆巳
八月初七配胡氏未二月廿四配楊
嘉靖進士邁渠孫氏生康熙庚申二
女生順治辛卯七月廿一卒康熙壬
月初八卒康熙壬午十一月初三繼
寅四月初五子二胡氏崇禎進士翌
枝桂本穗本穗嗣在孫女生康熙巳
衍治後巳八月廿七子二
合葬西定橋愛蓮愛菊愛蓮嗣
本晳後女一適楊

衍治 德涯三子
字丹九生順治辛卯七月廿三卒雍正辛亥五月廿三

名標
字毓秀生康熙丙寅十二月廿五卒康熙丁亥三月廿

配吳氏生康熙丙
午十一月十五卒
康熙丙戌八月十
八子名標早卒嗣
昆湔子本穗女三
適孫適倪適吳

八

本穗

字既庭一字穉登
生康熙己未九月寅閏七月廿一
二十配鄒氏太學
保女女生康熙丙
寅十二月廿九子
三有煥有煌有焯
女二適錢適唐

有煥

字射斗生康熙庚

有煌

字彤書生康熙癸
巳七月十七卒雍
正丙午十月十一

有焯

字景何生康熙丁

次山第二支定橋公派

爾濟 楷之玄孫 鍾瑗子 字公楫邑庠生生字霞建生順治丙字錫文生康熙己天啓壬戌二月十戌三月十九卒康酉七月廿一九卒康熙甲戌十熙壬辰十一月初一月初二配吳縣五配李氏生順治韓氏生天啓乙丑丁亥二月初十子正月廿七卒順治二文炳一出家巳亥十一月初十十一廷標

廷標 酉正月廿六卒乾隆辛酉三月十八

文炳

爾瀅 鍾瑗次子

廷楹

字公瑩生天啟丁[卯]字佩侯生順治己卯八月廿九卒康[熙]亥七月廿五

熙○○配華氏嗣

爾淐子廷楹

爾淐 鍾瑗三子

字公昌生崇禎己巳六月十六卒康熙庚辰配周氏孝熙己丑十二月廿

康琳女繼呂氏生二崇禎丁丑正月十八卒缺子五廷樞廷楹廷梓廷槐一出家廷楹嗣爾瀅

後女一周出適曹

廷樞

字健臣生順治丙申九月十九卒康

廷梓

字楚材生康熙己酉十月初五

三

廣之 楷之玄孫 鍾璟子

字公廣號蒼華由郡庠生中順治丁酉舉人辛丑會試中式己未殿試登陸肯堂榜進士生天啟壬戌三月廿九卒康熙癸酉二月初七配武進楊

廷槐

字山衣生康熙癸丑七月十二贅淮安李氏子二

廷棉

字驤碧生順治壬辰九月初七卒康熙壬寅十一月十三壽七十一配宜興湯氏庠彥元尚女生順治壬辰十一月初七卒康熙壬寅四月初六壽

臨

字太占邑庠生生康熙己未九月十四卒乾隆甲子正月十一壽六十六配楊氏生康熙戊午八月廿二子二善慶思點女一適黃運青

善慶

字餘積生康熙丁亥十月廿五卒雍正壬子八月廿四配吳氏生康熙戊子三月十五子一鏡高

鏡高

氏庠生希皐女生七十一子二臨景
天啟乙丑二月廿鱗景鱗嗣廷樾後
八卒康熙乙丑正女一適邊靜益
月十八繼浦氏子合塟本村唐稜溝
二廷棉廷樾女二
適吳以奎楊出適
武進陳大昭浦出
塟歸山北灣

思點

字斗初生康熙丁
酉五月十七配吳
氏生康熙巳亥四
月廿二子二錫勇
錫智女二

廷樾

字雲臚生順治乙
未六月廿九卒康
熙壬戌四月初五
配武進黃氏貢生
秩思女生順治丙
申十二月廿二嗣

景鱗

字松皆生康熙丁
卯三月廿六卒乾
隆甲子十月十三
配錢氏生康熙巳
巳十月初三子二
曾慶邦慶女二適

曾慶

字孫來生康熙巳
丑正月十五配張
氏生康熙庚寅二
月初八卒雍正庚
戌十二月初六繼
楊氏生康熙辛卯

錫勇

錫智

泓
鍾璟次子
字公弘吳縣庠生
生天啟癸亥閏十
月十六配華氏子
二廷樑廷松女一
適武進王鑄

廷棡子景鱗

廷樑
無嗣
字仔肩生順治庚
寅九月十五卒康
熙戊子配全氏女
二適李適張

廷松
字士節生順治庚

戈適黃

六月十六女三未
字

邦慶
字畿千生雍正己
酉三月廿八

子十一月初七出
家

淸之 鍾璟三子

字公青生崇禎庚午六月十六卒康熙甲申五月初一配時氏子一廷樟

廷樟

字子豫生順治丙申七月廿六卒康熙癸亥十月廿八配錢氏生順治巳亥八月初三卒康熙巳亥八月初四恩例旌節崇祀詔建貞節祠子一文驥側出

文驥

字調良生康熙甲子九月廿七配王氏生康熙甲子十一月初二卒康熙丙戌十月十四繼董氏生康熙乙亥十一月十八子一餘慶側出女三一適錢堦二未字

餘慶

字善章生乾隆乙丑十二月十七

淮之 鍾璟四子

文起

贊雁

培德

字公任生崇禎巳字萬吉邑庠生生字俊明生康熙辛字慶元生雍正庚
卯六月十九卒康順治庚子九月廿巳十二月十四配戌三月初二
熙丙辰六月廿五四卒康熙丁酉十盧氏生康熙辛巳
配錢氏邑庠適女一月廿四配蘇氏十一月十七子三
生崇禎巳卯三月生順治辛丑十月培德培善培基培
初三卒雍正丙午初十卒乾隆戊午善歸本生祖後培
十月十八子三文七月三十嗣廷掄基嗣叔祖廷掞後
起廷掄廷掞女二子贊雁女四適章女二適金一字楊
適陳適虞　適龔適錢適莊
　　　　　葬平塔山

廷掄

字青選生康熙巳
酉八月十八卒康
熙丁亥十一月初
十配朱氏生康熙

培善

字慶隆生乾隆丙
辰三月十五

丙辰十二月十八
子一贄雁嗣文起
後歸贄雁次子培
善爲孫

廷揆
字其一生康熙壬
子閏七月初七卒
康熙辛丑三月廿
四配顧氏子大鶴
出家南禪寺女四
適王適蔣適黃適
吳嗣贄雁子培基
爲孫

錫嘏 楷之玄孫
鍾琦子

廷機

培基
字慶豐生乾隆辛
酉十二月初二

時生

字公冒太倉州庠字若虞生順治戊
生生天啟癸亥四子十月十九卒康
月初一卒康熙庚熙辛酉五月廿三
申十月廿三配王配華氏嗣文鰲子
氏生天啟甲子九時生爲孫
月廿五卒順治巳
亥七月廿九繼吳

廷桓

文鰲

毅生

字夏徵生康熙壬
寅九月初二

氏生崇禎丙子四字亦武生順治丁字興載生康熙戊字弘道生雍正乙
月初七子三廷機酉十一月初九配寅五月三十配吳巳六月廿三
廷桓王出廷椿吳方氏生順治戊戌氏生康熙巳卯九
出女六適吳廷俊六月初一卒雍正月十七子三時生
適鄒梧適莫常吉庚戌五月十三子毅生大生時生嗣
適吳思皇王出適一文鰲女四適張廷機爲孫女一
王文旭適王文若楚安胡安思適徐
吳出

大生

字廣仁生雍正庚
戌十二月二十

適周

廷椿

字永齡生康熙癸卯八月十四卒康熙己亥配倪氏生康熙乙巳五月初二卒康熙丙子二月廿七繼金氏生康熙己未二月十二卒乾隆　月○○子三翼爲有爲倪出崇爲金出女三

翼爲

字聖倫生康熙丁卯五月初八配吳氏生康熙己巳卒康熙庚子繼王氏生康熙甲戌正月廿六子三泰生英生吳出明生王出

泰生

字　生康熙癸巳八月廿九卒乾隆癸亥五月初七配王氏卒嗣英生子鍾

英生

字　生康熙戊戌十二月初十卒乾隆癸亥五月初四配鄧氏子一鍾嗣泰生後

鍾

有爲

字子興生康熙己巳四月廿四出繼王公遠後

繼

明生

字　生雍正甲辰八月十六配錢氏

滌之 楷之京孫 錸璋子

字浣思邑庠生生崇禎癸酉十一月二十配華氏女一適華無嗣

壐 鍾琮次子

字涿思邑庠生生崇禎甲戌六月廿七卒康熙甲戌配顧氏邑庠吉女卒繼吳氏子一松茂

松茂 無嗣

生字筠友生卒缺

渭 楷之京孫 鍾軾子

字公銘生崇禎乙

廷槐

字祖直生順治丁[illegible]

亥七月初四配楊
氏生崇禎乙亥九
月初八卒俱缺子
一廷槐

酉九月廿四卒康
熙壬申二月二十
配胡氏子一大鰲

淶
鏞獻次子

字公質生順治甲
申十月十七卒康
熙乙卯二月初三
性孝父患淋疾日
吮得愈因中毒殞
身配方氏生順治
戊子八月初二卒
康熙辛丑十一月
初七苦節四十餘
年奉 詔旌表崇

松蕃

字丹成祀祭生生
康熙丁未九月十
二卒乾隆乙丑四
月初九配史氏生
康熙丙辰十一月
初五卒乾隆乙丑
二月廿九嗣松韶
子日烜

松韶

日烜

字遜敏生康熙甲
申九月十一配方
氏生康熙丙戌八
月廿三子二正域
邦域

恂然

正域

字人堇生乾隆辛
酉四月廿一

邦域

字民瞻生乾隆戊
辰二月初十

聲雷

祀 節建貞節祠字丹儀生康熙辛字遜言生康熙辛字弘遠生乾隆巳

子二 松蕃松韶 亥四月廿七卒雍卯四月廿九配丁未六月初九

合葬歸山南灣 正乙巳六月十六氏生康熙癸巳九

配王氏生康熙庚月初二子二聲雷 [illegible]

申九月十五子三 兆雷協女一未字 [illegible]

日烜恂然協然日 [illegible]

烜嗣松蕃後女二 [illegible]

適臧邁吳

協然

宗雷

字叙倫生康熙戊字青癸生乾隆丙

戌十一月廿五配寅十月十九

史氏生雍正癸卯

十月初二子一宗

雷

一 王

沛 鍾鉞三子

字公季生順治壬字辰三月初六卒康熙癸巳配臧氏生康熙癸卯十二月廿二子一廷榆

廷榆 生康熙癸亥十月十三 住武進

榮 楷之玄孫 塞之子

字義渠生順治庚寅十二月廿三卒鈌配杜氏子一仙引

仙引 出家

濰 楷之玄孫 鍾軫子

字淄仙生順治丁酉九月初三卒雍正甲辰閏四月初一壽六十八配華氏生順治丁酉九月廿四卒雍正乙卯九月十一子一于喬側出女二適薛擷芳華出適楊之樑側出合葬鳳凰山祖塋之昭

于喬

字遷于生康熙己巳七月廿五卒乾隆乙丑正月十九配劉氏生康熙辛未十二月初七子三正陽開霽衡玷女二適費從龍適侯登瀛

正陽

字位南生康熙辛卯八月十一配錢氏生康熙辛卯閏七月三十卒雍正辛亥九月十六繼吳氏武進庠生岸之女生康熙甲午六月十六子一在琳女一

在琳

字禹珍生乾隆乙丑七月廿七

開霽

字朱南生康熙丙申十月十八配朱

在璿

字協虞生乾隆辛酉十月廿三

氏生康熙丁酉正
月二十子二在璐
在璣

廣淵 楷之玄孫 鍾霞子
字公涵生順治戊
子八月廿二卒康

樹仁
字振昭生康熙壬
子四月十二配劉

衡岳
字荊南生康熙壬
寅六月廿四配周
氏生雍正乙巳十
一月初二

在璣
字運虞生乾隆丙
寅正月初八

熙戊戌九月初三
配吳氏生順治辛
卯七月廿九卒雍
正乙巳五月初一
子五樹仁樹義樹
禮樹智樹信女一
適顧
合葬天授鄉中姑
里朱巷南大坟

氏女一適黄

樹義
字起昭生康熙辛
酉三月初二卒乾
隆丙辰九月

樹禮
字和昭生康熙癸
亥九月十六卒雍
正庚戌九月十九
配黄氏生康熙辛
未十二月廿三子
永熙女一適胡
葬父塋

永熙
字存燧生康熙巳
亥九月初七

樹智
字念昭生康熙丙寅八月十六卒雍正乙卯三月十四配林氏生康熙甲子七月初五

樹信
字諒昭生康熙癸酉六月十一卒康熙庚寅

巨源 鍾霞次子
字公瀾生順治癸巳閏六月十二卒

德馨
字潤昭生康熙甲子八月初四無配

康熙丙戌九月初十
配蘇州徐氏生順
治辛丑十月廿三
卒乾隆甲子九月
廿九壽八十四子
一德馨女一適吳
合塟天授鄉中姑
里宋巷南大坟

洛英 楷之京孫 鍾雷子
字高文太學生候
選縣佐生康熙癸
酉六月廿七卒乾
隆丙寅五月初二
配胡氏生康熙甲
戌六月十四子三

景朱
字敬亭生雍正丙
午正月初六

景程
字雪門生雍正己
酉七月初六

景宋景程景蘇女二適邑庠王燮坤適陳

汝灝 楷之貞孫 去拓子

字景周生崇禎壬午二月初十卒康熙戊寅五月廿五配楊氏生崇禎辛巳四月初一卒康熙庚寅六月十四子一本愈女三適湯陰知縣楊銘敦廩生楊璧顧寶賢

景蘇

字省谷生雍正己酉七月初六

本愈

字起八生康熙庚戌五月廿二配華氏邑庠振先女生康熙辛亥五月十七卒康熙戊辰五月廿八繼錢氏生康熙丁未五月三十卒雍正癸丑二月廿四子五煥烜燾煥焯女一適朱字昆白生康熙庚

煥

字元淳生康熙癸酉三月廿六卒康熙己亥二月十八配顧氏生康熙乙亥十月廿二苦節三十餘年彙題旌表子一維城

烜

維城

字宗子生康熙戊戌正月初九配楊氏生康熙壬寅八月廿三女一

如漢

辰八月初九配顧氏生康熙癸未正月十五女三未字

壽

字靜思生康熙壬午十二月初九

煐

字敬義生康熙乙酉八月初十卒缺

焯

字愼聞生康熙戊子二月初六

後潞楷之元孫鈺生子

本福

人鳳

字希文生崇禎戊寅正月初五卒缺

配姚氏望江教諭配張氏生崇禎辛巳十二月十三卒

字倉沂生康熙丙午三月初七卒缺配張氏生康熙壬子八月廿六子一入鳳

見龍女

缺子三本福桂森本德本德嗣汝沂後

桂森

字天山生康熙癸亥十一月十七卒缺

汝沂

鉦三次子

字從玉生崇禎癸未十一月廿五卒康熙乙巳九月十七配薛氏嗣汝潞

本德

字行九生康熙辛亥九月二十配黄氏生康熙辛酉十二月十五

子本德

汝瀛 鈺生三子
字東來生康熙庚
戌十月初六配錢
氏生康熙庚戌九
月廿三卒康熙辛
卯

汝渤 鈺生四子
字東表生康熙癸
丑五月初三卒康
熙辛卯無配

汝汾 楷之玄孫 鑛生子
字武忠生順治丙

本楨
字維周生康熙戊

鳴鳳
字在岐生康熙戊

坤維
字慶封生雍正戊

戊五月初十卒康申九月初六配周寅八月十八配邵申十一月廿六日
熙甲申十月十一氏生康熙辛亥八氏生康熙丙戌十
配顧氏生順治丙月廿四卒乾隆丁二月初三子二坤
戌十月初六卒康巳十一月廿九子維乾造女一適邵
熙丁丑十月十四一鳴易女一適周
子一本楨女二一
適安錫一適唐

乾造
字慶元生乾隆巳
未七月廿七

學洙 鑌生次子
字尹賢吳江縣庠
生生順治癸巳四
月初六卒康熙巳
卯配吳氏生順治
壬辰五月廿三子
一本天女二適鮑
汞和宜興錫三才

本天
字道在生康熙戊
午八月廿四配吳
氏武舉人古女生
康熙戊午正月初
五子六儒爲修爲
保爲無鉠無斁無
覺無覺殤

儒爲
字豈凡一字朝元
生康熙丙子八月
初六卒雍正甲寅
二月廿四配孫氏
生康熙壬辰四月
十四卒雍正辛亥
十一月初一嗣無

鈌子錫疇殤

合葬小歸山

修爲

字了凡生康熙巳

卯出家華藏寺

保爲

字非凡一字朝昌

生康熙乙酉六月

十四配鮑氏生康

熙甲午四月初二

子二百城德基女

一未字

百城

字勝滿生雍正甲

寅九月廿三

德基

字令輿生乾隆丙

寅四月初七

秉鈌

字朝盈生康熙辛卯四月廿三配費氏生康熙丙申九月初八子二王徵錫疇錫疇嗣儒爲後

王徵

字孝祥生乾隆庚申正月二十

無斁

字朝賓生康熙丙申九月初五配龔氏生康熙壬寅十

煜 楷之玄孫 去非子

字孝祖吳江縣增生中康熙丁卯科舉人榜姓嚴生順治戊子二月廿一卒康熙戊子三月十二配吳氏庠生延讓女生順治丁亥九月初七卒康熙丙辰正月初二繼黃氏生順治巳亥十二月初九卒雍正○○四月十月初七女二未字

廣居

字青田邑庠生生康熙丙午十一月十五卒雍正癸丑十一月廿八配胡氏生康熙乙酉九未十二月初七卒雍正丁未七月初三子二寳爲仁爲仁爲嗣本處後女三適太嵇暖適楊廣濟適孫

寳爲

字敦善生康熙辛未四月三十卒乾隆辛酉正月十九配周氏生康熙辛□子一龍鍔月初四卒雍正丁一堂女二適張悖子二龔一未字

堂

字上珍生康熙巳亥七月十三配朱氏生康熙庚子

龍鍔

五子五廣居本信
本忠吳出本億本
旭黄出女四適安
縣訓導丁詮適沈
文達適高修業適
徐曦

本信
字文山生康熙癸
丑三月十六配瞿
氏太學考庚女生
康熙壬子十月初
四子翌為禮為俱
殤嗣本億子壽為
女二適陳懷六適
武陟知縣袁光煒

壽為
字福先生康熙巳
丑正月廿日配趙
氏

本忠
字眉山生康熙甲
辰八月三十卒康
熙丙子四月初八

仁為
字體元生康熙丙
子正月廿七配周
氏生康熙丙子十

基
字根培生康熙戊
戌八月十九配陳
氏生康熙巳亥卒

龍鑌

配吳氏巳未進士
武邑縣知縣世焜
女生康熙乙卯正
月初七卒雍正乙
卯十二月廿五苦
節四十年乾隆二
年　詔旌崇祀
詔建貞節祠嗣廣
居子仁爲

本億

字玉山生康熙巳
巳十月十七配胡
氏生康熙巳巳卒
乾隆甲子子四佩

月廿五子一基
二適彭惟仁一未
字

佩爲

字紉蘭生康熙丁
亥正月十二卒乾
隆甲子

女乾隆癸亥七月初
六繼王氏生雍正
甲辰五月初一子
一龍鎮王出女一
陳出未字

爲炯爲壽爲儒爲
炯爲殤壽爲嗣本
信後文二適姚永
隆一未字

儒爲
字席珍生康熙己
亥十二月廿六

本旭
字琴山生康熙戊
寅三月十六配楊
氏生康熙庚辰八
月初二卒雍正癸
丑九月初九女一
適沈

學湖 去非次子
字孝昆吳江縣庠

本勤
字廣業生康熙乙

生生順治己丑三卯閏五月廿三卒
月十五卒乾隆庚缺配楊氏生康熙
申正月廿四配歸巳未卒康熙癸巳
氏生順治丁亥七女一
月初九卒康熙丙
子子二本勤本功
女二適葛雯張學
齡
塋石皮嶺

本功

字成業生康熙丁
巳十月初九配華
氏生康熙巳未十
二月廿八子二倬
爲任爲女一

倬爲

字其章生康熙癸
未八月十四配陳
氏生康熙丙戌正
月初五子二富正
富訓女一

富正

字永年生雍正辛
亥六月十九

富訓

字方谷生雍正癸
丑七月廿一

任爲
字其仲生康熙丁酉九月廿一

之琦 椿之玄孫 鎮生子
字小范太學生考授縣丞生順治辛卯二月廿七卒康熙丙戌正月初二配毛氏庠生袁女生順治癸巳九月初四卒康熙巳亥三月廿五子三本恂本愼本懌俱側

本恂
字廸忱生康熙壬申九月初八卒乾隆癸亥五月初一配張氏生康熙甲戌正月十三卒康熙乙未九月十一繼邊氏生康熙丁丑八月十四子一賡南張出女四適

賡南
字虞凰生康熙辛卯六月十四卒乾隆巳未九月十七配吳氏女一嗣道南子薇塲

薇塲
字棨升生雍正庚戌十月廿九

出女一毛出適庠吳適錢適[illegible]
彥華顧沅　俱邊出
合葬太平橋西父
塋昭穴

本貞
字恩修生康熙乙
亥十一月十一卒
雍正乙巳四月廿
四配劉氏邑庠生
有恒女生康熙癸
酉九月廿六卒乾
隆癸亥六月初七
子一峼南女二適
武進太學段○○
適朱

峼南
字曉言生雍正癸
卯十二月初五

本懌

字德和生康熙甲申十二月廿九卒乾隆癸亥六月初二配孫氏生康熙丙戌三月初十子一衡南女三一適薛震孟餘未字

衡南

字楚山生雍正己酉正月廿二卒乾隆丙寅八月十五

汝淳 鏌生次子

字師程生順治壬辰正月二十卒康熙戊子正月廿四配錢氏生順治癸

本始

原名弘曆字右乾别字拙存陝西鎮安縣學廩生甲午歲貢候選教諭改

鵬南

字翼青生康熙丁酉十月十三卒雍正甲辰五月

巳正月十八卒康熙辛亥十月十一繼陳氏生順治壬辰十一月初九卒康熙庚申十月十一子二本始本恒俱陳出女二適王適吳側出合葬太平橋西父塋穆穴

縣丞即用乾隆登極避御名呈部更今名生康熙丁巳五月廿三配吳氏生康熙丁巳三月廿二卒康熙戊子九月廿四繼鎮江朱氏丹徒庠彥應麒女生康熙丙子四月初三子二鵬南雁南俱朱出

本恒

字久貞生康熙戊午九月廿一卒雍

鵬南

字書秋生康熙戊戌八月初八卒雍正丙午九月

道南

字心吾生康熙壬午十一月初八配

葵萼

字衷獻生乾隆丙辰四月十二

正乙巳五月十六
配吳氏生康熙丁
巳六月廿九卒雍
正巳亥七月十三
子二適南斗南女
二適鄒麋生華日
新武進張壽朋
合塟管家灣丙山
壬向

楊氏生康熙
子二薇堮蔡堮薇
堮嗣廣南後

斗南
字次梁生康熙辛
卯二月初六配周
氏生康熙甲午八
月十三卒雍正辛
亥六月十七繼黃
氏生康熙丙戌十
月十六子一芸堮
黃出

芸堮
字緗烱生乾隆丁
巳十月初六

汝泌 楷之玄孫 鉽之子
字鄰仙邑增生康熙辛酉歲貢任池州府銅陵縣學教諭丁卯丁外艱補鳳陽府虹縣教諭生崇禎庚辰十月三十卒康熙丙戌十一月廿七配楊氏封行人墀女生崇禎己卯五月十四卒康熙辛亥三月三十子二秉忠楊出秉慈側出女二適庠生華文爍

秉忠
字孝可邑增生生康熙壬寅二月初三卒康熙甲戌十二月初一配楊氏巳未進士行人泓女生康熙辛丑八月初三卒康熙辛未七月初二繼楊氏庠生庭觀女生康熙乙巳正月十七子二元鳳前楊鉄出嗣秉慈子元鶱女一適周

元鳳
字鳴陽生康熙壬戌三月十五卒康熙乙酉二月廿七配周氏庠生金聲女嗣鶡薦子之環

元鶱
字與岐生康熙巳卯十一月初十卒

之環
字繼淵生康熙乙酉十二月初四配虞氏生雍正癸卯三月初三

楊出適華𡕘孝側出

秉慈

字荀叔生康熙辛酉七月十四卒乾隆甲子八月初九配華氏巳未進士孫浙江麗水知縣王澄女生康熙巳未六月十七卒康熙甲申八月初八繼鮑氏鳳起女生康熙丙寅二月十三子五元𪂺元鷗元鳴元鶉元鸚元鵜嗣秉忠後

元鷗

字搠千生康熙辛巳五月廿四子二琬珍女一未字側出

元鳴

字玉行生康熙戊子二月廿五卒缺

琬

字祖望生乾隆庚申八月廿八

珍

字公望生乾隆甲子十月十四

元鶉　字聖居生康熙癸巳正月初九

元鸍　字維城生康熙丁酉十月十一

汝沆　鉽次子　字靖生廩例監生生崇禎癸未十二月十四卒康熙壬辰正月配楊氏庠配過氏庠生洪玫配吳氏宜興貢生

秉肅　字甫將生康熙丁未四月初八卒康熙乙未十月初九

鶊鷹　字起表生康熙乙丑五月十三卒乾隆癸亥五月初三

之瑞　字起倫生康熙丁亥正月初八

生至臨女生崇禎　生康熙丙午九月元豐女　生康熙丙
癸未十二月廿四二十卒乾隆癸亥寅六月廿六子四
卒康熙丁酉十一五月初四子三鶴之環之瑞之琳之
月十六子二秉肅鶴鵬舉鶴立鵬舉珍之環嗣元鳳後
秉宣女六適武進嗣秉宣後鶴立鶴
郯駿縣宜興貢生女五適宜興翰林
廣東大浦縣知縣院庶吉士吳端升
吳元豐顧敞歲貢鄉正癸卯科舉人
黃岸森庠生黃廷過秉鈞顧懋華天
瑞江寧監生何慶祈施象生
孳

之琳
字起章生康熙甲
午九月廿一卒乾
隆乙丑九月初一
配吳氏貢生元豐
孫女子二人鑑人
錫

人鑑

人錫

之珍
字起鳳生康熙戊
戌六月初二

秉宣
字申蕃生康熙戊

鵬舉
字雲翼生康熙丙

壿
字與若生康熙戊

年十月初七卒庚寅六月十九配錢子十一月廿二
熙癸未五月廿九氏丙黄縣知縣煐
配顧氏生康熙戊女子四珩璠璋瑗
午九月廿九卒康珩鶴女一適趙
熙庚子五月廿八
子二鶴運膺鶴俱
爲嗣秉蕭子鵬舉

璋
字士宜生康熙癸
巳正月初六

瑗
字繼遠生康熙癸
巳十二月初九

學源 鉞三子
字安期長洲縣增
例監生生順治戊

秉懿
字于夏太學生
康熙丙辰十月十

元鶴
字立羣生康熙戊午
寅正月廿九卒乾

之均
生康熙庚
子十月初七

戍正月初二卒康熙辛卯五月廿八配薛氏巳丑進士浙江布政使信辰女生順治乙亥十二月十二卒乾隆庚申正月初二子一秉懿女五適吳錤顧熼癸卯舉人周熇庠生顧起寅周秉禮

七卒乾隆丁巳八月初八配楊氏太學溥女生康熙丙辰九月廿五子二元鶴元鳶女二適倪象壎適吳

隆巳未十月十三配薛氏庠彥亦韓女嗣元鳶子之鈞

元鸞

字玉和生康熙巳卯十二月初一卒乾隆庚申九月廿八配殷氏生缺卒雍正丁未七月初四子一之鈞嗣元鶴後

汝濤 楷之玄孫 寅之子

秉直

元騄

瑢

字學山邑廩貢生字道行生康熙庚字龍輔生康熙乙字佩行生乾隆庚
候選訓導生順治戊十二月初二卒酉十二月十五卒申正月十六
癸巳四月十五卒康熙庚辰十月初雍正戊申六月嗣
康熙辛卯十二月十配華氏生康熙元魯子璐
十二配朱氏生順癸丑二月廿一卒
治辛卯二月廿六康熙甲戌六月十
卒康熙壬寅二月四嗣秉桑子元蘇
十九子三秉直秉
毅秉桑女一適張
師栻
鏊侍郎湾祖塋

秉毅

字致遠生康熙庚字是中生康熙丙字商受生乾隆癸
申正月十九卒康戌七月十四卒雍亥十一月初三
熙癸巳五月廿五正癸丑九月十一
配華氏生康熙庚配鄭氏生康熙丙
申二月初一卒康戌七月廿一嗣元
熙戊戌閏八月二一騆子球

元騏

球

十子一元騏女一
適華

秉棨
字時升生康熙壬戌八月初二卒雍正乙巳八月初一配傅氏生康熙甲子二月初二卒康熙辛丑十一月十四子三元騋元馴元魯元騋嗣秉直後女一適朱瘞華藏寺西

元馴
字龍能一字大椿太學生生康熙戊子九月廿二配王氏太學起賡女生康熙庚子四月十四子二藝球球嗣元騏後女一未字

元魯
字曾材生康熙丙

藝
字潤芳生乾隆巳未十月初一

申十一月十五配陸氏生康熙庚子十一月十四子一瑢嗣元騄後

汝瀚 寅次子

字學海邑庠生生順治乙未十二月廿八卒康熙辛巳正月初四配樂氏生順治乙未十一月初十卒康熙丙寅五月廿三繼華氏生康熙癸丑十二月初八卒雍正甲

秉弘

字深如生康熙丁巳六月十四卒乾隆庚申五月二十配鄭氏生康熙丁巳四月二十子三元驥元駿元驄

元驥

字德稱改字彬文生康熙庚辰七月廿七子二璟壽女三一字周承烈二未字俱側出

元駿

字崧生改字季山

璟

字寶光生雍正癸丑十二月初七

壽

字寶元生乾隆丙寅十二月十三

寅三月初五恩卹
旌節崇祀　詔建
貞節祠子二秉弘
樂出秉乾華出女
一適庠生徐叔海
樂出
合葬大浮新阡

生康熙丙戌四月
三十

元驄
字繡甫改字漢文
生康熙辛卯十二
月廿六

秉乾
原名秉楨字天一
生康熙癸酉七月
十一配浦氏生康
熙庚辰正月初四
卒雍正戊申七月

煥
字文彪生雍正癸
丑三月十四聘王
氏

十二繼王氏生康熙丙戌七月十九子四煥燦燈烜女字婺鳳生雍正乙卯七月廿四一字侯浦出

燦

燈
字應龍生乾隆戊午二月初二

烜
字飛泉生乾隆癸亥五月二十

汝溥　寅三子

字本思以子仁
覃恩贈文林郎雲南蒙自縣知縣候贈中憲大夫生康熙戊申正月十九卒康熙甲戌四月廿三配徐氏楷女生康熙丙午二月十四年二十九而寡雍正丁未旌題旌節　敕封太孺人候封恭人卒乾隆甲子七月十二壽七十九崇祀

秉丰

字民享邑庠歲貢生生康熙丁卯九月三十配嵇氏兩廣左軍參將重華女生康熙丙寅三月十三卒康熙癸巳五月二十繼倪氏太學衡女生康熙己巳五月初八子二元騤元駒女三一適楊永春一適朱宗鴻一字錢廷樞俱倪出

元騤

字以匡生康熙庚子五月初九配嵇氏振鳳女生康熙戊戌七月初一子一琎女一

元駒

字玉如生雍正癸卯三月廿三配顧氏太學錫良女生雍正乙巳九月十七子一琛女一

琎

字天搢生乾隆甲子十二月二十

琛

字來獻生乾隆甲子三月廿五

詔建貞節祠子二
秉丰仁
合葬大洋新阡

仁
原名秉勳字體國號新巖邑廩生改入太學中雍正丙午順天副榜已酉保舉奉 旨雲南試用題授蒙自縣知縣乾隆丙辰卓異引見以親老奏准調任近省補山東泰阿縣知縣丁巳行取候陞主事充辛酉科山東鄉試文武兩闈同考

元騶
字應文太學生候選州同知生康熙壬辰九月初二配周氏師泉女生康熙癸巳二月初四女三一字陶受謙一字薛龍正一未字

元驁
字紹閔生乾隆丙

官壬戌陞授兗州
府同知甲子附薦
卓異題署登州府
知府七月丁內艱
丁卯起復戊辰補
授福建福寧府知
府生康熙戊辰十
一月廿四配繆氏
太學允中女候贈
恭人生康熙辛未
八月初八卒康熙
丁酉十一月十四
繼陳氏太學弘球
女候贈恭人生康
熙戊寅十二月初
一卒雍正辛亥八

辰五月十五聘鄧
氏戊午副榜愷女

元篤
字其慶生乾隆辛
酉正月初一聘周
氏巳未進士金紳
女

元騰
字茂實生乾隆壬
戌四月廿一聘楊

月初十又繼華氏　氏翰林院庶吉士
祖蔭女生康熙乙酉十月廿六子四
元騄鮑出元騫元
駕元騰華出女一
字爾震華出

汝衍　楷之玄孫
　　　錸之子
字祁公生順治辛丑閏七月十八卒雍正癸丑十月廿
三配陳氏卒生恂七配顧氏生康熙
女坐康熙壬寅三乙丑三月廿五卒
月初九卒雍正乙乾隆巳未四月十
卯七月廿九子五二子一元貽女一
秉仁秉義秉禮秉　適周

秉仁
字以輔生康熙庚申五月十九卒雍戌八月廿二
正甲辰十一月十

元貽
字建安生康熙戊

智秉信女一適庠

彥郁廷樞

秉義 無嗣

字彥質生康熙甲子二月初一卒康熙戊戌四月二十

秉禮

字天秩生康熙丁卯九月十七卒雍正辛亥八月三十配范氏生康熙癸酉十一月廿五子一元芬

元芬

字傳香生康熙戊戌正月廿一

秉智

字子賢生康熙庚午二月初三娶華氏

秉信

字成之邑庠生生康熙己卯九月初八配顧氏生康熙乙酉二月初九

次山第三支餘山公派

準　桂之玄孫　鉅儒子
字孝則生順治己丑正月廿六卒康熙己未六月初五配吴氏庠生孝李女生順治丁亥八月十一卒康熙丙戌七月廿二嗣遠葬陳村志子柔恭女二適顧翌太學章德埈合葬陳村

柔恭
字懿培生康熙乙卯正月十八卒隆戊午八月初八配薛氏生康熙辛亥六月廿三子二亦稔亦築

亦稔
字學稼生康熙丙子九月初十

亦築
字學圃生康熙戊寅十月十五卒乾隆癸亥七月初三配張氏生康熙己亥六月初六子一堎葬陳村

堎
字廣平生乾隆庚申八月廿四

流慶 鉅儒次子 裴燚 亦騏
字顒若號敬亭邑 字陳常邑庠生生 原名亦愚字學臯
庠生生順治壬辰 康熙庚午十二月 生康熙壬辰十月
六月十七卒雍正 初五配楊氏儀仙 初二配楊氏鳳來
癸卯五月初一配 女生康熙庚午九 女生康熙後壬寅
平氏惟愿女生順 月初五卒康熙壬 正月初二
治己丑六月十七 寅七月三十繼張
卒康熙甲寅七月 氏太學之櫓女生
廿二繼顧氏雲瑞 康熙丁亥六月廿
亦曾 聯奎
女生順治辛丑十 三卒乾隆丙寅閏 字學曾生康熙丙 字文府生乾隆甲
二月廿二卒雍正 三月初十子六亦 申二月十五配張 子四月廿六
巳酉八月十五子 騏亦曾亦鳳亦騂 氏稟生馥生女生
一裴燚女二一字 楊出張禄亦駒張 康熙戊戌九月廿
馮一適吕玉楝 出張禄殤女一楊 五子一聯奎
合塍楊灣 出

楊氏葬楊湾

亦鳳
字學嚴生康熙戊戌八月廿八

亦驊
字景仲生康熙後壬寅七月三十聘殷氏

亦駒
字千里生乾隆壬戌八月十一

遠志 柾之玄孫 鉅任嗣子
字百川邑庠生生順治庚寅九月十五卒康熙丙申十二月十二配楊氏庠生芳菲女生順治巳丑正月三十卒雍正甲辰七月初八子西萊恭嗣準後植本玉枝九松女二適倪適庠生唐應華

植本
字中立生康熙丙辰七月初三卒康熙甲午正月初十配顧氏生康熙壬子五月初一子二光猷光福

光猷
字允升生康熙戊子九月廿二配吳氏生康熙戊子十二月廿五卒雍正甲寅十二月十八繼陸氏生康熙辛卯六月十五

光福
字爾康生康熙壬辰六月廿五配顧氏生雍正甲辰正月廿三

玉枝
字廷英生康熙戊午十月十六卒康熙癸巳七月三十配徐氏生康熙丙辰十一月十八卒康熙甲午十月初四子一光先

光先
字延八生康熙乙酉五月廿九配周氏卒

九松
字壽之生康熙甲子十二月十三卒康熙丁酉正月初四配張氏生康熙庚

光成
字惇大生康熙辛卯正月廿三配盧氏生康熙已亥二月十八

午十月十三子一
光成

棟隆
字式周生康熙丁
巳八月廿一卒康
熙丁酉十二月十
二配王氏生康熙
癸丑九月初二卒
乾隆丙辰六月廿
一子三大鯤殤大
鵬出家張王廟大
鶴殤嗣棟高子大
鷹女一適謝

大鷹
字贊寧生康熙辛
丑正月初七

景淑 柱之玄孫 鉅儀子
字從龍生順治巳
丑六月初三卒康
熙壬寅六月三十
配浦氏生順治巳
丑六月廿六卒康
熙庚寅九月初五
子四棟隆棡曽棟
高杜曽
合葬馬蕟塢

柟曾

字懷呂生康熙庚申三月初六卒乾隆丙寅六月初四配趙氏生康熙壬戌六月廿五卒乾隆丙寅七月十八子一大鷺

棟高

字楚材生康熙甲子九月十三配葉氏生康熙丁卯十月初七子三大鳳

大鷺

字西雖生康熙丁酉三月廿八

大鶚

字鷰鷹生雍正壬子十四月廿三

大鵷大鷹大鳳殤
大鷹嗣棟隆後女
一適張

杜曾
字耀先生康熙丙
子六月初八卒

之洵 桂之玄孫 鉅倫子
字其蘇郡增生生
順治丙申二月十
九卒康熙戊戌七
月十六配鮑氏丁
亥進士樂安知縣
鳳仍女生順治癸

崧曾
字維岳生康熙辛
未閏七月十三配
王氏俱卒

萊曾

文輝

巳三月初八卒康熙丙辰七月廿一繼胡氏歲貢永祇女生順治丁酉九月十七卒康熙戊辰十二月初三子四格曾萊曾椽曾榕曾側出女二適顧元嵋鮑出適方鳴胡出

字北山生康熙甲戌正月十九配袁氏生康熙甲戌三月廿七卒乾隆丙辰七月初六子二文輝文煥

椽曾

字大如生康熙丙子八月十九配張氏生康熙丙子六月廿二卒雍正乙

字元宏生康熙戊戌二月初十配潘氏生康熙戊申四月十六

文煥

字元應生康熙甲辰十月十九

文煜

字鞅凡生雍正乙巳九月初二配張氏生雍正甲辰正月十三

卯十二月初五子
一女煜

榕曾
字蔭千生康熙戊
寅十二月廿四卒

之浚 鈕倫次子
棨曾
兆鰲

字跂宋太學生考字廷元太學生生字海山生康熙庚
授縣丞生順治丁康熙戊辰五月初寅十二月廿六配
酉八月十五卒雍十配張氏欽恭女顧氏太學維鉁女
正甲辰十二月十生康熙戊辰七月生康熙巳丑二月
四壽六十八配倪初二卒康熙戊戌十三
氏卒生殯女生順七月初七繼顧氏
治丁酉九月十六大學敦女生康熙

卒康熙甲戌九月十九繼張氏庠生鳳詔女生康熙乙巳十一月初四卒康熙丁酉七月初四子一際曾女三適武進孫福楣適太學顧維鈊一守貞合葬雞坑

丙子五月廿一子三兆熊兆熊張出兆鳳顧出女二適楊令緒適鄒翀俱顧出

兆熊

字渭川生康熙戊戌四月初八配侯氏庠生篪女生康熙丁酉十二月十五子一聯登

兆鳳

字鳴岐生康熙壬寅十一月廿六配江陰徐氏庠生尚文女生康熙巳亥正月廿三子一高登

聯登

字春魁生乾隆甲子正月十九

高登

字鳴魁生乾隆癸亥十一月初三

之沂 鉅倫三子
字東魯生康熙丙辰十月廿九卒缺
配王氏丹稜知縣永昌女生康熙乙卯八月初三子一林曾女二

林曾
字斯盛生康熙丙子六月十五卒缺

之淇 鉅倫四子
字衛西生康熙戊午十二月十二卒缺
配周氏生康熙癸亥二月初九子三棫曾梘曾栗曾

棫曾
字哲莪生康熙辛巳十月廿二

梘曾

女一

字位公生康熙丙戌十一月初七

栗曾

字秋實生康熙癸巳閏五月廿三

之鴻 枉之玄孫 錦之子

字樂山號蘧知由庠生中康熙辛卯舉人候選內閣中書生康熙壬寅八月初一卒雍正丙午八月廿八配侯

攀鳳

原名桐曾字朝陽字煌祖生雍正戊太學生生康熙戊申九月廿七聘侯辰七月廿二配徐氏氏生康熙己巳三月十五子二榮三榮昌側周氏出

榮三

榮昌

氏庠生模女生康
熙壬寅八月十四
卒乾隆丙辰六月
二十子三攀鳳攀
龍攀桂女二適侯
適楊
葬龍山馬敳塢

十得全生雍正庚
戌八月廿一

攀龍

原名栢曾字新甫字連元生康熙丁
邑庠生生康熙丙酉十二月十一配
子七月十四配費黃氏生康熙庚子
氏生康熙乙亥六十一月十四子一
月初七卒乾隆甲疇
子六月廿五子三
榮登榮詰榮光

榮登

疇

熬

字紫封邑庠生生
康熙辛丑六月十

七配顧氏

榮光
字文耿生雍正甲辰正月十一

攀桂
原名樌曾生康熙庚辰七月十六配蔣氏生康熙丁丑五月初二子一榮錫

榮錫
字大木字宏度生雍正壬子二月十一

畢牧第二支半農公派
半農第一支南湖公派

元棟 楫之玄孫 九錫子
字○○生天啟壬戌三月初二

德潤 楫之玄孫 世瑩子
字華敷生崇禎戊寅正月初一配周氏生順治乙酉十一月廿二卒俱缺子一鳳標女一適俞

鳳標
原名士和字敬臣生康熙己巳十月廿一配侯氏生康熙丁卯十月三十子二燕翼爌

燕翼
字其煥生康熙乙未八月十八配周氏生康熙丙申十一月廿一子一培彥

爌
字景炎生康熙丁

培彥
字　生乾隆甲子七月十六

增彥
字　生乾隆癸

酉四月十二配陳
氏生康熙巳亥十
二月初八子一增
彦
亥九月廿六

永泰 梅之玄孫 世鍾子

字大年生順治庚子十一月二十配汪氏卒繼汪氏生康熙庚戌閏二月初五卒康熙甲申十二月十九繼王氏生康熙乙巳十月初三子四士樸士林士森汪出士

士樸

字起文生康熙壬申九月廿三卒乾隆癸亥十二月初七配王氏生康熙壬申八月初九子一元熙女三適胡適楊一未字

元熙

字虞載生康熙丁酉十一月十九配陳氏卒繼蔣氏生康熙雍正癸卯三月十五女一未字

椿王出女二適徐
璋適杜璉汪出

士林
字曉園生康熙乙亥四月廿六配朱氏生康熙癸酉十二月初七卒雍正庚戌子二煥無忌

士森
字茂脩生康熙丁

煥
字二峰生康熙乙未十一月廿九配俞氏生康熙辛丑六月十九子一基

無忌
字維徹生康熙丁酉十二月十九出家開化鄉

元照
字天佑生雍正癸

基
字上珍生乾隆乙丑正月十二

半農第二支秋山公派

丑十二月初三配卯四月初六配汪
鄒氏生康熙丙子氏生雍正戊申正
二月初八子一元月十五
照女一適江

士椿
字原長生康熙丁字　生乾隆丙
亥八月十二卒訣辰四月初二
配鮑氏子一元燦

元燦

嘉瀚　泉之玄孫　世鉅子
字忠美生康熙辛
酉九月廿五配許
氏生康熙癸亥八

如松
原名樑字紹周生
康熙丙戌十月十
二卒乾隆乙丑十

家煥
字永齊生乾隆壬
戌十二月十七

月初五子六棟樑二月十五配偰氏
如梓如棣如楙如生康熙丙午八月
栢棟殤女一適侯廿五子一家煥女
一未字

如梓
字繼周生康熙辛
卯七月十六配張
氏生康熙丁酉十
一月初一

如棣
字承周生康熙乙
未十月二十亂王

家燦
字永興生乾隆乙
丑二月廿五

氏生康熙戊戌九月十三子一家燦

如梅
字繩周生康熙戊戌九月廿一配張氏生雍正乙巳十二月廿二子一家熙

家熙
字永福生乾隆丙寅五月十六

如栢
字統周生康熙辛丑九月初三配陳氏生雍正乙巳十

一月初八

文汪 標之玄孫 世鎮子
字君伯生順治戊子正月十四卒康熙癸巳五月初六配邊氏生卒缺子四士松士栢士校士槐女二適馬適吳
葬白家巴
任余犁尖

士松
字公升生康熙戊午二月初十亥雍正癸丑五月二十六配鄒氏生卒缺子二廷炳廷烝塟父塋

廷炳
字雲生生康熙辛卯五月十四

廷烝
字永生生康熙丙申十二月廿九配張氏
贅居燕伯鄉

士栢

廷照

弘基

字公來生康熙辛酉十一月十一配邊氏生康熙乙丑四月初六子二廷照廷勳女五適張適倪適馬適匡適强

廷校

字公順生康熙丙子四月廿六卒雍正乙卯配楊氏生卒缺子一廷燁

字來生生康熙丙申九月十八配馮氏子一弘基

廷勳

字洪生生雍正癸卯五月十六配馮氏女一未字

廷燁

字漢生生雍正巳酉十二月初四

字來城生乾隆庚申八月廿三

士槐
字公侯生康熙壬辰三月初十

文濤 楏之玄孫 世欽子
字瑞伯生順治○○正月十六卒缺配吳氏子一士杲

士杲
字松山生康熙戊午卒康熙壬辰配陳氏生康熙癸亥著節恩例旌獎子一廷熊

廷熊
字惟凡生康熙乙酉十一月廿二配蔣氏子元基女一未字

元基
字　生乾隆乙丑五月十九

文沭 楏之玄孫 世錫子

士標

雍煩

字瑞祥生順治戊戌十一月廿四卒缺配陳氏生康熙壬寅正月十四壽八十二子一士標

字松遂生康熙戊辰十一月廿六配劉氏生康熙甲戌五月初一子二雍熂聚熂

字煖繁生雍正庚戌六月初一

聚熂

字煖成生乾隆丙辰三月十七

文演 世錫次子

字和玉生康熙癸卯十一月廿五卒康熙戊戌三月二十配吳氏卒繼顧氏生卒缺子二士梓士模女三適楊王

士梓

字松益生康熙己巳八月初七配高氏生康熙戊辰九月初六子二廷庶廷熙女二適陸適王

廷庶

字昌生生康熙庚寅八月十六

廷熙

字惠生生雍正乙

吳出適邑庠生王
佐適王岳中顧出
合葬仁里橋
任余利穴

士模
子松友生康熙癸
酉七月初九亥康
熙庚子正月二十
聘丁氏邑庠撰一
女生康熙壬申未
過門聞訃守貞恩
例 詔旌

巳九月初五

文漢 㶁之玄孫 世鈇子
字上生生康熙戊申九月十四卒缺

清泉
字永凡生康熙辛巳四月廿三配張

廷熾
字元臣生康熙辛丑六月初三

配邊氏生卒缺子氏生卒缺子一廷燦
二濤泉茂彬
葬白家田
任示犁尖

茂彬
字永隆生康熙乙酉十一月廿八配管氏子四廷燦廷熠廷炯廷燧女一
字
廷燦
字　生雍正癸丑三月廿三
廷熠
字　生乾隆丁巳三月廿四
廷炯
字　生乾隆庚

申六月十一

文滿 世鉌次子

字八生生康熙壬子二月十七卒缺

配黄氏生卒缺子

二明杲月杲

侄余犁尖

明杲

字楙雲生康熙庚辰六月十四

月杲

字松岳生康熙丙戌四月十六

廷燧

字　生乾隆　八月廿一

文洪　世鉌三子
字浩生生康熙丙寅正月十七卒乾隆己未十二月初二配錢氏生康熙〇〇九月初五子三士相士林士棋女二適傷適殷
塟白家行
任余犁尖

士相
字天章生康熙丁酉六月十四

士林
字天發生康熙壬寅四月初八

士棋
字天興生康熙乙巳正月十六

永龍 標之玄孫 世銳子

字文源生康熙丙寅二月廿九卒缺
配邵氏生卒缺
二松裕柏裕栢裕
嗣永寧之
任溝陶塋

松裕

字瑞章生康熙丁酉十二月廿三配
吳氏生康熙辛丑六月廿四子一廷煥

廷煥

字玉生生乾隆丙寅二月廿八

永寧 世銳次子

字文泰生康熙癸酉六月[illegible]五卒康熙辛丑十月十八
配呂氏生康熙戊寅六月初八苦節
嗣永龍子栢裕

栢裕

字瑞興生康熙己亥十月初十配管氏生雍正丁未五月廿三

永昌 標之玄孫 世鑽子
字文漢，生康熙己未正月十四。配張氏

永盛 世鑽次子
字文洪，生康熙辛酉十月十五

永康 世鑽三子
字文湧，生康熙壬

申正月十一

永興 世鎮四子

字文溢生康熙甲

戌四月廿五

永滔 標之玄孫 世鎮子

字易生生康熙乙

亥

中農第三支東詩公大派

洪聲 梅之玄孫 鍾鉠子

字大有生康熙壬子十一月廿六卒乾隆辛酉二月十八配楊氏生康熙戊一月十八子一至午十一月初三子三義次一

文生

字亮玉生康熙乙酉九月初三配吳氏生康熙丁亥十

至義

洪遠 梅之玄孫 鍾秀子

字大成生康熙甲午十入生樂道樂德樂道嗣洪遠後

樂德

字亮采生雍正甲辰三月初一

樂道

字茂昌生康熙己

至仁

字九發生乾隆乙

錫山秦氏宗譜世系卷之十

辰八月初三卒乾丑十二月十九配丑七月十四
隆壬戌七月十三虞氏生康熙丁酉
配宋氏生康熙乙十一月十四子一
丑八月十一嗣洪至仁
聲子樂追

洪泰 祖秀次子
子大興生康熙甲
辰□□月三卒雍
正乙巳九月十四
配尹氏生康熙癸
亥三月初一女三

十七世
十八世
十九世
二十世
二十一世

世系
第
支

鏡 同廣之玄孫 善慶子
字明遠 雍正己酉二月初七 聘戈

錫勇 廣之玄孫 懸子
字有容 生乾隆甲子正月初九

錫智 思懸次子
字有謀 生乾隆丙

錫山秦氏宗譜 世系卷之

寅四月十五

鍾 錫報之孫 泰之子

字洪聲生乾隆壬

戌六月初三

龍錫 炟之玄孫 堂之子

號漢奇生乾隆乙

丑二月三十

龍鎮 煜之玄孫 基之子

字漢雄生乾隆丙

寅十一月十四

八鑑 汝沆玄孫之琳子 字 生乾隆丁巳四月廿八

八昜 之琳次子 字 生乾隆巳未

魁一公
支派

九世　十世　十一世　十二世　十三世

榜 劍之孫 [illegible]之子
字安名九龍衢生字允達號九龍生字憶龍生萬曆甲寅字祥夫生天啓癸
嘉靖甲申十一月嘉靖丁巳二月十申六月初二卒崇亥六月初七卒康
十五卒萬曆丁酉七卒萬曆○○配禎庚辰五月十一熙癸丑配蘇氏生
二月廿七壽七十唐氏生嘉靖丙寅配唐氏生萬曆壬崇禎巳巳九月初
三配武進尹村曾子一至立女一適辰卒崇禎壬午子九子四瞻淇瞻澳
氏生嘉靖壬辰卒壬子[illegible]
萬曆己丑子一光權葬墓河田
顯女一適宗興陳
一麟
合葬歸山祖塋

光顯

至立

一鑑明女三適唐瞻漢瞻濟
大臧鄒治明唐光
耀

鑑明

瞻淇

瞻澳

瞻漢

瞻濟

錫山秦氏宗譜世系卷之十一

櫝 釗之孫 淵之次子 光斗 至正 絶
字汝材號九山生字允宿號慎思生字○○生萬曆庚
嘉靖戊子六月初隆慶辛未十月廿戌十二月初六卒
二卒萬曆甲辰七七卒崇禎[illegible]子壽崇禎丙子十月無
月廿四壽七十七六十六酉[illegible]劉[illegible]生子
配武[illegible]趙氏子二萬曆甲申子 至權厝基南
葬[illegible]壽 正
合[illegible] 權厝基南

貞壽 無嗣
字生卒缺配薛氏
女一適薛

橬 釗之孫 源之子
字汝艮號三橋生字生卒缺配徐氏嘉靖癸巳七月廿一女一適鈕九卒萬曆壬午六月十五祀吉氏子一熢光徭女一適鄒允固

熢 絶

光徭 絶
字缺生嘉靖乙丑六月初五配張氏合葬小墩山

乘 釗之孫 源之次子
字汝乘號餘橋生字允一號慎餘生嘉靖丁酉六月三嘉靖辛酉十二月十卒萬曆戊寅五廿一卒天啓癸亥月初九配武進鄒二月十一壽

光紹

至元 絶
字企餘生萬曆癸卯二月十九卒崇禎壬午六月配劉氏女一適尹城賈

氏生嘉靖庚子正月廿二卒萬曆巳酉九月初十壽七十子四光統光時光輔光張

三配鄒氏子二至元至魁女一適宜興楊應明合葬大灣

光時

字允功號滄心生嘉靖甲子六月十九卒崇禎乙亥十一月廿一壽七十二配周氏生隆慶巳巳閏六月十六卒順治乙酉七月

至魁 絶

字○○生萬曆丙午七月初七卒崇禎辛巳無配葬富安橋

至普

字○○生萬曆戊子五月初六卒萬曆巳未配黃氏子一鑑遠

鑑遠 絶

字○○生萬曆丁巳九月初七卒順治丙戌正月廿九無配葬富安橋北

廿二壽七十七子四至普至昌至習至香

合葬富安橋

至昌
字再新生萬歷己亥七月十六卒順治乙酉配尹氏繼氏子二鑑達鑑週

錢氏子二鑑達鑑週

葬父塋側

至習絕
字○○生萬曆辛丑八月廿九卒崇

鑑達
字見明生崇禎壬午……配陳氏子一汝源

鑑週無嗣
字見環生崇禎丁丑二月十四配匡氏

汝源

光輔
字允襄號復餘生
隆慶壬申正月廿

禎癸未六月十四
配莫氏女一適板
橋徐

至香 絕
字○○生萬曆丁
未四月十八卒崇
禎辛未四月初九
無配
葬窩弄祊

至晳
字聖與號明素生
萬曆戊戌六月初

鑑文
字適夫生天啓癸
亥正月廿六卒缺

瞻游

瞻溡

四卒崇禎丙子九四配王氏生萬曆配楊氏生崇禎庚
月十七壽六十五乙巳三月初二子午卒缺子三瞻游
配謝氏生萬曆癸三鑑文鑑武鑑定瞻游瞻漪
酉卒順治戊子壽女一適胡
七十六子三至皙
至昌至昜
葬富安橋

鑑武
字安夫生天啓丁卯八月十五配蘇氏生崇禎丁丑子一瞻淮

鑑定無嗣
字○○生崇禎壬午十月初十配氏

瞻漪

瞻淮

至育 無嗣

字振餘生萬曆丁未四月十二卒順治乙酉十二月十一配黃氏

至勗

字勉予生萬曆辛亥正月初六配宜興萬氏生萬曆丙辰子一鑑通女二一適唐

鑑通

字達生生崇禎己卯二月初八卒康熙乙亥三月十三配許氏生順治丙戌十二月廿九卒康熙乙亥二月初三子一汝能合葬歸山祖塋

汝能

光弼 字允佐號敬餘生萬曆丁丑八月十一卒崇禎乙亥四月廿一配繆氏生萬曆乙酉子三至昂至讀至易

至昂 字明甫生萬曆丁未九月十六卒康熙丁丑九月十七壽九十一配王氏生萬曆己酉十月廿九卒康熙辛酉十二月廿二壽七十三子二釤銉女一適徐合葬武進西灣文塋

釤 字鈞佩生崇禎庚辰八月十七配王氏生順治乙酉七月初七子三洪祖鴻緒源英女一適錢維屏

銉 字鈞芳生順治戊子五月十八卒康熙癸未三月初八配吳氏生順治○○八月廿八子五泳仁吳出泳義側

洪祖

洪緒

源英

泳仁

泳義

泳禮

泳智

出泳禮泳智泳信
吳出女一適浦

至讀
字學甫生萬曆丙辰十二月廿一卒康熙乙丑正月初八壽七十配吳氏生泰昌庚申繼王氏生萬曆丁巳七月廿三卒康熙甲子二月十一壽六十八子二鋐吳出銧王出女一適朱王出
合葬武進西湾

鋐
字聲佩生崇禎庚辰七月初四卒康熙癸亥八月初六配吳氏生順治乙酉卒康熙丙辰子二法祖繩祖
合葬閘江小山

銧
字彤佩生順治庚子二月初八配高

泳信

法祖

繩祖

承寧

氏生康熙癸卯十二月初九子一永寧

至易
字德甫生天啓乙丑六月初七配劉氏生天啓丙寅十一月十一卒康熙癸酉八月十三壽六十八子二欽永璽鈕女一適丁合葬父塋

欽永
字文生生順治乙酉十二月廿四卒康熙戊申三月初六配周氏生順治乙酉六月初六子二衍祖永祖

璽鈕
字弘生生順治庚寅正月十七卒康

衍祖

永祖

洽祖

熙辛巳正月廿九配王氏生順治壬辰七月三十子一洽祖女三適武進龔文犀張之楫一適〇

葉 釗之孫 源之三子

字汝茂號懷橋生嘉靖乙巳七月初七卒萬曆甲戌九月廿五配薛氏生嘉靖癸卯卒萬曆甲申子二光旋光奎合葬高安橋

光旋 絶

字允濟號思橋生嘉靖甲子九月初一卒天啓辛酉配彭氏葬化善庵

光奎

至大

欽堯

汝洲

字允燦號洪溪生隆慶辛未正月初一卒順治癸巳壽八十三配丁氏年六十九卒子四至大至剛至恩至德女二適黃適宜興宋

字少溪生萬曆丁未八月初六卒康熙壬寅四月十二配郤氏子一欽亮女三適李姚蘇

至剛

號笠溪生萬曆癸丑配唐氏女一

至恩

字振溪生萬曆丁巳十一月初四卒順治庚子三月初七配蘇氏子一鑑

字伯達生順治甲午十二月十八配吳氏子一汝洲

鑑臨

字君達生順治丙戌九月初三卒康熙丁亥六月配王氏生順治戊子正

汝淮

汝海

臨女二適楊適唐月二十卒康熙壬戌三月子二汝淮汝海

至德
字望溪生天啓甲子正月初十配陳氏子三鑑彰鑑光鑑育

鑑彰
字君德生康熙壬寅六月十四配沈氏子三汝潮汝則汝明

鑑光
字君玉生康熙庚戌閏二月二十

汝潮

汝則

汝明

衡初第二支廿隱公派

廿隱第一支徙湖山

樂 鏜之孫 湅之子

字汝和號后山郡庠生生正德庚辰二月初五卒隆慶戊辰六月初九配徐氏生正德己卯八月十四卒嘉靖

光庭

字君山生嘉靖壬寅四月二十一卒萬曆庚寅六月初十配蘇氏生嘉靖丁未卒萬曆癸丑壽六十七子三重成

重成

字仰山生隆慶庚午二月廿四卒萬曆庚申三月廿五配蘇氏壽七十二子二鍾孝鍾悌女二適張適蘇

鍾孝

字思山生萬曆戊戌十一月十一卒康熙甲辰四月初七壽六十七配戈氏生萬曆丙午八月廿五卒順治甲

沛之

鑑育

字君政生康熙乙卯二月十四配楊氏生康熙庚午五月二十子三承言承範承康

承言

承範

承康

乙卯七月廿一子重玉重景重景嗣
合葬胡山
五光庭光裕光祖光裕後
光祚光述
合葬峴山
合葬歸山祠塋

重玉

午十月十五子一
沛之
合葬石皮嶺

鍾悌
淳之

字繼山生萬曆戊申十月初四卒康熙丙午十二月初○配楊氏生萬曆戊午卒康熙戊午子一淳之女二適蘇

鍾道
濂之

源之

字慕山生萬曆丁丑十月廿三卒崇禎庚午六月廿六配顧氏生萬曆癸未卒順治乙未壽七十三子二鍾道欽道合葬石皮嶺

字企山生萬曆壬寅十一月十二卒康熙戊申七月十七配張氏生萬曆丙午十二月初七卒康熙庚申五月廿七子二濂之源之女二適王適賈

欽道

字友鹿生萬曆甲寅八月二十卒康熙巳巳三月十四配陳氏生萬曆乙卯正月廿四卒康熙丁巳三月三十

澄之

子一澄之女二適高適周合葬石皮嶺

光裕

字省章生嘉靖戊中五月初三卒萬曆壬子九月十五壽六十五配陸氏生嘉靖甲寅卒萬曆壬子嗣光庭子重景女一適薛合葬胡山

重景

字○○生萬曆庚辰六月初七卒天啓甲子四月初七配黃氏生萬曆丙戌卒崇禎巳卯子一鍾益女一合葬胡山西麓

鍾益 無嗣

字友益生萬曆甲寅十二月廿一配劉氏生崇禎辛未六月初二女一適吳

光祖

字○○生嘉靖癸丑正月初九卒萬曆乙酉九月廿二配蘇氏生嘉靖乙卯卒天啓乙丑壽七十一子五重善重培重美重亨重升女一適張

重善

字念耕生隆慶壬申四月二十卒天啓乙丑四月二十配賈氏子一鍾慶

重培

字○○生萬曆丁丑六月廿九卒天

鍾慶

字懷玉生萬曆丁巳九月廿九卒康熙癸酉四月十七壽七十七配張氏生萬曆己未卒康熙乙亥七月廿五壽七十七子一滙之女一適項合葬胡山

滙之

啓乙丑無配

重美

字○○生萬曆己卯十月廿九卒天啓乙丑配徐氏女一適閶江吳

重亨

字○○生萬曆丙申七月廿一卒順治庚寅

重升

字懷耕生萬曆庚子二月初二卒順治己丑配孫氏

光祚
字○○生嘉靖辛酉二月初三卒萬曆丙午二月廿六配徐氏子一重起
女一適徐
合葬胡山

光述 絶
字○○生嘉靖甲子四月廿二配薛

重起
字振山生萬曆丁酉十月初四配邊氏贅婿無

氏合葬胡山

本　鏌之孫　凍之次子

字汝瑞生嘉靖壬午七月初三配趙氏子一光爵

光爵

字號生卒俱缺配談氏女一適張汝誠合葬胡山

保　鏌之孫　凍之三子

字汝安號晚山生嘉靖甲申四月初三卒萬曆巳丑五月初五壽六十六配俞氏生嘉靖丁亥四月初七卒萬

光前

字號生卒俱缺配張氏子二重豪重俊合葬胡山

重豪　絶

字○○生隆慶壬申八月十二

重俊

字愛溪生萬曆乙亥十二月十五配

鍾仁

字○○生萬曆庚戌七月初七卒康

漑之

曆丙申八月廿四
壽七十子三光前
光祿光德
合葬胡山

陸氏子一鍾仁

光祿
字○○生嘉靖巳
酉五月廿三卒萬
曆庚申四月初三
壽七十二配楊氏
生嘉靖丁巳卒天
啓壬戌子三重富
重安重定
合葬胡山

熙庚申六月初六
壽七十一配嚴氏
生萬曆戊午卒康
熙丁未子一溉之
女二適楊適葉
合葬胡山

重富 絶
字○○生萬曆庚
辰四月初六卒崇
禎壬午九月廿六
配俞氏

重安
字○○生萬曆辛
卯九月初一卒崇

鍾誠 絶
字○○生天啓壬
戌七月廿二無配

光德 絶

禎甲申十二月廿五配陸氏生萬曆甲辰子二鍾誠鍾諒

鍾諒 絶
字○○生天啓丙寅十二月初八

重定
字副山生萬曆壬寅五月廿四卒康熙癸丑五月壽七十二配高氏生萬曆癸丑卒康熙乙丑壽七十二子二鍾諟女一適陳
合葬胡山

鍾諟
字文玉生順治戊子七月初七卒康熙丁丑七月廿四配丁氏生順治癸巳六月十二子五滋之衍之汾之淇之潤之女一
合葬胡山祖塋

滋之

衍之

汾之

淇之

潤之

甘隱第二支從塘路上

槩 鏌之孫 澝之子

字後峯生卒缺配字號生卒俱缺配武進王氏子四光董氏女一適蔡

昱光晟光昇光旻

光晟嗣槩後

字○○生嘉靖戊午配楊氏

光昱 絶

光昇

字敬所生嘉靖癸丑六月廿三卒萬曆壬子六月十二壽六十配張氏繼配張氏生萬曆辛胡氏生隆慶丁卯卒萬曆丙午子一重蘭女二合葬塘路上

重蘭

字原馨生萬曆癸卯十月十四卒崇禎辛巳四月初九氏生崇禎巳月廿三子二汝翼亥子一世欽

汝爲

世欽 住蘇州

字來若生天啓丁卯十月廿九配沈氏生崇禎巳巳七

汝翼

汝爲

縏 鎮之孫 澗之次子

字汝明號亦峯生正德丁丑正月廿五卒隆慶辛未七月十三配楊氏嗣縏子光晟合葬塘路上

光旻

字號生卒俱缺配○氏子一重芝

光晟

字號生卒俱缺配聖烈橋陳氏子三重里重和重穆葬塘路上

重芝

字○○生萬曆丙申九月廿八卒崇禎戊寅四月廿二配蘇氏子二鉅壽鉅福

重里 絶

字○○生萬曆癸酉七月初八配龔氏生萬曆癸未葬父塋

鉅壽 住宜興

字○○生天啓甲子卒順治戊子

鉅福

字○○生崇禎壬申六月廿二

重和

字思塘生萬曆庚辰六月初六卒崇禎戊寅十一月初六配是氏生萬曆甲午子一鉅發女二適朱適陳葬塘路上

重穆　絕

字○○生萬曆甲申四月初七

鉅發

字啟元生崇禎甲戌十月廿九配楊氏子一汝疑

汝疑

果　鏌之孫　湳之三子
字號生卒配氏俱缺子二光暘光昴

業　鏌之孫　湳之四子
字○○生嘉靖癸未五月初五卒萬曆辛巳三月十五配施氏生嘉靖己丑卒萬曆己丑子三光巘光曙光煦

光暘　絕
字號生卒俱缺

光昴　絕
字號生卒俱缺

光巘
字○○生嘉靖丁巳十二月廿七卒萬曆癸巳三月廿三配　氏子一重奕

重奕　住宜興官路橋
字○○生萬曆辛卯十一月初二卒順治戊子十一月廿四配馮氏子四鉅行鉅待鉅徜鉅功

鉅行
字○○生萬曆戊午四月十二卒順治己亥配宜興顧氏

鉅待

字○○生天啓乙丑六月十六

鉅徜

字○○生崇禎辛未十二月廿三配周氏

鉅功

字○○生崇禎丙子二月初九

光曙
字仰峯生嘉靖辛酉八月三十卒萬曆戊午配葉氏繼楊氏子一重奬合葬塘路上

重奬
字○○生萬曆壬辰六月廿七卒崇禎乙亥九月十四配湯氏子二鉅名鉅哲二適湯耀湯文明
葬父塋

鉅名
字○○生天啓辛酉八月二十

鉅哲
字尚廉生天啓甲子十二月二十配陳氏子二汝視汝聽

汝視

汝聽

光煦
字○○生萬曆丙子三月十五卒天啓壬子十一子一重煥

重煥
字○○生萬曆庚戌四月初九配周氏生萬曆壬子十二月初八卒年六十二鉅啓鉅復女一

鉅啓
字○○生崇禎辛巳十二月初八住錢橋西吳巷

甘隱第三支世居河西

楨　鎮之孫　來之子

字龍西生嘉靖戊子十二月十九卒申六月廿七卒萬曆丙戌八月十曆癸丑十一月十配閭江吳氏生五壽六十六配臧七壽六十配楊氏嘉靖巳丑十月十氏生嘉靖丁巳卒子一卒萬曆甲申子萬曆巳未壽六十四光通光達光達三子三重高重亮合葬胡山麓新阡光廸女一適宜興重魁重亮嗣光蘊楊萬春合葬鳳凰山

光通

字省非生嘉靖戊　子二適錢適陳　後女一適武進　橋孔循古

重高

字勤所生萬曆　崇禎丙子十一月廿治辛卯　子一鉅受側出女

重魁

鉅受

崇寅六月初　卒順

生天啓丙

鉅復

字○○生順治庚寅六月初十

鉅德　絶

合葬鳳凰山爻塋

字鳳華生萬曆甲午十一月初二卒順治辛卯十一月十三配徐氏生萬曆巳亥卒順治丁亥嗣重亮子鉅德

字仲甫生萬曆辛亥十一月十一配莊氏生天啓丙寅女一適顧

光達

字省愚生嘉靖丙辰正月初一卒天啓丁卯十月壽七十二配馮氏生嘉靖庚申卒天啓辛酉子二重仁重仕重仕嗣光華後女一適鄒賡

重仁

字叔所生萬曆丙子八月十三卒崇禎癸未正月十九壽六十八配章氏生萬曆辛巳子一鉅文女四適陸士瑜適武進吳適錢應恒適楊世穀

鉅文

字用甫生萬曆庚戌八月十六卒康熙巳未六月廿一壽七十配王氏生天啓癸亥九月廿五卒康熙巳未十一月廿二子二汝哲汝謀

汝哲

汝謀

合葬鳳凰山爻塋葬南前龍新阡

光遠

字省豫生嘉靖癸亥六月十七卒天啓壬戌九月十四配趙氏生嘉靖乙丑卒崇禎庚午子三重吉重喜重志女二適殷理吳統合葬爻塋

重吉 絕

生萬曆癸未七月初四配馮氏

重喜

字中明生萬曆辛卯五月初十卒順治壬辰八月十四配徐氏生萬曆甲辰子一鉅來女一撫子重起

鉅來

字玉明生崇禎乙亥九月廿八卒康熙戊午七月廿八配徐氏子一溕華

溕華

重志

號印中出家崇安寺生萬曆庚子八月初一

光迪

字省龍生隆慶庚午六月廿三卒萬曆丙午正月二十配鄭氏生萬曆巳卯十二月廿九卒順治庚寅正月廿六壽七十二子三重隆重興重陞

重隆

字懋欽號悅古生萬曆己亥三月十九卒順治丁酉八月廿一配閻江吳氏生萬歷丙午五月廿七卒康熙庚申八月十八壽七十五子四廷錫廷管巽

廷錫

字上遴吳邑庠生生崇禎庚午八月十九卒康熙庚申閏八月初二配昆陵許氏生崇禎癸酉正月廿六子一汝諧女四適劉楊

汝諧

合葬西瀆高區

錄廷鎏廷鑑女一
適顧
分葬河西于田兩
支新譜

十九

廷錄
字上翼生崇禎辛
未十二月初二卒
康熙戊申八月廿
四配張氏生崇禎
乙亥二月十八卒
康熙甲寅十月初
一子二汝賢汝學
女一適蘇
合葬南瀆高區祖
塋

汝賢

汝學

廷鎏
字上音生崇禎乙
亥四月廿四卒康

汝升

重興

熙庚申閏八月十

四配楊氏繼朱氏

生崇禎辛巳十一

月廿七子二汝華

汝升汝華嗣廷鑑

後女一適顧

廷鑑

字上衡生順治丁

亥十一月十九配

馮氏繼唐氏生順

治乙未十月廿九

子一汝從卒嗣廷

鑾子汝華

廷鑾

汝從

汝華

汝松

字茂宏號悅新生字上宜生崇禎乙亥二月十三卒康熙丁丑八月初七萬曆壬寅七月初三卒順治甲午十一月初四配蔣氏配邰氏生崇禎癸生萬曆丙午卒康未八月十八子一熙癸丑三月十二汝松女三適周適壽六十八子二廷閔適姚鑠廷鋐女一適錢

十九

廷鋐
字上聲生順治庚寅四月初六配楊氏子二汝沛汝曙

汝沛

汝曙

重陞
字振卿生萬曆乙巳十月廿五卒順治己亥八月廿九配蘇氏生萬曆壬子卒康熙甲辰子一廷鉊女一適陳俱側出合葬南潛高區兌學

廷鉊
字上甫生順治辛卯二月二十配姚氏子二汝漣汝漪女一適徐

汝漣

汝漪

植
鏌之孫
洓之次子
字汝建號鳳西生嘉靖庚寅十二月

光蘊
字有懷生嘉靖己未十月初一卒天

重亮
字。。生萬曆壬午四月廿四卒崇

鉅道 絕
字子祥生萬曆戊申十一月初一

十九卒萬曆巳卯啓癸亥十月廿二禎庚午正月初十
九月初八配楊氏配朱氏生嘉靖巳配虞氏生萬曆戊
生嘉靖壬辰卒萬未嗣光通子重亮子卒崇禎癸酉子
曆丁丑子二光蘊女一適庠彥姚欽二鉅道鉅德鉅德
光萃女三適庠彥中嗣重魁後
楊應明適邊適黃合葬富安橋合葬富安橋
合葬鳳凰山

光萃

重仕 絕

字二懷生嘉靖壬字○○生萬曆癸
戌九月初一卒天巳九月初九卒崇
啓丙寅壽六十五禎癸酉十月廿九
配顧氏嗣光逵子配鄭氏
重仕女一適楊兆
南
合葬胡山

衛初

第三

垌　鎮之孫　淶三子

字汝則生嘉靖巳亥七月廿四配鄒氏子一光宣次一適鈕合葬鳳凰山炎塋之側

光宣

字○○生萬曆甲戌八月十六卒天啓辛酉

裕　欽之孫　濟之子

字汝茂號近陽生嘉靖甲辰十一月廿六卒萬曆甲午娶李氏繼馬氏生嘉靖庚申卒天啓壬戌壽六十三子

光明

字允熙號文宇生萬曆壬午四月廿一卒萬曆庚申五月廿一配楊氏繼張氏繼白氏子二重垣張出重錫白出

重垣

字平甫生萬曆甲辰十一月廿八卒崇禎壬午十月十七配鄒氏子一廷銓

廷銓

字順生生天啓丁卯九月三十配楊氏生崇禎丁丑三月初一子一汝祥女一適景雲孫

汝祥

田光明光日光晧出
光曜馬出女四適
鄒適胡李出適張
適王馬出
合葬錫山父塋

重錫
字恩甫生萬曆壬子閏十一月初九午卒順治己丑九月廿四配胡氏生萬曆甲寅子一廷鋋
女一

廷鋋 絶
字○○生崇禎壬午三月十六

光日
字允順號玉宇生萬曆己丑二月十三配陳氏生萬曆辛卯卒崇禎乙亥子二重儒重本女三適杭適○適吳

重儒
字文甫生萬曆巳未九月十五配鄒氏生天啓辛酉子二廷鏻鳴鏄

廷鏻
字君佐生崇禎甲申八月廿九卒缺配周氏子一之湝

鳴鏄

之湝

字淸音生康熙甲辰三月初七配張氏生康熙癸丑五月十四

重本 絶

字立甫生天啓癸亥十月廿二卒順治庚寅配談氏

光皓

字允昭號企陽生萬曆壬辰正月十六配談氏生萬曆庚寅卒順治庚寅子一鉅封

重箕

字瑞甫生天啓甲子十一月廿三配錢氏生崇禎戊辰

鉅封 絶

字南陽生順治癸巳八月初四

子二重箕重裘女二適張一麟蘇時淮

光曜
字允章號玄宇生萬曆辛丑正月廿三卒康熙己酉八月十三壽六十九配錢氏繼李氏生萬曆癸卯卒康熙甲辰正月廿二子四重縉重紳重組

重裘
字榮甫生天啓丁卯八月十三配王氏生崇禎庚午子一鉅保

重縉 無嗣
字端甫生崇禎戊辰八月十六卒順治己亥配徐氏生崇禎壬申

重紳
字章甫生崇禎壬申三月初一卒康

鉅保
字和之生順治戊戌正月初九配賈氏生康熙乙巳三月十七子一流芳

鳴鈁
字大音生康熙庚戌正月初二配吳

流芳

克治

重綬女一適俞廷
宜
合葬武進新塘龜
山

熙巳丑七月廿九
配鄒氏生崇禎乙
亥二月初一卒康
熙丙子十一月十
六子一鳴鈁女三
適杭適吳適陸

氏生康熙壬子十
二月十七卒康熙
甲申八月繼許氏
生康熙丁巳六月
廿三卒康熙壬辰
九月十六繼薛氏
生康熙庚午六月
初八子二克治許
出克濟○出克濟
嗣鏤後女三適吳
適杭吳出一○○
許出

重組
字華佩生崇禎丙
子八月十九卒康

金聲
字振音生康熙丙
寅九月十六卒康

有源

熙丙子六月配陳熙甲午四月初五
氏繼蘇氏生順治配鄒氏生康熙戊
辛卯五月廿三子辰子一有源
一金聲

重綬
字漢玉生崇禎庚辰六月廿八卒康熙壬辰四月十九配錢氏生順治戊子九月初二子二女三
釓鏼

釓
字在手生康熙甲寅九月十三配王氏生康熙乙卯四月十四子一流龍

鏼
字羽音生康熙丙辰十月二十配胡

流龍

袁濟

氏生康熙戊午八月初三應鳴鑣次子克濟

楟 澣次子

字汝盛號鳳林生嘉靖戊申十二月初八卒萬曆乙未八月廿一配陳氏生嘉靖辛酉五月廿三卒崇禎甲申四月十一壽八十四子一光暉女四適談自得唐大經[illegible]○○朱世福

光暉

字允安號儀鳳生萬曆辛巳三月十八卒崇禎丙子九月十三配蘇氏生萬曆乙酉子二重嘉重厚女一適吳明德葬歸山婁巷

重嘉 絕

字艮甫號愛林生萬曆丙午四月十三

重厚 絕

字博甫號企林生萬曆癸丑三月廿七配李氏

衡初第四支拙雲公派分居楊樹下

合葬歸山父塋

枋 鈞之孫 洲之子

字○○生嘉靖己丑四月廿五卒萬曆己亥二月初五壽七十一配丁氏生嘉靖戊戌正月初二卒萬曆癸卯五月初九子一光和女一適張合葬大灣

光和

字○○生隆慶丁卯二月廿四卒天啓丁卯三月廿六壽六十一配臧氏生萬曆甲申卒天啓丁卯子三重艮重登重行

重艮 絶

字○○生萬曆甲辰二月廿三卒天啓丁卯三月初三

重登 絶

字養林生萬曆庚戌二月十三

重行

生萬曆丙辰從釋宜興

材 洲次子
字汝用卒年三十
配杭氏卒年廿九
子一光華

楟 洲三子
字後溪生嘉靖庚子十月廿一卒萬曆丁未四月初一壽六十八配張氏

光華
字省明生嘉靖乙丑十一月十六卒天啓甲子八月十七壽六十配周氏繼馬氏子一重康
合葬大灣

重康 絶
字復明生萬曆庚戌十一月初二卒順治丁亥九月十七配吳氏女一適董
合葬大灣父塋

桪 釣之孫 漎之子

字汝旌生嘉靖巳亥十一月初八卒萬曆巳亥十一月初八壽六十一配周氏生嘉靖甲午八月廿四卒天啓辛酉九月十二壽七十六子二光祐光祥葬南前龍高壠

光祐

字省餘生隆慶庚午九月十二卒崇禎庚午十一月廿四壽六十一配鄧氏生萬曆丙子卒崇禎巳卯壽六十四子一重德合葬父塋

重德

字明初生萬曆巳亥十月廿四配吳氏生萬曆戊申子一世鎮女三適王適朱適楊

世鎮

字君賓生崇禎癸未十一月初九配蔣氏生崇禎癸未子一廷浩汝亡

廷浩

光祥

字省良生萬曆癸酉正月十五卒崇禎辛巳六月廿九壽六十九配蘇氏

重武

字愷之生萬曆乙卯閏八月廿八卒順治戊子閏四月初一配朱氏生萬

世鉦

字君甫生崇禎癸未二月廿三配丁氏卒無嗣

生萬曆癸未卒萬曆己未子一世鈺
曆癸亥繼朱氏子女一適蘇
三重武蘇出重斌
重壽朱出女一適
楊
合葬南前龍父塋
卒

重斌
字文之配吳氏俱

重壽
字永之生崇禎辛未正月初二卒康熙乙酉十月初八壽七十五配蘇氏生崇禎辛未卒康熙庚申六月廿五子三世鉅世鎰世鈫女四適孫蘇習

世鉅
字君如生順治乙未十一月初九卒康熙丁亥二月廿四配吳氏繼邵氏生康熙庚戌三月十五子四汝江吳出汝漳汝濤汝治邵出

汝江

汝漳

汝濤

汝治

陳

世鎰
字君式生順治戊戌八月廿二配王氏生順治壬寅十二月廿四子三汝沐汝洛汝渭女一適王

汝沐

汝洛

汝渭

世鉞
字君儀生康熙癸卯十一月十二配鄒氏生康熙丁未二月初十子三汝漢汝泗汝河

汝漢

汝泗

汝河

樓 滋次子
字○○生嘉靖甲子○○生隆慶辛辰十月十二卒萬曆未十一月初六配萬曆甲寅配張氏生强氏
嘉靖己酉卒萬曆己卯子二光益光生女一適蘇
葬韓灣

光益 絶

光生
字省泉生萬曆戊寅十月廿四卒崇禎己巳八月廿四配鄭氏生萬曆壬辰子二重貞道蔭女二適周適丁
葬戈塋

重貞 絶
字涵初生萬曆甲寅九月十三配蘇氏先卒後贅歷村薛氏

道蔭
字芥石生天啓辛酉九月初九出家
普濟庵

九世

彬 桐之五世孫 鑾之孫洪之子

字汝文生嘉靖庚戌九月廿五配堵氏生嘉靖戊午十月十四子一秋

十世

秋 一本改名烜

字汝陽生萬曆壬辰六月廿七配吳氏生萬曆丙申正月初六

懋欽叔云庵西一支止存譜秋者聞其有子遷徙在外無從查考或云流落本邑南門外要訪一本書絕

十一世

十二世

十三世

松　鎮之孫　治之子
字汝喬號夢橋生
嘉靖丁巳正月十
七配楊氏生隆慶
戊辰十一月初一
子一烓

栢　鎮之孫　治之次子
字號生卒俱缺配
朱氏子一焯

爐　原名烓　絕
字○○生萬曆丙
午二月初八

焯　絕
字○○生萬曆丙
申十一月廿七

樸隱第四支理初公派住干田

理初第一支景質派

九世

植 景質之玄孫 鑛之孫洄之子

字○○生嘉靖辛字允清號景淮生

卯閏六月廿七卒嘉靖丙寅五月廿

萬曆乙未四月初三配黃氏女二適

六年六十五配朱尹國志卞思忠

氏生嘉靖己亥四

月初四卒萬曆癸

卯六月二十年六

十五子一廉

合葬管家灣

十世

廉 絶

十一世

十二世

十三世

柯 鐍之孫 洄之次子
字號生卒俱缺配黄氏子一灼
合葬管家湾

橋 鐍之孫 洄之三子
字號生卒俱缺配承氏子一烜
合葬干田祖塋

灼
字允明生萬曆甲
戌閏十二月廿二
配居氏生萬曆癸
未子二墪壘
葬干田

烜
字允和生隆慶辛
未九月廿二卒崇
禎巳卯六月十九
年六十九配○氏

墪
字○○生萬曆乙
巳八月初十配鄭
氏子一得孫

壘 絶
字○○生萬曆庚
戌二月初三

堅 絶
字○○生萬曆辛
丑十一月十八

得孫 絶
生崇禎癸酉十二
月初五歿

生萬曆壬午子二堅坌

坌

字念橋生萬曆庚戌十一月初一卒康熙丙辰十月配諸氏生萬曆乙卯卒康熙丙辰十一月子二鍾達鍾興

鍾達

字子玉生崇禎丁丑十二月初六卒康熙甲申三月十三配賈氏生崇禎庚辰卒康熙丙戌三月二十子二承基承寧女一適顧葬千田

鍾興

字公玉生順治己亥未娶

承基

承寧

理初第二支景貴公派

槐 錡之孫 濰之子
字○○生嘉靖癸丑卒萬曆癸丑六月二十年六十一配魯氏子一烻女一適陳

烻

樑 銚之孫 濬之子
字號生卒配俱缺子一爐

爐 絕

模 鏐之孫 湞之子
字夢湖生嘉靖辛酉閏五月初六卒

庶
字九金生萬曆癸卯十二月初六卒

至誠
字○○生崇禎壬申六月初八

天啓丙寅八月廿崇禎丁丑配匡氏出繼武進周橋鈕
一年六十六配楊子一至誠　益甫
氏生隆慶戊辰五
月初八卒天啓乙
丑子二庚麃女三
適堵時潤堵汝德
周文理
合葬干田祖塋

麃　佳陸墟橋
字允武號敬湖生
萬曆己酉八月廿
三配倪氏子一奎

奎
字○○生崇禎癸
未八月初五配錢
氏

櫏　鈿之孫　洙之子
字近溪生嘉靖癸
卯十一月廿七卒
萬曆辛亥九月十
六壽六十九配楊
氏子一熿
合葬管家灣

熿
字允正號振吾生
萬曆癸未三月初
四卒崇禎甲申四
月廿六壽六十二
配吳氏繼丁氏子
一至貴

至貴
字○○生崇禎辛
未十月十三隨母
丁氏轉嫁武進墅
橋呂氏

理初第三支景贊公派

衍　銁之孫　淋之子　字號生卒配俱欽　子一耿

松　錛之孫　汶之子　字東山生嘉靖丁未五月十四卒萬曆庚申七月十八壽七十四配張氏繼許氏子五煜張出烔炵焓燗許出女一適武進張燦東山許氏合葬東

耿　字允昭生萬曆辛卯二月廿八配王氏生萬曆癸卯子一至勤

熤　字允赫號絡東生萬曆丙子正月初六卒崇禎甲戌五月廿六配臧氏子四堡墪睦球女一適武進湯尚卿葬東湖橋父塋

至勤　字守田生天啓癸亥五月十一配唐氏女一

堡　無嗣　字近東生萬曆戊戌九月十九卒順治戊子配張氏女一適虞舜臣

墪　字明東號鳳翔生萬曆辛丑二月廿

湖橋西
張氏葬基西

三卒順治丙戌八
月廿九
住奔牛鎮中街

眭
字承東生萬曆己
酉十二月廿九
徙居丹陽張村從
釋今歸宗娶王氏
壽八十二卒

埭
字復東生萬曆丙
辰七月廿七配孫

鍾萬
字尔繁生崇禎丁
丑十月十一卒康

念章

氏子一鍾萬

熙壬戌四月配周
氏生順治丁亥十
二月廿九子一念
章

烱
字允高號緒東生
萬曆己丑七月初
二卒崇禎庚辰五
月十二配徐氏子
二垚墨女二適
承瑞張廷秀
合葬東湖橋

垚 絕
字奉泉生萬曆戊
申十月廿三

墨 絕
字○○生萬曆辛
亥八月廿六

炵

炬 絕

字允盛號繼東生字啓東生萬曆癸
萬曆辛卯九月初五八月初五
八配堵氏子一圯
合葬父塋

烚 絶
字允博號繹東生
萬曆丁酉四月廿
三配黃氏

熠 絶
字允和號續東生
萬曆癸卯三月初
四配張氏

栢 鋅之孫 汶次子
字〇〇生嘉靖丁
巳卒萬曆己丑子
二焥煉

焥
字允中號思梅生
萬曆丁丑十一月
十七配俞氏

楷 鋅之孫 浹之子
字〇〇生隆慶壬
甲六月廿三配李
氏生萬曆甲戌九
月十九子二焇灯

煉 絶
字允治生萬曆乙
酉閏九月廿九

焇 無嗣
字允濟生萬曆丁
酉十一月廿九配
高氏女一適楊

梓　錄之孫　池之子

字素行冠帶省祭生嘉靖壬子五月初八卒萬曆壬辰三月十六配周氏

灯

字○○生萬曆甲寅十月廿五配丑氏生天啓壬戌子一圭

煙

字養素生隆慶壬申七月廿三卒順治丙戌十月廿七壽七十五配潘氏

圭

字允卿生順治丙申十月廿七卒康熙乙亥十二月廿九配浦氏生康熙乙巳五月子二時鈔時銛女一適葉佳干田前巷西邊

塘

字念素生萬曆乙未四月廿二配王氏繼胡氏子一鍾芳王出女一胡出

時鈔

字雲從生康熙癸亥六月廿九卒缺配葉氏子二汝忠汝信

時銛

字雲慶生康熙壬申十一月廿七

鍾芳

字爾卓生崇禎壬申正月初五卒康熙丙子正月十三配施氏生缺卒康

汝忠

汝信

念懷

念元

子二煙烽

子一塘女一適徐住千田後巷

熙己卯三月十三

念懷念元念庸

烽

字景素生萬曆乙亥五月十五卒崇禎丙子五月十三年六十二配俞氏子二厓聖

厓 絶

字號生卒俱缺

聖

字仍素生萬曆乙巳十二月十三卒順治癸巳九月二十配匡氏子一永錤側出

永錤

字士貞生順治甲午五月十二配鄒氏生順治庚子三月十四子四國治國潤國潽國濬

念庸

國治

國潤

國潽

國濬

理初第四支景賢公派

樮 銀之孫 沾之子
字允巖生嘉靖甲子十一月廿五卒天啓壬戌八月廿二配王氏生隆慶辛未正月廿八子三光基光壆光室葬千田

光基 絕
字號生卒配俱缺

光壆
字○○生萬曆丙申十一月十五卒順治乙酉九月十六配尹氏繼張氏子二時俊尹出時佐張出女一張出

時俊 無嗣
字○○生天啓壬戌八月廿五卒康熙辛酉十月配楊氏

時佐
字公憲生崇禎庚辰五月十九卒康熙癸未二月初五配賀氏繼匡氏生

之鈞
字文翔生康熙辛巳五月廿四配臧氏生康熙庚辰十一月初十子二永

永昌

永年

順治巳丑三月初昌永年女一適陳
六嗣時銀子之鈞

光室

字愼甫生萬曆丁巳七月初九卒康熙庚申三月廿五配賈氏生崇禎辛未卒康熙癸亥七月廿五子三時敏時鋼時銀合葬于田

時敏

字雲生生順治丁酉四月二十配許氏生順治丙申十一月十七子一之鏌女一適許方琪

之鏌

字龍翔生康熙癸亥十一月初二配孫氏生康熙癸亥六月十一卒缺子三玉瀚玉永玉源

玉瀚

玉永

玉源

時鋼

字雲卿生康熙乙巳十月初七配瞿氏生康熙丙午六月十五卒康熙乙

之鋭

字鳳翔生康熙辛未七月廿八卒雍正丁未三月廿四配賀氏卒康熙丁

亥四月初四繼娶酉三月初二子一

玉汝

氏生順治庚子十二月廿七子一之鋐瞿出女一適臧

玉汝女一適臧

時銀

字雲程生康熙戊申十二月二十配臧氏生康熙己酉七月初四子四之鉤之鉅之銓之鍏之鈞嗣時佐後女二適尤適楊住千田圩堰巷東路橋

之鉅

字天翔生康熙甲申十二月廿一配浦氏女一適陶

之銓

字天選生康熙戊子六月廿一配是氏子一永長

永長

纖 鈖之孫 沾次子

光陛

時大

字○○生萬曆癸字○○生萬曆甲生天啓丙寅十二

酉八月初四卒崇辰九月十二卒崇月十八

禎庚午配堵氏生禎壬午配余氏子出繼武進虞庄吳

萬曆戊寅九月十一時大 氏

一子四光陛光階

光階 無嗣

光陠光隱女三適

之鍏

字天申一字禎祥

生康熙壬辰三月

廿五配匡氏生康

熙辛卯六月初八

子三瀠濬漸女一

未字

瀠

濬

漸

崇禎○適○
適○

字○○生萬曆庚戌八月十五卒順治己丑六月廿六配周氏女一適賀

光牗 字貞甫生萬曆丁巳十月廿七卒順治丙申二月十五配王氏生萬曆丁巳二月十五卒康熙乙丑十一月十五繼時氏生順治辛卯六月二十二時輔時弼時弼嗣光隱後

時輔 字惟能生崇禎癸未七月廿四配唐氏生順治乙酉二月十五卒康熙己巳二月初七子一之汶

之汶 字世昌生康熙丁卯二月十七配周氏生康熙丁丑八月初三子二智清道洪

智清

道洪

光隱

時弼

之深

國祥

字○○生天啓辛字惟膺生順治丁字昇賓生康熙癸
酉十月初一配薛亥十二月廿四卒丑正月十六配郁
氏生天啓壬戌二康熙甲戌九月十氏生康熙壬子十
月十七嗣光嗣子六配周氏生順治二月二十俱卒缺
時彌女三適顧子壬辰三月十六子子一國祥
賢是明侯許子安三之深之浦之淵
葬千田

之浦
字賓安生康熙壬
戌九月二十出家

之淵
字賓成生康熙辛
未二月初九配是
氏卒缺子一智宏

智宏

横 銀之孫
治三子
字允秀生萬曆丙子十一月配徐氏生萬曆癸未六月廿九子二光臺光字

光臺
字玉甫生萬曆壬寅四月十五配臧氏子一時閏

時閏 絶
生順治丙申十二月廿四

光宇 絶
字○○生天啓丙寅五月二十配沈氏生崇禎甲戌十二月十七卒康熙戊午

檄 銀之孫絶
治四子

字允佳號仰思生
萬曆乙酉五月二
十卒順治已丑配
毛氏

檡 銀之孫
濡子
延遠 絶

字允宏生萬曆壬生萬曆乙卯四月
午三月初五配臧初九配堵氏女一
氏子一延遠 適吳

檎 銀之孫
濡次子
光全
時出

字允暢生萬曆乙字○○生萬曆戊字○○生崇禎庚
酉十月廿八卒萬申六月廿八配堵午七月初八出繼
曆甲寅十月十三氏子二職出時宜伯武進
配堵氏子一光全

理初第五支景賓公派

時宜　字○○生崇禎癸酉十二月十八出繼秦村舅家褚氏

梅　鏡之孫　枋子　字汝禮號念浦恩給冠帶壽官生隆慶辛未八月十四卒缺配賀氏生萬曆乙亥十月初二卒天啟壬戌九月初一子二光邦光國女一適周嶽

光邦　字弘甫生萬曆壬寅八月廿七配邢氏繼朱氏子一重華

重華　字虞卿生天啟甲子九月十六配尹氏生天啟丁卯子一鍾璞

鍾璞　絕　生崇禎甲申八月廿二

光國　字忠甫生萬曆丁未五月二十配虞

重萼　無嗣　字德存生崇禎己巳正月初一卒順

合葬河㟁下交塋

氏生萬曆丁未正
月初一子三重壽
重元重英

治乙未配丁氏

重元
字敬存生崇禎庚
辰閏正月二十配
陳氏生順治戊子
七月廿五子三鍾
球鍾琳鍾璋

鍾球
字子芳生康熙庚
戌八月廿四配錢
氏

鍾琳
字子洪生康熙癸
丑九月十五配張
氏

鍾璋

字子孚生康熙癸
酉四月二十

重英
字洪先生順治戊子二月初九卒康熙甲子十月十八配殷氏生順治乙酉子一鍾璜女二適石適管

鍾璜
字子明生康熙癸亥閏六月初一

杠
鏡之孫
瀾之子
字汝濟號豫懷生萬曆丙子四月廿二卒順治乙酉配姚氏生萬曆庚辰子三重新纘出重

光宗
字顥甫號元亮生萬曆丙午十月初四配顧氏繼許氏

重新
字熙卿生崇禎庚午二月廿二卒康熙戊午七月十三配侯氏生欽卒康禧

鍾瑚
字文夏生順治乙未十一月十七配朱氏子二滋福滋

滋福

滋禧

正月廿三子一光義重恩許出女二熙庚辰九月廿二
宗
一適奚一適閻江子一鍾瑚
葬蕪藏六安灣　吳

重義無嗣
字宜卿生崇禎辛
巳十一月初七配
周氏

重恩
字遂卿生順治己
丑正月十三配龔
氏繼王氏子二鍾
鍾

鍾
字　生康熙

鍾
字　生康熙

衡第支橋派
衎一魁公

十三世	十四世	十五世	十六世	十七世
瞻淇 楞之玄孫 鑑明子 字○○生順治乙酉八月十六卒缺配唐氏改節子一去	梓生 字嘉材生康熙癸丑五月初十臨毋			
	梓生女一適新塘吳			
瞻澳 鑑明次子 字盈海生順治辛卯三月廿五卒缺無嗣				
瞻漢 鑑明三子				

字盈兩生順治己亥五月初一卒鈌

任宜與

瞻濟 鑑玥四子

字號生卒配俱未詳

任宜與

汝源 秉之玄孫 鑑達子

字公濟生康熙辛亥九月十九配錢氏生康熙辛酉十月初一子一長孫

長孫

字茂林生康熙辛卯五月十九配吳氏生康熙己亥四月廿八子一熷

熷

字元壽生乾隆壬戌十二月初四

瞻游 秉之玄孫 鑑文子

可權

炳文

禮在

字育生生順治戊字惟義生康熙巳原名龍生字洪聲字子文生乾隆壬
子七月十四配許巳四月初十卒乾生康熙壬辰三月戊十月十六
氏生順治辛丑十隆辛酉十一月十廿四配吳氏生康
二月十四子一可九配李氏生康熙熙辛丑九月初九
權女一適丁乙亥十一月初二子二禮在義在
卒康熙庚子子一
炳文

義在
字子宜生乾隆甲
子九月廿八

瞻澥 鑑文次子
字茂生生順治庚
子正月十三卒缺

瞻漪 鑑文三子
字俊生生康熙甲
辰正月十六

瞻淮 秉之玄孫 鑑武子

字聿生生康熙丙午卒康熙癸巳無嗣

汝能 秉之玄孫 鑑通子

字公執生康熙壬子七月初五配顧氏生康熙癸丑三月十五子四椅生桂生桐生梓生女許二一適顧一適○

椅生

字嘉﨤生康熙甲戊十二月十八配吳氏生卒缺子一長壽女二一適鄭適

桂生

字嘉林生康熙癸未七月二十

長壽

字○○生雍正癸卯

桐生
字正全生康熙丙戌十二月十八配張氏女一未字

梓生
字體全生康熙癸巳九月初九配董氏子一長煦女一

長煦
字　生乾隆癸亥正月初二

洪祖 秉之玄孫 鈖之子
字介士生康熙甲辰十一月十六卒

樹業
字元倓生康熙乙亥四月廿一配張

缺配吳氏生康熙　氏生康熙甲戌卒
丙午六月初九卒雍正甲辰繼蔣氏
缺子三樹業樹政
樹功女二適殷適
吳

樹政
字衛侯生康熙辛字顒若生乾隆戊
巳四月十二配劉午四月十六
氏卒繼吳氏子二
恂然簡然女二適
吳適徐

恂然

簡然
字　　生乾隆
月

樹功
字康侯生康熙癸

燦英
字亦華生雍正丙

洪緒　鈖次子

亥十月廿八配黃氏生康熙癸未十一月廿九子三燦英烈文夢熊

樹本

午十二月廿八配楊氏生雍正乙巳十一月十二

烈文　字尚友生雍正庚戌正月廿二

夢熊　字星占生乾隆戊午十月初六

文炳

錢氏宗譜

字克績生康熙辛字向榮生康熙辛字有文生康熙乙
亥十一月廿七配未七月十九卒乾未配蔣氏生康熙
吳氏生康熙癸丑隆辛酉配吳氏生丁酉女一
十月初十卒康熙康熙辛未子二文
辛卯六月初三繼炳文爍女三適馮
丁氏子七樹本樹適吳適徐
道樹勲樹信樹茂
樹德樹積樹德樹
積丁出女五適夏
適蔣適鄒適楊適
吳

文爍

字有容生雍正甲
辰

樹道

文煥

珍

字斂八生康熙癸字有章生康熙丙字大璞生乾隆壬
酉八月十二配張申九月二十配吳戌六月初六
氏生康熙癸酉十氏生康熙戊戌又
月廿九子三文煥八月十六子二珍
文斕文燁女四適珂

珂

周適劉適閔一未

字

樹勲

字孝揚生康熙丁

文燧

字有華生雍正乙卯五月初十

文煒

字有英生乾隆丁巳九月十六

文燿

字弘奎生康熙戊

字佩玉生乾隆甲寅正月廿五

均

字圭章生乾隆甲

丑三月廿八配蘇
氏生康熙乙亥子
五文燿文灼文焰
文爐文煬

戌正月廿二配臧
氏生康熙巳亥五
月初九子一均

文灼
字弘道生雍正甲
辰二月初三配蔣
氏生雍正甲辰七
月十八子一增

文焰
字弘文生雍正丁
未正月十四聘蔣
氏

子七月初二

增
字成章生乾隆丙
寅三月十六

文爐
字弘智生雍正己酉閏七月十三

文煬
字弘力生雍正辛亥十一月二十

樹信
字民任一字方來生康熙己卯六月廿四卒乾隆辛酉配吳氏子二文燦

文燦
字龍祥生雍正甲辰五月廿一配黃氏生雍正癸卯

文煜女二未字

樹茂
字本芳一字方茂生康熙甲申四月廿七配黃氏生康熙乙酉八月初二子三文燧文熾文熺

文煜
字龍吉生雍正丁未十一月初六聘陸氏

文燧
字龍彩生雍正戊申十月初七聘黃氏

文熾
字龍光生雍正甲戌十二月初六聘張氏

樹德

字方揚生康熙癸巳三月初七配强氏子三文烈文熚文照女一

文熺

字龍章生雍正乙卯閏四月廿一

文烈

字漢傑生乾隆丙辰十一月廿五

文熚

字虞英生乾隆巳未八月十一

文照

字周雄生乾隆壬戌正月初三

樹積

字見龍生雍正壬子五月十五出繼

○姓

樹典

字數教生康熙庚字乾生生康熙壬巳正月十六卒康辰正月二十配蘇寅三月初十聘王熙戊戌十一月廿氏生康熙庚辰十氏七配尹氏生康熙月廿二子三㵘炤巳未十二月初四熂女一未字

源英

鈴三子

字公純生康熙丁

十乾隆癸亥八月

㵘

炤

初八子四樹典樹
叙樹秩樹禮女一
適邵

樹叙
字敷寬生康熙乙
酉閏四月初七配
尹氏生康熙庚戌
子二熿熜女一未
字

字坤生生雍正巳
酉六月初六

煻
字亰生生雍正甲
寅正月廿三

熿
亏浩生

熜
字大生

樹秩

字敷五生康熙戊子三月廿七配錢氏生康熙戊子子一煜女二未字

煜

字樂生

樹禮

字敷敬生康熙庚寅配張氏子一烱

烱

字廣生

泳仁 秉之玄孫 緯之子

字淮洲生康熙丙辰正月初九配姚

世才

字鶴占生康熙己丑正月十七配顏

炳

字茂昌生乾隆癸亥閏四月十九

氏生康熙己未十二月初四卒康熙丁亥九月十二繼楊氏生康熙己巳十二月十七子五世才世科嘉樂具松用梁俱楊出世科殤女二適姚適施

氏生康熙辛卯九月十一子二炳女一字楊

嘉樂

字君占生康熙丁酉十二月廿四配陳氏生雍正乙巳十月初二

具松

字爾占生康熙壬寅六月廿七配吳氏生雍正丙午

用梁

字明古生雍正乙巳十一月廿五

泳義 肆次子

字潮洲生康熙壬戌五月廿四卒康熙壬辰配吳氏生康熙辛酉八月十六子一具栢亥三

具栢

字福占生康熙辛卯五月十九配尹氏

泳禮 肆三子

字瀚洲生康熙辛

廷相

字玄斗生康熙壬

酉五月廿三配王
氏生康熙癸亥十
月廿三卒俱缺子
三廷相廷榜廷椿
廷榜嗣泳智後

泳智 銉四子

字鳳洲生康熙甲
子十二月初二卒
康熙巳丑配金氏
生康熙甲寅十二
月廿一卒康熙戊
子嗣泳禮子廷榜

泳信 銉五子

午五月初十卒缺
子一隨母去

廷椿

字元祥生康熙戊
戍

廷榜

字尉斗生康熙乙
酉四月初一卒缺

繼佑

字瀛洲生康熙戊字○○生康熙巳
辰六月十三卒缺丑二月十三早卒
配殷氏生康熙戊
辰五月十四子三
繼佑繼蘭繼元

繼蘭
字元發生康熙辛
卯十月初十

繼元
字元來生康熙壬
寅

法祖 秉之玄孫
紱之子
字公式生康熙甲
辰八月廿六日卒

鈇配吳氏生康熙丁未十一月十二子二國梅國柄俱殤撫閭江吳姓爲子

繩祖 鉉之次子

字公安生康熙辛亥九月廿八卒鈇配徐氏生康熙癸丑三月十二卒鈇子一菊

菊

字逸臣生康熙辛卯九月初二卒鈇

永寧 秉之玄孫 銳之子

字曰康生康熙甲子六月十五卒乾卯十一月廿九

榕如

字方谷生雍正癸

隆壬戌七月十六
配王氏生康熙乙
丑十一月初九子
一榕如女二適楊
適朱

衍祖
秉之玄孫
欽承子

字繩武生康熙乙
巳八月廿六卒乾
隆丙辰五月初三
配張氏繼蘇氏生
康熙甲寅六月十
五卒雍正己酉十
月廿三子一國本
女五適朱適張適

國本

字宰臣生康熙庚
辰四月十四配周
氏生康熙壬午十
一月廿一子四榮
煦照燾女二適沈
一未字

榮

字茂春生雍正己
酉九月十六

煦

字太和生雍正癸
丑三月三十

陳適周適張

永祖 欽永次子
字纘武生康熙丁未十二月初四卒雍正乙卯十一月廿一配張氏生康熙巳未三月二十配吳氏生康熙己巳十一月初七子二煥如女一

國楨
字元臣生康熙己巳六月十五配董氏生康熙巳亥九月廿八女一

煥如
字堯文生康熙乙

照
字日容生乾隆丁巳四月十三

燾
字若涵生乾隆乙丑六月十三

熙巳酉二月廿八卒康熙乙酉四月廿五子五國禎國幹國棟國柱國林

如烜如

烜如

字舜文生康熙庚子三月初七配殷氏女一未字

國幹

字丕臣生康熙癸未十一月初二卒乾隆丁巳十月十九配龔氏生康熙甲戌九月十二子四熙之燦如炳如燬如

熙之

字用康生康熙癸巳十一月廿七早卒

燦如

字龍文生康熙戊戌六月廿三配吳

氏生康熙壬寅二月初十女一

炳如

字虎文生雍正癸卯二月十八配龔氏生雍正乙巳八月廿七

煜如

字政文生雍正乙巳十二月十七

國棟　耀如　惟一

國棟　字殿臣生康熙甲戌十月初八配劉氏生康熙丁丑十月二十子二耀如烱如女四適周適周適吳一未字

耀如　字克明生康熙庚子十二月十五配閔氏生康熙辛丑十一月十七子一惟一

惟一　字萬春生乾隆癸亥八月初一

烱如　字德明生雍正壬子六月廿五

國柱　字[illegible]生康熙丁[illegible]

維熊　字祥占生雍正乙

丑四月廿二配周巳六月十六
氏生康熙壬午二
月廿七子一維瑞

洽祖　秉之玄孫　靈鈕子

華栖

國林
字羽臣生康熙乙酉三月十七配蔣氏子二燕居爲大

爲龍

燕居
字玉文生雍正丁未

爲大
字聚文生雍正庚戌

子紹武生康熙辛字自酉生康熙辛字盛隆生雍正甲
亥十月初四卒雍未閏七月十三配辰六月初十
正甲辰十月初三楊氏生康熙甲戌
配錢氏生康熙癸十一月十一卒俱
丑十二月十三子鐵嗣維松子爲龍
三華栖維松茂椰
女四適王適强適
吳適王

維松

爲鳳

原名叅棣字自東字茂隆生雍正戊
一字斯覲生康熙申七月十三
丁丑七月十三配
陳氏生康熙甲申
十二月廿四子五

爲雲

爲龍爲鳳爲雲爲字元隆生雍正辛
霳爲霆爲龍嗣華亥三月初九
禎後爲霆嗣茂椰

汝洲 蘂之玄孫 欽亮子
字公華生康熙甲
寅八月初十配錢
氏生康熙丙寅女
二

後

茂檇
字自南生康熙丙
戌六月十三早卒
嗣維松子爲霆

爲震
字應隆生乾隆丙
辰二月初四

爲霆
字瑞隆生乾隆癸
亥十月十六

汝淮 棐之玄孫 鑑臨子
字公祥生康熙己酉十月初九卒康熙戊子無嗣

汝海 鑑臨次子
字公瑞生康熙辛酉七月初四配葉氏生康熙丁巳子一

汝潮 棐之玄孫 鑑彰子
字公亮生康熙甲

字　生康熙癸巳四月

維枚
字　生乾隆丁

申十月初五配范巳八月廿七
氏生康熙癸巳四
月初六子三維枚
翌枚卜枚女二

翌枚
任保安寺東胡字　生乾隆壬
家觀音堂後　戌十二月初三

卜枚
字　生乾隆丙
寅正月十七

汝則
鑑彰次子
字公度生康熙戊字　生乾隆壬
子三月十二配朱戌正月廿五

昌枚

氏生康熙癸巳十
一月十四子一昌
枚女一

汝明 鑑彰三子
字公顯生康熙癸
巳七月十二配林
氏生雍正丙午六
月初六子一有枚

永言 棐之玄孫 鑑育子
字公彩生康熙庚
寅八月廿八配李
氏生雍正甲辰十

有枚
字 〃 生乾隆甲
子十二月廿六

檮生
字 生乾隆甲
子六月廿二

月三十子一檮生

永範 鑑育次子

字○○生康熙癸巳十一月初三早卒

永康 鑑育三子

字公眉生雍正己酉七月初一

衡初第二支廿隱公派

沛之 樂之京孫 鍾孝子

字公達生崇禎壬午三月初八卒康熙乙酉十一月初六壽六十四配蔣氏生順治丙戌十二月廿六子一以樟女一適吳葬胡山塋園

以樟

字豫章生康熙戊午二月十九卒缺配項氏生康熙癸亥五月十一子一燿如女二

燿如

字文昭生康熙丙戌十月初五卒缺

淳之 樂之京孫 鍾悌子

字公聚生順治甲午二月初三配鄒氏生順治丁酉十一月廿三子二以

以棟

字子明生康熙辛酉六月十二配陳氏生康熙壬戌九月初九子二燦如坤安

燦如

字文若生康熙甲申十月十五卒缺配項氏嗣熒如子

坤安

字定生生乾隆戊午七月初六

櫟以櫟女二

燚如女一適蘇

燚如
字文衣生康熙戊子三月初七配惠氏生康熙己亥十月廿二子二坤安坤寧坤安嗣燦如後

坤寧
字大生生乾隆甲子六月廿三

以櫟
字旭始生康熙乙丑十二月十八配倪氏生康熙辛未十二月初五子二燾如煐如燾如殤

煐如
字安太生雍正丙午八月十一配余氏生雍正己酉七月廿九

濂之 樂之玄孫 鍾道子

字公廉生崇禎戊辰正月十九卒順治乙未十月初十配錢生崇禎戊辰九月初十卒康熙庚辰二月初二壽七十三子三以柷以林以森合葬石皮嶺下

以柷

字伯音生順治丁亥十月初七卒康熙己卯六月初五配錢氏生順治丙戌五月初十卒康熙丁亥十二月十二子三熙如炅如爕如女一適强

熙如

字文臣生康熙乙巳八月廿七卒康熙戊戌配周氏生康熙戊辰十月初三子一佑坤女一

炅如

字文明生康熙丁未八月初三卒缺配盛氏生康熙乙卯九月十二子一玉振女一

佑坤

字天祚生康熙甲午十二月廿五配臧氏生康熙丁酉五月廿二子三辛義辛禮辛智辛禮嗣玉振後

玉振

字鳴銮生康熙丁丑二月初三卒缺配俞氏嗣佑坤子辛禮

辛義

辛智

辛禮

爕如
字文英生康熙乙卯八月十一卒缺配程氏生康熙庚申十二月初二

以林
字仲賢生順治庚寅九月十二卒缺配王氏生順治壬辰十一月初九卒缺子二煥如烔如女三適張適邵一未字

煥如
字文堯生康熙辛亥十一月三十卒康熙巳丑五月十二未配

烔如
字文舜生康熙辛

邦基
字進發生雍正巳

酉四月廿五卒鈌酉閏七月十七聘配華氏生康熙丙王氏生雍正戊申寅十月廿五嗣炳三月廿七如子邦基

以森

字叔茂生順治甲午八月十八卒康熙丙寅四月廿六配丁氏生康熙丁酉八月十三卒康熙癸巳十二月十二子一炳如女一適蘇

炳如

字文式生康熙乙丑九月十九卒乾隆辛酉七月廿四配丁氏生康熙乙丑卒康熙癸巳正月十四繼丁氏生康熙乙亥十二月二十子二佑基邦基邦基嗣炯如後

佑基

字長發生康熙壬寅五月十一配馮氏生雍正癸卯正月初九卒鈌繼吳氏生雍正丙午三月廿三女二

源之 鍾道次子

初字公瞿後改公原生崇禎甲戌十一月廿一卒康熙丁丑正月廿一壽六十四配許氏生崇禎丁丑九月初五子二以格以標女三一適許一適楊一適楊

以格

字是式生順治庚子正月初六卒乾隆丁巳三月廿七配堵氏生順治巳亥九月廿六卒缺子一勷如女六適周適卞適許適卞適堵適王

女一適吳

楚管家灣賈山

勷如

字安國生康熙庚午十月十九卒缺配周氏生康熙丙子十一月廿五子三賡載輿載坤載

慶載

字亮采生康熙丙申配許氏生康熙庚子子一幸仁

輿載

字揚采生雍正丙午

坤載

字寧采生雍正癸丑

幸仁

以標
字是則生康熙壬寅十一月初四卒鈌配賈氏生康熙丁未九月廿四子一熙如

熙如
字安民生康熙巳卯十一月初九配顧氏生康熙壬午九月廿四子一宏載女三一字丁一字張一未字

宏載
字聖祖生雍正乙巳七月十二

澄之 樂之玄孫 欽道子
字文碧生順治乙酉七月三十卒鈌配顧氏生順治丁亥五月廿七卒康熙壬辰二月廿二

以松
字茂高生康熙丙寅九月初九卒鈌配蘇氏生康熙丁卯十一月廿九子一熹如

熹如
字安得生康熙甲午五月初十配周氏生康熙戊戌十一月初九子四坤順坤方坤廣坤造

坤順
字德生生乾隆庚申十月十九

坤方

子一以松女二適王適韓

澍之 欽道次子

字文集生順治丁亥九月初五卒康

字川生生乾隆辛酉十一月廿八

坤廣

字秀生生乾隆甲子四月十二

坤遠

字曠生生乾隆丙寅五月廿七

熙巳未配徐氏無
嗣

滙之 欒之亨孫 鍾慶子
字建泉生順治乙
未七月十二卒缺
配徐氏生順治日
午八月十六卒缺
子五以棠以棣以
桂以椿以香

以棠
字子芬生康熙癸
亥五月十七卒雍
正丙午十二月初
八配俞氏生康熙
癸亥六月廿一子
二燈如烈如女二

燈如
字文偉生康熙丁
亥九月十二配鄭
氏生康熙乙未三
月十五子二坤章
坤明

烈如
字文生生康熙丁
酉正月初一配周
氏生雍正丁未三

坤章
字有文生乾隆庚
申四月廿一

坤明
字有光生乾隆癸
亥四月初八

月初八

以棣　照如　坤綱

字子芳生康熙乙字文昱生康熙甲字有能生乾隆癸
丑十一月廿四配午八月初三配王亥九月初三
張氏生康熙乙亥氏生康熙巳亥五
五月廿二卒俱鈌月廿九子一坤綱
子一照如　女一

以桂　烟如

字子馨生康熙戊字文祥生雍正癸
辰十月廿五配繆卯八月初九配馮
氏生康熙辛未三氏生雍正癸丑四
月初十子二燭如月初十
烟如燭如殤

以椿

原名以桃字子非一字子章生康熙丙子正月初九配吳氏生康熙辛巳二月初六、十二月廿六子二鰲如鯉如女一

鰲如

字文奎生康熙庚子八月十三配湯氏生雍正己酉十

鯉如

字文元生雍正甲辰六月初十

以香

原名以香字子茂改字子千生康熙

耀如

字文含生乾隆丙辰二月廿五配吳

巳卯正月廿二配氏
習氏生康熙甲申
五月十六子一燿
如

淣之 保之玄孫 鍾仁子
字公調生順治巳亥三月廿六卒欽配丁氏生康熙壬寅十二月初八卒缺無嗣

滋之 保之玄孫 鍾諟子
字公仁生康熙癸丑八月廿四無嗣

衍之 鍾諟次子

字公義生康熙戊午十月十三卒缺配周氏生康熙己丑四月十六卒康熙癸巳女一嗣其之子以樹

汾之 鍾諟三子

字公禮生康熙辛酉十一月廿三卒缺配卞氏生康熙丁卯十二月廿三子一以葉

以樹

字茂林生康熙甲午十月初四配丁氏生雍正癸卯七月廿四子一元茨

以葉

字茂祿生雍正癸卯八月廿七配丁氏生雍正乙巳十月初六女一

元茨

字煥文生乾隆丙寅七月十九

淇之 鍾謖四子 以枝

字公智生康熙丁字茂元生康熙丁卯六月廿六卒缺酉十二月初五配配張氏生康熙丙曹氏生雍正癸卯子七月初七子二八月廿四女二以樹以枝以樹嗣衍之後女二適蔣適。

潤之 鍾謖五子

字公信生康熙壬申十二月廿九卒缺配蘇氏生卒缺無嗣

汝翼 槩之玄孫 世欽子

字以沖生順治戊子十一月初二

任蘇州

汝爲 世欽次子

字○○生順治癸巳十一月十八

任蘇州

汝疑 槩之玄孫 鉅發子

字思問生康熙戊午二月十八

任宜興

汝靦 業之玄孫 鉅哲子
字思明生順治丁酉六月廿九卒缺配胡氏生康熙癸丑二月初二卒缺月初四
子一桂芳

桂芳 字世隆生康熙壬辰正月初四配丁氏生康熙丁亥正
任洛陽

汝聽 鉅哲次子
字思聰生康熙癸卯十一月廿三卒缺無嗣
任洛陽

汝哲 稹之玄孫 鉅文子

梁臣

字公涵生順治戊子九月初九配邵氏生順治戊子七月廿五卒康熙乙丑六月初十子一梁臣女一適許

汝謀 鉅文次子

字公亮生順治癸巳八月二十卒康熙庚申配張氏女一適張無嗣

泳葉 鉅來子 櫝之玄孫

字廷耀生順治庚寅四月十三卒康

字文捷生康熙戊申四月廿九從釋

邦本

字繼美生康熙戊申十月廿八配徐

熙壬申八月初九氏卒繼吳氏生康
熙堵氏生順治巳熙庚午二月十九
丑三月十一卒缺
子一邦本女二適
張適薛

汝諧 楨之亰孫 廷錫子
字雲璈生順治乙
未八月廿二卒缺
無嗣

汝譽 楨之亰孫 廷錄子
字雲師生順治乙
未二月初一卒康
熙庚辰配藏氏生
康熙癸卯十一月

楚珍
字惟善生康熙甲
戌五月十三配徐
氏生康熙庚辰八
月初一子二宗熊

宗熊
字瑞古生雍正乙
卯十二月廿四

廿一子一楚珍女宗燕女三適吳一三適丁適楊適吕字徐一未字合葬胡山

宗燕

字商鼐生乾隆戊午十二月廿七

汝學 廷錄次子

宋玉

字雲章生康熙壬字惟良生康熙乙寅十一月初九卒酉十一月十七配雍正辛亥四月初朱氏生康熙戊子一配郭氏生康熙六月初五子二宗戊申八月初六子炎宗燧女一字夏一宋玉

宗炎

字烈山生雍正癸丑十二月初一

宗燧

字明初生乾隆癸亥五月初

汝升 楨之京孫
廷鑾子
字雲衢生康熙甲寅三月十八卒雍正乙卯正月初一配杭氏生康熙戊辰六月十一子三在松在梧在栢在松嗣汝華後女二一適董一適王合葬胡山

汝從 楨之京孫
廷鑑子
字雲龍生康熙甲子七月初六卒康熙己丑

在梧
字惟鳳生康熙辛卯七月十四

在栢
字惟英生康熙己亥十月初二

汝華 廷鑑嗣子 在松
字雲彩生康熙甲字惟鶴生康熙戊
辰閏六月廿三卒子八月廿五配强
康熙庚子十一月氏生康熙辛丑卒
十七嗣汝升子在乾隆辛酉八月
松
合葬胡山
汝松 楨之玄孫 廷鑾子 宋德 鳳齡
字宇章生康熙丁字惟得生康熙丁字 生乾隆甲
巳十二月廿一卒酉八月十六配敖子七月廿二
乾隆庚申正月廿氏生康熙辛丑二
六配邵氏生康熙月廿二子一 鳳齡
丁卯七月初六嗣
汝浙子宋德女一

適馮

汝沛 楷之玄孫 廷鋐子

字雲生生康熙戊午六月十六配李氏生康熙戊辰卒雍正乙巳九月初八子四樑材宋材宋德宋義宋德嗣汝松後女一適陳

樑材

字惟用生康熙辛卯三月廿九卒缺

宋材

字惟忠生康熙乙未正月初四配朱氏生康熙己亥六月廿六子一順齡女一未字

宋義

順齡

字　生乾隆癸亥十一月十四

字惟孝生康熙庚子九月十六配嚴氏生康熙辛丑二月廿四

汝曙 廷鉉次子

字雲開生康熙癸亥九月十一配錢氏生康熙庚午三月十一卒乾隆丙辰二月○○子一宏緒女一適錢

宏緒

字惟升生康熙戊戌五月十三配賈氏生康熙戊子一武烈女一未字

武烈

字　生乾隆丙寅二月初四

汝漣 楨之玄孫 廷錩子

梓

字以聞生康熙丁卯十月廿三卒乾隆壬戌九月廿一配錢氏生康熙丁丑十一月廿四子二梓桐女二一適呂一未字

汝濟 廷錙次子

字以章生康熙辛未二月十二出繼殷姓

字惟賢生康熙丙申八月十六

桐

字惟能生雍正甲辰正月初九

衡初策三支友松公派

汝祥 招之玄孫 廷銓子
字思善生順治癸巳六月初五配屠氏生康熙乙酉三月初一卒俱缺子一家棟

家棟
字廷芊生康熙辛未十二月十七

之湄 招之玄孫 廷鏻子
字伊人生康熙丁未十二月十五卒缺無嗣

流芳 招之玄孫 鉅保子
字劝忠生康熙己巳十一月十四聘

顧氏　出外無跡

克治　枏之玄孫　鳴鈁子
字子安生康熙辛卯五月廿七

有源　枏之玄孫　金聲子
字子芳生康熙辛卯十月二十配吳氏子一樹明

樹明
字元林生乾隆乙丑十一月初五

流龍　枏之玄孫　釗之子
字劭斗生康熙庚辰正月三十配錢氏生康熙壬午十月廿九女三適吳

錫山秦氏宗譜世系卷之十一　卷六

適藏一未字

克濟 柖之玄孫 鏃之子

字子高生康熙乙未十一月二十

衡初第四支拙雲公派

廷浩 桲之玄孫 世鑽子

字贊先生順治辛丑卒康熙癸酉無嗣

汝江 棹之玄孫 世鉅子

字大川生康熙丁巳十二月三十酉

楊氏生缺卒康熙

丙戌無嗣

汝漳 世鈊次子

字大谷生康熙丁丑九月十八

汝濤 世鈊三子

字大澤生康熙甲申十一月廿九

汝治 世鈊四子

字安生生康熙甲申十一月廿九

汝汴 棹之玄孫 世鎰子

字宋畿生康熙庚午四月廿八配張氏生康熙戊寅九月廿三卒缺繼劉氏生康熙乙酉二月初八卒缺嗣汝渭子楠女二適高適沈

楠

字尚瞻生乾隆戊午四月初八

汝洛 世鎰次子

字朗遷生康熙癸酉十二月初十配錢氏生康熙戊寅六月十二子二彬

彬

字尚文生乾隆戊午九月廿六

楚側出女一字碩

楚
字尚珍生乾隆癸
亥十二月十八

汝渭 世錙三子
字文聘生康熙巳
卯十一月初四配
龔氏生康熙乙酉
卒缺繼唐氏子二
梓楠楠嗣汝沐後
女四一字蘇三未
字

梓
字尚榮生雍正甲
寅九月十五聘李

汝漢 棹之玄孫
世鉞子

理初第一支景質公派

字禹功生康熙庚辰四月廿五

汝泗 世鉞次子

字聖生生康熙壬午九月廿一

汝河 世鉞三子

字○○生康熙戊子二月廿八

永基 橋之玄孫 鍾遠子

字國祚生康熙壬寅十月初三配馬巳十月廿四卒缺氏生康熙己酉二配俞氏生康熙庚月十一卒俱缺子午十月十六子二

良棟

字瑞祥生康熙巳巳九月廿

廷燦

字維周生雍正乙

一艮棟艮楨女二 廷燦廷熿女二適
適賀適俾艮禎嗣陳適沈
永寧後
合塟干田

永寧 鍾遠次子
字國安生康熙戊
午八月廿二嗣永
基子艮楨
塟東胡橋東岸

塟東胡橋東岸

艮楨
字瑞坤生康熙丁
亥十一月廿五配
葉氏生康熙庚寅
六月初七子一廷
熚女二適吳一未
字

廷熿
字惟明生雍正甲
寅十月初四

廷熚
字維高生乾隆戊
午八月十四

初

第三支景贊公派

念章 琇之玄孫 鍾萬子 良禧
字貽元生康熙巳字錫餘生康熙丙
酉十二月初八卒申三月初九配王
鉷配顧氏生康熙氏生康熙丁酉十
癸亥八月十三嗣一月十一
念庸子良禧女二
適賀

汝忠 梧之玄孫 時鈐子
字茂榮生康熙乙
未六月十九配張
氏生康熙壬寅六
月十五女一未字

汝信 時銓次子
字茂英生康熙己亥六月十九

念懷 梓之亖孫 鍾芳子
字克明生順治癸巳九月十二卒缺配鄒氏生卒俱缺嗣念元次子祖齡

祖齡
字昌年生康熙癸未十二月初九卒缺配○氏子一廷炳

廷炳
字祥生生雍正乙巳

念元 鍾芳次子
字克仁生順治丁酉正月廿八卒康

祖壽
字彭年生康熙戊辰九月廿二配浦

廷烜
字元祥生雍正癸卯三月初十

熙丁亥八月十三氏生康熙庚辰十
配滕氏生康熙丙一月廿二子一延
午卒乾隆乙丑正烜女一適施
月初五子二祖壽
祖齡祖齡嗣念懷
後女二適臧適賈

念庸　鍾芳三子
字克脩生康熙乙
卯八月廿二卒鈌
配余氏生康熙丁
卯八月初六子二
艮櫓艮材艮櫓嗣
念章後女一適楊

艮材
字效賢生雍正甲
辰正月十六

國治 梓之玄孫 永錤子

字文卿生康熙戊午八月初四卒缺

字正修生雍正癸卯九月十四聘吳

嗣國湄子㮚

氏生雍正丁未

㮚

國潤 永錤次子

字文遠生康熙戊辰三月初二配徐

氏

國湄 永錤三子

字文升生康熙癸酉十二月十七配葛氏生卒缺子二

字正坤生雍正戊申八月十四聘張氏

棟

樑棟楳嗣國治後

國濬 永錤四子

字文華生康熙巳卯十一月廿三配葛氏子一椿

椿

字鳳生生雍正壬子七月廿七

理初第四支景賢公派

永昌 棲之玄孫 之鈞子

字舜齡生康熙庚子正月廿四配邊氏生康熙巳亥六月○○子一桐

桐

字連元生乾隆乙丑七月十二

永年之鈞次子
字舜佑生雍正乙
巳七月初五

玉瀚樱之玄孫
之鉄子
字海齡生康熙乙
酉二月廿九配張
氏生卒鉄繼陳氏
子三廷蘭廷桂張
出廷榮陳出女一

廷蘭
字季生生雍正甲
戌十月初三

廷桂
字發生生雍正丙
寅十一月十一

廷榮

字壽生生乾隆壬
戌二月廿三

玉永 之鋏次子
字長齡生康熙壬
辰二月初一卒缺
無嗣

玉源 之鋏三子
字盈齡生康熙甲
午二月初十卒缺

玉汝 擾之玄孫 之銳子
字漢齡生康熙癸
巳五月十四配楊

檍
字萬年生乾隆癸
亥四月十二

氏生康熙庚子七月初一子二櫶𢢃

檮 字效戳生乾隆丙寅三月初六

永長 棫之玄孫之銓子 字聖岐生雍正己酉七月十六

瀠 棫之玄孫之鍏子 字聖瑞生雍正庚戌十二月初一

濬 之鍏次子 字聖明生乾隆己未五月廿九

錫山秦氏宗譜世系卷之十一 三六

漸之韡三子
字聖忠生乾隆壬戌三月廿七

智清樴之玄孫之汶子
字萬言生康熙己亥十月十一

道洪之汶次子
字仲賢生乾隆丙辰正月初六

國祥 樾之玄孫 之淡子

字天佑生康熙丙戌配劉氏生康熙乙未子一永崧

永崧

智宏 樾之玄孫 之淵子

字萬餘生康熙戊戌八月廿九配陳氏生康熙戊戌十月十一女一未字

遷以第五支昆資公派

大棟 [illegible]福紅之玄孫 [illegible]福鍾瑚子 字全五生康熙丁[illegible] ○○ 生康熙甲申三月二十配陳 午五月廿五 [illegible]生康熙癸酉十二月初五子一大棟

[illegible]禧 鍾瑚次子 字備九生康熙壬申